청춘,
시대를 깨우다

청춘, 시대를 깨우다
경북대학교 학생운동사 1946~1979

지은이 여정남기념사업회 경북대학교학생운동사편찬위원회
디자인 김미영
펴낸이 송병섭
펴낸곳 삼천리
등 록 제312-2008-2호(2008년 1월 3일)
주 소 10570 경기도 고양시 덕양구 신원로2길 28-12 401호
전 화 02) 711-1197
팩 스 02) 6008-0436
이메일 bssong45@hanmail.net

1판 1쇄 2017년 4월 9일

값 25,000원
ISBN 978-89-94898-38-4 93910
© 여정남기념사업회 2017

경북대학교 학생운동사
1946~1979

청춘,
시대를
깨우다

여정남기념사업회
경북대학교학생운동사편찬위원회 지음

삼천리

집필자

석원호

경북대학교 강의교수. 경북대 철학과를 졸업하고 중국사회과학원에서 철학 박사학위를 받았다. 진실·화해를위한과거사정리위원회에서 활동했다. 지은 책으로 《지역민주화운동사 편찬을 위한 대구경북지역 기초조사보고서》(공저, 2006), 《지역에서의 4월혁명》(공저, 2011) 등이 있다. 1, 2, 3장, 맺음말 집필.

윤정원

경북대학교 강의교수. 경북대 철학과를 졸업하고 같은 대학 대학원 사학과 박사과정을 수료했다. (사)대구여성인권센터 이사장으로 활동하고 있다. 지은 책과 논문으로 《전환의 도시 대구》(공저, 2013), 〈제2공화국 시기 대구지역 통일운동의 조직과 활동〉(2015) 등이 있다. 8, 9장 집필.

이경숙

경북대학교 강의교수. 경북대 교육학과를 졸업하고 같은 대학 대학원에서 〈일제시대 시험의 사회사〉로 박사학위를 받았다. 지은 책으로 《교육열망과 재생산》(공저, 2013) 등이 있고, 옮긴 책으로 《프레이리의 교사론》(공역, 2000), 《교사는 지성인이다》(2001) 등이 있다. 10, 11장 집필.

최병덕

경북대학교 강의교수. 경북대 정치외교학과를 졸업하고 같은 대학 대학원에서 박사학위를 받았다. 연구 공동체 '두루'의 대표를 맡아 학문적 교류에 힘을 기울이고 있다. 지은 책으로 《대구경북의 이해》(공저, 2014), 《좋은 삶을 위한 인문학 50계단》(공저, 2015) 등이 있다. 4장 집필.

허종

충남대학교 국사학과 교수. 경북대 사학과를 졸업하고 같은 대학 대학원에서 〈1945-1950년 친일파 처리와 반민특위의 활동〉으로 박사학위를 받았다. 지은 책으로 《역사 속의 대구, 대구사람들》(공저, 2001) 《반민특위의 조직과 활동》(2003) 등이 있다. 들어가는 말, 5, 6, 7장 집필.

여정남기념사업회

1975년 4월 9일, 여정남 열사를 포함한 여덟 분이 사형 당했다. 32년이 흘러 2007년 서울지방법원 재심 판결에서 '인혁당재건위' 사건이 무죄 선고되었다. 그 뒤 유가족과 경북대 선후배들이 모여 여정남 열사의 명예 회복과 정신 계승을 위해 노력하기로 했고, 2013년 4월 13일에 '여정남기념사업회'를 창립했다. 2014년 4월에는 유가족들이 출연한 기금과 동문들의 모금으로 경북대학교 교정에 여정남공원을 건립했다. 해마다 4월 9일이 되면 열사의 뜻을 잇는 행사를 열고, 조국 통일과 사회민주화 운동에 힘쓰고 있다.

　경북대학교는 대구사범대학, 대구의과대학, 대구농과대학을 모태로 1952년에 '한강 이남 최고의 인재'들이 모인다는 국립 종합대학으로 출범했다. 이 경북대학교를 전국에 특별히 알리게 한 인물이 있다면 아이러니하게도 박정희(대구사범)와 여정남을 꼽을 수 있다. 이 두 사람은 정치적으로 아주 다른 길을 간 사람이다. 한 사람은 민족중흥을 빌미로 삼천리 강토를 숨죽이게 만든 10월 유신과 긴급조치로 자신의 모교인 경북대학교 후배를 사형시킨 자이고, 또 한 사람은 박정희에게 서른한 살의 꽃다운 청춘을 강탈당한 청년이다.

　지금 경북대학교 교정엔 이 두 사람을 기리는 공간과 구조물이 있다. 박정희 기념물은 사범대학 신관 현관에 청동 부조로 남아 있고, 사회과학대학 앞에는 여정남기념공원이 들어서 있다. 박정희 청동 부조는 모두가 숨죽인 유신 시대, 최고 권력자에 아부하기 위해 그의 대구사범학교 동창인 당시 총장에 의해 만들어졌다. 여정남기념공원은 그를 기리는 대학의 후배들이 자발적으로 세웠다.

1975년 4월 9일. 박정희 정권은 대법원 사형판결 18시간 만에 여정남 열사를 포함한 '인혁당재건위' 사건 여덟 분을 집단 사형에 처했다. 경북대 학생들과 사회단체들은 1989년부터 공개적으로 열사들에 대한 추모와 정신계승 행사를 열어 왔다. 김영삼 정부 시절인 1995년과 1996년에는 공권력을 앞세워 두 차례에 걸쳐 이재문·여정남 열사 추모비를 강제 철거했다. 이 과정에 학생들이 저항하면서 여러 학생들이 부상도 입고 수배와 구속, 투옥을 당했다.

어언 32년이 흘러 2007년 1월 23일, 서울지방법원은 이 사건에 대한 재심에서 무죄를 선고했다. 무죄선고 직후 유가족과 경북대학교 선후배들이 모여 여정남 열사의 사회적 명예 회복을 위해 노력하기로 했다. 여러 차례 논의를 거쳐 여정남공원 건립위원회를 조직했다. 여정남 열사의 가족들과 이 사건 관련자인 이재형 선생의 부인 김광자 여사도 상당한 기금을 기탁해 왔다. 건립위원회도 모금활동에 나서 대구와 전국의 민주·통일 인사들과 경북대학교 민주 동문들이 마음을 모았다. 여정남공원 건립위원회 대표단은 경북대학교 총장(노동일)을 만나 여정남 열사 추모공원 조성과 명예졸업장 수여를 제안을 했고, 학교 측은 이를 받아들였다. 2008년 2월에 여정남 열사에게 명예졸업장이 수여되었고, 2010년 4월 마침내 여정남공원을 건립했다.

2013년 4월 13일, 공원 건립에 참여한 민주 동문들의 뜻을 모아 '여정남기념사업회'를 창립했다. 이윽고 여정남기념사업회 운영위원회는 주요 사업으로 경북대학교 학생운동사 편찬에 착수하여 '경북대학교학생운동사편찬위원회'를 꾸리고, 집필진의 헌신으로 원고를 정리하여 출판의 기회를 마련하게 되었다. 이번에 발간되는 경북대학교 학생운동사는 앞으로도 계속 수정·보완될 것이며, 특히 1980년 이후의 학생운동사는 권을 바꾸어 다시 추진해 나갈 사업임을 밝혀 둔다.

경북대학교에서 전개된 학생운동을 정리하는 일은 그 운동에 참여했던 모든 이들의 가슴 한켠에 남아 있던 숙제였다. 이를 위한 시도들이 그간 없었던 것은 아니지만 제대로 된 경북대학교 학생운동사는 없다. 한국 사회를 민주화시키고 통일을 앞당기는 현실의 운동이 치열하게 벌어질 때는 지나온 운동을 정리할 여력이 없었을 터이다. 한편으로는 집필과 출판에 필요한 재정과 시간, 연구 인력 부족도 만만찮은 문제였다.

이 책은 사건의 연대기적 서술 중심에 평가를 최소한 결합하고, 사건의 정치사적 배경과 운동의 주체였던 이념서클의 활동상을 복원했다. 또 당시 서클의 학습·엠티·문화 방면을 생동감 있고 풍성하게 서술함으로써 독자들이 읽을 만하게 만들려고 노력했다. 기존 연구에 부족한 운동 주체들인 이념서클의 다양한 활동을 구술조사를 통해 집중적으로 복원했다. 관련 사진과 선언문, 유인물, 학습용 커리큘럼 등 자료를 수집하고, 중요 사건의 인물들에 대한 녹취 작업도 진행했다.

해방 후부터 4월혁명 시기까지의 운동은 관련자가 거의 없어 구술조사도 쉽지 않았기에 자료를 중심으로 간략히 정리하기로 했다. 이 시기를 포함시킨 것은 본격적 경북대 학생운동의 전사(前史)로서 의미를 둔 것이다. 이후 준비하게 될 1980년 이후 학생운동은 대중적으로 발전하고, 이념적으로 급진화되었으며, 운동의 사회적 확장도 다원화되었다. 게다가 노선 투쟁이 활발했던 1980~1990년대 운동의 서술은 복잡하고도 민감하기에 충분한 시간을 두고 많은 연구진을 갖추어 시도해야 할 것이다.

현재의 운동은 과거 운동의 열매이다. 그리고 현재의 운동은 미래 운동의 씨앗이다. 지난한 경북대학교 학생운동사를 서술하는 과정은 우리의 뿌리를 되찾고 복원하는 과정이기도 하다. 그러므로 경북대학교 운동사 집필과 출판을 시도하는 집필진과 편찬위원회는 매우 조심스럽다. 삼가고 신중을 기하더라도 저항의 역사를 있는 그대로 서술하는 데 불가피한 한계가 있을 수 있기 때문이다. 그럼에도 도전하는 이유는 학생운동의 성격상 권력의 탄압을 최소화하기 위해 운동가들이 투쟁 자료를 거의 남기지 않았고, 반세기에 가까운 세월 속에 증언을 들을 수 없게 된 선배 동지들도 계시고, 바랜 세월에 재구성된 기억이 사실을 덧칠하고 있어 시간을 더 지체해서는 안 된다고 판단했기 때문이다. 더구나 당시 언론에 기사화된 지면에는 학생운동 관련 내용이 별로 없고, 그나마도 단순히 현상의 일부만 기록하고 있다는 한계성도 무리한 의욕을 감수하게 한 요인이 되었다.

옛 기억을 더듬어 수차례에 걸친 증언에 힘써 주신 선후배 학생운동 동지들에게 깊은 감사를 드린다. 늘 함께하고 응원해 주시는 여정남 열사의 유가족(여군자, 여상헌, 여상화)에게 감사와 다짐의 인사를 드린다. 어려운 여건에서도 집필을 위해 헌신한 석원호, 윤정원, 이경숙, 최병덕, 허종 선생께도 감사의 마음을 전한다. 좀 더 읽기 쉽게 꼼꼼하게 편집해 준 삼천리출판사 송병섭 대표의 노고에도 사의를 표한다. 무엇보다 경북대 학생운동의 자양분으로서 이름을 알 수 없는 수많은 '별'로, 함께 호흡하고 뛰었던 그 시절 모든 경북대 학생들에게 이 책을 바친다.

돌이켜 보면 경북대학교 학생운동은 일제 강점기의 민족해방운동과 노동운동의 정신을 계승하고, 해방 이후 통일국가 수립 운동과 4월혁명의 민주주의 운동을 이어 1960~70년대 전국 반독재 민주화운동의 선봉에 있었다. 많은 분들이 독재 세력에 의해 죽임과 핍박을 당했다. 하지만 그 정신은 역사의 밑거름이 되어 1980년대 민주화운동, 자주통일운동, 민중운동으로 이어지고 마침내 1987년 6월항쟁으로 꽃을 피웠다. 이에 우리들은 그 아름다운 뜻을 기리어 하늘과 땅과 사람의 역사가 지속되는 동안 끝끝내 지워지지 않을 기록을 남긴다.

지난해 10월부터 펼쳐진 '촛불혁명'은 세계 민주주의 역사에 길이 남을 만한 사건이다. 진정한 민주주의를 향한 주권자들의 직접행동은 결국 헌법재판소로부터 '대통령 파면' 결정을 이끌어 내었다. 사악한 적폐 세력을 물리치고 민족과 민중의 주권을 지속적으로 실현시켜야 할 중대한 과제가 산적해 있다. '민주주의'의 이름으로 '민족 복현'과 함께한 수많은 청춘들이 이 과정에 함께하기를 기대한다.

"4월의 맑은 하늘 아래, 우리의 끓는 피를 조국에 바치자"던 외침이 우리 모두의 가슴에 살아 있다. 4월은 매일의 오늘이다.

2017년
다시 4월을 맞으며
여정남기념사업회
경북대학교학생운동사편찬위원회

1960. 4. 19
경북대 4천명
4월혁명 참여

1964. 6. 4
한일회담 반대
'황소화형식' 거행

1969. 9. 18
반독재구국투쟁위원회
학생회관 점거농성

1965. 6. 22
한일협정 조인반대
대규모 시위

1967. 6. 12
6·8부정선거
규탄 시위

1946. 10. 2
최무학 주도로
10월항쟁 참여

1952. 5. 28
국립 경북대학교
개교

1964년
봄 맥령 창립

1965년 봄
정사회 창립

1970. 3. 15
정진회 창립

1946. 7. 13.
국대안 발표

1948. 8. 15
정부수립

1961. 3. 8
2대 악법
계획 발표

1965. 6. 22
한일협정
정식 조인

1946. 10. 1
10월항쟁

1960. 2. 28
2. 28
대구민주운동

1960. 4. 19
4월혁명

1964. 6. 3
한일회담 반대시위와
비상계엄 선포

1970. 11. 1
전태일 분

1974. 11. 5
신 시위

1975. 4. 10
석방학생복교와
인혁당 관련 투쟁

1978. 11. 2, 7
민주 구국선언
대규모 가두투쟁

1975. 3. 17.
대학언론자유실천선언

1974. 4. 17.
여정남체포

1978. 6. 12
경북대신문사
자율수호 투쟁

1979. 9. 4
3개대학연합시위

1974 .3. 31.
정화영 등 12명
서울구치소 수감
(민청학련 관련)

1979. 10. 26
박정희 사망

1974. 4. 3
민청학련 명의
유인물 배포

1974. 7. 13
여정남
사형선고(1심)

1979. 8. 11
YH무역사건

1975. 4. 9
여정남 및 인혁당재건위
관련자 사형집행

1975. 5. 13
긴급조치
9호 발포

1979. 10. 16
부마항쟁

차 례

한국 현대사는 해방과 분단을 시작으로 사람과 국토를 파괴한 전쟁을 이겨내고 경제 발전과 민주주의를 꽃피운 격동의 시간이었다. 그 원동력은 한 사람의 지도력이나 영웅이 아니라 울고 웃으며 한 마음으로 뭉친 국민의 헌신이었다. 노동자·농민이 경제 발전의 주역이었다면, 학생은 민주주의를 확대하고 발전시킨 주역이었다.

학생은 진리 탐구를 목적으로 하기 때문에 어떤 집단보다도 진취적이며 정의감이 강하고, 응집력이 강한 집단이다. 이런 존재 이유에 따라 학생들은 사회가 안고 있는 모순을 파악하고 해결 방안과 방법을 정립하여 실천했다. 한국에서 학생운동은 사회 모순 해결의 주체인 노동계급이나 재야 세력, 시민사회가 미약했던 시기에 더욱 돋보였고, 사회의 기본 계급이 세력화되고 시민사회가 성장하는 1990년대 초반까지 지속되었다. 따라서 한국 민주화 운동의 출발점인 1960년 4월혁명부터 이 시기까지를 '학생운동의 시대'라 규정하기도 한다. 이 시기에 고등학교를 포함한 각급 학교 학생들의 역할도 컸지만, 대학생이 단연 돋보이는 존재라는 데 의문의 여지는 없다.

대학생은 지식인이자 엘리트라는 사회적 존재로서 대학에서 배우고 익힌 지식과 깨달은 진리를 사회에 실현시키기 위해 혼신의 노력을 다했다. 특히 '세기의 침묵과 울타리 처진 자유의 종각을 부수는 청년'으로 스스로를 규정하며, 독재 정권의 정치적 억압에 맞서 민주주의와 사회정의를 실현하는 데 앞장섰다. 그 결과 대학생들의 학생운동은 민주주의의 확대와 발전에 선도적 역할을 수행했으며, 세계사에서 그 어떤 나라의 학생운동과 견주어도 결코 뒤지지 않는다고 평가된다.

경북대학교 학생운동은 학생운동의 시대에서 빛나던, 아니 오히려 빛을 내야만 했던 발걸음이었다. 경북대가 자리 잡고 있는 대구는 해방 후 '남조선의 모스크바'라고 불릴 정도로 진보적이고 개방적인 도시였다. 이승만 정권 시기에도 그 명성을 이어 가며 독재 정권에 맞서던 대표적인 '야당의 도시'였다. 이런 대구가 1961년 5·16군사쿠데타 이후 권력의 심장부로 자리 잡았으며, 지역 정서도 보수화되어 갔다. 유신 체제가 수립된 후에는 '독재 정권의 심장부'로 전락하여 가장 보수적인, 아니 수구적인 도시로 바뀌었다. 이런 상황에서 아무리 민주적이고 합리적인 주장이라고 하더라도 받아들이지 않는 배타주의와 독선주의, 패권주의가 고착되었고,[1] 학생운동의 토양으로서는 치명적으로 불리한 여건이 되었다. 그럼에도 경북대 학생들은 시대가 요구하는 부름을 마다한 적이 없었고, 때로는 맨 앞자리로 달려나가 불의에 맞섰다.

경북대 학생운동은 길게는 학교의 모태가 되는 단과대학 설립 이후 80여 년, 짧게는 학교가 종합대학으로 정식 개교하는 시기부터 60여 년의 역사를 가지고 있다. 오랜 역사 가운데 이 책에서 다루는 시기는

1945년 해방 이후부터 유신 체제가 붕괴되는 1979년까지로 한정했다. 해방 정국은 경북대가 공식적으로 개교하기 전이었지만, 본격적인 학생 운동의 전사(前史)이자 한국 현대사의 출발점이라는 의미를 살리고자 포함시켰다. 다만, 1980년대 이후 학생운동은 운동의 성격이나 규모, 방식 등에서 이전의 학생운동과 질적인 차이를 보이는 새로운 시기와 수준의 운동이었기에 추후의 과제로 남겨 두고자 한다.

이 책에서는 학생운동의 시기를 크게 세 시기, 즉 1945년 해방 이후부터 4월혁명을 거쳐 1961년 5·16군사쿠데타 전까지, 유신 체제 수립 이전과 이후의 시기로 구분했다. 학생운동은 정치적 억압과 온갖 사회경제적 모순, 학생운동의 공간인 대학 문제 등에서 비롯되어 일어났지만, 이 시기에는 대체로 한국 현대사의 큰 흐름과 정치적 사건에서 큰 영향을 받았기 때문이다.

첫 번째 시기인 1945년 해방 이후부터 1961년 4월혁명기까지는 해방 정국 시기의 학생운동을 개괄해서 정리했다. 4월혁명의 배경으로서 진취적이고 진보적인 성향을 띠던 대구 사회의 모습과 혁명의 양상을 다루었고, 이어 이승만 정권이 무너진 후부터 2공화국 장면 정부를 거쳐 5·16 군사쿠데타가 발발하기 전까지 일어난 학원민주화 운동과 통일운동을 아우르는 사회운동을 다루었다.

두 번째 시기인 유신 체제 수립 이전의 학생운동에서는, 1964~1965년에 일어난 한일회담 반대 운동과 한일협정 반대 운동, 1967~1969년 박정희 정권의 장기집권 반대 운동으로서 부정선거 규탄 운동, 3선개헌 반대 운동을 다루었다. 1970~1971년 민주수호투쟁으로서 전태일 추도식 사건, '정진회'의 반독재구국선언문 사건 등과 학원자율화 투쟁을 다루었다.

세 번째 시기인 유신 체제 수립 이후의 학생운동은 전기와 후기로 나누어 살펴보았다. 전기에는 학원민주화 운동, 학생운동과 사회운동에 충격적인 영향을 준 전국민주청년학생총연맹(민청학련)과 인민혁명당재건위원회(인혁당재건위) 사건 등을 다루었고, 후기에는 앞선 두 사건의 충격을 딛고 새로이 발돋움해 나간 학생운동을 다루었다.

경북대 학생운동사를 집필하면서 우리는 학생운동의 실체를 밝히는 사실 복원과 재구성에 집중했고 평가는 최대한 자제했다. 한국 학생운동사 전반에 관한 연구가 미흡한 상황에서 전국적인 학생운동의 흐름과 비교하여 경북대 학생운동에 나타나는 보편성과 특수성을 파악하기 어렵기 때문이다. 또한 섣부른 평가로 자칫 경북대 학생운동을 과장하고 미화하는 오류를 범할 우려도 있기 때문이다.

경북대 학생운동사에서 특별히 주목한 점은 기존 학생운동사가 간과해 온 운동의 주체인 학생, 특히 '운동 주도 세력'의 형성과 활동이다. 사회민주화 운동으로서 학생운동을 살펴보기 위해서는 정치, 경제 등 여러 분야의 상황을 파악하고, 학원민주화 운동을 제대로 살펴보려면 교육 당국과 대학의 정책 등을 파악해야 할 필요가 있다. 이것이 학생운동의 객관적 조건이라면, 주체적 조건으로서 운동의 주체인 학생을 파악하는 것도 중요하기 때문이다. 학생운동을 포함한 사회운동이 반드시 객관적 조건이 성숙했을 때만 일어나는 것은 아니며, 객관적 조건이 미약하더라도 주체적 조건이 성숙했을 경우에 운동이 발생할 수 있기 때문이다.

학생운동의 주체는 운동의 기반이라 할 수 있는 일반 학생과 강한 정치적·이념적 지향을 품고 학생운동을 이끌던 '운동 주도 세력'으로 구분할 수 있다. 일반 학생을 파악하기 위해서는 당시 대학의 상황과 거기서 생활하던 학생들의 생각, 현실 참여 의지를 고양시킨 정치적 경험과 문화 등에 대한 분석이 이루어져야 한다. 하지만 이런 구체적인 상황을 파악할 수 있는 자료의 한계와 여러 제약으로 충분히 다루지는 못했다. 다만 운동 주도 세력이 참여한 '이념서클'에 주목했다. 당시 대학에는 학술 연구에서 한 걸음 더 나아가 학생운동의 방향 제시를 내세우며 활동했던 서클이 많았다. 그 가운데 이념서클은 사회문제, 정치, 경제, 역사, 사상 등을 학습하고 연구했으며, 여기에서 활동하던 학생들이 주로 학생운동에 적극 참여하며 지도적 역할을 하는 경향이 높았다.[2] 경북대에서도 이념서클에서 활동했던 학생들이 학생운동을 이끌어 나간 사실을 확인할 수 있었다. 따라서 이념서클의 학습 내용과 방식, 다른 학교 이념서클과의 연대에 이르기까지 다양한 활동을 보여 주려 애썼다.

이 시대 청년들은 누구나 그러했듯이 어려운 가정환경에서 공부하여 원대한 포부를 가지고 대학에 들어갔다. 하지만 '청운의 꿈'을 실현하기에는 눈앞에 맞닥뜨린 시대의 아픔이 너무도 깊었다. 이제 학생들이 시대의 아픔을 정면으로 마주하면서 역사와 민족, 민주주의를 위해 인생에서 가장 아름다운 시절을 기꺼이 바치던, 심지어 목숨까지 바친 역사의 현장으로 가 보도록 하자.

1부

통일국가 수립 운동과 4월혁명

1946~1960

경북대 학내로 진입하는 경찰들(1960년 7월 3일)

1장

해방과 통일국가 수립 운동

1. 경북대학교의 태동과 통일국가 수립 운동

경북대학교는 1952년 5월 28일 종합대학으로 출범했다. 학교의 모태
는 국립 대구농과대학, 대구의과대학, 대구사범대학 3개 단과대학이다.
대구사범대학은 1923년 대구사범학교로 설립되어 1944년 전문학교로
전환되었다. 대구의과대학은 1923년 대구의학강습소로 설립되어 1933
년 대구의학전문학교로 전환되었다. 대구농과대학은 조금 늦은 1944년
에 농업전문학교로 출발했다.

1946년 8월 27일 미군정은 해방된 조선의 새로운 인재를 양성한다는
명분을 내세우며 '국립대학 설립에 관한 법령'(국립대학교 설치령)을 발표
했다. 이에 따라 1946년 9월 5일에 대구농업전문학교가 대구농과대학으
로, 10월 15일에 대구사범학교가 대구사범대학으로 바뀌어 모두 국립 단
과대학이 되었다.[1] 한편 이 시기에 대구의과대학 학장 고병간을 중심으

로 지방 국립대학교 설립을 추진해 나갔다. 1945년 11월에 종합대학교기성회가 조직되고, 1946년 11월 문교부에 종합대학교 설립 인가를 신청하기에 이르렀다. 그러나 문교부가 1947년 3월 7일 재원 부족을 이유로 신청서를 반려하면서 인문 계열의 단과대학 하나만 설립하는 게 좋겠다고 종용하여, 그해 8월 사립 대구대학을 설립하는 데 그치고 말았다.[2]

국립 단과대학 시절인 1946년부터 1952년까지 경북대학교 학생운동은 해방 공간의 격렬한 이념 대립과 궤를 같이했다. 10월항쟁[3]이 발발했을 때 대구의과대학과 대구농과대학, 대구사범대학(대구 3개 단과대학) 학생들은 적극적으로 참여했다.

이런 움직임은 갑자기 생겨난 게 아니라, 해방 전부터 독서회 등 이념 학습과 사상운동을 통해 독립운동에 참여한 학생들이 해방을 맞이하여 일제 식민지 교육 내용과 방식에 젖어 있던 교사들에 대해 배척운동을 벌이면서 역량이 성장했기 때문일 것이다. 1945년 11월 7일 부정 입학을 배격하는 대구의학전문학교(대구의전) 자치회의 성명이 발표되었고, 교장 고병간의 정실적인 교수 선정을 둘러싸고 1946년 2월 초까지 교수회와 동창회의 교장 배척운동이 이어졌다. 동창회 회의 자리에 미군이 급습하여 해산시키자, 교수들이 총사직하고 학생 전원이 퇴교한 데 이어 부속병원의 간호사까지 사직하는 상황이 벌어졌다.

그 무렵 운동을 주도하던 최무학은 "만일 폐교가 된다면 신정부 수립을 기다릴 수밖에 없다"고 말하며 버텼다. 대구인민위원회가 중재하여 겨우 사태가 수습되었다. 그리고 4월에는 대구의전 학생 세 명이 대구여상 동맹휴학 사건의 배후 조종자로 경찰에 검거되기도 했다. 대구여상 동맹휴학 사건은 체조 선생이 미군과 교제하는 것을 교장이 두둔한다며 학생들이 시험과 등교를 거부하면서 일어났다.[4] 1945년 11월에는 대구사범학교에서 동창회가 중심이 되어 김용하 교장을 배척하는 운동을 벌였으며, 이에 경북도군정이 정교 명령을 내리기도 했다.[5]

10월항쟁

해방 직후에 일제 잔재 청산을 요구하는 투쟁을 벌이면서 강화된 대구의전과 대구사범학교 학생운동의 단결력은 10월항쟁에서 조직적으로 발휘되었다. 10월항쟁은 9월총파업으로 촉발되었다. 9월총파업은 1946년 9월 23일 부산에서 철도 노동자들이 파업을 벌이면서 시작되었으며, 같은 날 대구에서도 철도 노동자 1천여 명이 파업에 돌입했다. 파업은 철도뿐 아니라 다른 부문으로까지 확산되어 전국적인 총파업으로 발전했다. 대구에서도 9월 26일부터 산업 전 분야로 파업이 확대되었다.

9월 30일 미군정이 경찰과 우익 청년단을 동원하여 서울 용산의 철도파업단 본부를 폭력으로 진압하면서 사태는 점점 악화되었다. 같은 날 대구에서도 경찰이 파업투쟁위원회(파업투위)의 간판을 철거하라고 요구했으나 거부했다. 10월 1일 오전에 대구부청에서 부녀동맹 주도로 여성과 아이들 1천여 명이 식량 배급을 요구하는 시위를 벌였다. 노동자들은 오후 1시 대구역에 집결하여 파업투위 간판을 다시 걸었고, 곧 경찰이 출동하여 파업투위 간부와 군중 해산 문제를 협의하게 된다. 그러던 중 경북경찰청장이 무장 경찰을 이끌고 해산을 명령했으나 시위대는 요지부동이었다. 시위 군중을 해산시키기 위해 경찰이 발포하면서 철도 노동자 김용태[6]가 사망하고 여러 명이 부상을 당했다. 이 사건을 계기로 사태는 그야말로 악화일로를 걷게 된다.

1946년 10월 2일, 대구 3개 단과대학 학생들이 대구사범학교에서 연합 집회를 열었다. 경찰에 따르면, 이에 앞서 대구의전에서 10월 1~2일 밤에 조선공산당 대구시위원회 간부 손기채의 주도로 좌파 계열의 교직원과 학생들이 회의를 열어 관공서를 습격하고 경찰서를 접수할 계획을 수립했다고 한다.[7] 연합 집회를 마친 후 학생들은 경찰 발포로 사망한 노동자의 시신을 메고 대구경찰서까지 가두시위를 벌이고 경찰서를 접수했다. 대구의전의 학생자치회 회장 최무학은 조선공산당 대구시위원회 학생부책으로서 이 시위를 주도했다.[8] 이 무렵 대구사범학교는 이원호가, 대구농업전문학교는 박준영이 자치회장을 맡고 있었다.[9] 그날 오전 10시경 대구 3개 대학 학생과 중학생 수천 명이 대구경찰서를 에워싸고 경찰의 발포 중지와 무장해제, 체포자 석방을 요구하고 나섰다.[10] 경찰은 군중의 위세에 눌려 스스로 무장해제할 수밖에 없었고, 군중들은 경찰서를 점거하고 유치장에 감금되어 있던 100여 명을 석방했다.

대구경찰서가 점거되었다는 소식이 알려지고 오후 1시를 넘기면서 대구 시내 곳곳에서 민중들의 봉기가 일어났다. 친일 경찰과 미군정 관리를 살해하거나 우익 인사의 집을 공격하고 재산을 탈취하기도 했다. 하지만 곧 미군이 장갑차를 동원해 시위대를 진압했고 학생들은 순순히 해산할 수밖에 없었다. 중학생 대부분은 귀가하고, 3개 대학 학생들은 대구사범전문학교에서 정리 집회를 열고 발길을 돌렸다.[11]

한편 그날 오전 학생들이 대구경찰서에 집결해 있을 무렵, 노동자들을 중심으로 대구역 광장 주변에 모인 군중과 경찰 사이에 총격전이 일어나 군중 18명과 경찰 4명이 사망하고 부상자가 발생한 대규모 유혈 충돌로 번졌다. 그 시각 대구부청에서는 부녀동맹이 주도하여 부녀자와 아이들이 시위를 벌이고 있었다.[12]

도시가 무정부 상태에 빠지자 미군정은 탱크를 동원하여 대구 시내를 통제하고 계엄령을 선포하기에 이른다. 이후의 수습 회의에 손기채, 조선

그림 1 10월항쟁 당시 대구 시가지에서 총격전이 벌어지고 있다(1946년 10월 2일, 미국 국립문서 기록관리청, 돌베개 제공)

인민당 대구시지부 위원장 최문식을 비롯하여 노동조합 대표와 대구의 전 교수 대표가 참석했다. 10월 4일에는 사태 수습을 위해 좌우파 연합 단체로서 지역 현안을 다루던 대구공동위원회가 열렸으나, 좌우 세력은 저마다 반대파가 참석하면 탈퇴하겠다는 입장을 표명했다. 미군정 공보 부장 히치코크는 대구공동위원회를 해체하지 않았지만, 위원회에 참여 하고 있던 좌파 세력의 주요 인물들이 체포되면서 더 이상 회의가 열리 지도 못해 와해되었다.[13] 대구에서 일어난 민중항쟁은 10월 8일 각 기관 과 기업의 노동자들이 현업에 복귀하면서 마무리되는 듯했지만, 경상북 도의 각 군을 거쳐 전국으로 확대되어 12월까지 이어졌다.

　10월항쟁으로 좌파 세력과 민중은 심한 타격을 입게 된다. 좌파 세력의 지도부가 대다수 검거되었고, 항쟁 참여자도 검거되거나 일부는 산으로 몸을 피하여 야산대를 조직하여 활동했다. 학생 시위를 주도했던 최무학

은 무기징역, 남택순은 5년 징역을 선고받았다.[14]

국대안 반대 운동

10월항쟁 후에도 대구 3개 단과대학 소속으로서 좌파 정당에 가입했던 학생들은 조선민주청년동맹(민청), 조선민주애국청년동맹(민애청)이나 전국민주학생연맹(민주학련) 등을 통해 중학교 학생들을 학습시키는 교양 사업 등을 펼치며 자주적 통일국가 수립 운동을 벌여 나갔다. 강창덕[15]에 따르면, 민주학련 소속 대구의과대학 학생들은 가명으로 대구상업학교의 학련 소속 학생들을 모아 비밀리에 사회발전사 등을 학습시키고, 미소공동위원회 속개 투쟁을 촉구하는 전단을 뿌리는 활동에 참여시켰다.[16]

10월항쟁으로 조직 역량이 약화되기는 했지만, 대구 3개 단과대학은 1947년에 '국립서울대학교 설치안'에 반대하는 운동(국대안 반대 운동)[17]을 펼쳤다. '국대안'이란 1946년 7월 13일 미군정이 해방 조선의 교육을 질적으로 향상시킨다는 핑계로 경성제국대학과 서울의 관립 전문학교를 통합하여 국립대학을 설립하려던 정책을 말한다. 국대안 반대는 고등 교육에서 식민지 노예 교육 반대를 명분으로 좌파 세력의 학생들이 먼저 제기했고, 점차 우파 쪽 학생들도 참여하게 된다. 학생들은 여섯 가지 점에서 미군정의 국대안을 반대했다. 미국인 총장과 군정청 관리를 이사로 앉히는 이사회 구성의 비민족성, 교수회와 학생회를 허용하지 않는 비민주성, 식민지 시대에 원성을 사던 학내 법규의 온존, 학교 수는 줄이고 학생 수는 늘리는 교육의 질 저하, 치안 예산 대비 교육 예산의 대폭 삭감 등이었다.[18]

국대안 반대 운동에서는 동맹휴학이 주된 투쟁 수단이었다. 비교적 전통이 짧은 대구농과대학 학생회가 먼저 투쟁에 돌입했다. 독자적인 학교 건물 없이 대구중학교를 빌려 쓰고 있어 교육 환경이 열악했고, 종합대학으로 전환하면 교육 환경이 더 나빠질 거라 생각했기 때문이다. 1947년 2월 12일 대구농과대학 학생들은 동맹휴학을 감행하면서 "민주 교육제도를 즉시 확립하라"고 촉구했고, 독자적인 기성회 발족을 요구했다.[19] 비교적 오랜 전통을 가진 대구사범대학도 이튿날 곧 동맹휴학에 들어갔다.[20] 이 투쟁으로 대구농과대학은 6명이 사범대학은 2명의 학생이 구속되어 조사를 받았고, 2월 14일에 경찰 당국이 학부형과 교직원들을 모아놓고 간담회를 열기도 했다. 2월 15일에는 미군 정보부 요원이 동맹휴학의 기미가 보이는 대구의과대학 학생 4명을 연행해 조사했고,[21] 2월 18일 대구의과대학 학생회도 성명서를 발표하고 동맹휴학에 돌입했다.[22]

국대안을 반대하는 동맹휴학의 물결은 중학생들에게도 미쳐 2월 17일에는 계성중학교와 능인중학교를 비롯한 대구 시내 8개 중학교도 동맹휴학에 들어갔다. 경북도군정 학무국장 이효상은 "서울 시내의 중학교들도 2월 17일부터 등교하고 있으니 속히 등교하라"는 담화를 발표했다.[23] 2월 18일에는 경북도지사 최희송과 농과대와 사범대 대표 7명의 회담도 있었으나 학생들이 요구 조건을 고집함에 따라 결렬되었고,[24] 대륜중학교도 동맹휴학에 동참했다. 이윽고 2월 19일 경북도군정 학무국은 동맹휴학 참가 중학생들에게 등교를 촉구하고 불응할 경우 엄중 처벌한다는 대책을 발표했다.[25] 2월 20일부터 등교하는 학생이 조금씩 늘었고, "국대안 문제는 직접 관계가 있는 우리에게 맡기고 등교하라"는 대학생들의 권유를 받아들여 중학생들은 22일부터 등교하게 되었다.[26] 그러나 경찰은 2월 28일부터 동맹휴학과 관련된 중학생 20명을 검거하여 조사했다.[27]

대구 3개 단과대학은 경북도지사 최희송과 경찰부장 강수창도 참석한 채 2월 28일 학생대회를 열어 '대구대학'의 정체 폭로, 학무국 간부 인책 사임, 동맹휴학 처벌 반대, 교수자치회와 학생자치회 인정, 경찰의 학원 불간섭, 사대부중 교사 2명 즉시 석방을 요구하는 결의문을 발표했다.[28] 이어 도지사 최희송은 3월 4일에 연 기자간담회에서 국립 종합대학 문제와 3개 대학의 등교 및 학생회에 대한 견해를 표명했다.

종합대 문제는 "당초 기성회에서는 법과대학을 예정했지만 문교부장(유억겸)이 문리과대학이 좋겠다 하여 문리과대학으로 된 것으로 도에서 주관한 것은 아니다. 재정과 인재 면을 고려해도 불충분하여 더이상 종합대학을 추진할 수 없고, 모집 중인 학생 문제는 기성회와 타협하여 처리하겠다"고 밝혔다. 대구 3개 대학 등교명령에 대해서는 "3월 7일까지 등교하지 않으면 제명 처리하고, 등교 방해 행위는 의법 처벌한다. 모든 학생이 등교치 않으면 폐교 조치한다"고 밝혔다. 학생이 학칙을 지키지 않고 교장의 명령을 순종치 않고 동맹휴교나 불미스런 행동을 하면 교장은 진상조사 후 처벌해야 한다고 밝혔다. 학생회는 학교 행정과 학교 운영 및 학생 처벌에 대해 논할 자격이 없고, 집회를 열 때도 학교 당국의 승낙을 받아야 하며, 학교 당국은 부당할 경우 선도하여야 한다고 밝혔다.[29]

이러한 위협에도 학생들이 등교하지 않고 버티자 3월 25일 경북도지사는 다시 한 번 강력한 경고를 담은 담화를 발표했다. "3월 27일까지 3개 대학과 맹휴중인 사대부중, 경북중 등 학생들이 등교하지 않으면 제명 처리하고, 계속 맹휴를 하면 폐교하겠다"는 내용이었다.[30] 그럼에도 등교하지 않는 학생들이 생기자 계성중학교 2학년 이상 학급을 폐쇄하고 교직원은 총사직하는 일이 발생했다.[31]

하지만 대학은 이미 3월 7일부터 학생들이 등교하여 정상화되고 있었다. 3월 7일 대구 3개 단과대학은 23일 만에 등교를 했다. 《영남일보》(3월 12일)는 그 무렵 학교 분위기를 이렇게 그리고 있다.

사범대는 학장과 교수들이 맹휴 사태 해결에 많은 노력을 기울였다. 학교 측에서는 길 잃은 어린 양이 돌아온 것 같은 감이 있어 분위기는 화기가 있다. 이과 계통에는 교수 부족으로 수학 교수는 1일 5~6시간 수업을 하기도 하고, 앉을 자리 부족으로 비명을 지른다. 의과대학은 10일부터 시험이 시작되었는데, 6일 교수회 의결로 무기정학 4명, 1개월 정학 9명, 2주 정학 12명으로 학생 징계가 결정되었다. 학생 측은 불만이어서 고병간 학장이 이렇게 말했다. "의대는 인술을 베풀 의사를 만들어야 한다. 무책임한 의사를 만들어선 안 된다. 과거 호역(虎疫: 콜레라)과 10·1사건으로 수업에 많은 지장이 있었다. 이번 맹휴로도 수업에 지장이 생겼다. 그래서 교수회에서 이번 맹휴에 불미 행동을 감행한 학생에 대해 처벌한 것일 뿐이다. 학생 일은 학교 당국에 맡겨 주기 바란다고 하였는데, 10일이 이르러 학생 측 분위기가 험악해져서 타교에서는 볼 수 없는 맹휴를 단행하였는데, 모처럼 일단락을 지은 것 같이 보이는 맹휴 재발의 추이가 주목된다. 농과대학은 교사도 대구중학의 일부를 빌려 있으며 학장 자리도 비어 있다. 들으니 경비 문제도 어려운 것 같다. 지방 학생의 일부가 미등교나 부내 학생은 전원 등교하여 맹휴를 제일 먼저 단행한 학교이나 학생 공기는 평온한 듯하다. 특히 이번 맹휴로 도 당국과 일반에서도 농대의 실정을 재인식하게 되어 최희송 지사가 직접 각 방면으로 알선 역을 담당하게 될 것으로 예측되는바 농대생도 마음 놓고 면학할 수 있는 날도 멀지

않은 것으로 보인다.[32]

이렇게 대학의 맹휴는 일단락되었지만 중학교는 여전히 그 여파가 진정되지 않아서 3월 하순까지도 도지사의 등교 담화가 발표되고 있는 형편이었다. 그만큼 국대안 반대 운동은 해방 정국의 교육계에선 민족교육의 진로가 걸린 문제로 인식되어 수업을 전폐하고 투쟁에 돌입했던 것이다. 대구 3개 단과대학 학생들도 이 문제가 향후 국립대학의 위상과 발전에 심각한 영향을 미치리라 여기고 강력히 투쟁을 전개했다.

전국에서 일어난 국대안 반대 운동으로 1947년 5월 6일 미군정은 국대안 내용을 수정하여 발표했고, 투쟁도 잦아들었다. 국대안 반대 운동으로 온 나라 학생의 절반에 해당하는 4,956명이 제적당하고 교수의 3분의 2인 380명이 학교를 떠나게 된다. 8월 14일 3,518명이 복적되어 1년 만에 국대안 반대 운동은 일단락되었다.

2·7구국투쟁

1947년 좌파 세력은 물론 일반 대중들도 큰 기대를 걸고 있던 제2차 미소공동위원회가 아무런 성과 없이 결렬될 위기에 처했다. 미소공동위원회 성공과 민주주의임시정부 수립 운동에 총력을 기울였으나 미소공위가 결렬될 위기를 맞자, 남조선노동당(남로당)은 7월 27일 전국적으로 '미소경축민주임정수립촉진 인민대회'를 열기로 결정했다. 대구에서도 민주주의민족전선경북위원회 주최로 달성공원에서 수만 명이 참가한 대구시 인민대회가 열렸다. 그러자 미군정은 좌파 세력에 대한 대대적 탄압을 벌여 8월 이후 경북 도내에서 8백여 명을 체포했다. 그전에도 우익 청년들이 5월부터 민전 사무실을 습격하거나 민성일보사를 습격해 기물을 파괴하는 방해 활동을 벌인 바 있다.[33] 이렇게 자주적인 통일국가 수립의 가능성이 점점 멀어지고 있었다.

그해 9월 미국은 소련과 협상을 포기하고 한반도 문제를 유엔에 이관시켰다. 11월 유엔 총회에서 남북한 총선거 실시를 결정했지만, 소련과 북측이 거부함에 따라 1948년 2월 유엔 소총회는 남한만의 단독선거를 실시하기로 결정했다. 통일국가 수립의 기대가 좌절되고 단선단정으로 국가 건설 방향이 잡혀 가자 좌파 세력은 남로당의 주도 하에 '2·7구국투쟁'을 펼치게 된다.

대구의 2·7구국투쟁은 철도노조를 선두로 변전소, 군시제사(郡是製絲), 동방견직, 남선제철 등이 파업에 참가했고, 《민성일보》를 비롯한 모든 신문이 파업으로 휴간했다. 달성광산의 광부와 가족 2천 명이 시위를 벌였고, 7~9일에는 40여 곳에서 시가행진을 벌이고 전단 10만여 장을 살포했다.[34] 대구사범대학 학생들도 대구대학(영남대 전신) 학생이나 시내 중학생들과 함께 동맹휴학 투쟁을 벌였으나 수준은 높지 않았다. 이 투쟁으로 경북에서 1,800여 명이 체포되고 500여 명이 송치되는 타격을 입었다.

5·10단독선거가 다가오자 좌파 세력은 단독선거 반대 운동을 더욱 힘차게 벌여 나갔다. 대구사범대학은 중학생들과 함께 단독선거 반대 결의문을 발표하고 동맹휴학에 돌입했다.[35] 이 운동은 규모가 커서 100여 명이 체포되고 선거 후에도 계속되었으며, 대륜중학교가 무기 휴교에 들어가기도 했다. 선거를 앞둔 5월 8일에는 은행, 전매국, 대한방직과 남선전기 노동자들도 파업을 감행하며 단독정부 수립을 저지하는 투쟁을 벌였다. 경찰은 단선단정 반대 운동을 대대적으로 탄압하여 177명을 체포했고, 선거 전후의 좌우 세력 충돌로 경북에서만 50명의 사상자(사망 28

명, 부상 22명)가 발생했다.[36]

선거 후 정부 수립을 앞두고 미군정은 대대적으로 좌파 세력 검거에 나서면서 상당한 타격을 주었다. 남로당 주요 간부와 학교나 관공서에 근무하는 남로당 당원은 체포되거나 도주해 월북하거나 입산하여 무장 유격대로 활동하다 토벌되었다. 참여자의 대다수는 국민보도연맹에 편입 되었다가 한국전쟁이 발발했을 때 예비검속으로 집단 학살을 당하는 비극을 맞았다.

2. 분단 체제 강화와 운동의 침체

1948년 8월 대한민국 정부가 수립된 뒤로 공개적인 학생운동은 공백 기에 들어갔다. 이승만 정권은 김구를 비롯한 정적을 제거하면서 정치적 반대자를 용인하지 않는 광폭한 경찰국가로 점차 변모해 갔다. 게다가 정부가 수립되고 2년이 채 안되어 미증유의 동족상잔인 한국전쟁이 터 졌다. 한국전쟁은 국민들의 마음에 강력한 레드콤플렉스를 불러일으켰 고, 이념 대립과 사회 갈등을 금기시하면서 그 어떤 정치·조직 운동도 금 지하고 봉쇄했다. 이런 시대 분위기에서 진보당의 평화통일 논의나 민주 사회주의적 경제 개혁 요구조차 국가보안법으로 단죄함으로써 일체의 중 도적 요구도 금기시했다. 이로부터 학생운동은 10여 년의 침묵 후에 비 로소 부활의 기지개를 켜게 된다.

특히 정부 수립 후 1949년 초대 문교부 장관 안호상이 "공산 침략을 방지하기 위한 사상 통일과 군사훈련을 목적"으로 학도호국단을 설치했 다. 전쟁 중이던 1952년 경북대학교가 출범하자 경북대학교도 학도호국단(단장 고병간 총장, 운영위원장 김창곤)을 설치하여 군사교육을 실시했다. 휴전 협상이 진전되면서 문교부 장관 백낙준은 국방부와 협의해 그해 5월 27일 전국대학장회의에서 대학생은 졸업까지 징집을 보류하고 군사훈련을 받게 하고 졸업 후 간부후보생으로 임관토록 하는 방침을 결정했다. 졸업하면 바로 입대시켜 학생을 통제하는 병영교육을 실시했다.[37]

대학은 반공 운동의 기지로 전락했고 학생들은 휴전협정 반대 같은 관제 데모에 동원되었다. 1954년 6월 1일 호국단을 군대식으로 연대장(경북대 운영위원장), 대대장(단과대 운영위원장), 중대장(단과대 훈련부 차장) 체계의 전시 학도연대로 편성하여 통제를 강화해 나갔다. 그러나 1955년 국민개병제에 바탕을 둔 병역법 개정으로 실습이 필요한 자연계와 사범대만 징집을 보류하고, 나머지는 징집을 시행하면서 재학생 군사훈련이 중지되었다.

한편 1952년 12월 전국대학장회의에서 학도호국단에 학생 자치기구 성격을 부여한다며 운영위원장을 선거로 선출키로 결정했다. 하지만 막대한 재정을 집행하고 학교 안팎에서 학생을 대표하는 명예 때문에 선거전에 잡음이 적지 않았다. 그나마도 학생 대중과 괴리된 채 관료적으로 운영되었다.

이런 암흑기 한가운데서도 경북대 학생들은 간간히 이승만 독재에 저항하는 움직임을 보였고, 학원민주화에도 관심을 보였다. 유네스코 경북도학생위원회 위원장에 선출된 이상두(정치학과 52학번)는 전쟁 직후의 암울한 상황에서도 《경북대학신문》에 정치와 국제 정세에 관해 다양한 글을 투고하면서 전국과 대구의 웅변대회에서 입상했다. 정치학과에는 혁신계에 참여한 이동화 교수가 재직한 적이 있었다.[38] 이동화 교수는 1958년 1월 12일 진보당 사건으로 구속되었다가 무죄로 석방된 바 있

그림 2 진보당 사건 재판정에서 선 이상두(앞줄 맨 오른쪽)와 이동화 교수(두 번째 줄 맨 오른쪽)
(1958년 5월,《이 시대를 앓고 있는 사람들을 위하여》)

고,[39] 4월혁명 후 사회민주주의 정당인 사회대중당 기획위원장으로 활동
했다.[40] 이상두는 졸업 후《대구매일신문》논설위원 겸 경북대 강사로 활
동했는데, 1958년 진보당 사건으로 구속되어 징역 2년을 선고받아 대구
형무소에서 복역 중 1960년 초 가석방되었다. 이상두는 재판에서 스승
이동화와 함께 진보당 강령의 국가 변란 목적성을 부인했고, 민주적이고
평화적 방법으로 사회민주주의 실현을 목표로 한다고 밝혔다.[41] 그는 4
월혁명 후 1961년 3월《민족일보》논설위원이 되어 활동하다 다시 구속
되어 징역 15년을 선고받고 5년간 감옥에 있었다.[42] 이런 그의 활동은 조
직적으로 진행되지 않고 개별적으로 이루어진 듯하다.

한편 대구의과대학에서는 1958년 말부터 교수와 학생 간의 문제로 분
규가 있었다. 1959년 2월 24일 의과대 학생 250명이 참석한 총회는 석
달을 끌어 온 '교수가 학생을 고소한 사건에 대한 8가지 건의 사항(구속
기소된 함영찬 군의 고소 취하, 고소 취하해도 학교 당국은 정창수 교수에게

행정적 책임을 물을 것, 학칙 변경해서 추가 시험을 친 성적 불량자에도 최고 70점을 주어 1학점을 따도록 할 것)을 결의했다. 이 총회에서 학생들은 정창수 교수의 자진 사퇴를 권고하기도 했다.[43] 2월 28일 오전 의과대학에서 전체 학생이 동맹휴학에 돌입했다. 이 동맹휴업은 의과대 병리학교실 정창수 교수가 학생 함영찬을 고소한 사태에 대한 항의의 표시였다. 이들은 3월 6일에 실시될 예정인 기말시험도 거부하기로 했다. 학도호국단 운영위원장 윤기윤은 정 교수에 대한 항의라기보다 학생들의 결의를 묵살한 학교 당국에 대한 항의라고 했고, 정창수 교수는 호국단으로부터 결의를 통보받지 못했다고 주장했다. 의과대 학장 이칠희는 학생들이 등교토록 종용하겠으나 버티면 처벌하겠다고 밝혔다.[44] 그날 오후 의과대는 교수회의에서 "교수들이 설유하여 학생을 등교시키고, 불응할 시 단호한 조치도 불사한다"는 결정을 내렸다.

3월 2일 오전에 의과대 2학년 90명은 등교하여 정창수 교수의 수업을 들었고, 1학년 일부도 재시험을 위해 학교에 나왔다. 2학년은 "사회의 오해도 받기 쉽고 공부도 해야 하므로 등교했다"며 28일의 기말시험 거부의 결의가 유보된 명확한 이유를 밝히지 못한 채 동맹휴업 사태는 해결되었다.[45] 하지만 이 문제는 수면 아래 가라앉아 있다가 4월혁명 후 학원민주화 운동 과정에 다시 떠올라 중요한 투쟁으로 전화될 터였다.

2장

4월혁명과 진보적 사회운동

1. 이승만 정권의 몰락과 4월혁명

대구경북은 해방 공간에 국가 건설을 둘러싸고 단정 수립 세력에 강력히 저항한 10월항쟁의 발원지이다. 그러나 분단 정부 수립 전후 미군정과 이승만 정권의 지속적 탄압으로 민주화 운동은 암중모색의 길을 걷고 있었다. 한국전쟁을 겪은 이승만 정권은 반공 이데올로기와 온갖 조작 사건으로 정치적 반대자를 제거했고, 그 와중에 대구경북 지역의 진보적 정치 세력들도 지도부는 거의 와해된 상태였다.

진보적 야당 도시, 대구

하지만 대구는 한국전쟁 시기 인민군 미점령 지역으로서 개전 초기에 임시 수도 역할을 했고, 전쟁을 피해 남하한 진보적 지식인들이 지역에 뿌리를 내리고 있었다. 이승만 정권 시기에는 《대구매일신문》과 《영남일보》 같은 언론이 반자유당 논조와 비판으로 이승만과 자유당의 독재에 저항했다. 일부 교사와 대학교수 등 진보적 지식인들은 민주주의와 자유의 가치를 청년 세대에게 가르쳤다. 특히 전쟁 후 한국 정치사에서 대구 경북은 한국 민주주의와 자주 통일의 메카로서 역할을 떠맡기 시작했다. 1956년 제3대 정·부통령선거에서 대구는 진보당의 조봉암이 이승만을 압도[1]할 만큼 진보 정치 세력에 대한 지지가 높았다. 대통령 선거에서 101,120표 대 38,813표라는 큰 차이로 조봉암이 이승만을 누르는 파란을 일으켰다.

이렇게 이승만을 위협할 정도로 조봉암이 두각을 나타내자, 두려움을 느낀 이승만은 1958년 간첩 사건을 조작하여 조봉암을 체포하여 사법 살인하고 진보당을 해산시킴으로써 다음 대통령 선거의 정적을 사전에 제거하는 폭거를 저질렀다. 이것도 모자라 이승만 정권은 야당과 언론을 통제할 국가보안법 개정안을 1958년 12월 24일 크리스마스이브에 무장 경관을 동원하여 강행 처리했다. 게다가 정권에 비판적인 천주교가 운영하던 《경향신문》을 1959년에 폐간하여 비판 언론을 원천봉쇄했다.

이승만 정권의 독재에 비판적 논조를 펼친 《대구매일신문》은 지역의 여론 형성에 작지 않은 역할을 했다. 이에 이승만 정권은 1955년 논설을 통해 정권을 비판하던 최석채 주필에 대해 우익 테러를 사주해 언론 탄압을 자행했다. 관변단체인 국민회 경북도본부의 김민과 자유당 경북도당의 홍영섭이 괴한들을 지휘해 테러를 했던 것이다.[2] 또한 민주당 경북도당은 1958년 12월부터 1959년 1월까지 4차에 걸친 반대 시위를 조직하며 국가보안법 개정 반대 투쟁을 펼쳤다.[3] 이렇듯 야당의 강력한 저항이 그 무렵 청년학생층의 정치의식에 적지 않은 영향을 끼쳤을 것이다.

4월혁명이 이승만 자유당 정권의 억압 체제에 대한 각계의 폭넓은 저항을 수행해 오던 대구경북 지역에서 먼저 발화된 것은 놀라운 일이 아니었다. 비록 이식되었지만 자유민주주의에 대한 교육을 받고 자란 고등학생들이 민주주의의 최소 절차인 자유선거를 무시하는 정권과 그 하수인 노릇을 하던 교육계에 저항하는 것은 어찌 보면 당연한 일이다. 초기에 학생들이 주도한 저항운동은 형식적 민주주의의 실현을 요구했다. 자유선거와 언론 자유, 학원민주화와 정치적 중립 등을 요구했고 현실 정치에는 개입하지 않았다.

4월혁명의 불씨, 2·28학생시위

대구경북 지역 학생운동은 이승만 정권에 맞선 반독재 투쟁의 중심이었다. 그런데 이 시기 선도적 학생운동의 주역은 대학생이 아니라 고등학생이었다. 1960년 2월 28일 대구의 고등학생들이 이승만 정권의 부정선거에 항의하는 시위를 먼저 감행하고 대학생들은 운동에 늦게 동참하는 모양새였다. 2·28학생시위가 일어나고 3·15사건이 발생했을 때만 해도 대구 시내의 대학가는 암중모색을 이어 가고 있었다. 4월 20일자 《대구매일신문》은 그 무렵 대구의 대학가를 이렇게 묘사했다. "대구 학생들 잠잠." 영남 지역에서 시작된 2·28 대구 시위와 3·15 마산 시위라는 저항의 물결이 수도 서울에 본격적으로 입성한 것은 4월 18일부터다. 고려대학교 학생 3천여 명이 4월 18일 시위로 포문을 열었다. 4월 19일 서울대학교 문리대를 선두로 법대와 각 단과대, 대부분의 대학이 시위에 돌입했다. 경북대, 청구대, 대구대 등 대구 지역의 대학들도 바로 이 시기에 항의 대열에 동참함으로써, 국대안 반대 운동 이후 단절된 저항운동을 계승하며 오랜 기간의 침묵을 깨뜨렸다.

이승만 독재 정권의 관권 부정선거에 항의하는 조직적 저항을 전국에서 가장 먼저 분출시킨 세력은 대구의 고등학생들이다. 1960년 2월 28일은 민주당 부통령 후보 장면의 대구 연설이 열리는 일요일이었다. 이 유세에 학생들의 참여를 막기 위해 대구시 교육청에서는 일요일 등교를 지시했다. 이에 항의한 경북고와 대구고, 사대부고, 경북여고 등 공립 8개 고등학교 학생들이 대구 2·28학생시위를 이끌었고 곧 4월혁명의 도화선이 되었다. 경북고등학교는 해방 직후 5년제 경북중학 때부터 좌익 학생 운동 조직의 전통을 갖고 있었고, 경상북도 전역에서 모인 수재들이 엘리트 의식을 지니고 있어 불의에 대한 저항도 선도적으로 수행할 수밖에 없었다. 2월 29일에는 경북여고, 대구여고, 대구상고 학생들도 시위를 벌였다. 뒤이어 마산에서 일어난 '3·15부정선거 규탄 마산항쟁'은 4월혁명의 기폭제가 되었다. 이렇게 시작된 항의는 3월 들어 전국에 걸쳐 고등학생들의 연이은 시위로 부정선거에 항의하는 물결이 정국을 흔들었다.

대구경북에서 고등학생들의 시위가 가장 먼저 일어난 것은 한국전쟁 미점령 지역인 영남에 진보적 지식인들이 상대적으로 많이 살아남았기 때문일 것이다. 그 무렵 지식인의 주요 직업이 교사와 기자였다. 이 분야에 인적 자원이 풍부했던 여건은 대구경북 지역의 교원노조 운동이 전국을 선도하는 토대가 되었다. 이런 교사들에게 교육받은 대구의 고등학생들도 민주주의 원리와 현실에서 펼쳐지던 독재와 불의의 정치 현실에 심각한 괴리감을 느껴, 이승만 정권의 부정선거에 대한 항의 시위에도 앞장서게 되었을 것이다. 그리고 2·28시위에 주도적으로 참여한 경북고, 대구고, 사대부고 출신들이 대학 진학 후에도 학생운동에 참여하는 비중이 상대적으로 높았다. 4월혁명 후 경북대 운동을 주도적으로 개척한 이들이 바로 '2·28 세대'였던 사실은 결코 우연이 아니다.

이승만 정권 퇴진 운동

전국적으로 1960년 4·19 전까지는 주로 고등학생들에 의해 시위가 펼쳐졌다. 대구 2·28학생시위와 3·15 마산 시위가 일어나자, 경북대학교 각 단과대 대표(기세환, 전재창, 박용목)들은 3월 15일부터 시위 사전 모의를 극비리에 진행했다.[4] 이 무렵 대학은 이승만 정권의 학원통제 정책에 따라 학도호국단 체제로 운영되고 있었고, 정부에 대한 저항은 소극적인 편이었다. 그래서 3·15 전후로 요원의 불길처럼 번져 나간 고등학생들의 자유당 반대 시위에도 불구하고 전국대학생구국총연맹과 국정연구회 등은 "학생들은 자중하라"며 가두방송을 하기도 했다.[5]

4월 4일 전북대학교 학생의 시위를 계기로 대학생들의 시위 참여가 이루어졌다. 4월 18일 전후 본격적 대학생 시위인 고려대 시위에 정치 깡패를 동원하여 학생들을 습격함에 따라 대학생의 저항 의지에 기름을 부었다. 경북대도 4월 19일부터 학생들이 본격적으로 이승만 정권을 반대하는 시위에 돌입하고, 교수들은 4월 26일 전날의 서울 교수단 시위에 이어 가두시위에 동참함으로써 이승만 정권을 무너뜨리는 데 한몫했다.

4월 19일 각 단과대 대표[6]들이 오전 1교시 후 대학 본관에서 시국에 관해 의논한 끝에 궐기하기로 결의했다. 오후 2시 30분 경북대 대운동장에서 모여 법대 허동진이 격문을 읽은 뒤 시위에 나서기로 했다. 1천여 명의 시위대는 결의문 낭독과 구호 채택 후 "학도는 살아 있다. 국민이여 안심하라!"라고 적힌 플래카드를 앞세우고 2천여 명으로 불어난 시위행진에 돌입했다. "협잡선거 물리치고 공명선거 다시하자!" "학생의 인권을 옹호하자!" "민주주의를 살리며 학원 내에 미치는 정치력을 배제하라!"[7]는 구호를 외치며 전진하자 시민들은 환호와 박수갈채로 지지했다.

3시 30분경 신암파출소 앞 신천교 들머리를 50여 명의 무장 경찰이 사격 자세로 도열한 채 막고 있었다. 학생 대표들은 불상사를 막기 위해 시위대를 길바닥에 앉게 하고 신암파출소에서 경찰 간부와 협상에 들어갔다. 한참의 실랑이 끝에 평화적으로 시위를 하기로 협상함에 따라 무장 경찰이 철수했다. 시위대는 동인로터리를 지나 대구역 광장을 거쳐 중앙통(지금의 중앙로)에 도착했다. 4시 30분경 동산파출소와 한국은행 옆길을 지나 도청(지금의 경상감영공원)에 도착하니 기마경찰이 문을 막고 있었다. 시위대 중 한 사람이 주먹으로 경찰이 타고 있던 말의 배를 치니 말이 놀라 달아났다.[8] 이렇게 경찰 저지선을 뚫은 3천 명의 학생은 도지사 면담을 요구했다. 경북도지사 오임근은 학생의 요구에 응답했으나, 자기의 소임이 아니며 계엄령이 선포되었음을 알렸다. 그러나 학생들은 아랑곳하지 않았고, 5시 25분쯤 도청을 나와 시내를 돌아 6시 30분경 역전광장에서 결의문을 낭독하고 만세 삼창과 경북대학교 만세를 외치고서 해산했다. 결의문은 "구속 중인 우리의 학도 동지를 석방할 것, 마산사건에 대한 상세한 해명과 동족 살해에 대한 엄중한 책임 소재를 밝힐 것, 악독한 고문과 구타를 감행한 경찰로 공인된 자를 속히 구속·처단할 것, 헌법이 보장하는 기본 권리를 장해하는 법률을 무효화시킬 것"[9] 등을 요구했다.

4월 20일 계엄령 아래에서도 동인로터리에 집결한 의과대 학생 200명은 청구대 학생들과 합세하여 2군사령부(지금의 경북대병원 건너편 옛 미문화원 건물) 앞에서 계엄령 해제를 요구하며 농성을 벌였다. 이 와중에 전국에서 발생한 사상자를 위한 조문금 가두모금을 벌이기도 했다.[10] 또한 교수들도 전날의 시위 사후 수습과 휴교 문제를 논의하기 위해 단과대별 긴급 교수회의를 열었다.

4월 26일은 학생들의 희생에 응답하자고 경북대 교수단 100여 명이

그림 3 대구 시내를 행진하고 있는 경북대 학생들(1960년 4월 19일, 《대구매일신문》)

평화적인 가두시위에 나섰다. 교수들은 이날 오전 11시 경북대 대강당에서 사범대 오용진 교수의 사회로 긴급 전체 교수회의를 열었다. "4·19학생의거로 흘린 피를 헛되이 하지 않기 위해 우리 교수단도 좌시만 말고 대정부 규탄 데모를 감행할 것"을 만장일치로 결의하고, 구호문과 선언문 초안을 교수 전원의 기립박수로 통과시켰다. 교수들은 "경북대학교 교수단과 국민은 원한다. 이 대통령 즉시 하야를!"이라는 플래카드를 들고 시위에 돌입했다.

오후 12시 30분부터 2시 30분까지 수많은 시민의 박수갈채를 받으며 경북대→동인로타리→대구역→반월당으로 행진해 나갔다. 오용진 교수는 반월당에서 선언문을 낭독하고 "국민은 원한다. 이 대통령의 하야를 지지한다"라는 구호를 외치고 해산했다. 그러자 뒤따르던 경북대 학생 300여 명이 교수단의 플래카드를 인계하여 시위를 이어 갔다. 5관구 사령관 윤춘근 소장까지 현장에 출동하여 사고 방지에 주력함으로써 불상사는 일어나지 않았다.[11] 시위 도중에 이승만의 하야 소식이 알려지자 시민과 학생들이 함께 기뻐하며 행진했다. 이승만이 대통령에서 물러나던 날, 부산·마산 지역의 격렬한 공격보다는 덜했지만, 분노에 찬 시위대는 경찰서와 파출소, 도지사·경찰국장·시장 관사, 자유당사를 파괴했다. 또 반공청년단 단장이자 민의원인 신도환의 집과 자유당계 사람들의 집도 파괴했다.[12]

청구대학과 대구대학의 시위

4월혁명은 이미 한 학교의 문제가 아니라 세대의 저항이었기에 다른 대학과 고등학생들도 폭넓게 투쟁에 참가했다. 대구대와 청구대도 많은 학생들이 시위에 합류했다. 4월 19일 저녁 7시 10분경에는 청구대학 야간부 학생 1,500명이 시위에 들어가 시내를 일주하며 경찰과 헌병에 포위당한 채 행진했다. 청구대(지금의 문화동 노보텔호텔)에서 출발한 시위대는 한국은행→대구매일신문사→중앙파출소→삼덕로터리를 거쳐 오후 8시 40분경 동인동 도지사 관사에서 "우리의 요구에 답하라"고 외치며 40분가량 연좌했다. 11시 무렵에는 학교 안에서 연좌농성을 벌이다 해산했다.[13]

이날 청구대 여학생 배금원(국문과 1학년)과 전귀연(영문과 1학년)은 연행되어 조사 과정에 구타와 고문, 성추행을 당하여 입원 치료를 받았다. 이 일로 여성계(적십자사)가 문제를 제기함에 따라 대구경찰서 고문 경관 이준기가 구속되기도 했다.[14] 4월 20일에도 청구대 학생 200여 명이 강당에 모이다 학교 당국의 만류를 뚫고 동인로터리에서 경북대 의대생 60여 명과 합류하여 시위를 벌이자 대구 인근 지역에서 지원 나온 경찰 병력이 이들을 제지하기도 했다.[15] 그리고 4월 26일 오후 2시에 "이 대통령의 하야를 지지한다"는 플래카드를 들고 청구대 학생 300명이 평화적인 시위에 들어가자 시민들이 열광적인 환호를 보냈다. 이날 청구대 교수 40여 명도 2시 30분경 학생들의 희생에 동참하는 시위를 감행했다.[16]

한편, 계엄령이 선포된 4월 20일 대구대 학생 500여 명이 오전 9시경 학교 광장에 집결하여 선언문을 낭독하고 구호를 외치며 시위에 돌입했다. 이날 오전 9시부터 경찰은 시위 첩보를 입수하고서 대명동로터리에서 바리케이드를 구축하고 있었다. 10시쯤 정문을 통해 남부관통로(지금의 중앙대로)를 행진하여 중앙로 쪽으로 진출하려다 대구고 북쪽 300미터 지점에 구축된 바리케이드에 제지당했다. 그러자 영선못 쪽으로 우회해 대봉동 미군부대 후문을 돌아 경북중학교로 행진하며 중앙로 진출을 시도했다. 이 과정에 이미 배치된 경찰들이 진출을 저지하자 대구상고 뒷길에서 삼덕동을 거쳐 경북대 의대생들과 합류하려 했으나 경찰 제지로 실패하여 11시경 해산되고 말았다. 이 과정에 14명이 연행되었고, 수성교 부근 수성병원 앞에서 송효익(정치학과 2학년) 등 학생 20여 명도 연행되었다.[17] 4월 26일 오후에는 대구대 교수 30여 명이 민의원 해산과 대통령 하야를 요구하는 시가행진을 벌였다.

2. 학원민주화 운동과 계몽운동

학생자치회 건설과 학원민주화 운동

이승만이 하야하자 경북대 학생들은 선무반을 파견하여 질서유지 활동에 들어갔다. 한편 대학 정화와 어용교수 퇴진 같은 학원민주화 운동과 선거 계몽운동도 벌여 나가며 전국 흐름에 보조를 맞추었다. 학생들은 먼저 어용교수 퇴진, 학교 당국과 교수들의 억압적 태도 개선을 요구했다.

경북대는 4월 29~30일 이틀 동안 열린 문리대 교수회의에서 고병간 총장에 대한 인책 사퇴를 요구하는 주장이 제기되었다. 교수들은 총장이 불응할 경우 학생들의 신임투표를 거쳐 처리해야 한다고 주장하며 인사 경리 행정의 불합리 시정, 총장 인책 사퇴, 사무직원·기구 감축, 아부 어용교수 퇴진, 4·19시위를 방관하고 저지한 교수의 양심적 사퇴 등 10여 개 항목을 요구했다. 특히 교수들은 5월 2일 학생 등교 이전에 이 문제를 해결해야 한다고 주장했다.[18]

한편, 이승만이 물러나고 꾸려진 허정 과도내각은 5월 3일 국무회의에서 학도호국단 해체를 결정했다.[19] 경북대 학생들도 이에 따라 학도호국단을 해체하고 학생자치회 건설에 나섰다. 경북대는 학도호국단 간부가 자유당의 외곽단체에 가입한 경우가 많아 전원 사퇴를 요구하여 축출하고 자주적인 자치학생회를 구성했다. 5월 3일 5개 단과대 학생대표 25인이 모여 ① 어용교수(총장 고병간, 대학원장 김사엽, 교학처장 이종항, 학보사 부사장 김익호, 농대학장·학감)와 직원의 축출, ② 데모 주동자를 밀고한 자 색출, ③ 후원회 간부 퇴진, ④ 본관 일부를 강의실로 씀, ⑤ 학교 운영의 민주화·단과대 운영은 교수회의가 운영토록 함, ⑥ 학보의 중립·자치화와 편집국장 퇴진, ⑦ 호국단 해체와 자치회 구성, ⑧ 학생회관 관리는 학생자치회가 함, ⑨ 기성회비 반환 등 9개항의 요구 조건을 제시하고, 5월 9일까지 관철되지 않으면 동맹휴학에 들어갈 것이라고 선언했다. 그러나 요구 조건이 관철되지 않자 10일 선언문[20]을 채택하고 곧바로 동맹휴학에 돌입했다. 동맹휴학 후 2주가 되도록 해결이 되지 않자 상당수

학생들은 수업을 받으면서 투쟁할 것을 제의하여 사범대, 문리대, 법정대는 각각 5월 21, 23, 26일 등교하게 되었다. 6월 1일 학교 당국은 아홉 번째 요구 사항의 절충안으로 기성회비 2만 환 가운데 1만 환을 반환하기로 하여 의대를 제외한 4개 단과대 학생총회가 찬성함으로써 문제가 진정 국면에 접어들었다.[21]

학원 정화 운동 중에서 가장 오랫동안 벌인 운동이 경북대 의과대학의 어용교수 퇴진 운동이다. 의과대학이 이처럼 장기간에 걸쳐 강도 높은 투쟁을 밀고 나간 것은 아주 드문 일이었다. 의과대학은 학생회장 이근우를 중심으로 어용교수로 정창수(병리학), 이규택(내과), 최재규(세균학) 교수를 지목하며 장기간에 걸친 학원민주화 투쟁을 벌였다.[22] 이 교수들이 지목된 까닭은, 교수로는 우수하나 성격이 독선적이고 낙제를 많이 시켜 유급당한 학생들의 원성이 잦았거나(정창수 교수는 퇴직 후 부산대로 이직) 실력은 있었지만 다른 교수와의 알력으로 희생된 점(이규택 교수는 사퇴 후 미국 유타대학 정교수로 이적) 등이었다.[23] 이런 교수들은 이승만 정권에 아부한 교수라기보다 권위적이고 독선적으로 학생을 대하다가 혁명의 물결에 휩싸여 어용교수로 지목된 측면도 있다.[24]

이 투쟁은 5월 2일부터 시작해서 6월 13일은 전체 학생 396명 가운데 384명이 자퇴를 하고, 6월 15일은 문교부 장학관이 조사관으로 파견되었다. 7월 1일 학생들이 총장실을 점거하고 단식투쟁에 돌입하고 정창수·이규택 교수를 납치하자, 문교부는 당일 의대에 무기 휴교령을 내리고 의대 교수의 사표 제출을 지시했다. 이렇게 투쟁이 격렬해진 원인은 7월 5일 모든 의대 교수가 사표를 내고, 학생 120명이 단식투쟁에 돌입하고 60명이 병원에 입원했기 때문이다. 더구나 12일은 의대생 18명이 구속되는 사태에까지 이르렀다. 8월 16일 문교부는 휴교령을 철회하고 신

그림 4 의과대 학생들이 총장실 점거농성 중에 구호가 적힌 펼침막을 붙이고 있다(1960년 7월, 《대구매일신문》)

임 학장으로 이주걸 교수, 병원장으로 김중명 교수를 임명했다. 11월 18
일에 구속된 의대생 4명에게 선고유예를 내리며 경북대 의과대 분규는
막을 내렸다.[25) 농과대학도 5월25일부터 장상욱, 이용하 두 어용교수 퇴
진을 요구하다 6월 13일에는 강의 시간 대체를 요구하며 단식투쟁에 돌
입했다. 6월 21일 오후 5시에 열린 농대 교수회의는 강의 대체를 결정하
고 학생 대표에 설명하면서 농성이 해제되었다.[26)

　이러한 학원민주화 운동은 모순이 누적되어 있던 학교라면 예외 없이
일어났다. 5월 10일 계명대학교 영문학과 학생 200여 명은 비기독교인에
게도 강사 임용을 개방하라고 요구하며 부학장 신태식의 사퇴를 요구했
고, 1959년 4월에도 학생 스트라이크가 있었다고 운영위원장(김기한)은
밝혔다.[27) 대구대는 5월 5일 학생 대표와 동창회의 요구로 자유당 중진인
재단 이사 3인(이우익, 금용국, 강용)에게 권고사퇴를 요구했다.[28) 청구대
도 지난날 아나키스트로서 진보 운동에 참여했던 최해청 학장이 자유당
과 정부에 아부했다며 학생들이 퇴진을 요구하자 사퇴하는 일이 발생했
다.[29) 대구사범학교(대구교육대학교의 전신)와 효성여대(지금의 대구가톨릭
대)는 이 시기보다 늦은 고양기에 어용 비리 교장·학장 퇴진 운동이 일어
났다.

계몽운동과 신생활 운동

　이승만 정권이 붕괴되자 곧바로 대구 지역 학생들은 질서 회복에 나
섰다. 4월 27일 경북대, 대구대, 청구대, 계명대 4개 대학과 고등학교 대
표 40여 명이 계엄사령관 장도영을 만나, 민주주의와 새 조국의 건설을
위해 질서 회복에 협조하겠다고 제의했다. 이 자리에는 4개 대학 총학장
과 경북도지사 오임근도 참석했는데, 학생들은 장도영을 '치안사령관'으

로 추대했다. 이들은 학생치안반, 정리반, 청소반을 구성하고 대구 시내의 파괴된 관공서와 거리를 청소했다. 학생들은 각 담당 경찰서에 배치되어 이튿날까지 경찰을 도와 시가지 청소와 흥분한 대중을 타이르고 달래는 선무반 활동에 나섰다. 경북대는 대구경찰서에 300명, 대구대는 남부경찰서에 200명, 청구대는 동부경찰서에 200명, 계명대는 경찰본국에 100명씩 학생치안반으로 배치되어 활동했다.[30]

경북대 학생들은 대구경찰서 관내 14개 파출소와 안동, 영주, 예천, 선산, 구미, 울릉도까지 파견되어 질서회복 활동을 수행하여 계엄 당국자와 시민들의 찬사를 받았다.[31] 특히 법대 정성옥, 이규무, 김규춘, 정종호 네 명으로 구성된 영주·풍기 지역 선무반이 사흘간의 활동을 마치고 30일 돌아왔다. 이들은 당시 극도로 흥분한 지역의 민심을 가라앉히고 질서유지를 위해 파견되었다. 영주 지역은 부정선거에 따른 민의원 재선거 지역이어서 지역민들의 정부와 자유당에 대한 반감이 유독 심했다. 이들은 파괴 행위를 막는 데 주력하여 3개 학교 가운데 1개교만이 시위를 하도록 선무 활동을 벌였다.[32]

한편, 7·29총선을 앞두고 6월 22일 경북대 법대, 문리대, 사범대 학생 30여 명으로 '민주선거촉진학생연맹'이라는 계몽 단체가 결성되었다.[33] 이들은 국회의원 총선거를 위한 선거 계몽을 목적으로 했다. 첫 사업으로 7월 7일 포항·영일 지역에서 공명선거 계몽, 보수·혁신 양당 정치에 대한 지식 전파, 반혁명 세력의 배척과 혁명 완수를 위해 지녀야 할 태도 등에 대해 10일 동안 계몽활동을 벌였다.[34] 이 기간 동안 포항시 선거관리위원회에서 일부 학생들이 유령 유권자 시정을 요구하는 농성을 벌였고, 선관위에서는 "사무 착오로 발생한 366명의 가공 선거인이 시정되었다"고 해명하는 사건이 발생했다.[35]

7·29총선 이후에도 경북대는 의대 어용교수 퇴진 투쟁이 장기화되면서 학원은 여전히 마비 상태였다. 7월 1일 의과대학에 내려진 휴교령이 여전히 해제되지 않다가 마침내 문교부는 8월 16일 휴교령을 해제했다. 총선 전인 7월 15일 오후 6시 경북대 문리대 사회학과 학생 10여 명은 신생활 운동의 시작을 알렸다. 이들은 소나기 퍼붓는 와중에도 "양담배 배격과 국산품 애용" 및 "정치 혁명과 함께 생활을 개선하자"는 플래카드를 들고, 자전거에 확성기를 설치하고 시내를 일주하며 평화적 시가행진을 벌렸다.[36) 이는 서울대 등에서 일기 시작한 신생활 운동에 대한 대구 지역의 첫 반응이었다. 물론 6월에는 선거계몽대를 구성하여 7·29총선 전에 지방에 파견되어 활동하기도 했다.

9월에 개학한 경북대 학생들은 10월 31일 학생회관에서 100여 명이 참가한 신생활계몽대를 발족시켰다. 선언문[37) 낭독 후 《영남일보》 이상두 논설위원의 격려사와 조현 4H클럽 회원의 조언에 이어 행동 방안을 놓고 토론했다. 100여 명의 계몽대원은 "나락과 음모의 소굴 빠·카바레·다방의 문을 닫자," "미국 잉여 농산물에 농민은 운다," "왜가요 일소하여 민족정기 되살린다," "미제·일제 쓰는 것은 민족의 수치다"라는 플래카드를 들고 동인로터리와 중앙로를 지나 시내를 행진하면서 시민들의 주의를 환기시켰다. 비밀 댄스홀과 카바레 다방을 돌아다니면서 절제와 국산품 애용 등을 계몽하는 활동도 벌였다.[38) 또한 12월 12~15일까지 댄스홀 광경, 고급 관리들의 음성적 실태, 고아 등 사회의 암흑상을 담은 사진 전시회를 거리에서 열어 시민의 각성을 촉구하기도 했다. 하지만 이 운동은 특별한 성과를 거두지도 못했고 사회의 냉대와 비난을 받기도 했다. 계몽대 대표들은 11월 10일 경북대학보사 주최로 김성혁 부사장, 배용광, 김진재, 차기벽 교수와 좌담회를 열고 이를 극복하기 위해서는 자아비판이 선행되어야 함을 인식하게 되었다. 종강·휴강·시험부정 없애기, 녹화 운동 및 가까운 농촌의 계몽이 필요하고, 양담배 유입의 근원을 막는 것이 중요함을 깨달았다.[39] 하지만 이후 학생운동의 흐름이 통일운동으로 옮아가면서 이 운동도 소강상태에 빠졌다.

반혁명 세력 척결 운동

한편, 개헌 논의가 한창이던 5월 29일 허정 과도내각 수반이 이승만의 미국 망명을 주선했다. 5월 30일 대구대 학생 1천여 명은 오전 9시에 학교 운동장에 모였고 "허정 수석은 국민을 기만하지 말라!" "국민 앞에 사죄하라"는 현수막을 앞세우고 시가행진에 돌입했다. 오전 11시 반경 대구역 광장에서 허정 내각수반에게 보내는 경고장과 아이젠하워 미국 대통령에 보내는 메시지를 낭독한 후, 연도에 늘어선 시민들의 환영을 받으며 오후 1시쯤 학교로 돌아왔다.[40]

7월 16일 대구역 광장에서 대구 시내 12개 단과대 및 26개 고등학생 1만 여 명은 자유당 인사들의 총선 참가를 규탄하는 반혁명 인사 규탄대회를 열었다.[41] 또 7·29총선 전날인 7월 28일 오후 7시 20분에 수성교 둔치에서, 경북대는 대구대, 청구대와 공동 주최로 서울대 국민계몽대와 함께 반혁명 세력 규탄 궐기대회를 개최했다. 각 대학 대표 5명이 연설한 후 지프차 두 대를 앞세우고 전단을 살포하며 200여 명의 학생이 횃불을 들고 시가행진에 돌입했다. 연설에서 일부 반혁명 세력들이 득표공작에 추태를 부리고 있으므로, 이들의 "일당 독재를 막아야 한다"고 주장했다. 또 가창, 산청 등지의 양민학살 원흉과 백범 암살 배후를 밝혀라," "부패 기성세력 물러가라!" "부정축재자, 은폐자 엄단하라"는 구호를 외치며 시내를 행진하다 역전광장에서 해산했다.[42]

3. 통일운동과 2대악법 반대 운동

청년학생과 통일운동

경북대 학생들은 학원민주화가 진전되고 이런저런 계몽운동으로 사회의 청신한 기풍이 어느 정도 진작되자, 민족의 염원인 통일운동으로 운동의 방향을 전환했다. 11월 1일 서울대학교가 먼저 민족통일연맹(민통련)을 결성하자, 11월 4일 경북대학교 법정대 학생 30여 명이 모여 민족통일학생촉진연구회 발기대회를 개최했다. 허동진(법대)의 사회로 이상두(영남일보 논설위원), 장상호(시국대책위원회), 정치학과 차기벽 교수의 격려사가 있었다. 이들은 격려사에서 케네디의 미국 대통령 당선이 통일 논의를 촉진시킬 것이라는 전망을 하기도 했다. 그 후 회칙 통과, 17명의 임원(기획, 선전, 통제, 학술, 회무, 조직 6개 부서 각 2명씩) 선출, 5개항의 결의문을 채택했다. 이 단체는 서울대 민통련 이후 전국에서 두 번째로 결성된 통일 단체였다.[43]

1960년 가을에는 기세환(철학과 58학번), 전재창(화학과 58학번), 박용목(영문학과 58학번), 변태강(농화학과 60학번), 전하춘(사회학과 59학번)의 주도로 경북대 민족통일촉진학생연구회가 결성되었다. 이 단체는 경상북도 민족통일연맹(경북 민통련)에 가입하여, 1961년 봄에 펼쳐질 '남북학생회담' 추진 등 통일운동에 연대 투쟁을 전개해 나갔다. 1961년 5월 20일에 예정된 남북학생회담에 대구에서는 100여 명이 참가하기로 하고 회담의 분위기를 돋우기 위해 "가자 북으로, 오라 남으로. 만나자 판문점에서!"라는 구호를 내걸고 연일 시가행진에 나섰다. 경북대 민족통일촉진학생연구회는 대구대 정만진, 청구대 최규태 등이 주도한 두 대학의 민통련과 연대하여 통일운동, 2대악법 반대 운동을 펼쳐 나갔다.[44]

2대악법 반대 투쟁

이러한 민통련과 혁신 세력이 주도하는 통일운동과 민중운동이 급격히 고조되자, 장면 정권은 이 운동을 규제하고자 3월 8일에 국가보안법을 보강한 '반공임시특별법'과 '데모규제법'을 제정한다고 발표했다.[45] 경북대 학생들은 이에 맞서 경북대 민통련 주도로 2대악법 반대 투쟁을 치열하게 전개해 나갔다. 전국적으로 가장 치열하게 진행된 대구경북 지역의 투쟁은 대중 동원에도 아주 성공적이었다. 경북대 민통련은 대구의 민족민주운동 세력과 밀접한 관계를 맺고 자주 민주 통일운동에 적극 나섰다. 3월 18일 대구역 광장에서 2대악법반대 경북대학생공동투쟁위원회 주최의 집회에 참석했다.[46] "2대악법 폐지하라!"는 구호를 외치며 교문을 나서면 학생들뿐 아니라 일반 시민들까지 가세하여 1만 명이 넘는 시위대가 시가지를 행진하여 대구역 광장 → 남일동 → 수성천변 → 달성공원 등을 행진했다. 2대악법 투쟁의 불길이 전국에 걸쳐 번져 나가자 장면 정권은 회기 내 국회 통과를 포기한다는 성명을 발표했다.[47]

한편 2대악법 반대 투쟁은 학생운동 세력만의 역량으로 진행할 수 없었다. 법률제정 반대 투쟁이었던 만큼 정당 및 사회단체와 연대는 필수적이었다. 1961년 3월 31일에 '2대악법반대 경북정당사회·노동·학생단체 공동투쟁위원회'(2대악법공투위)가 구성되었다. 이 단체에는 경북교원노조연합회, 통일민주청년동맹 경북준비위, 민주민족청년동맹 경북도맹, 2대악법반대 경북학생공동투쟁위원회, 혁신당·사회대중당통합추진위원회, 민족통일연맹, 민족자주통일협의회, 대구시노동조합연맹, 경북노동조합연합회, 사회당, 통일사회당, 경북피학살자유족회 등이 참여했고, 그 아래에 총무선전·섭외위원과 동원부를 두고 전국에서 가장 강력한 투쟁을 지도해 나갔다.[48] 5·16쿠데타가 발생하면서 지도부는 대거 구속되었지

그림 5 2대악법 반대 투쟁을 보도하는
기사(1961년 4월 2일, 《매일신문》)

만, 이들이 1960년 이후 대구경북 지역 민족민주운동의 지도부로 성장
하여 활동해 나가게 된다.

2대악법공투위는 대구역광장에서 3월 18일 1만 명, 3월 21일 1만5천
명의 군중이 참여한 궐기대회를 개최했다. 3월 24일에는 전국 최대 군중
인 3만 명을 동원하여 2대악법을 분쇄하기 위한 선도적 투쟁을 전개했
고, 대회 후 학생 1천여 명이 횃불시위를 감행하기도 했다.[49] 다른 지역은
소강상태를 보인 4월 2일, 오후 5시부터 8시까지 대구역 광장에서 공투
위 주최로 2천 명이 참여하여 '2대악법반대 대구궐기대회'를 열었다. 장
면 정권은 이날부터 공세적 진압에 나서 참가자 43명이 경찰에 연행되었
다. 경북교원노조위원장 김문심, 2대악법반대투위 위원장 정만진 등 지도
부 35명이 공무집행방해죄로 구속되었다. 참가자들은 "장면 정권 물러

가라!" "악질 경찰관 물러가라!" "2대악법은 살인법이다, 죽음으로써 막아내자!" 구호를 외치며 경찰과 격돌했다. 이날 경북도경은 예하 24개 경찰서에서 2천여 명의 경찰 병력을 동원하여 대회를 불법 집회로 규정하고 봉쇄 작전을 펼쳤다.

대구경찰서에 구속된 대회 참가자들은 4월 4일 아침부터 평화적인 데모를 강제 진압한 경찰에 항의하며 단식투쟁에 돌입했다. 위원장이 구속된 경북교원노조는 4월 4일 성명서를 발표하고, 경찰이 평화적인 시위 집회를 폭력으로 탄압하여 민주주의를 말살시켰다고 통박했다. 또 구속자 전원 석방을 요구함과 동시에 전국 5만여 조합원을 총동원하여 투쟁할 것을 결의했다. 전국교원노조 대의원대회를 4월 5일 대구에서 개최하고 4개항(구속 조합원 석방, 조합원에 대한 기소, 휴직 처분 취하, 2대악법 철회)의 요구를 담은 결의문을 발표했다. 한편 경찰은 대회 당일 43명을 소요죄 혐의로 긴급 구속한 데 이어 대구시자동차노조 위원장 김종하, 민주민족청년동맹 경북도맹 간사장 도예종을 비롯한 혁신 정당과 사회단체 간부 30여 명을 사태의 주모자로 지명수배했다.[50] 이들은 5·16쿠데타 이후 혁명재판부에서 반혁명 범죄로 소급 적용되어 유죄 판결을 받게 된다.

시위로 세워진 정부가 시위를 진압하는 형국이 조성되자, 4월혁명 정신의 쇠퇴에 많은 학생과 시민들이 우려를 표하기 시작했다. 4월 7일에는 오후 4시 반부터 수성천변에서 시민 1천여 명이 참가하는 '2대악법반대 규탄대회'가 열렸다. 참가자들은 한 시간 동안의 대회를 마치고 "2대악법 철회하라"라는 결의문을 채택한 후 지프차를 선두로 줄지어 시위행진에 나섰다. 참가자들은 봉산동을 거쳐 반월당로터리에 도착하여 오후 6시 40분경 만세삼창을 외치고 자진 해산했다. 이날 경찰과 별다른 충돌은 일어나지 않았다.[51] 4월 14일에도 학생 4천 명으로 시작된 '악법 반대 및 구금학생석방 궐기대회'에 시민들이 가세하여 6천 명이 줄기찬 투쟁을 전개했다.[52] 이 투쟁은 반공 냉전 체제를 위협하는 민중운동의 분출에 두려움을 느낀 일부 군인들의 5·16쿠데타로 좌절되고 만다.

이 시기, 경북대 학생운동의 특징

4월혁명 시기 경북대는 민주화 운동과 통일운동 영역에서 빛나는 금자탑을 세운 대구경북의 선봉대 역할을 했다. 의과대학의 어용교수 퇴진 투쟁처럼 학원민주화 투쟁에서, 이후 전개된 통일운동과 2대악법 반대 운동에서도 그 규모와 치열함에서 전국적 모범을 보였다. 이 점은 민주화운동기념사업회가 편찬한 《한국민주화운동사》1(2008)을 한 번만 죽 훑어보아도 금방 알 수 있다. 4월혁명기 경북대는 민주화와 통일운동에 기여하며 몇 가지 특징을 보인다.

먼저, 대구경북 지역에서는 모든 사회 영역의 투쟁이 활발히 전개되었고, 경북대는 노동운동과 피학살자유족회 운동을 제외한 대부분의 운동에 주도적으로 참여했다. 특히 민족의 모순이 집중된 통일운동과 첨예한 정치 투쟁인 2대악법 반대 운동에서 전국적으로 선도적 역할을 수행했다. 진보적 운동 역량을 유지하고 있었고 성인 세대의 풍부한 경험과 사상적 지도가 결합된 산물일 것이다. 이 때문에 5·16쿠데타 후 박정희 정권 아래에서도 서울 지역의 학생운동과 대등한 위치에서 전국 운동을 주도할 기초를 놓았던 것이다.

하지만, 다른 지역의 대학과 마찬가지로 경북대는 노동운동과 교원노조 운동 및 피학살자유족회 운동 등에 주목하지 않았다. 이것은 한국전쟁 후 형성된 반공 이데올로기가 학생운동에도 깊게 영향을 끼쳤기 때문일 것이다. 한국전쟁 이후 이승만 정권 시기의 학생운동이 거의 공백이었고, 다른 운동과의 연대 의식도 미약했다. 4월혁명 공간의 학생운동도 다른 민중운동과의 연대에 대한 의식이 거의 없었다. 교원노조 운동을 적극 지원한 고등학생과 달리 경북대는 노동운동과 민중운동에 대한 지원과 참여는 보이지 않는다. 남북학생회담을 추진한 민족통일학생연맹은 민족 분단이라는 같은 뿌리에 나온 피학살유족회 운동에 대한 관심을 보이지 않았다.

2부
박정희 정권 수립과 학생운동

1961~1971

3선개헌 반대 투쟁에서 경찰과 대치하는 학생들(1969년 7월 4일)

3장

학생운동과 이념서클의 등장

5·16쿠데타 후의 학생회 활동

박정희를 필두로 한 군부 쿠데타는 4월혁명으로 열린 운동의 공간을 급격히 위축시켰다. 4월혁명기 각종 운동의 주요 지도부는 대부분 구속되거나 수배를 받아 운동이 중지되었다. 경북대학교에서는 총학생회를 비롯한 공개 조직의 지도부들은 혁명의 고양기에 일어난 통일운동과 2대 악법 반대 운동에 대다수 참여하지 않고 학업으로 복귀했다. 그래서 이들은 5·16 이후의 반동기에도 구속을 피할 수 있었다. 하지만 학원 바깥 선배 운동가들과 연계해 통일운동과 사회운동에 관여한 기세환, 전재창, 박용목 등은 수배되거나 구속되었다. 이들이 구속된 뒤에 학생운동은 정돈이 필요했다. 그래서 4월혁명기에 2·28학생시위에 참여하여 혁명의 세례를 받았던 2·28 세대들이 대학을 입학한 1961~1962년은 1년을 사이에 두고 상황이 돌변했다. 2·28 주역들은 당시 고등학교 2학년들이었고, 이들이 대학에 입학한 1961년은 4월혁명의 고양기를 거치다 '테르미도

르의 반동'이 들이닥쳐 2학기엔 학원이 강제로 정돈되었다. 그리고 1962
년은 군부 쿠테타에 따른 대학의 조정으로 입학 정원이 큰 폭으로 축소
되었다. 그렇지만 이미 시민권을 획득한 총학생회의 선거마저 군부 세력
이 없앨 수는 없었다.

그리하여 1962년도 총학생회장에 사범대 체육교육학과 백대철이 당선
되었으나, 그해는 군사 정부가 아직 군정을 펴고 있어 학생 활동에 많은
제약을 가해 별다른 활동을 하지 못했다. 1963년 총학생회는 1962년 1
학기에 각 단과대 학생회 선거를 치르고 2학기에 선출하기로 했으나, 선
거법 7개 항목의 수락 여부로 오랜 갈등을 겪다 12월에야 가까스로 선거
를 치렀다. 6월 9일에 의과대학의 학생회 선거에서 당선된 이죽내(의예과
58학번)[1]가 12월 4일 본부 대의원대회에서 대의원 50명 중 31표를 득표
해 총학생회장에 당선되었고, 수석부의장에 이귀호(수의학과 3학년), 차석
부의장에 우창보(농화학과 2학년), 대의원회 의장에 문광연(수학교육과 2
학년)이 당선되었다.[2]

1963년도(9월부터 임기 시작) 총학생회는 10월 서울 공릉동 서울대 공
대에서 전국 대학의 총학생회연합 준비위원회 결성식을 추진했고,[3] 대학
교지인 《경대학보》를 복간했다. 총학생회장 이죽내는 전국 대학 학생회
장 가운데 최연장자로서 한국대학생총연합회(한학총) 준비위원회 위원장
을 맡아 서울대 김유정, 고려대 김유진, 이화여대·숙명여대 학생회장 등
과 함께 한학총 준비위원회 결성식을 주도했다.[4] 한학총 준비위는 박정
희의 군정에 반대하여 신속한 민정이양을 요구했고, 국제 대학생 연대 기
구인 국제학생회의(ISC)[5]나 사회주의 진영의 국제학생연맹(IUS)[6]과의 연
대도 염두에 두며 국제 활동도 주요 사업으로 잡았다. 그래서 한학총 준
비위 결성 후에도 정부 당국은 학생회 연대 기구의 정식 출범을 번번이

방해했다. 정부 당국은 각 대학의 총학생회장에게 해외여행을 보내 준다고 회유하며 집요하게 한학총 결성을 방해했고, 결국 창립은 무산되기에 이른다. 이죽내는 회유를 거부하고, 1955년 3월에 창간되어 1957년 3호 발간 후 정간된 《경대학보》[7] 복간을 추진하다 기부금품모집법 위반으로 구속되어 3개월 징역을 살고 나왔고 졸업도 1년 늦게 했다.[8] 수석부의장 이귀호와 학예부장 전재수(국어교육과)가 중심이 되어 복간한 《경대학보》는 지역의 기업체들로부터 광고를 유치했다. 경찰은 한학총 준비위원장이었던 이죽내를 기부금품모집법 위반으로 구속함으로써 총학생회 연합 조직 결성을 방해하는 목적을 달성했다.

의과대학 학생운동의 뿌리는 일제 강점기의 대구의전과 해방 공간의 국립 대구의과대학에 가 닿지만, 특히 4월혁명기에 격렬했던 학원민주화 투쟁의 영향이 이후 많은 학생운동 참여자를 배출시켰다. 6·3한일회담 반대 운동을 거쳐 3선개헌 반대 운동과 반유신 투쟁에도 의과대학의 적지 않은 학생들이 투쟁 대열에 동참했다. 이 과정에 현승효, 심오석 같은 이들은 의문의 죽음으로 민주 제단에 생명을 바치기도 했다.

1. 이념서클 맥령

4월혁명 시기 경북대학교의 학생운동은 정의감에 불타는 학생들에 의해 자생적으로 시작되었다고 할 수 있다. 기존의 연구나 구술 조사에 따르면, 서울대학교의 신진회처럼 미리 조직된 이념서클이 존재하고 그들에 의해 운동이 주도된 게 아니었다. 4월혁명기 후반으로 넘어갈수록 민족통일연맹이나 2대악법반대 투쟁위원회 같은 이념적 지향을 띤 투쟁 기구의 주요 간부들은 투쟁을 지도하고 사상과 이념을 학습하는 서클이 필요하다는 점을 절감했을 것이다. 해방 공간의 조직 상황처럼 일제 식민지 시대에 행해지던 비공개 소규모 '골방 학습'이 있었을 가능성도 배제할 수 없다. 대학의 이념서클이란 사회운동이나 정치운동을 목적으로 정치·경제·사상 등을 학습하고 연구하는 모임[9]이다.

경북대에 등장한 이념서클도 현실의 제도와 사상의 변혁, 나아가 실천을 도모해야 했다. 경북대 이념서클의 첫 출발은 6·3항쟁이 일어나던 1964년 봄에 비밀리에 만들어진 맥령(麥嶺, 보릿고개)이다. 이 서클의 참여자 대다수는 4월혁명의 세례를 받은 2·28 세대로서 5·16쿠데타 이후 반동으로 급변한 대학 상황을 타개하여 4월혁명 정신을 복원시키려는 공통된 목적을 갖고 있었다.

'맥령'은 1964년 봄[10]에 4·19를 경험한 변태강(농화학과 60학번)[11]의 제안으로 이동욱(법학과 60학번)과 같은 과 후배 김성희(농화학과 62학번)에 의해 비밀 조직 형태로 결성[12]되었다. 변태강의 경북고 2년 선배이자 4월혁명을 같이 겪은 이재형(정치학과 58학번)은 제대한 뒤 복학하여 이 모임에 참여했다. 이들은 4·19 정신을 계승하는 학생운동의 핵심 조직을 구성할 것에 합의하고 우선 네 사람만으로 비밀 단체를 만들었다. 시내 약전골목에 있던 변태강의 집에서 자주 모이면서 이론 학습도 하고 시국 토론도 하면서 한일회담 반대 시위와 한일협정비준 반대 시위를 이끌었다. 이 과정에서 철학과 경제, 문학, 과학, 역사에 이르기까지 폭넓은 독서를 통해 이론 논쟁에도 대비했다. 또한 시국에 대한 정세 분석도 하면서 군사 정권에 맞서는 투쟁을 준비했다.

그 무렵 읽은 도서 목록은 다음과 같다. 《공산당선언》, 《자본론》, 《모순론》, 류샤오치의 《대중철학》, 전석담의 《조선경제사》 등이다. 철학과 경제사를 비롯하여 프로문학 계열의 소설 작품, 과학책,《세계사교정》같은 역사책도 독서 범위에 포함되었다. 책은 주로 중앙파출소 부근의 헌책방에서 구입했다. 이들은 대부분 경북고 선후배로 변태강은 4·19 시위 때 1학년으로 참가했고, 경북고 2·28시위의 주동자 이대우의 1년 선배였다. 김성희는 경북고 선배이자 같은 과 선배인 변태강과 의기투합했고 영향도 많이 받았다. 그는 경산 진량 출신으로 고교 시절에 굶어죽는 자가 많은 농촌 현실을 겪으며 경제와 사회 현실에 관심을 갖고 있었다. 2학년 때 2·28시위에 참가한 후 등산에 흥미를 느끼고 있었다. 그런 그가 대학 입학 후 4월혁명을 몸소 체험한 변태강으로부터 강한 영향을 받아 경북대 6·3시위 지도부의 일원으로 성장했다.

이렇게 이론 학습과 동지적 결속을 다진 이들은 1964년 한일회담 반대 시위를 주도하게 된다. 4월 2일 4·19혁명 4주년 기념행사를 논의하기 위해 대구 시내 12개 단과대학 학생회장단 회의가 열렸고 "각 대학 상호간의 친목 도모, 행동 통일 및 학원자유 쟁취"라는 공동 목표를 설정하고 '경상북도대학생연합회' 결성을 시도했다. 그러나 4월 16일 교수·학생연석회의에서 교수들의 압력으로 보류하기로 결정했다. 그래서 맥령은 총학생회가 아닌 현대사상연구회(현사회)의 도움과 학생 대중의 힘으로 한일협정 반대 투쟁을 주도해 나갔다. 1964년 상반기 투쟁의 결실로 1965년 봄에 정사회(正思會)가 창립된다. 정사회에는 맥령의 구성원 외에도 서훈·여광세·이동훈(법학과 63학번), 최광남·최정환(사학과 63학번), 정호상(사범대), 강성준(농대 학생회장) 등이 회원으로 참여했다. 정사회에는 맥령의 회원도 참여하나, 공개된 활동에는 63학번 후배들이 중심이 되어 활동했다. 하지만 정사회가 1965년 봄 출범한 뒤에도 맥령은 뒤에서 운동을 조율하기 위해 존속했다.[13] 학생회 선거와 1965년 한일협정 반대 투쟁을 주도하면서 정사회가 경북대학교 학생운동을 이끌어 가는 서클로 자리를 잡아 나간다. 정사회의 조직과 활동은 뒤에서 좀 더 살펴보기로 한다.

존속 기간이 짧았고 정사회와 혼재된 기간이 있어서 맥령의 엠티나 놀이 문화에 관해서는 서술상 어려움이 있다. 하지만 경북대학교의 대표적 이념서클 정사회의 학습, 조직 운영과 문화는 맥령과 떼어낼 수 없기 때문에 간략하게나마 살펴볼 필요가 있다. 1년 남짓 되는 활동 기간에다 4인 비밀 조직의 성격상 여느 대중적 이념서클처럼 엠티를 갈 수는 없었을 것이다. 1964년 6월 4일에 열린 경북대 한일협정 반대 시위로 학교가 휴교에 들어가자 여름방학 때 해운대로 엠티를 다녀왔다. 열흘 남짓 진행된 수련회에서 저마다 가져온 쌀로 밥을 해먹고 국내외 정세에 관한 세미나도 열고, 술자리와 해수욕도 하며 우의를 다졌다. 밤에는 기억을 상실할 정도로 과음을 하여, 얼굴도 모르는 여대생들의 텐트에 들어가 잠을 자는 해프닝이 벌어지기도 했다. 이렇게 청춘의 열정을 발산하면서도 조국의 미래에 대한 치열한 고민을 안고서, 맥령은 경북대 학생운동의 초석을 놓았던 것이다.

맥령의 문화는 특기할 만한 것은 없었다. 엠티나 술자리에서 부른 노래는 운동가요가 등장하기 전이어서 대개 트로트풍 대중가요들이었다고 한다. 흥에 겨우면 막걸리 집에서 상을 두드리며 노래를 부르며 놀았다. 당시 정세의 긴박함과 4월혁명의 여진으로 안락한 문화적 향수를 누릴 마음의 여유가 별로 없었다. 게다가 농촌에서 올라온 가난한 학생들이 1970년대 고도성장기의 대학생과 달리 경제적 여유가 없었기에 놀이나 문화가 빈약했다. 치열한 운동을 위해 여자 회원도 받지 않고, 운동을 위해 연애도 금지한 상태여서 대학의 낭만도 느끼지 못하고 대학 생활을 보냈다.

1964년 상반기 한일협정 반대 투쟁에서 두각을 나타낸 학생들과 함께 운동을 정리하고 앞날을 도모하기 위해, 맥령 회원은 1965년에 정사회 회원으로 입회할 회원들과 수련회를 갔다. 이점 때문에 정사회의 창립 시기를 두고 '1964년설'과 '1965년설'이 회원들의 기억에 공존하는 것이다. 하지만 정사회의 창립은 여러 구술자의 교차 증언을 종합하면 1965년 봄이고, 맥령은 1964년 봄 또는 1963년 봄이라고 생각된다. 이 수련회를 계기로 맥령은 좀 더 공개적이고 대중적인 서클을 만들어 경북대 학생운동을 추진할 필요성을 절감했을 것이다. 1964년 상반기 투쟁에서 학생회가 거의 움직이지 않았기에 학생회를 장악할 필요성도 절실하여, 정사회는 대중적 영향력을 가진 회원을 확충하고 학생회 장악을 목표로 학생회 선거에 적극적으로 나서게 된다.

2. 학술 서클 현대사상연구회

4월혁명 이후의 경북대학교에는 질식할 것 같은 학원 분위기를 새로운 학술 운동으로 바꾸고자 했던 일부 학술 서클도 학생운동에 참여했다. 학술 서클의 효시는 5·16쿠데타 이듬해인 1962년 10월 17일에 공식 창립된 현대사상연구회(현사회)라고 볼 수 있다. 현사회 회원들 소수는 창립 후 맥령의 주도로 진행된 1964년 한일협정 반대 시위에 적극적으로 참여했으나, 1965년 한일협정비준 반대 투쟁에는 조직적으로 참여하지 않았다. 그 뒤로 현사회는 학술 활동을 중심으로 한 학술 서클로 존속했다.

5·16쿠데타 직후에 입학한 62학번들은 현실에 불만을 가질 수밖에 없었다. 4·19 주도 세력의 대규모 구속에 따른 학생운동 조직의 공중분해, 쿠데타 주체에 대한 반감, 정치사회적 현실에 대한 높은 관심에 비해 대학 정원의 급격한 축소로 인한 심각한 대입 재수 열풍 탓에 늦어진 대학 입학 등이 원인일 것이다. 이런 상황에서 현대사상연구회는 1962년 10월에 조백수(법학과 62학번, 초대 회장), 최병진(법학과 62학번), 장주효(정치학과 62학번), 전인수(정치학과 62학번, 2대 회장), 황박(정치학과 62학번), 이광우(사회학과 62학번), 김종길(사학과 62학번)을 창립 회원으로 출범했다. 현사회는 경북대의 일반적인 이념서클과 달리 드물게도 창립 당시의 발기문(결의문)과 선언문 〈현사회 발기에 제하여〉가 남아 있다. 이 창립 선언문에 따르면, 현사회는 "순수 학술연구 서클로서 현대사상의 비교 연구 및 우리의 근대사상, 특히 동학의 집중 연구를 목표"[14)로 한 학술 서클로 자기 성격을 규정했다. 이런 점은 이후에 결성된 정사회나 정진회(正進會), 한풍회(韓風會)의 사정과 비교된다. 하지만 한일회담 반대 투쟁 때 정치적 투쟁에 참여하기도 했다.

현사회는 창립 후 현대사상에 대한 연구 활동과 정치·경제·사회·문화 등 현실 문제에 관한 세미나, 동하계 수련회, 지역 대학 간의 합동 학술발표회 같은 활동을 수행했다.[15) 현사회는 1964년 5월 25일 본관 앞에서 200여 명이 참가한 한일회담 반대 '난국타개 성토대회'(이른바 첨성대 성토대회)를 조직했다.[16) 이 시위 이후 현사회는 학교 쪽이 징계 위협(정지 조건부 제적)을 가해 오자 시위의 전면에 나서지 않았다.

현사회는 맥령이나 정사회와 달리 여학생도 회원으로 받았다. 최문정(국문학과 62학번), 김숙자(가정학과 63학번) 등이 회원으로 활동했다. 초창기 이후에도 현사회는 여성 회원을 꾸준히 받았다.[17) 엄혹한 유신 시기

인 1973년 지도교수 등록도 어렵고 회원들의 피해를 막고자 서클 등록
을 포기했다. 하지만 학술 서클로서의 명맥은 1975년까지 유지하며 회원
활동은 이어 갔다.[18]

현사회는 5·16 이후의 침체된 학원의 분위기에 염증을 느끼며 만들
어진 서클이었다. 창립 회원들은 학교의 정규 수업보다 2·28과 4·19혁
명에 참여했던 선후배나 친구들과 함께한 독서와 토론에 흥미를 느끼
고 있었다. 회원들이 읽었던 책들은 국내의 문학전집이나 유행하던 실존
철학자나 경향파 작가들의 소설, 시청 부근 헌책방에서 구입한 해방 직
후 출판된 사회과학 서적 등이었다. 을유문화사의 세계문학전집, 민중서
관의 한국문학전집, 최서해《탈출기》, 홍명희의《임꺽정》등을 닥치는 대
로 읽고,《자본론》,《공산당선언》,《모순론》,《실천론》,《조선경제사》,《사회
과학사전》등 사회과학 서적,《사상계》,《청맥》,《한양》등 잡지, C. 라이트
밀스의《Listen Yankee!》(들어라 양키들아) 등 영어 원서를 보면서 한국
사회를 구원할 사상적 대안을 찾는 데 몰두했다. 하지만 조직적인 지도
체계를 갖춘 학습 모임이 아니라, 저마다 책을 읽어 오고 발표와 토론을
하는 세미나 형식이어서 실천 투쟁과의 연계는 비교적 약한 편이었다. 현
사회는 특히 동학사상 연구에 관심을 쏟았다.

현사회의 주요 활동으로는 월 1회의 세미나, 방학 기간의 야영 활동,
다른 대학 서클과의 연합 학술토론회, 신입생 환영회, 졸업생 환송식 등
이 있었다. 이 중에서도 학술 세미나를 중시해 주제 발제 후 토론, 지도
교수가 논평하고 뒤풀이 모임도 가졌다. 특히 동학사상이 대안 사상으로
가능한 지를 탐색했지만 고전에서 실존철학까지 현대사상의 전반적인
흐름을 파악하는 데도 주력했다. 주 1회 막걸리 회식과 팔공산이나 금오
산을 등산하며 우의를 다졌다. 그들은 동인동에 있는 천일집, 둥글관(현

존)을 이용하거나, 회원인 이광우와 조백수의 집에서 모임을 가졌다. 이 무렵 이들은 트로트풍의 대중가요를 부르고 상을 두드리며 놀았다. 현사회는 지도교수가 차용석(창립 당시), 김종호(철학과, 1963~64년), 이태재(법학과), 김병수(원예학과) 등으로 바뀌었다. 행정학과 김병찬[19]교수는 시위 주동자들에게 연구실을 제공하거나 유인물 작업을 눈감아 주는 등 물심양면으로 도왔다. 한일협정 반대 시위로 제적 압력을 받을 때 '정지 조건부 제적'이라는 절충안으로 학생들은 구제한 이도 김 교수였다.

현사회는 엠티도 가끔씩 갔고 김종호 교수가 함께하기도 했다. 엠티는 세미나식 발표와 토론에다 이따금 선배들의 '빠따'도 있었다고 한다. 여학생도 함께한 청춘 남녀의 모임인지라 연애 사건도 있었다. 실천 투쟁을 중시한 정사회와 달리, 현사회는 학술적·이론적 분위기가 짙어 훗날 학계나 고시를 쳐서 사회에 진출한 회원도 있다. 조백수, 김종길은 군 장교로 복무했다. 이러한 행보와 회원들의 진로를 놓고 현사회에 '비둘기파' 또는 '온건파'라고 부르는 이들이 생겼을 것이다.

4장

한일협정 반대 투쟁과 정사회

1. 1964년 한일회담 반대 투쟁

굴욕적인 한일회담

1965년에 체결된 한일협정은 해방 후 단절되었던 한국과 일본의 관계를 정상화하는 협정이었다. 이 협정은 해방 후부터 1965년까지 두 나라의 상호 인식과 관계를 압축한 내용이었으며, 체결 이래 지금껏 한국과 일본 두 나라의 기본적 관계를 규정하는 원형이 되었다. 이처럼 한일협정은 역사적으로 결정적인 의미를 가지고 있었지만, 박정희 정권은 국민을 설득하고 동의를 구하는 절차 없이 일방적으로 추진했다.

이 때문에 한일회담은 시작부터 국민의 반대에 부닥쳤다. 한일회담을 중지하라는 국민들의 요구가 높아졌고, 회담을 반대하는 시위가 전국에서 거세게 일었다. 그럼에도 박정희 정권은 계엄령과 위수령을 동원한 강압적 분위기 속에서 국민들의 목소리를 한편으로는 무시하고 한편으로

73

는 탄압하면서 한일협정 체결을 강행했다. 이렇게 체결된 한일협정은 두 나라가 진정한 동반자 관계로 출발하는 게 아니라 새로운 갈등의 씨앗이 되었으며, 오늘날까지도 한일 관계의 정상화를 위해 넘어야 할 걸림돌이 되고 있다.[1]

해방 이후 한 차례의 예비회담과 14년 동안 일곱 차례의 본회담을 거친 한일회담은, 1950년대 이래 추진되어 온 미국의 동북아시아 지역통합 전략의 산물이었다. 동북아에서 미국의 지역통합 전략은 미국에 의존한 일본이 현대화와 공업화를 달성하고, 나아가 궁극적으로 일본 경제에 종속된 한국 경제의 개발과 근대화를 꾀하여 이 두 나라가 극동 지역에서 강력한 반공 보루로서 역할을 수행하도록 하는 것을 목표로 했다.[2] 이러한 동북아 지역통합 전략을 추진하기 위해 미국이 우선 염두에 둔 과제는 이승만 정권의 집권 연장 술책의 산물인 반일 정책을 종결시키고 단절된 한일 양국의 국교를 정상화시키는 것이었다. 이에 미국은 5·16쿠데타 직후부터 한일 국교 정상화를 위한 한일 교섭의 조속한 재개를 군부 세력에게 요청했다.

이러한 미국의 요구에 부응하여 박정희 정권은 한일회담에 적극적인 자세를 보였다. 5·16쿠데타로 권력을 장악한 군부 세력은 쿠데타 직후 반공과 경제제일주의를 내세우며 경제개발에 필요한 자금과 기술을 일본으로부터 도입해야 한다는 명분을 내세웠다. 1961년 7월 19일 국가재건최고회의 박정희 의장은 기자회견에서 "한일 관계가 지금까지 부자연한 상태로 계속되어 온 것은 두 나라에게 다 불행한 일이 아닐 수 없다. 혁명정부는 한일회담을 연내에 일괄 해결할 방침으로 모든 노력을 다하고 있다"[3]는 입장을 표명했다. 미국의 강력한 압력으로 군부 세력이 한일회담에 적극적 자세를 보임과 동시에 일본 역시 기존의 소극적인 입장에서 적극적인 자세로 전환하면서 1961년 10월부터 한일회담이 재개되었다.

하지만 한일회담은 곧 청구권 문제와 평화선*에 대한 입장 차이로 다시금 교착 상태에 빠졌다. 1962년 10월 박정희 의장은 이러한 교착 상태를 해결하고 한일회담을 조속히 타결 짓기 위해 중앙정보부장 김종필을 일본으로 파견하여 회담 의제의 일괄 타결을 시도했다. 김종필 중앙정보부장과 오히라 마사요시(大平正芳) 일본 외무상은 일본이 무상 3억 달러, 유상 2억 달러, 민간차관 1억 달러 이상을 한국에 제공한다는 내용에 합의했다. 하지만 평화선 같은 몇 가지 민감한 문제에 대한 입장 차이로 한일협정의 최종 타결은 쉽사리 이루어지지 않았다.[4]

1963년 들어 미국은 베트남 문제에 적극 개입하면서 자국의 부담이 증가하자, 한일 양국 관계의 조속한 정상화를 다시 촉구하고 나섰다. 1963년 10월 제5대 대통령 선거를 통해 집권한 박정희는 그동안 일본과 막후 교섭을 통해 의견 조율을 해왔던 관계로 조속한 시간 내에 한일회담을 타결시키고자 했다. 이에 박정희는 1964년 3월 20일 김종필을 다시 일본에 파견하여 마지막까지 난항을 겪고 있던 어업협정 문제를 타결하고자 했다. 그러나 정부가 추진하는 한일협정은 해상에서 생명선이라고 할 수 있는 평화선을 사실상 철폐한다는 내용 때문에 국민들의 분노를 사게 되었고, 광범위한 반대에 부닥치게 된다.

1964년에 접어들어 한일회담이 본격적으로 추진되자 야당을 비롯하

---

* '평화선'이란 제1차 한일회담을 앞두고 일본이 '맥아더라인'을 철폐하고 한국 연안에 대거 출어할 것을 염려해 한국 정부가 어업 자원 및 한국 어민 보호를 위해 1952년 1월 18일 선포한 '인접 해양에 관한 주권 선언'을 말한다.

여 학생들은 적극적인 항의 시위를 벌이며 굴욕적인 한일회담에 반발했다. 이후 1965년 8월 한일협정이 비준될 때까지 야당과 학생들은 국민적합의도 없이 정권의 필요에 따라 일방적으로 추진되는 굴욕적인 한일회담의 즉각 중단을 요구하는 반대 운동을 지속적으로 펼쳐 나갔다.

자주·민주 변혁의 새로운 조직 운동

1961년 발생한 5·16군사쿠데타로 대구 지역에서도 주요 사회 조직의지도급 인물들은 거의 대부분 체포되어 군사재판에 회부되면서 사회운동은 심대한 타격을 입었다. 하지만 민주민족 변혁운동의 흐름은 지하수맥처럼 잠복해 면면히 그 명맥을 이어 가고 있었다. 대대적인 검속 과정에서 몸을 피하거나(도예종, 전재창, 변태강 등), 일찍 풀려난 활동가들은민족민주 변혁을 위한 투쟁을 멈추지 않고 내부적으로 암중모색을 이어갔다.[5] 그것은 학습과 조직 활동을 통하여 새로운 정세에 호응한 민주자주 운동을 위한 치열한 실천을 모색해 가는 과정이었다. 1964년에 불거진 한일회담 문제는 반외세 자주와 반독재 민주 운동으로서 5·16쿠데타정권을 타도하는 물러설 수 없는 당면 투쟁이 될 수밖에 없었다. 골방에서 선후배가 함께 학습하고, 선술집에서 민족민주 변혁의 열정을 다져 온운동가들은 투쟁의 전선을 준비하는 데 망설임이 없었다.

한일회담 반대 투쟁을 준비하면서 경북고 선후배 사이인 경북대 이재형, 변태강, 이동욱, 김성희 4인은 4·19 정신을 계승하는 학생운동의 핵심부를 구성할 것에 합의하고 반(半)공개 서클인 '맥령'을 조직하기에 이른다. 맥령을 조직한 중심인물은 이재형이었다. 맥령은 처음부터 대구경북 지역 학생운동의 조직 지도부이자, 투쟁의 조직자로서 역할을 담당할이념서클로 만들어졌다.

네 명밖에 안 되는 소수로 학생운동의 핵을 이룬 맥령의 구성원들은 경북대뿐 아니라 대구경북 지역 다른 대학들을 종횡으로 연결시켜, 투쟁에 결합시키기 위한 조직 활동을 펼쳐 나갔다. 대구대(지금의 영남대)는 김성희가 중심이 되어 대구대의 장효림, 방준용과 함께 투쟁 조직을 건설했다. 청구대(지금의 영남대)도 김성희가 중심적 역할을 담당하며 투쟁 조직을 꾸렸다. 학생회장에 출마한 청구대의 전영규를 당선시키기 위해 백정호, 고인순과 함께 20여 명의 경북대 학생들을 파견하여 선거운동을 돕기도 했다. 효성여대(지금의 대구가톨릭대)는 이재형과 김성희가 2년여에 걸친 조직 사업을 펼쳐 김정희가 개교 이래 첫 시위 투쟁을 이끌게 했다. 또 이재형과 김성희는 계명대와 포항수산전문대에서도 투쟁 조직을 꾸리는 사업을 벌여 나갔다. 이러한 노력의 결실은 1차 인혁당 사건, 불꽃회 사건에도 불구하고, 1964~1965년의 2년에 걸친 한일회담 반대 투쟁과 한일협정체결 반대 투쟁을 성공적으로 펼쳐 나가는 토대가 되었다.

또한 이재형은 대구 지역의 투쟁을 이끌면서 대구대를 졸업한 정만진과 함께 서울 지역의 서정복, 심재택, 황건 등, 부산 지역의 손병선, 하일민 등과 연계해 정세 인식과 투쟁 전술을 공유했다. 특히 이재형은 대구 지역 한일회담 반대 투쟁에 필요한 재정 대부분을 지원했을 뿐 아니라, 선언문 작성도 주도하며 학생 조직 운동에 헌신했다.[6]

이러한 조직적 노력과 토대가 있었기에 경북대를 중심으로 한 대구 지역의 대학생들은 1964년 굴욕적인 한일회담 추진과 1965년 한일협정 체결을 반대하는 운동을 힘차게 펼쳐 나갈 수 있었다. 이는 이전 시기에 전개된 학생운동의 연장선상에서 이어지는 움직임이었다. 대구 지역 학생들은 4·19혁명의 발단이 된 2·28학생시위에서부터 4·19혁명 시기 2

대악법 반대 투쟁과 통일운동에 이르기까지 이 시절 민족민주운동을 계승하고 선도하는 세력이었다.

한일회담 반대 첫 시위

1964년 3월, 한일 두 나라는 고위급 정치회담을 열고 국교 정상화를 위한 협상을 조기에 타결하겠다는 의지를 보였다. 여러 문제를 적극적으로 해결하고자 김종필 민주공화당 의장을 일본으로 파견하려는 등 정부의 적극적인 한일 국교 정상화 행보에 야당 쪽은 적극적으로 반대하며 범국민적 반대 운동을 준비했다.[7] 하지만 정부는 이런 반대에도 아랑곳하지 않고 한일회담을 조기에 타결하려 했다. 이에 따라 한일협정은 '3월 타결, 4월 조인, 5월 비준'이라는 소문이 널리 퍼졌고[8] 국민들의 우려와 반대 목소리도 한층 높아져 갔다.

정부의 적극적인 한일회담 타결 노력과 달리 야당과 사회단체에서는 투쟁위원회를 조직하여 전국 유세를 벌이며 박정희 정권에 대한 공세를 이어 갔다. 학생들도 3월 24일 서울의 '한일 굴욕외교' 반대 데모를 시작으로 전국 곳곳에서 반대 운동을 지속적으로 전개해 나갔다.

3월 들어 폭발한 한일회담 반대 운동이 갑작스러운 일은 아니었다. 1964년 들어와 긴장은 이미 고조되고 있었다. 1월에 한일 국교 정상화를 위한 예비회담에서 평화선을 양보한다는 소식이 전해지자, 이를 반대하는 어민들의 집회가 이어졌다. 2월에는 삼분(三粉: 밀가루, 설탕, 시멘트) 폭리 의혹과 쌀값 폭등이 크게 정치 문제화되어 사회는 한층 더 긴장 상태로 빠져들었다. 한일회담이 급속히 진전되자 3월 9일 야당과 재야 세력은 한일회담을 규탄·반대하기 위해 '한일저자세외교반대범국민투쟁위원회'와 '대일굴욕외교반대범국민투쟁위원회'를 결성하고 구국선언을 발표했으며, 전국을 순회하며 한일회담을 규탄하는 집회를 열었다.

대구에서도 3월 15일 야당과 사회단체 대표가 중심이 되어 '대일굴욕외교반대경북투쟁위원회'를 결성했으며, 3월 19일에는 수성천변에 시민 1만5천여 명이 모여든 가운데 범국민투쟁위원회의 강연회가 열렸다.[9] 반면에 민주공화당은 한일회담을 홍보하는 계몽 강연회를 개최함으로써 한일회담에 대한 시민들의 관심이 고조되어 갔다.[10]

이런 일련의 상황 전개와 맞물려 한일회담의 타결이 임박했다는 주장이 나도는 가운데, 서울에서 대학생들이 한일회담을 반대하는 대규모 시위를 계획하고 있었다. 서울대를 비롯한 학생 지도부는 연대 투쟁을 준비하면서 전국 동시다발 또는 지방에서 먼저 시위를 일으키기 위해 대표를 전국으로 파견했다. 이 과정에서 서울에서 파견되어 온 학생 대표가 경북대 학생을 접촉하며 시위 여부를 타진했다.

당시 서울 대표는 경북대 사대부고를 졸업하고 성균관대를 다니고 있던 김승균이었다. 김승균은 4·19혁명 때 전국 민통련 조직연락위원장을 맡은 경력도 있어 지방에 선을 대기가 쉬웠다. 대구에 온 김승균은 당시 대구의 조직 운동을 주도하던 정만진, 이재형, 변태강, 이동욱, 김성희 등을 직접 만나지는 못하고 4·19혁명 후기에 활동한 박용목과 정만진으로부터 소개받은 여정남(정치학과 62학번)을 만나 상황을 타진했다. 하지만 이들은 투쟁을 준비하고 있던 현장 조직 운동가들은 아니었다. 김승균은 아직 본격적으로 데모를 전개할 만한 조직적 준비가 갖추어져 있지 않고 분위기도 좋지 않다는 것과 서울에서 먼저 시위가 일어나면 대구에서도 호응해 적극적으로 힘을 보태겠다는 입장을 전해 들었다.[11] 그러나 매국적인 한일회담 반대 투쟁을 위한 준비가 치열하게 전개되었고, 분위기도 서서히 달아오르고 있었다. 전국 동시다발 또는 지방에서 먼저 궐기하여 서울을 포위하려는 투쟁 방향은 지방과 서울의 상황을 고려해 어느 정도 수정되었다. 먼저 서울에서 궐기하면 지방이 합세하도록 방향을 잡았던 것이다. 드디어 1964년 3월 24일 서울에서 굴욕적 한일회담을 반대하는 학생 시위가 처음으로 터져 나왔다.

서울에서 시작된 학생들의 이른바 '굴욕외교 규탄 데모'는 이후 전국적으로 확산되어 대학가에 한일회담 반대 운동의 회오리바람을 일으켰다. 3월 24일 서울대, 고려대, 연세대 등에서 5천여 명의 학생들이 한일굴욕외교 반대 데모를 감행했다. 특히 서울대 문리대에서는 민족주의비교연구회(민비연)가 중심이 되어 제국주의자 및 민족반역자 모의 화형식을 거행하는 등 가장 격렬한 시위가 전개되었다.[12]

서울에서 시위가 일어난 다음 날인 3월 25일 대구에서도 맥령이 조직적으로 준비하여 대구 4개 대학 학생들이 한일회담을 반대하는 시위를 처음으로 개최했다. 경북대를 비롯하여 대구대와 계명대, 한사대(한국사회사업대, 지금의 대구대) 학생 등 1천여 명이 "굴욕적인 한일회담을 즉시 중지하라!"고 외치면서 중앙로를 비롯한 시내 중심가를 가득 메웠다.[13]

경북대에서는 25일 낮 12시 35분 100여 명의 법대 학생들이[14] 중심이 되어 본관 앞 로터리에서 굴욕적인 저자세로 추진하는 한일회담을 비판하고 망국적 외교 정책의 지양을 요구하는 결의문을 낭독했다. 결의문 내용은 대략 다음과 같다.[15]

주권이 엄연히 존재하는 한국의 굴욕적인 저자세는 국가의 이름과 국민의 기개를 더럽히고 있다. 우리는 전 국민을 대변하는 입장에서 나라의 장래 운명을 염려 망국적인 외교 정책을 지양할 것을 정부 당국에 요구하고 전 국민에게 호소한다.

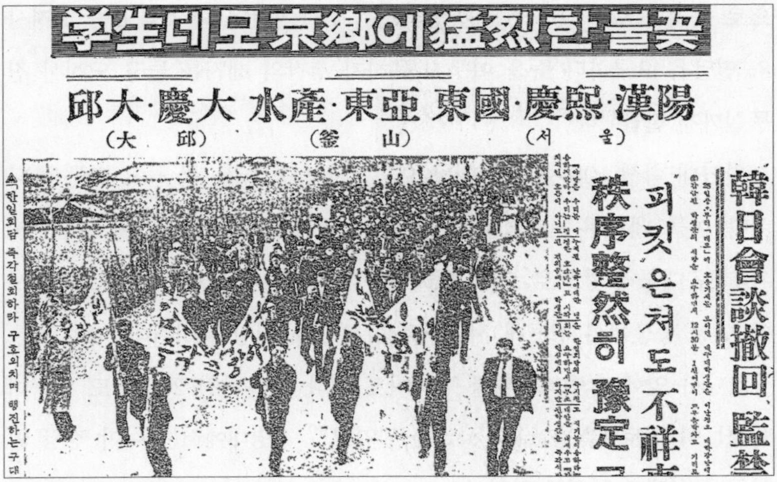
學生데모 京鄕에猛烈한불꽃

邱大·慶大 水産·東亞 東國·慶熙·漢陽

(大 邱) (釜 山) (서 울)

韓日會談撤回、監禁

피킷은처도不祥事

秩序整然히豫定

「한일회담 즉각철회하라 구호외치며 행진하는 구대

그림 6 한일회담 철회를 요구하는 3월 25일 시위 기사(1964년 3월 26일, 《매일신문》)

그리고 이들은 "철회하라 굴욕외교," "사수하라 평화선," "석방하라 구속학생," "보장하라 평화적 시위" 네 가지 요구 조건을 내걸고, 먼저 캠퍼스를 돌면서 세를 규합한 뒤 12시 45분쯤 "철회하라 굴욕외교"가 적힌 플래카드를 들고 구호를 외치며 교문을 나섰다.[16] 시위대는 신암국민학교 앞에서 동대구서장이 인솔한 100여 명의 경찰과 맞닥뜨렸으나 그대로 행진을 계속했다. 그런데 경찰은 '백차'를 시위대에 앞세우고 경찰 트럭을 뒤따르게 하면서 시위대를 보호했다. 경찰의 호위를 받는 가운데 시위대는 "철폐하라 굴욕외교!" "사수하라 평화선!" 등의 구호를 외치면서 중앙로를 관통하여 당시의 도청 앞 만경관 앞을 지나 오후 2시쯤 2·28 기념탑까지 행진한 뒤 해산했다.

한편, 대구대 학생 1천여 명은 낮 12시 30분경 교문을 빠져나왔다. 이들 시위대는 "야당은 우리를 이용하지 말라. 우리는 정치적인 흐름이 아니고 누적된 민족의 냉정한 호소이다"는 등의 구호를 외치면서 도청 광장으로 몰려가 오후 1시 50분쯤 연좌시위에 들어갔다. 학생 대표는 도지사와 면담을 요구하다 뜻을 이루지 못하자 경찰의 제지를 뚫고 도지사 집무실까지 진입했다.[17]

한사대 학생 100여 명도 이날 오후 1시경 플래카드를 들고 교문을 나섰다. 이들 데모대는 명덕로터리를 거쳐 중앙로로 진출했으며, 오후 1시 40분쯤 대구역 앞으로 오는 도중 경북대 시위대와 한때 엇갈렸으나 2시쯤 도청 광장에서 청구대 시위대와 합류했다. 계명대 시위대 50여 명은 공화당사 앞에서 연좌시위를 벌이기도 했다. 이튿날인 26일에도 청구대 학생들이 성토대회를 열고 시위를 벌였고[18] 계명대에서는 여야 정당 인사를 초청해 토론회를 열었다.[19]

이렇게 시작된 한일회담 반대 학생 시위는 3월 말까지 전국에서 계속되었다. 하지만 시간이 흐름에 따라 그 규모는 크게 줄어들었다. 학생들이 요구한 박정희 대통령과의 면담이 받아들여지고 비판의 표적이 되었던 김종필이 귀국했기 때문이다. 무엇보다 정부가 한일회담을 서두르지 않고 냉각기를 가지면서 시위에서 나타난 국민의 요구를 한일회담에 반영하겠다는 방침을 발표했기 때문이었다. 하지만 정부는 한일회담을 계속 추진하겠다고 밝혀 갈등의 불씨는 여전히 남게 된다.[20] 이리하여 3월 30일, 박 대통령과 면담을 끝낸 서울 지역 대학생들은 일단 학원 복귀를 선언하고 한일회담 반대의 이론적 근거 확립을 위해 세미나와 토론회 등을 열면서 정부의 성의 있는 해결책이 제시되기를 기다렸다.

대구에서도 대학생들은 데모를 접고 다시 학원으로 복귀하여 여야 정치인을 초청하여 토론회를 열거나 교수들의 강연회를 개최하면서 사태 추이를 관망했다.[21] 그 와중에도 한일회담의 중지를 요구하는 활동은 계속 이어졌다. 3월 28일에는 일부 대학생들이 동산기독병원 앞에서 굴욕외교 반대 구호를 외치면서, 김종필 국외 추방과 평화선 고수 등의 내용이 담긴 전단을 살포했다. 30일에는 시내 중심가에서 1960년 4·19혁명 과정에서 부상을 당한 한 시민이 "한일회담 중지하라"는 혈서를 쓰고 1인 시위를 벌이기도 했다.[22]

소강상태를 보였던 학생 시위는 4월에 접어들면서 박정희 정권과 관련된 부정부패 사건과 학원사찰 등 정권의 부도덕성과 비민주성이 폭로되면서 다시 불붙기 시작했다. 박정희 정권이 일본 기업으로부터 거액의 정치자금을 지원받고 정부가 국유지를 부정으로 불하했다는 의혹이 제기되었다.[23] 이어 중앙정보부가 각 대학 학생 대표들을 북한과 연계시켜 친북 좌파 세력으로 몰아붙이기 위해 공작을 펼치고, 각 대학에 학생 사찰 단체를 만들거나 학생들을 포섭하여 동향을 감시한 사실도 폭로되었다. 4월 중순부터 서울을 중심으로 학생들은 학원사찰을 비판하는 시위를 벌였고, 5월에는 '민족적 민주주의 장례식'을 여는 등 박정희 정권을 직접적으로 비판하면서 투쟁 수위를 높여 갔다. 하지만 대구에서는 박정희 정권의 탄압에 대응하는 학생들의 시위가 일어나진 않았다. 다만 대학생들이 4월혁명 기념식을 마치고 당국의 압력에 항의하는 의미에서 침묵으로 가두행진을 벌였다.[24] 한편 이즈음 경북대 법대 법학과에서는 4월 초 사적인 감정으로 유능한 교수를 쫓아내고 부족한 교수를 보충하지 않는다는 이유로 계철순 총장을 규탄하는 성토대회가 열리도 했다.[25]

경상북도대학생연합회

4·19혁명 4주년 기념행사를 의논하기 위하여 3월 31일 경북대 총학생회 회의실에 경북대 총학생회장 및 5개 단과대학 학생회장을 비롯하여

계명대, 경북여대,[26] 교육대, 대구대, 한사대, 청구대, 효성여대 등 학생회장 13명이 모였다. "각 대학 상호간의 친목을 도모, 행동 통일의 보조(步調) 및 학원의 자유를 진취(進取)하기 위하여"라는 공동 목표를 내걸고 학생들이 서로 자율적이고 순수한 감정으로 결합되는 것을 원칙으로 하는 '경상북도대학생연합회'(경북학련)를 결성할 것을 발기했다. 이날 회의에서는 이미 시내 '쟈이안트다방'에서 열린 1차 회의에서 거칠게나마 토의한 바 있는 기구 구성 문제, 상임위원회 자격 문제를 수정, 통과시켰다. 또한 취지문 작성과 회칙 제정은 기초위원을 두어 다시 3차 모임에서 심의하기로 했고, 기구 조직은 별도의 의결기관과 집행기관을 두지 않고 하나의 종합적인 기구를 두기로 했다. 그리고 이 기구의 구성원은 순전히 학생들로 이루어진다는 것을 내용으로 하고 회장, 부회장, 총무 각 1명씩을 두며, 이의 감독을 위하여 간사 2명을 두기로 하고, 다른 구성원에게는 상임위원 자격을 부여하기로 했다. 그리고 상임위원회 안에 섭외부, 사회부, 농촌연구부, 학술연구부, 총무부, 여학생부 등 6부의 분과위원회를 두기로 했다. 그 밖에 개별 대학생들은 회원으로 자동으로 가입하게 되며 상임위원의 자격은 초급대학과 4년제 대학을 위원으로 가입하도록 결의했다.[27]

4월 7일 효성여자대학교에서 개최하기로 한 경북학련 결성 준비위원회 3차 회의는 학교 측의 거부로 시내 '향미식당'에서 개최되었다. 경북대학교 총학생회장 성재경의 사회로 진행된 이날 회의에서는 취지문 작성과 회칙 제정, 임시회장의 선출이 이루어졌다. 이날 효성여대는 학교 당국의 강력한 반대로 이 연합회에서 탈퇴함에 따라 효성여대를 제외한 경상북도 내 초급, 4년제 대학 학생회장으로서 연합회를 구성하기로 했다. 임시회장으로는 성재경이 선출되었고, 모두 6장, 20조로 이루어진 회칙

그림 7 경북학련 발기를 위해 경북대에서 열린 시내 대학 학생회장 회의(1964년 4월 2일,《경북대학보》)

을 통과시켰다.

이날 통과된 회칙의 내용은 대략 다음과 같다. 제1장은 총칙인데, 학원의 자유와 학생의 권리를 지속하며 회원 상호간의 친목을 도모한다고 목적을 밝히고 있으며, 제2장에서는 회원 및 권리와 의무에 관한 사항을 정했는데, 본 연합회의 회원은 경상북도 내 4년제 대학 및 2년제 대학의 대학생으로 하며 본 연합회는 각 대학에 분회를 둔다고 했다. 제3장은 기구 조직 및 기능에 관한 사항을 명시하고 있는데, 정기총회는 3, 6, 9, 12월로 하며 상임위원회에 관한 규정 및 활동 분야를 명기하고 동회의 의장은 동연합회의 회장직을 겸하게 된다고 했다.[28]

4월 16일 4·19혁명 기념식 준비와 경북학련 결성을 위해 시내 각 대학 과·처장과 학생 간부들의 연석회의가 경북대학교 박물관 3층에서 열렸다. 본디 이 회의는 청구대학교에서 열기로 합의되었지만, 당일 갑자기 장소가 변경되었다. 이날 회의에서는 경북학련의 결성을 위해 그간 논의된 사항을 보고하고 지도교수의 의견도 청취했다. 그런데 지도교수들은 경북학련의 결성에 대해 회의적인 반응을 보이며 온갖 문제점을 지적했다. 의견을 청취한 회장단은 의견을 조율한 뒤 경북학련의 결성은 보류하고 거대한 학생 단체보다는 소수의 학생들로 협의회와 비슷한 조직을 만드는 쪽을 생각해 보기로 했다. 이날 제기된 문제는 경북학련이 학생회장연합이지 학생연합은 아니라는 점, 사회단체로서 법적 존재 타당성이 있느냐는 점, 입학과 동시에 이루어지는 회원 가입의 비민주성 문제, 재정 문제를 어떻게 할 것인지 제대로 규정하지 않은 회칙상의 결함 등이었다.[29] 이날 회의로 경북학련의 결성은 결국 무산되고 말았다.

난국 타개를 위한 성토대회

박정희 대통령은 시국 수습을 명목으로 국무총리를 비롯해 전면적인 개각을 단행하고 한일회담의 조기 타결을 추진했다. 정부는 5월 하순부터 한일회담을 다시 추진하기 위해 일본과 교섭을 준비하고 있었다.[30] 그 결과 두 나라는 협상의 최대 걸림돌이었던 어업과 평화선 문제를 타결하기 위한 각료회담을 5월 20일에 열고 6월에 본회담을 재개하기로 합의했다. 한일협정의 체결 가능성은 한층 높아졌다. 5월 20일 서울대 학생들은 '민족적 민주주의 장례식과 성토대회'를 열고 데모를 벌이다 경찰과 충돌했다. 5월 21일에는 무장한 군인들이 법원에 난입하여 시위 관련자에게 영장을 발부하라고 판사를 협박하는 사건까지 벌어졌다. 또 중앙정보부가 서울대 학생을 납치하여 고문한 사건도 폭로되었다.

박정희 정권의 부정부패와 비민주성이 날로 더해 가고 한일회담이 재개될 가능성이 높아지자 전국에서 박정희 정권을 규탄하는 학생 시위가

그림 8 본관 앞에서 성토대회를 열고 있는 학생들(1964년 5월 28일,《경북대학보》)

다시 불붙기 시작되었다. 5월 25일 전국의 대학에서 성토대회가 열리고 있는 가운데 경북대 학생들도 본관 앞에서 난국 타개를 위한 성토대회를 개최했다.

이날 집회는 현사회 회원인 조백수와, 장주효의 주도로 이루어졌다. 3월 25일 법대 정치학과를 중심으로 한일회담을 반대하는 시위가 일어나긴 했지만, 학생회가 한일회담 반대 시위에 소극적인 태도를 보였고 학교 당국의 압력으로 경북학련의 결성도 무산되었다. 이에 학생회 중심의 활동이 실질적으로 어렵다고 판단한 현사회의 핵심 멤버들은 한일회담 반대 성토대회를 독자적으로 추진하기로 하고, 집회가 사전에 정보기관에 노출되지 않도록 비밀리에 준비해 나갔다.[31]

5월 20일부터 시내 동인동에 있는 김종길(사학과 62학번)의 자취방에 '본부'를 설치하고 극비리에 조백수, 장주효, 전인수 등이 모여 대회 명칭과 일시를 정하고, 역할을 분담한(사회 조백수, 성토사 장주효, 결의문 전인

수) 뒤 플래카드, 마이크 등 필요한 준비를 했다. 그런데 보안에 너무 신경 쓰여 준비를 하다 보니 시위에 참여할 학생들을 동원하는 일이 문제였다. 회원들은 숙의한 뒤 당시 총학생회장에 출마할 예정자 두 사람을 접촉하여 협조를 구하기로 했다. 한 명은 거절했지만 사범대 조화형(체육학과 62학번)은 흔쾌히 승낙했다. 이번 성토대회에서 학생 동원에 도움을 주면 차후 학생회장 선거에서 지원할 것과 이번 성토대회로 어떠한 불이익도 돌아가지 않도록 노력하겠다고 약속했다. 만반의 준비가 끝났다.

5월 25일, 현사회를 중심으로 한 학생들은 12시 30분부터 학교 당국의 만류를 뿌리치고 본관 앞 현관을 점령하고 "난국 타개를 위한 성토대회"(이른바 '첨성대'[32] 시위)를 열었다. 이날 성토대회는 법정대 학생들이 주축이었다. 이들은 "우리 민족 자주 주체 역량은 창조적 지성과 주체적 결단으로 언제나 민중의 편에 서 민족사의 대열을 영원히 방관하지 않을 것"이라고 천명하는 선언문을 낭독하고 파국에 직면한 민생고와 경찰의 학원 난입, 서울대생 린치 사건, 무장 군인의 법원 난입 등 박정희 정권의 비민주성을 규탄했다. 이어 한일회담의 즉각 중지와 정부의 학원 탄압을 비판하는 내용의 결의문을 채택하여 낭독했다. 결의문의 내용은 다음과 같다.[33]

1. 한일 굴욕회담의 전면적 중지
2. 매판세력의 박멸과 민족자본 형성의 정책 수립
3. 반국가적 무장 군인의 내란 행위의 처단
4. 학생 린치사건 관계자 엄단
5. 학원사찰을 중지하고 학원의 순수성과 자유를 보장할 입법적 조처 강구

6. 사상 최악의 민생고와 부정부패상은 5·16이념과 가치성의 전면적 부정을 뜻하여 5·16이 4월혁명 이념의 계승일 수 없다는 반증이다.

이날 성토대회가 진행되는 동안 상당수의 학생들이 직접 참여하지는 못한 채 문리대 주변과 사범대 앞 로터리 부근에서 관심을 보이며 서성거리고 있었다. 성토대회를 마친 후 학생들은 따로 시위를 벌이지는 않고 해산했던.[34] 이날 성토대회는 한일회담 자체를 비판하는 데 집중했던 이전의 시위와는 달리 4월혁명 계승을 주장한 5·16군사쿠데타의 이념과 가치가 허구라고 비판하고, 거듭되는 박정희 정권의 부정부패와 무능력한 국정 운영을 비판하는 반정부 성격을 드러낸 집회였다. 다른 대학처럼 학내에 학원사찰 단체인 청사회(YTP, Youth Thought Party, 靑思會)가 활동하고 있었지만, 이에 대한 언급이나 비판은 따로 없었다.[35]

한편, 학생들의 시위에 대한 정부의 압력은 점점 심해지고 있었다. 5월 25일 새벽 남대구경찰서와 동대구경찰서 정보계에서는 대구에 내려와 있는 서울대 문리대 정치학과 회장 박용환과, 같은 과 3학년인 박삼옥 등 12명의 재경 학생의 가택을 수색하여 《자본론》 등 책을 압수해 갔다. 경찰의 한 간부는 이날 압수수색이 학생들이 혁신 계열과 관련된 모종의 조직체 회원이었음이 드러났기 때문이라고 밝혔다.[36] 또 5월 26일에는 이후 '인혁당 사건'으로 연결되는 서울대 데모 사건의 중간 수사 결과에서 혁신계 정치인들이 가담해 학생 데모를 조종했다는 사실과 주동 학생들에 대한 가택 압수수색에서 〈민통련 규약과 문리대 신진회 회칙 및 동 연구발표 회의록〉, 《공산주의 제도분석》, 《자본론》이 발견되었다는 사실을 발표했다.[37]

황소 화형식

1964년 6월에 접어들어 서울 지역 각 대학 학생 대표들이 정부의 입장 변화를 요구하며 청와대 앞에서 집단 단식농성을 단행했다. 전국 각지에서 대규모의 시위와 단식농성이 급증하고 구호도 "박 정권 하야하라!" "공포정치 중단하라!" 등 굴욕외교 반대에서 반정부 투쟁으로 바뀌었다. 급기야 6월 3일에는 데모가 더욱 확대되고 일부 고등학생들까지 가세하기에 이른다. 서울 17개 대학이 가두로 진출하여 중앙청 앞 광장을 점거하고 "박 정권 물러나라!"는 구호를 외치며 시위를 이어 갔다. 박정희 정권은 6월 3일 격렬한 시위가 벌어지자 서울 지역에 계엄령을 선포하여 이를 강력하게 진압하는 한편, 한일회담 반대 데모가 전국적으로 확산되는 것을 차단하고자 6월 4일부터 전국 대학에 휴교령을 내렸다. 흔히 한일회담 반대 운동이라고 말하는 '6·3사태'가 발생한 것이다. 하지만 이날 대구에서는 바로 동조 시위를 일으키지 못하고 서울의 시위 상황을 지켜보며 대책을 논의하는 수준에 그쳤다.[38]

서울에서 '6·3시위'가 일어난 그날 저녁 계명대를 제외한 대구 시내 대학 13개 단과대 학생회장들은 서울의 대학생 단식농성과 향후 대응 방안을 협의하기 위하여 명덕네거리 근처 '몽고다방'에 모였다.[39] 이날 8시 30분부터 시작된 회의에서 학생회장단은 서울의 학생 데모를 지켜보고만 있을 것인가 아니면 독자적인 행동을 취할 것인가를 놓고 토의했다. 처음에는 학생의 자세 문제를 논의하면서 '온건한 방법'을 모색했다. 논의를 진행하는 중에 밤 10시쯤 라디오를 통해 서울시 일원에 비상계엄령이 선포되었다는 소식이 전해지면서 곧 강경한 분위기로 바뀌었다. 일부 학생회장들은 "서울의 학우들이 발이 묶여 행동하지 못할 때는 이곳 학생들이 그 바통을 이어 받아야 한다"며 서울 학생들이 비상계엄령으로 활

그림 9 투쟁 방안을 논의하기 위해 모인 대구지역 대학 학생회장들(1964년 6월 4일, 《경북대학보》)

동이 어려울 경우 대구 지역 학생들이 직접 행동에 나서야 한다고 주장했다. 신중론과 강경론이 맞선 가운데 자정이 다되도록 결론을 내리지 못했다. 이윽고 근처 여관으로 자리를 옮겨 새벽 2시 30분까지 회의를 한 끝에 "계엄령으로 서울 학생들의 발이 묶인 지금에는 경북 학생들의 태도를 밝혀야 한다"고 결론을 내렸다. 우선 학생회장단만으로 4일 2·28학생의거기념탑 앞에서 단식농성을 벌인다는 원칙에 합의하고[40] 낮 12시 대도극장 앞 맘보다방에서 결의문과 메시지를 작성하고 최종 결정하기로 했다.[41] 이날 회의에서 투쟁 수위는 정부 전복이 아닌 사태 수습을 위한 평화적 투쟁을 벌이기로 하여 정책의 시정을 요구하는 수준에서 계엄령 해제, 구속학생 석방, 학원 자유 보장 등을 요구 조건으로 단식농성을 벌이기로 결정했다.[42]

6월 4일 경북대 법정대에서는 오전 10시부터 206호 강의실에서 긴급 '대의원 대회'가 열려 한 시간가량 토의가 진행되었다. 그 뒤 오후 1시 정각에 본관 앞에서 선언문과 결의문을 낭독하고 학교를 출발하여 역전광장에 집결하여 다시 선언문 및 결의문을 채택하고 2·28기념탑까지 데모를 벌이기로 결의했다.[43] 이날 오후 1시에 본관 앞에 모인 300여 명의 학생들은 학교에서 박정희 정권과 민주공화당을 상징하는 '황소 화형식'을 거행하고 선언문과 결의문을 낭독했다.[44] 이날 사용된 플래카드와 선언문, 그리고 짚으로 만든 황소는 이미 이전의 시위를 통해 결합된 '맥령'과 '현사회'의 회원들이 미리 준비해 둔 것이었다. 이재형, 변태강, 이동욱, 김성희, 신현길, 조백수, 장주효 등이 그전 날 밤 학교 정문 앞에 있는 이동욱의 집에서 모여 밤을 꼬박 새며 필요한 모든 것을 준비했다.

집회를 마친 후 학생들은 "민족의 이름으로 심판을 받으라! 大野*의 아들!"[45] "국권·민권을 빼앗으려던 쿠데타더냐?"라는 플래카드를 앞세우고 학교를 나와 군가와 구호를 외치면서 가두시위를 벌였다.[46] 이 과정에서 경찰의 제지로 한때 중지되기도 했으나, 평화적인 시위를 벌이기로 합의한 후 시위는 계속되었다.[47] 학생들은 비상계엄 즉각 해제와 구속학생 석방, 군인 깡패 처단 등의 구호를 외치며 대구역과 중앙로를 거쳐 2·28 학생의거기념탑까지 행진하며 시위를 벌였다.

이윽고 2·28기념탑 앞에서 도착한 학생들은 성토대회를 열었다. 사회는 정치학과 장주효가 맡았으며, 법정대 학생회장 권기진(정치학과 61학과)은 구국선언문을 낭독했다. 구국선언문은 박정희 정권의 부정부패를 척결하고 학원의 자유를 보장하라는 내용이었다. 권기진은 구국선언문에서 "국민이 잘살 수 있는 길을 모색하기 위해 부정부패는 가차 없이 처단하고 학원의 자유를 달라"고 외쳤다. 이어서 법정대 대의원회 수석부회

---

* 당시 일본 자민당 부총재 오노 반보쿠(大野伴睦)

그림 10 한일회담을 반대하여 플래카드를 들고 행진하는 학생들(1964년 6월 5일, 《매일신문》)

장인 최부석(법학과 62학번)이 결의문을 낭독했다. 학생들은 민주국가 수
호를 결의하는 만세삼창을 외친 후 해산했다.[48]

이날 학생 시위대가 2·28기념탑에 도착한 후 감행하기로 했던 시내
대학 학생회장단의 단식농성은 성사되지 않았다. 신중론을 주장하는 학
생 대표들의 강한 반대 때문이었다. 이후 이들은 아무런 표면적인 행동
도 하지 않았다. 다만 그날 밤 9시 30분경에 중앙로를 비롯한 시내 곳곳
에 5개 대학(경북대, 대구대, 청구대, 한사대, 계명대) 학생회장 명의로 작성
된 호소문과 5개항의 결의문이 담긴 전단 3천 장을 살포했다. 다음 날 학
생들의 호응을 예상하여 전개하려고 시도했던 제2차 시위 계획도 때마
침 발표된 전국 일원의 휴교 조치와 신중론을 펼친 학생 대표의 주장으
로 무산되었다.[49]

4일 2·28학생의거기념탑에서 성토대회 후 경북대 시위를 주동한 몇
몇 학생들은 이날 예정된 15개 대학 학생회장단의 단식투쟁에 합류하려

했지만, 회장단의 단식투쟁이 무산되자 학교로 돌아와 오후 8시부터 본관 앞 광장에 자리를 깔고 단식투쟁에 들어갔다. 법대, 사대, 문리대 학생으로 이루어진 이 단식투쟁단은 처음에는 14명이었지만, 밤중에는 17명으로 늘었고 이튿날 오전에는 법정대 대의원회 의장 최경영(정치학과 61학번)을 비롯해 25명으로 늘어났다. 이들은 "민족적 민주주의의 최후 발악이 비상계엄이더냐?" "국법·민권을 유린하려던 쿠데타더냐?"라고 적힌 플래카드를 내걸고 단식농성을 벌였다. 또한 비상계엄의 해제와 구속학생 석방, 학원사찰의 철폐와 학문의 자유 보장, 사법권을 침해한 군인 깡패 처단, 매판자본의 박멸과 민족자본 형성 등을 주장하는 구호를 내붙였다. 이들은 단식투쟁을 하면서 〈이별곡〉이라는 자작곡을 부르기도 하고 저마다 좋아하는 시를 낭송하기도 했다.[50] 밤에는 기자들이 찾아오고 13개 단과대학 학생회장들이 찾아오기도 했다. 요구 사항이 관철될 때까지 어떠한 희생도 각오하겠다며 결연한 의지를 불태우던 학생들의 단식농성은 이튿날 중단되었다.[51] 이들은 법학과 서훈이 밤늦게 작성한 선언문과 구호를 외치며 성토대회를 마치고 시위에 들어가려 했으나, 오후 2시 무렵 전국 대학에 휴교령이 내려지면서 무산되고 말았다. 이날 단식투쟁에서 낭독된 성명서는 다음과 같다.[52]

　단식농성 투쟁 성명서
　민족과 조국의 장래를 염려하는 이 나라의 피 끓는 젊은 지성인으로서 현실의 절박한 사정을 그냥 수수방관만 할 수 없어 현하의 실정과 앞으로의 우리들의 취할 태도를 이 나라의 모든 젊은 지성인들에게 호소함과 동시에 우리들의 진로를 천명하는 바입니다.
　엄연히 준수해야 할 법원에 난입하는 사건이 일어나는가 하면 지상

최고로 신성해야 할 학원에 사찰이 계속되고 있으며 부정부패가 번성하는가 하면 악덕재벌이 춤을 추고 있으니 이러한 현하 실정을 뜻있는 젊은 지성인이라면 그냥 두고 방관할 수는 없을 것이다. 이에 우리 젊은 동지들은 백의동포와 동고동락할 것을 민족적 양심 앞에 굳게 천명하는 바이다.

뭇 백성들이 현실의 타개를 갈망하고 있는 지금 우리 젊은 엘리트마저 민족적 양심을 저버린 채 현실 도피적인 고식적 태도를 견지한다는 것은 민족의 장래와 자라는 내일의 일꾼들 앞에서 씻을 수 없는 오명을 남기게 됨은 자명한 사실일 것이다.

"그 나라의 장래는 청년학도의 양어깨에 달려있다"고 말한 비스마르크의 말을 빌리지 않더라도 내일의 번영과 오늘의 현실을 부흥시키며 사회적 영도자로서 민족의 선구자로서 시대의 역군으로서 활약했던 자는 역사의 고금을 막론하고 그 나라의 젊은 지성인이었음은 역사가 증명하여 주고 있는 바이다.

우리는 이러한 중대한 책무를 깨닫고 우리의 요구조건인 "비상계엄 해제하고 구속학생 석방하라. 학원사찰 철폐하고 학문자유 보장하라. 법원 침입 웬 말이냐 군인깡패 처단하라. 매판자본 박멸하고 민족자본 형성하자"란 요구가 관철될 때까지 오직 우리는 민족의 장래와 역사에 오명을 남기지 않기 위하여 우리의 최대 무기인 날카로운 지성과 체력으로 싸울 뿐이다.

안일을 저주하고 내일의 영광과 보람에 사는 젊음의 패기를 가진 우리 피 끓는 우리 동지들은 합심 단결하여 현세의 책임자로서 내일의 역군으로서 자유 민주 국가 형성의 길에 희생적 정신과 선구자적 역할에 솔선수범할 것을 다시 한 번 강조한다.

한편 한사대 학생 200여 명도 4일 정오부터 계엄령 해제, 구속학생 석방, 학원 자유 보장 등 6개 항목에 걸친 대정부 요구 조건을 내걸고 성토대회를 열었다. 이 대회에서 학생들은 자신들의 의사가 완전히 묵살되었으며 현재의 불안과 민생고 속에선 학업을 계속할 수 없다며 정부의 성의 있는 대책을 촉구했다. 또한 시국을 타개하지 못할 경우 박정희 정권은 하야하라고 주장했다. 청구대 학생들도 향후 대응 방안을 논의하는 총회를 개최했지만 시위로까지 이어지지는 않았다.[53]

강제 휴교령과 학생운동 탄압

6월 5일 박정희 대통령은 비상사태를 수습하기 위한 문교부 안을 받아들여 전국의 대학은 5일부터 한 달 동안 임시휴교 하도록 지시했다. 그리고 문교부 장관 윤천주는 전국 대학 총장에게 "전국 각 대학은 휴교가 끝나는 7월 6일부터 바로 1학기 방학에 들어가며 학기말시험은 방학이 끝나는 9월에 실시하도록 하라"고 지시했다.

박정희 정권이 서울에 이어 전국 대학에 휴교 조치를 발령하고 시위 주동자를 검거하기 시작하자 대구 지역 학생들의 한일굴욕회담 반대 운동은 다시 소강상태에 들어갔다. 일부 대학생들이 여름 농촌 계몽이다 농촌 봉사다 하며 떠나고 대학 캠퍼스가 텅 비게 되면서 데모의 열기도 점차 가라앉았다.

정부의 조치에 따라 대다수의 학교가 휴교에 들어간 가운데 5일 계명기독대학 학생 40여 명은 학생총회를 개최하여 수업 재개와 무기 휴교를 반대한다는 내용의 결의문을 발표한 뒤 가두시위를 벌였다. 학생들은 학원자유 보장, 학원사찰 폐지 등의 구호를 외치면서 대구역까지 시위를 벌인 후 등교를 결의했다.[54] 9일에는 낮 12시 30분경 중앙로를 달리던 시내버스에서 '우국 청년·학생 일동' 명의로 된 네 종류의 삐라가 뿌려졌다. 삐라에는 "총칼로 나라 뺏어 멋대로 배불렀나?" "돈에 팔린 앞잡이 학생들, 역사학을 못 배웠느냐?"는 등 박정희 정권을 비판하고 학생들의 각성을 촉구하는 내용이 적혀 있었다.[55] 하지만 그 뒤로는 더 이상 이렇다 할 시위가 벌어지지 않았다.

6월 5일부터 전국의 대학에는 1개월간 임시휴교령이 선포되고, 밤 10시부터 다음 날 새벽 4시까지 통행금지도 실시되었다. 임시휴교가 끝나는 7월 6일부터 8월 16일까지 여름방학이 이어져 반외세·반매판·반파쇼·민주수호 투쟁인 6·3항쟁은 서서히 막을 내리고 다음 투쟁을 모색하는 동면기에 들어갔다.

경북대에서는 시위 관련 학생에 대한 정부의 강경한 입장에 따라 시위를 주도하거나 단식투쟁을 벌인 학생들을 징계했다. 문교부에서는 6월 8일 전국 총학장회의를 열고 "기소된 학생은 처벌하라"는 지시를 내렸다. 경북대는 11일 학장회의를 열고 문교부의 지시와는 별도로 "학내 질서를 문란케 한 주동적인 학생에 대하여서는 처벌하기로 한다"는 원칙을 의결했다. 일부 교수 측에서 처벌할 필요가 없다는 의견을 제시해 처벌 여부 및 처벌 대상자, 처벌 범위 등은 단과대학 교수회의에서 별도로 심의하기로 했다. 이날 오후 문교부는 기소된 학생 말고도 학교장의 지시를 어기거나 다른 학생을 선동한 학생도 정도에 따라 퇴학 또는 정학 처분하라는 지시를 내렸다.

결국 6·4 데모의 주동자로 알려진 법정대 학생 9명에게 다시 불법 시위에 참여할 경우 자동적으로 퇴학 처분이 적용된다는 내용의 '정지 조건부 퇴학' 처분이 내렸다. 처벌을 받은 학생은 정치학과의 최경영(61학번), 이철웅(61학번), 여정남(62학번), 장주효(62학번), 전인수(62학번)와 법학과의 조백수(62학번), 이동욱(62학번), 최부석(62학번), 서훈(63학번)이었는데, 대부분 맥령과 관련된 학생이었다.[56] 전국에서 시위 관련 학생들 상당수가 경찰에 연행되거나 재판에 회부되었지만, 대구에서는 학생들이 사법 처벌까지 받지는 않았다.

학생들이 방학에 들어간 후 정부는 학생들의 한일회담 반대 운동의 정당성을 훼손시키고 향후 학생운동을 탄압하기 위해 한편으로는 '불꽃회 사건'과 '인민혁명당 사건'을 발표하고 다른 한편으로는 학칙 개정을 시도했다. 불꽃회 사건은 북한을 찬양하는 마르크스·레닌주의자 조직인 불꽃회가 서울과 대구를 비롯한 전국 각 지역의 학생 시위를 배후 조종했다는 내용이었다. 또한 학생 데모를 배후 조종하고 '한일회담 반대 획책' 등 국가 전복을 기도했다는 죄목으로 '인민혁명당 사건'을 발표하여 혁신 세력은 물론 학생들까지 구속했다. 이와 관련하여 학생으로는 서울대 6·3항쟁의 주역들이 일부 구속되었고, 대구와 연락을 취했던 성균관대의 김승균도 구속되었다. 대구에서는 대구대 학생운동의 핵심인 정만진과 경북대 졸업 후 《매일신문》 기자로 활동하던 이재문이 구속되었다.[57] 8월 24일 구속되었던 대부분의 학생이 석방되었고 9월 10일에는 '인민혁명당' 사건의 기소를 반대한 공안부 검사 네 명이 사표를 제출하는 파란이 일어났다.[58]

나아가 6·3시위의 소용돌이를 휴교령으로 대처한 문교부는 학생들의 시위 참여를 막을 대책으로 학생 처벌을 강화하는 학칙 개정을 시도하고 학원 질서를 바로잡기 위해 '학원보호법안'을 시행하고자 했다. 학칙 개정은 학교에서 논란을 끌다 교수회의에서 부결되었고, '학원보호법안'은 국회에 제출되었다가 폐기되었다.

이 과정에서 경북대학교 문리대와 법정대 교수들은 학칙 개정이 민주주의 교육과 대학 교육 이념에 벗어나는 것이라는 이유로 학칙변경 안을 부결시켰으며, 이 때문에 교학처장이 문교부로 소환되기까지 했다.[59]

1964년의 한일회담 반대 운동은 회담 자체를 완전히 무산시키는 결과를 거두지는 못했으나 일시적으로 연기시키는 성과를 거두었다. 무엇보다 한일회담 반대 운동은 단지 굴욕적인 한일회담 그 자체를 반대하는 데 그친 것이 아니라 박정희 정권의 부도덕성과 비민주성을 비판하는 민주화 운동의 성격도 띠고 있었다. 이 과정에서 대구 지역 한일회담 반대 운동은 서울을 비롯한 다른 지역과 연계되어 있었고, 그 양상도 전국적 흐름과 크게 다르지 않았다. 이러한 흐름 속에서 대구 지역의 학생운동 진영은 1965년에도 한일협정 반대 운동을 치열하게 펼쳤다. 즉 군사정권의 비상계엄과 위수령, YTP 정보 공작과 학생 처벌, 그리고 조기 방학, 학생회장단 납치와 연금, 인민혁명당 사건과 같은 공안 공작에 이르기까지 레드콤플렉스의 전국민적 공포 분위기 조성과 협박에도 불구하고 반독재 민주화 투쟁을 치열하게 조직해 나갔다.

2. 대중적 이념서클 정사회

조직과 실천

1961년 5·16쿠데타 이래 전국적으로 급격히 위축된 학생운동은 1963년 전후로 차차 회복되기 시작했다. 경북대학교에서도 1963년 봄에 실천 활동을 표방한 비밀 서클 '맥령'이 만들어지면서 학생운동의 역량을 회복하기 시작했다. 1964년 봄 한일회담 반대 투쟁이 전국적으로 펼쳐졌을 때 경북대에서 한일회담 반대 운동을 선두에서 이끌던 인물들이

바로 이 조직에서 활동하던 멤버들이었다.[60]

1964년 상반기 한일회담 반대 운동을 전개하는 과정에서 적극적으로 참여하는 많은 활동가들이 등장했다. 학생운동을 조직적으로 벌여 나갈 필요성을 느낀 이재형, 변태강, 이동욱, 김성희는 '맥령'이라는 이념서클을 비밀리에 결성해 학생운동을 배후에서 지도하면서 학생운동에 적극적인 인물들을 주변으로 결합시켰다. '맥령'에 결합된 인원이 늘어나면서 '맥령'의 핵심부는 일부 선진 분자들만으로는 조직을 계속 확대하고 대중적 운동을 전개하기에는 한계가 있다고 판단하여, 조직을 확대 개편하기로 결의했다. 그 결과 만들어진 것이 바로 '정사회'라는 대중 서클이다.

정사회는 대중 서클을 표방하고 있었지만, 학생운동을 총체적이고 대중적으로 펼쳐 나가기 위한 이념서클이었다. 이론이 아닌 실천 중심의 서클인 정사회가 조직되면서 경북대학교 학생운동은 본격적 진용을 갖추어 나가기 시작했다. 정사회의 핵심 구성원들은 주요 이슈가 있을 때마다 배후에서 조종하거나 전면에 나서 활동을 주도했다. '맥령'은 정사회가 만들어진 뒤로도 핵심 조직을 유지하면서 배후에서 자금을 대거나 선언문을 작성하고 검토하는 역할을 하면서 학생운동 세력을 실질적으로 지도했다.

'맥령'을 확대 개편한 대중적 서클인 '정사회' 창립 준비는 한일회담 반대 운동이 일시적으로 잠잠해진 1964년 후반기부터 본격적으로 진행되었다. 한일회담 반대 투쟁 과정에서 드러난 믿을 만한 사람들 중에서 이후 전개될 운동에 적극적으로 참여할 수 있는 사람들을 회원으로 규합했다. 당시 경북대 5개 단과대학마다 영향력이 있고 활동적인 사람들 상당수가 정사회의 회원으로 결합했다.

어느 정도 회원이 규합되자 본격적인 창립총회가 준비되었다. 새로운 서클의 이름은 창립회원인 박창규(법학과 63학번)의 제안에 따라 '바르게 생각한다'는 '정사회'(正思會)로 정했다. '바르게 생각한다'는 것은 사변적인 것이 아니라 실천적 차원에서 '바르게 행동한다'는 의미를 내포했고 회원 모두가 동의했다. 창립총회는 한일협정 체결 논란이 한창이던 1965년 봄 대구 인근 가창에서 개최되었다. 이날 참석한 회원은 이재형, 변태강, 서훈(법학과 63학번), 곽중수(수학과 63학번), 박창규, 이동훈(법학과 63학번), 여광세(법학과 63학번), 최광남(사회교육과 63학번), 최정환(사학과 63학번), 정호상(수학교육과 63학번), 강성중(원예학과 63학번), 백정호(화학과 64학번), 신현길(정치학과 64학번) 등이었다. 창립총회에서는 서클의 운영 방법이라든가 활동 방향이 논의되었고 앞으로의 시국 전개에 대한 논의도 있었다. 초대 회장으로는 활동력이 있으면서도 대중 앞에 전면에 나설 수 있는 역량을 갖춘 서훈이 추대되었다.[61]

이 무렵에는 서클 등록제에 따라 정식 서클로 등록하려면 지도교수가 있어야 했다. 학생들의 활동에 상당한 호의를 보인 법학과 이태재 교수를 지도교수로 모실 수 있었고, 서클 등록에 필요한 요건을 갖춤에 따라 1966년 3월 15일 정식 서클로 등록했다. 정식 서클로 등록된 '정사회'는 "건전한 학구적 활동을 통하여 사회생활을 분석하고 현대사상을 연구, 방향을 제시해 나감으로써 조국의 후진성 탈피에 기여하자"는 것을 목적으로 내세웠으며, "올바르게 생각하고 올바르게 행동하는 사람이 되자"는 이념을 표방했다.[62]

정사회는 대중 서클의 모양새를 띠고 있었지만, 실제로는 1969년 등록이 취소될 때까지 경북대 학생운동을 이끄는 중심적 이념서클이었다. 정사회의 멤버들은 1965년 한일협정 반대 운동과 1967년 6·8부정선거 규탄 운동, 그리고 1969년 3선개헌 반대 운동에 주도적으로 참여하면서

그림 11 신입생을 위한 정사회 안내(1968년 3월 28일,《경북대학보》)

지도적 역할을 수행했다. 또한 총학생회를 비롯한 대중적 학생 조직에도 적극적으로 참여하여 다수의 회원들이 학생회장이나 학생회 간부를 맡아 활동했다.

일상과 문화

정사회는 1960년대 후반 경북대학교 학생운동의 주도적 역할을 담당한 이념서클이었다. 그렇다고 해서 정사회가 비밀 서클은 아니었고, 학교에 정식으로 등록되어 활동이 인가된 대중 서클이었다. 정사회가 학생운동의 중심에 선 것은 정사회 자체가 투쟁 조직이었기 때문이 아니라 투쟁의 중심에 선 사람들이 정사회에 결집해 있었기 때문이다. 정사회는 다소 민족주의 성향을 띠고 있었지만, 일반적인 서클과 마찬가지로 그 자체의 고유한 행사를 하면서 회원 간의 결속을 다졌고, 그 결속을 기반으로 학생운동의 중심에서 그 역량을 발휘했다.

정사회의 평소 회원은 60명 정도였고 남학생들로만 구성되었다. 여학생 회원이 없었던 것은 무엇보다 정사회가 실천적 성향을 가지고 학생운동의 중심에 서 있었기 때문이다. 학생운동을 한다는 것이 위험한 선택이던 시절이었다. 운동을 하다 언제든지 구속될 수 있는 상황이었고, 고문이 일상적으로 벌어지던 시절이라 고문에 못 이겨 조직의 비밀을 누설할 수도 있었다. 아무래도 여학생은 회원들 간의 결속에 도움이 되지 않고 투쟁을 힘 있게 전개하는 데도 어려움이 있고 조직의 비밀을 유지하는 데도 어려움이 있다는 일부 선배들의 판단이 크게 작용했다. 물론 여학생들도 정사회에 가입하기 위해 찾아오기는 했다. 하지만 일부 선배들은 "치맛바람에 놀아나면 안 된다"는 이유를 대면서 여학생의 회원 가입을 차단했다. 대중 서클로서 여학생을 받아들일 수 있고, 그렇게 하자는 주장도 있었지만 논의를 거쳐 결국에는 여학생은 회원으로 받지 않기로 결정을 했다. 그것이 하나의 전통이 되어 그 뒤로 여학생 회원을 받아들이지 않았다.

정사회의 회원은 다양한 방식으로 모집되었다. 창립 회원의 경우 1964년 한일회담 반대 운동의 과정에서 적극적으로 참여한 사람들이 맥령을 중심으로 결합되었다. 이후에도 투쟁 과정에서 드러난 적극적 참여자나 평소 언행이 신뢰할 만하고 활동력이 있는 사람이 정사회 회원으로 특별히 영입되었다. 하지만 대중 서클로 전환된 이후에는 주로 신입생을 회원으로 모집했다. 해마다 신입생 오리엔테이션 이후에는 서클 소개를 듣고 관심을 가진 학생들이 원서를 들고 찾아와 가입했다. 신입생이 아니더라도 친분이 있는 사람의 소개를 통해 회원으로 가입하는 경우도 많았다. 정사회의 회원 중에는 학업 성적이 우수한 사람들과 학생회 활동에 관심이 있는 학생들이 많았다. 한편으로는 성적이 우수한 사람들이 선거나 투쟁 과정에서 다른 학생들에게 신뢰감을 주고 영향력을 발휘하기 쉽기 때문에 의도적으로 모집한 측면도 있었다. 그런가 하면, 그 무렵 학교에

그림 12 학교 본관을 배경으로 일청담 앞에 선 정사회 회원들(성진용 제공)

서는 정사회 회원으로 활동해야 학생회장이 될 수 있다는 분위기가 은연중에 형성되어 있어 학생회에 관심 있는 사람들이 모여들었다.

정사회의 주요 활동은 토론회, 초청 강연회, 연구논문 발표회, 수련회, 회지 발행 등이었다. 신입생 원서를 받기 위해 일시적으로 학생회관 1층에 작은 방을 사용하기도 했지만, 정해진 서클 공간을 가지고 있었던 것은 아니다. 그래서 서클 차원의 행사들은 학교 강의실이라든가, 학교 주변의 술집 같은 곳에서 이루어졌다. 특히 일상적인 만남은 학교 주변의 단골 막걸리 집에서 주로 이루어졌다.

자주 가는 단골 술집으로는 법대 옆의 '노랑집,' 정문 앞의 '실비식당,' 동촌의 '버드나무집,' 수성못의 '폭포집' 등이었다. 총회라든가 토론회 같은 행사가 끝나면 반드시 단골 술집에 들렀고 모임 대부분은 이런 자리에서 자연스레 열렸다. 특별한 경우를 제외하면 미리 약속을 정해 놓고 모이지는 않았다. 일종의 아지트였기에 어느 때고 찾아가면 선배고 후배고 사람들이 있었다. 단골 술집에서는 같이 막걸리를 마시며 삶을 이야기하기도 하고, 시국이나 정세를 논하기도 했다. 때로는 투쟁 방법이나 일정을 논의하기도 했다.

술자리가 길어지면 노래를 부르며 흥을 돋우기도 했다. 특히 신입생 환영회나 총회가 끝난 이후의 자리에서는 모두들 돌아가며 노래를 부르기도 했다. 당시 즐겨 불렀던 노래는 〈반달〉, 〈고향의 봄〉 같은 동요, 〈선구자〉, 〈봉선화〉 같은 가곡, 〈해방가〉, 〈학도가〉, 〈탄아 탄아〉, 〈바람이 분다〉, 〈스텐카라친〉 같은 민중가요, 〈사의 찬미〉 같은 대중가요였는데, 애국가도 즐겨 불렀다고 한다. 이런 노래들은 시위 현장에서도 많이 불리었다.

정사회 회원들은 회원들 사이에 친목을 꾀하고 결속을 강화하기 위해 해마다 여름이면 하계 수련회를 떠났다. 부산 해운대해수욕장이나 포항 송도해수욕장으로, 때로는 밀양의 재약산 사자평으로 떠났다. 수련회에는 대개 40~50명이 참석했고 일정은 3박4일 정도였다. 저마다 약간의 회비를 내고 쌀과 먹을 것을 챙겨 왔지만, 이재형, 변태강을 비롯한 선배들의 재정 지원이 비용의 주요 부분을 담당했다. 엠티를 가서는 세미나도 하고 토론도 벌이고, 친구들과 대화도 나누었다. 낮에는 해수욕을 즐기고 씨름 시합도 했고, 밤에는 밤새도록 술을 마시며 젊은 날의 한때를 즐겼다. 식사는 당번을 정해 돌아가면서 직접 해먹었다. 준비가 끝나면 여기저기 흩어져 있던 회원들이 모여 함께 식사를 했다. 방을 하나 구하거나 천막을 하나 빌려 두었지만 잠은 젊은 혈기에 아무데서나 잠을 자기도 했다.

정사회 회원들은 현실 인식을 심화하고 정치의식을 높이기 위해 《사상계》와 재일조선인들이 발간한 시사잡지 《한양》(漢陽) 등 한국 사회의 현

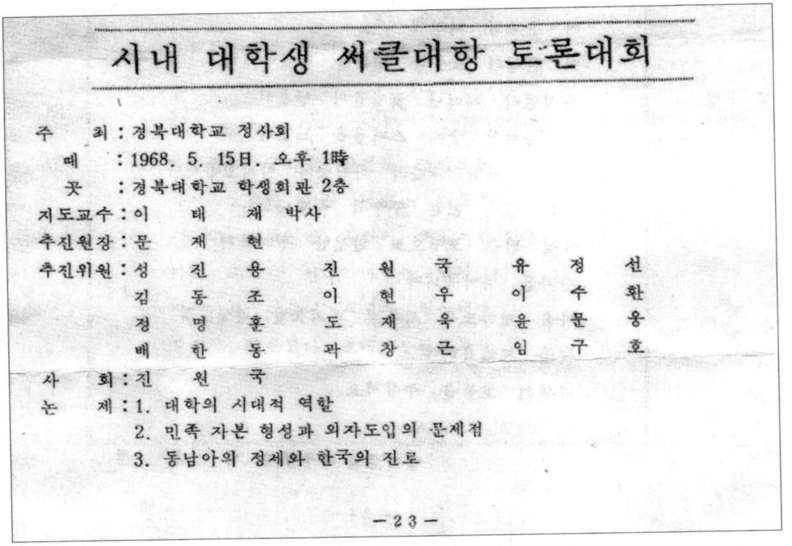

시내 대학생 써클대항 토론대회

주　　최：경북대학교 정사회
때　　：1968. 5. 15日. 오후 1時
곳　　：경북대학교 학생회관 2층
지도교수：이　태　재　박사
추진원장：문　재　현
추진위원：성　진　용　　진　원　국　　유　정　선
김　동　조　　이　현　우　　이　수　환
정　명　훈　　도　재　욱　　윤　문　용
배　한　동　　곽　창　근　　임　구　호
사　　회：진　원　국
논　　제：1. 대학의 시대적 역할
2. 민족 자본 형성과 외자도입의 문제점
3. 동남아의 정세와 한국의 진로

—23—

그림 13 정사회 주최 '시내 대학생 서클대항 토론대회' 안내문(성진용 제공)

실과 사상을 담은 서적을 탐독하고 토론하거나 연구논문 발표회를 가졌다. 또 일반 학생의 현실 인식과 사회의식을 높이기 위해 대중적 초청 강연회나 교양강좌를 열고, 대구 지역 대학생들이 참가하는 토론대회를 조직하기도 했다.

회원들은 다양하게 연구한 내용을 발표했다. 1967년 3월에는 학생회관에서 '정사의 날' 행사를 열어 신입생 환영회와 회원 발표회를 열었다. 최근배(교육학과 64학번)가 '우리는 무엇을 해야 하나?' 성진용(농화학과 66학번)이 '한국 농촌의 실태와 그 타개책,' 김상헌(화학과 65학번)이 '한국 근대화에 있어서 대학생의 역할'이라는 주제로 발표했다. 1968년 상반기에는 림구호(물리학과 67학번)가 농업 문제에 관해 발표하고, 변태강은 '매판자본과 민주주의'라는 주제로 다소 좌파적인 내용의 논문을 발표하기도 했다. 또한 서울대, 고려대, 연세대, 이화여대, 숙명여대의 같은 성향 서클들과 교류도 했다. 이들 대학에서 주최하는 토론대회에 참가하기도 했고, 경북대에서 토론회를 개최하여 그들을 초청하기도 했다. 1969년 고려대 한맥이 주최한 토론회에 참가해서는 우승을 차지했다. 토론대회를 통한 교류는 겉으로 학술 교류를 표방했지만, 토론회 그 자체가 목적이 아니라 사실은 서클간의 연대를 끈끈하게 하기 위한 노력이었다.

3. 1965년 한일협정 반대 운동

재개된 한일회담

국민적 반대 여론으로 중단되었던 한일회담은 8개월여 만에 미국의 요구로 1964년 12월에 재개되었다. 미국은 베트남전쟁으로 부담이 커지고 동북아시아의 정세가 불리하게 돌아가자, 한일 두 나라의 관계를 정상화시키는 것을 더욱 중요시하게 된다. 그리하여 고위 관료가 잇따라 일본과 한국을 방문하여 두 나라를 중재하면서 관계 정상화를 촉구했다. 미국의 중재로 한일회담이 재개되자 박정희 정권은 다시 적극적인 자세를 보였다. 동시에 새로 출범한 일본의 사토 에이사쿠(佐藤榮作) 내각도 한일회담 재개에 적극적인 태도를 보여 한일회담 본회담이 다시 열리게 된다. 1965년 1월 18일로 한일회담 본회담이 예정되자 박정희 정권은 '3월 타결, 4월 조인, 5월 비준'이라는 스케줄을 잡고 한일회담에 임하는 최종 방침을 적극 검토하기 시작했고.[63] 1월 9일에는 박정희 대통령이 직접 내외신 기자회견에서 한일회담을 언급하며, 쌍방 주장이 모두 명백해졌으므로 연내에 가부간 매듭짓겠다는 입장을 밝혔다.[64] 1965년 1월 18일 한일회담 본회담이 속개되었고, 2월 19일에 가조인을 위해 시이나 에

쓰사부로(椎名悦三郎) 외무상이 방한하여 2월 20일에는 한일기본조약이 가조인되었다.

2월 19일 시이나 일본 외무상이 한일기본조약 가조인을 위해 방한하자, 야당을 중심으로 한 한일굴욕외교반대투위가 수천 명의 참여 속에 한일회담 반대 성토대회를 개최했다. 하지만 이날 성토대회는 경찰의 제지로 제대로 성사되지 못했다. 대학생들도 산발적으로 데모를 벌였고 한국대학생정치학회 이름으로 결의문을 발표했다.[65] 이후 각 대학이 점차 전열을 정비하여 한일회담 반대 투쟁에 적극적으로 나서게 된다.

1965년 들어 대학생들의 본격적인 한일회담 반대 투쟁은, 서울에서 3월 26일 "치욕적인 제2을사보호조약 가조인 무효"를 주장하는 동국대학생들의 성토대회로 포문을 열었다. 이윽고 3월 31일 전남대에서 총학생회 주최로 1천여 명이 집결한 가운데 '매국외교 결사규탄 성토대회'가 열리면서 지방으로 확산되어 나갔다.

이런 가운데 한일회담이 계속되어 어업 문제, 청구권 문제, 재일한인의 법적 지위 등 그동안의 쟁점을 일괄 타결하고 4월 3일 한일협정을 가조인했다.[66] 한일기본조약이 가조인되고 한일협정이 가조인되자 정부와 민주공화당은 이를 홍보하고 선전하는 활동을 펼치면서 국회 비준을 준비했다. 대구에서 민주공화당은 기본조약이 가조인된 후 각 동리 단위로 순회 간담회를 열어 한일회담을 홍보했으며, 정부는 공무원과 시민을 강제로 동원하여 한일회담을 홍보하는 시국 강연회를 개최했다. 여기에 맞서 굴욕외교반대범국민투쟁위원회는 한일협정의 문제점을 지적하며 반대 입장을 발표하고, 다시 전국을 순회하며 대규모 성토대회를 열었다.[67] 야당은 한국 쪽에서 전관수역을 양보했다는 보도를 접하고서 "어장이 없어졌다"는 구호 아래 굴욕외교 반대 전국 유세에 돌입했다. 정부가 전관수역을 양보하는 등 굴욕을 넘어 매국의 단계로 진입하자 대학생뿐 아니라 고교생까지 아우르는 학생 데모가 전국에서 다시 불붙기 시작했다.

한일회담을 반대하는 분신 사건

대구에서는 4월 1일 굴욕외교반대범국민투쟁위원회 주최로 성토대회를 개최하기로 했다. 그런데 성토대회가 열리기에 하루 전인 3월 31일 밤 7시 50분 무렵 시청광장에서 한 시민이 한일회담의 반대를 외치며 분신자결하는 충격적인 사건이 발생했다. 이날 분신 자결한 이는 서울에 주소를 두고 있는 이종래(38세, 이문성) 씨로 밝혀졌다. 이씨는 옷을 입은 채로 온몸에 휘발유를 뿌려 불을 지르고 "대한민국 만세!" "나는 정의를 위해 죽는다!" "굴욕외교 반대!"를 외쳤다. 길을 가던 청년이 가마니를 들고 분신을 기도한 이씨에게 달려들어 불을 껐고, 대학병원으로 옮겨 치료하다 시립병원으로 다시 옮겨 치료를 했으나 이튿날 새벽 5시 20분쯤 절명하고 말았다. 경찰은 분신의 파장을 막기 위해 분신 자결 동기를 정신이상과 실직으로 겹친 빈곤이라고 밝히며 남겨진 유서 공개를 거부했다. 그러나 이후 밝혀진 내용에 따르면, 유서는 대부분 굴욕외교를 반대하고 비난하는 내용이었다. 이 유서는 이씨가 분신할 때 현장 주위에 뿌린 것으로 열다섯 장에 달하는 장문의 내용이었다.[68]

4월 1일 수성천변에서 개최된 굴욕외교반대범국민투쟁위원회의 대구 강연회에는 무려 2만여 명의 시민이 참석했다. 강연회는 오후 2시부터 세 시간 동안 비교적 조용한 분위기에서 열렸고, 데모는 경찰의 저지로 좌절되었다. 경찰은 이날 강연회를 방해하기 위해 강연회의 포스터와 전단을 나눠주던 범국민투쟁위원회 관계자를 연행하기도 했으며, 경상북도 당국은 전체 공무원을 대상으로 따로 시국 강연회를 열어 한일협정 반대 운동의 확산을 막기 위해 진력했다.

학생회 간부 납치·감금

한일협정 체결을 앞두고 학생 시위를 막기 위한 정부와 학교 당국의 방해 책동은 전방위로 이루어졌다. 굴욕외교반대범국민투쟁위원회의 대구 성토대회가 열리는 4월 1일, 경북대 법대생들도 11시쯤 본관 앞에서 성토대회를 개최할 예정이었다. 하지만 이 성토대회는 개최 직전 교학처장 조병하를 비롯한 학교의 강력한 제지로 30분 만에 좌절되었다. 대신 동까지 가서 마이크를 빌리고 선언문과 결의문, 플래카드를 미리 준비해 두었지만 시위를 막 시작할 즈음에 학교 측의 제지를 받았다. 심지어 주동 학생 두 명은 교학처장실에 끌려가기도 했다. 학생들은 "노예 생활을 강요하는 현 정부의 한일회담에 죽음으로써 항쟁할 것을 만천하에 천명한다," "정권 유지의 수단으로서 강행하려는 박정희 정권의 한일회담을 즉각 중지시키자," "평화선을 사수하자"는 등 6개항의 결의문을 미리 준비해 두었다.[69]

한편 학교 측은 31일 의과대학 강당에서 한일협정의 조기 타결을 주장하는 강연회를 개최했다. 외부 사람들에게는 일체 극비에 붙인 채 한갓지고 깊숙한 강당에서 열린 이 강연회에는 의대부속병원장을 비롯한 병원 사무직원과 간호원 등 50여 명이 일손을 멈추고 동원되었다. 연설장에 동원된 직원들은 "꼭 자유당식이다"고 불만을 토로했다. 이날 강연회는 정부가 지시한 '한일회담 선전' 계획에 따른 것이었다.[70]

경북대에서는 1일 굴욕외교반대범국민투쟁위원회 강연회에 학생들이 참가하는 것을 막았고, 3일 청구대에서 열릴 예정인 '경북학생총연합회' 결성을 막기 위한 조치로 4월 1일부터 3일까지 총학생회장 조화형을 비

롯한 학생회장 5명을 납치·연금했다.[71] 사건의 전말은 6일 경북대 학생회
장단의 폭로로 《매일신문》에 크게 보도되었다.

4월 1일 오전 문리대 학생회장 최현우, 농대 학생회장 김기근, 법대 학
생회장 김창호 등 세 명은 천시권 학생감과 경찰 정보형사에게 총장 관
용차(관1111호)와 경북대 지프차(관60호)에 실려 하양까지 납치되었다가
밤늦게 대구로 들어왔다. 이들은 전동(지금의 중구 성내동)에 있는 '한화
장'에서 저녁을 먹고 다시 사범대 학생회장 정상수, 총학생회장 조화형과
함께 천시권 학생감에 의해 2일 새벽 2시 경주로 납치되어 국제여관에서
3일 저녁 6시까지 연금당했다.

이 보도가 나가자 학교 측은 학생 당사자들의 해명을 종용하는 한편
언론사에도 항의했다. 그러면서 회장단을 경주로 하양으로 끌고 다닌
사실은 시인하면서, 그 행사가 '봄놀이'도 '굴욕외교반대투위' 대구 유세
의 '데모' 방지책이 아니라 '경북학생총연합회'의 결성을 '지도'하기 위한
'교외 지도'라 해명했다. 경찰에서는 학생들의 일방적인 주장으로 경찰까
지 막대한 피해를 입었으며, 경찰은 이 사건과 아무런 관련이 없다고 주
장했다.[72]

그러나 경주의 국제여관 주인과 종업원은 학생회장단의 동정에 대해
이들이 새벽 4시쯤 투숙했고 오전 10시쯤 또 다른 교수 두 사람이 와서
학생들에게 "절대로 나가서는 안 된다," "먹고 싶은 것이 있으면 술이든
무엇이든 말하라"고 하며 일체의 외출을 금지시켰다고 증언했다. 또 저녁
에는 경주경찰서 최 정보계장이 찾아와 교수들과 장시간 이야기를 나누
다 돌아갔으며, 3일 아침에는 방문을 잠근 채 교수들이 학생들에게 무언
가 심한 꾸지람을 하는 것 같았고, 학생들은 이에 몹시 반발하는 듯하더
니 뺨을 때리는 소리가 밖에까지 새어 나왔다고 증언했다.[73]

물론 학교 측에서는 이러한 사실에 대해 부분적으로 부인했다.[74] 경북대의 일부 교수들은 학생회장단을 경주로 하양으로 끌고 다닌 이른바 '교외 지도'에 대하여 비난했다. 대학 내의 소수 행정 담당자들이 학원에 '한일회담 선전' 등 정치 분위기를 끌어들이고 사회적인 말썽을 일으켜 전체 교수들을 욕되게 하고 있다고 비난했다.[75]

한편 학교 당국과 경찰은 각 대학의 학생회장을 비롯한 학생들의 집을 방문하거나 미행하면서 동향을 파악하며 철저히 감시했다. 일부 학생회장단은 한결같이 정보형사들의 미행으로 사생활을 침해 받을 뿐 아니라 밤중의 가정방문 등으로 밤잠을 못잘 지경이라고 폭로했다. 학생들은 경찰의 이러한 태도에 대해 "경찰은 적어도 우리들의 소재를 항상 파악하려고 들고 있으며 이와 같은 처사는 마치 요시찰인을 미행하는 것과 같은 것으로 아무 죄도 없는 자연인, 특히 학생들을 시찰하는 것은 참기 어려운 것이며 결과적으로 우리들 가슴에 불을 지르는 것이 된다"고 항의했다.[76]

10일에 경북대 학생회장단은 지난 8일에 정부와 서울 시내 학생 대표들이 가진 한일회담 세미나에 대해 "오히려 학생들을 흥분시키는 것이며 학생들의 가치의식을 빼앗는 것이라"고 비난하고, 12일 열릴 예정인 지방 대학 학생 대표를 대상으로 한 세미나도 대학의 지성을 무시하는 처사이므로 참석하지 않을 것이라 밝혔다.[77]

경북학생총연합회

대구 시내 대학생 회장단은 4월 3일 청구대학교 강당에서 '경북학생총연합회'(경학총)를 결성하려 했다. 그런데 경북대학교 학생회장단이 학교 당국자에 의해 경주로 납치당하는 바람에 계획대로 추진할 수 없었다.

그러나 학생들은 학교 당국의 끈질긴 만류에도 불구하고 "당초의 공개적인 결성대회 대신 회장단 및 회원들의 서명 날인 획득으로 하는 방식으로 4·19 이전까지 조직을 완료하겠다"는 뜻을 밝히고 '경학총' 결성을 추진했다.[78]

대구 시내 대학생 회장단 17명은 당초 4월 3일 청구대학 강당에서 결성하기로 한 '경학총'의 결성 취지문을 작성했다. 취지문에 따르면, '경학총'은 "후진국에 있어서의 학생들의 힘의 결집을 모색하는 한국학생총연합회의 교두보로 자처하는 것"으로 "오늘처럼 조국이 처한 현실이 급박할 때도 없었고, 학원이 사명감을 느껴야 할 시기도 없었다"고 전제하고 "생존과 출세와 권력쟁탈과 그것을 유지하기 위해서는 수단과 방법의 분별이 없다"고 당시의 사회 현실을 규정했다. 그러면서 "이 부조리에서 새로운 가치관을 확립해야 한다"고 밝히고 스스로 엘리트 의식에서 새로운 힘을 갖기 위해 '경학총'을 결성한다고 했다. 이들은 ① 학원의 사찰 배제와 자유 보장, ② 대학자치 보장과 권위 확립, ③ 사회적·학문적 문제에 대한 학생들의 의사 통일, ④ 부패 세력의 침투 배제와 참신한 학풍 조성, ⑤ 조국이 갈망하는 주체 세력 형성에 제하여 진실과 정의를 본질로 하는 구국적 학생 세력을 형성한다는 강령을 내걸었고, "여하한 부패 세력과도 타협하지 않는다"고 공약했다. 이에 대해 대학 당국은 ① 회원 대학의 자치권 침해, ② 정당화(政黨化)할 우려 있고, ③ 재정조달에 무리가 있을 것이며, ④ 힘의 집단으로 기울어질 우려가 있다면서 '경학총'의 조직을 반대했다. 그러나 학생회장단은 '경학총'의 결성하는 데 합의하고, 공개적인 조직 방식 대신 개별적인 서명 날인을 얻어 조직을 완료할 것을 결의했다.[79]

한편 경북대학교 법정대 대의원 24명은 4월 12일 학생회의실에서 회의를 열고 정부의 무능력과 실정, 매국적인 한일협정의 체결 추진, '경학총'의 결성 방해 등을 규탄하고 학원의 자유를 요구하는 시국선언문과 결의문을 발표했다. 이날 발표된 시국선언문과 결의문의 요지는 다음과 같다.[80]

시국선언문

오늘 민족역사는 가장 어려운 난국에 직면해있다. 독재정보 정치를 마음대로 구사하여 파렴치할 정도로 부정부패를 무자비하게 자행하는 현정권은 전체국민의 생활을 기아 직전의 파탄에 몰아넣었다.

헐벗고 굶주리는 전체국민의 피맺힌 절규와 염원을 외면한 채 일본제국주의 전쟁광들과 결탁, 야합하여 경제 재건이란 허울 좋은 미명 아래 우리의 조국을 또다시 왜놈들의 말발굽 아래 내맡기는 매국적 행위를 기만적인 술책으로써 감행하고 있다.

우리 조국이 처한 이러한 비극적인 현실 앞에서 4월의 붉은 피를 이어받은 우리 젊은 지성들은 감연히 분기하는 바이며, 민족적 양심과 역사적 사명감에 입각하여 민족 해방과 독립을 절규하며 쓰러져간 애국선열과 4월의 거리에서 산화한 성스러운 영령들에 욕되지 않게, 일본제국주의의 세력과 매국독재 정권으로부터의 조국 수호의 성스러운 투쟁전열에 적극 참가할 것을 엄숙히 선언한다.

결의문

신성시되어야 할 학원의 자유와 학생의 인권을 관권과 결탁 협력하여 무자비하게 유린한 학교 당국의 금번의 천인공노할 만행에 대해 우리의 진정한 지성과 양심은 도저히 용납할 수 없는 처사라고 단정코

아울러 깊은 반성과 개전의정이 있기를 촉구하면서 다음과 같이 결의문을 채택했다.

① 학교 당국은 금번 불상사에 대해 전적으로 책임을 지고 공개 사과할 것을 강력히 요구한다.

② 진정한 학도 양심은 비단 이번 불상사뿐만 아니라, 앞으로 어떠한 형태의 탄압과 박해가 자행되더라도 진정한 학생운동을 전개할 것이며 우리의 소신을 관철한다.

③ 우리는 위와 같은 목적을 달성하기 위한 제1차적 투쟁으로서 현재 관권에 의해서 억압되고 있는 〈경북학생총연맹〉 결성을 적극 지지하며 아울러 적극 지원할 것을 결의한다.

4월 3일 한일협정이 가조인된 후 학생 시위는 날이 갈수록 격화되어 갔고 정부의 대응도 첨차 강경해져 충돌이 잦았다. 4월 13일 전국 각지에서 굴욕외교 반대 데모가 일어났다. 이날 서울 시위에서 동국대학교 농학과 3학년 김중배가 진압 경찰의 곤봉에 머리를 맞아 큰 부상을 당했다. 이틀 뒤 두개골 골절상으로 사망함에 따라 한일협정 가조인 반대 투쟁은 점차 열기를 더해 갔다.[81] 대구에서도 한일협정 가조인을 반대하는 학생들의 시위가 점차 열기를 더해 가고 있었다. 14일에는 학생들이 시내 제일극장 앞과 서문시장, 송죽극장 앞 등에서 국회의 한일협정 비준 반대와 가조인 철회 등의 내용이 담긴 전단을 살포했다. 전단의 내용은 "한일협상 비준에 찬동한 국회의원은 매국노의 낙인을 각오하라," "국민은 박정권의 종신집권을 허용할 것이니 가조인을 철회하라" 등 이었고, "동포여 궐기하라, 뭉쳐라, 일어서라, 3·1정신 이어받자"는 격문이 '3·1정신부활애국동지회'라는 이름으로 적혀 있었다.[82]

15일에는 대구대학교 학생 1,500여 명이 학생회 주최로 한일회담에 대한 토론회를 개최했다. 토론회를 마친 후 학생들은 시국선언문과 한일협정 가조인 철회, 구속학생 석방 등을 요구하는 결의문을 발표했다. 이날 한사대 학생 250여 명도 교내에서 성토대회를 연 뒤에 가조인 백지화와 국민투표 회부의 내용이 담긴 플래카드를 들고 가두시위를 벌였다. 경북대에서는 사복경찰관들이 구석구석 들어서서 학생들의 동태를 감시하고, 학교를 드나드는 버스를 검문검색하며 삼엄한 경계를 펼쳐 시위가 일어나지 않았다.[83]

4월혁명 기념일인 19일에는 대구에서 처음으로 고등학생들도 한일협정을 반대하는 시위를 벌였다. 하지만 대학생들은 학생 대표들이 대구시가 주최하는 4월혁명 기념식의 꼭두각시가 될 수 없다는 입장에서 각 대학에서 자체 행사를 열기로 결정해 고등학생들의 시위에도 불구하고 이날 별다른 움직임을 보이지 않았다.[84]

한일협정 가조인 반대 시위

정부는 4월혁명 5주년을 앞두고 학생 시위를 막기 위해 전국 각 대학에 휴교를 지시했다.[85] 이 조치로 4·19를 고비로 주요 도시의 학생 시위는 점차 소강상태로 접어든 듯했으나, 21일부터 다시 한일회담 가조인을 반대하는 시위가 전국적으로 재개되었다. 이런 가운데 경북대에서도 4월 21일 법정대가 중심이 되어 학교 측의 제지를 뿌리치고 한일회담 가조인을 반대하는 시위를 벌였다. 이날 시위는 경학총 결성 실패 이후 경북대 총학생회가 한일협정 반대 운동에 소극적인 입장을 보이자 반(半)공개 투쟁에서 공개 투쟁으로 전환한 이념서클 정사회 주도로 개최되었다.[86]

20일부터 경북대 법정대의 일부 학생들 사이에 데모 분위기가 무르익어 학생들 사이에 논란이 되었다. 이에 정사회 창립 회원인 이재형, 변태강, 김성희, 신현길, 백정호, 고인순 등은 학교 정문 앞에 있었던 정치학과 신현길의 집에 모여 시위를 위한 선언문과 플래카드 등을 준비했다. 특히 그림 솜씨가 뛰어난 백정호는 가마니를 이용해 걸개그림을 그렸다. 이 무렵 정사회 회원들은 이미 정보 당국의 주목 대상이었기에 불시 연행에 대비해 플래카드, 선언문, 그림 등을 조금씩 나누어 가지고 뿔뿔이 헤어졌다. 아니나 다를까 그날 첩보를 입수한 정보형사들이 신현길의 집을 덮쳤지만 이미 모두 헤어진 뒤였다.

다음 날인 4월 21일 오전 10시 정각부터 정사회 회원을 중심으로 한 법정대생 80여 명이 법정대 203호실에 모여 데모를 강행할 것을 결의하고, 10시 30분께 법대 본관 동쪽 삼거리에서 한일회담을 반대하는 성토대회를 열었다. 이들은 선언문을 낭독한 후 교내 시위를 벌이며 학생들의 참여를 촉구했다. 법정대 현관 앞에서 대오를 정비한 시위대는 교수들의 적극적인 만류를 뿌리치고 구호를 외치며 중앙도서관 앞을 지나 로터리를 거쳐 인문관을 지나 교양학부 강의실에 이르러 학우들의 합세를 요구했고, 교수들의 제지를 무릅쓰고 로터리에 집결해 다시 선언문과 결의문을 낭독했다. 이들은 "철폐하라 매국외교!" "처단하라 폭력 경관!" 구호를 외치고, 〈애국가〉, 〈전우야 잘자라〉, 〈전우가〉 등의 노래를 부르며 수의학관을 지나 정문을 통해 명덕로터리에 있는 2·28학생의거기념탑으로 행진하려 했다. 그 사이 시위에 참여하는 학생 수도 150여 명으로 늘었다. 데모 대열은 선두에 "보라! 해상강도"라고 적힌 포스터에 일본 나막신 '게다'가 한국 땅을 짓밟는 광경을 묘사한 걸개그림과 "조 김중배"라고 쓴 플래카드를 들고 행진을 했다.

그러나 미리 대기하고 있던 경찰의 저지로 교문 밖으로 행진을 할 수

그림 14 한일협정 가조인 반대 시위(1965년 4월 22일, 《경북대학보》)

없게 되었다. 동대구경찰서장은 시위 학생들에게 '집회 및 시위에 관한 법률' 위반 운운하며 해산을 요구했다. 계철순 총장도 현장에 뛰어나와 시위를 멈추고 해산할 것을 종용했다. 학생들은 경찰의 저지와 계철순 총장의 해산 요구를 거부하며 연좌시위를 벌이면서 평화 시위 보장을 요구했다. 처음에는 선언문 낭독과 〈애국가〉를 부르며 평화적으로 시위를 했지만 급기야 경찰의 제지를 뚫기 위해 실력대결로 들어갔다. 하지만 저지선은 뚫지 못한 채 법대 4학년인 강현모 등 세 명이 경찰에 연행되었다. 학생들은 연행된 학생의 석방을 요구하며 또 다시 연좌시위를 벌였다. 이들은 결국 연행된 학생이 모두 돌아오자 12시 35분경에 시위를 마치고 해산했다.[87)

학생들의 시위가 발생하자 학교 당국은 곧바로 학장회의를 열고 이날 시위에 따른 일련의 사태를 감안하여 22일부터 28일까지 의대를 제외한 전면적 휴교 조치를 내린다는 의결 사항을 총장의 담화문을 통해 발표했다. 학교가 강제로 휴교에 들어가자 사회 일각에서는 "억지 춘면(春眠)"이라며 혹평을 퍼부었다. 그러나 학교 측의 강제적인 휴교 조치에도 불구하고 22일 다시 본관 앞 로터리 부근에서 문리대 학생들을 주축으로 본교생 300여 명이 모여 성토대회를 열고 휴교 조치의 즉시 철회를 요구하는 선언문과 결의문을 낭독했다. 학생들은 평화선 사수의 플래카드를 들고 한일협정 반대, 경찰의 폭력 진압 반대, 김중배 학생 살해범 엄단 등의 구호를 외치며 가두 진출을 시도했다. 학생들은 교문을 막고 저지하는 경찰과 투석전을 벌이며 경찰의 저지를 뚫고자 했으나 실패하자 연좌시위에 들어갔다. 이 과정에서 문리대 학생회장 최현우를 비롯한 11명의 학생들이 경찰에 연행되었다.[88] 연행되어 간 학생들이 모두 돌아오자 학생들은 해산했다. 23일 동대구경찰서는 21일과 22일 이틀에 걸친 경북대 시위 주동자 5명을 '집회 및 시위에 관한 법률' 위반 혐의로 불구속 입건했다. 이때 입건된 학생은 강현모(법학과 59학번), 김충엽(사회과 2학년), 최현우(물리과 4학년), 신현길(정치학과 64학번), 하재구(경제학과 64학번)였다.[89]

22일 오후에는 의과대에서도 학생 80여 명이 성토대회를 열어 굴욕적인 내용과 방법으로 한일협정을 체결하려는 정부의 태도와 시위를 폭력적으로 진압하는 정부의 조치를 비난하는 선언문과 김중배 학생 살해자의 엄벌 등 5개 항의 내용이 담긴 결의문을 발표한 후 시위에 들어갔다. 학생들은 휴교 철회를 요구하며 시위를 벌였으나 경찰이 저지하고 학장이 만류하자 결의문을 다시 발표하고 해산했다.[90]

21일에는 청구대 학생들도 오전 10시 반부터 한일회담을 반대하는 성토대회를 열려고 했으나 학교 당국의 방해로 무산되었다.[91] 이날 고등학생들도 시위에 동참했다. 대륜고 학생들은 두 번째로 한일협정을 반대하는 성토대회를 개최했다. 중앙상고와 영남고 학생들도 시위에 나서려고 했지만 학교 당국의 제지로 무산되었다.[92]

23일에는 대구대와 청구대 학생들이 시위를 벌였다. 대구대 학생 800여 명은 정부의 굴욕외교 반대와 학원 유린을 비판하고 학교의 휴교 철회를 요구하는 성토대회를 개최하고 태극기를 앞세우고 한일협정 반대와 학원 자유 보장 등의 내용이 적힌 플래카드를 들고 가두시위를 시도했다.[93] 청구대 학생 800여 명도 한일회담을 반대하는 성토대회를 마치고 가두시위를 벌였다. 두 대학 학생들은 문화동 청구공전에서 합류하여 연행된 학생들의 석방을 요구하면서 경북경찰국 앞까지 가두시위를 벌인 후 해산했다.[94]

시위가 일어난 대학에는 즉시 휴교 조치가 내려져 대학생들의 시위는 소강상태에 접어들었다. 그런데 이번에는 고등학생들의 시위가 이어졌다. 24일 계성고 학생 1천여 명은 대구역에서 한일회담 반대가 적힌 플래카드를 앞세우고 구속학생 석방과 굴욕외교 반대를 요구하는 시위를 벌였으며, 영남고 학생 400여 명도 한일회담 반대와 구속학생 석방을 외치면서 학교를 나와 가두시위를 벌이다가 경찰의 진압으로 해산되었다. 이 때문에 두 학교도 바로 휴교에 들어갔다.[95]

5월 접어들어 대구 시내 각 대학의 휴교 조치가 해제된다. 서울과 광주 등지에서 학생들의 시위가 계속 일어났지만 대구에서는 휴교 조치가 해제되었음에도 표면적으로는 시위가 일어나지 않은 채 비교적 평온한 분위기를 유지하고 있었다. 이는 박정희 대통령이 미국을 방문하고 한일 두 나라 사이에 어업 문제를 포함한 협정 내용에 대해 이견을 보여 정식 조인이 늦어질 것이라는 전망이 나왔기 때문이다. 하지만 무엇보다 정부

그림 15 교정에서 연좌시위를 벌이고 있는 의대 학생들(1965년 4월 24일, 《영남일보》)

의 대응이 강경해지고 학교 당국이 시위를 주도한 학생들을 즉각적으로 징계를 하는 등 학생들의 활동이 크게 제약된 탓이 크다. 5일에는 법대 학생 50여 명이 총장실을 찾아가 정학 처분을 내린 학생 두 명에 대한 징계를 철회하고 천시권 학생감을 사퇴시키도록 요구하기도 했다.[96] 또한 학생회 간부를 비롯한 학생운동 지도부가 경찰과 학교 측으로부터 집중적인 감시를 받고 있어 공개적으로 활동하기 어려운 상태였다.[97]

이 무렵 학교 측은 대학 신문《경북대학보》를 통제하면서 학생들의 시위 자제를 촉구하는 사설이 연이어 실렸다. 나아가 학생 시위의 정당성을 폄하하고 시위 주도 학생과 학생회 간부의 도덕성을 훼손하는 데 열을 올렸다. 여야 정치인들이 시위 선동 혹은 시위 방지의 명목으로 거액의 정치자금을 제공했다는 소문으로 학내 여론이 들끓고 있다는 내용을 보도하는 등 학생 시위를 막기 위해 부심했다.[98]

한일협정 조인 반대 시위

5월 19일 박정희 대통령은 존슨 미국 대통령과 제2차 회담을 갖고 한미 현안 문제에 대해 양국이 계속 긴밀히 협조하며, 미국은 가조인된 한일협정을 환영·찬성한다는 요지의 공동성명을 발표했다. 한일회담에 대한 미국의 노골적인 개입과 함께 불평등한 한미행정협정 추진은 당시 학생들이 시위에서 자주 반미 구호를 외치게 하는 배경이 되었다.

한일협정은 1965년 6월 22일 오후 5시 도쿄의 사토 수상 관저에서 일본 수상 및 각료 전원과 주일대사 김동조, 공사 이규성과 방희두 등이 배석한 가운데 한국 외무부 장관 이동원과 일본 외무대신 시이나 세쓰사부로가 서명함으로써 정식으로 조인되었다.[99] 정부는 6월 초에 일본과 협상을 벌여 한일협정의 작성을 마무리하고 20일 쯤에 정식 조인을 한다는 방침을 발표했다.[100] 15일에는 한국과 일본은 국교 정상화에 앞서 양국 간의 현안 문제를 해결하고 이 현안 문제들을 오는 22일 정식 조인할 수 있도록 준비한다는 데 합의했다.[101] 19일에는 한일 양국 정부가 한일회담의 공식 조인식을 22일 도쿄에 있는 사토 수상 관저에서 갖기로 정식 합의했다고 공동으로 발표했다.[102]

상황이 이렇게 진행되자 한일협정의 정식 조인을 반대하는 움직임도 더욱 긴박하게 전개되었다. 대구대 학생 200여 명은 6월 7일 한일협정 조인을 반대하는 가두시위를 벌였으며, 다음 날에도 한일협정을 규탄하는 성토대회를 열고 가두시위를 벌인 후 단식농성에 들어갔다.[103] 서울대 120여 명은 14일부터 한일회담의 반대를 내걸고 단식농성에 들어가는 등 6월 22일로 예정된 한일협정 조인을 저지하려는 반대 운동이 전국적으로 확산되어 갔다.[104] 시위가 확산되자 내무부는 21일 오후 5시를 기해 전국 경찰에 갑호 비상경계령을 내렸다.[105]

한일협정 조인 반대 운동이 전국적으로 전개되는 가운데, 상황의 전개를 예의주시하며 대응하고 있던 경북대 학생들도 한일협정 조인을 하루 앞둔 21일부터 크게 술렁였다. 마침내 한일협정이 체결되는 날인 22일에 경북대에서도 대규모의 시위가 발생했다. 이날 학생들은 10시 20분경부터 단과대 별로 성토대회를 개최하고 시위를 벌였다. 법정대 학생 100여 명은 "매국외교 즉각 중지하라," "제국주의 세력 물러가라," "살인원흉 엄중 처단하라"라고 쓴 플래카드를 들고 "매국외교 즉각 중단하자," "한일회담 분쇄하고 팔려가는 조국 찾자," "팔려가는 내 조국 근대화가 웬 말이냐," "이동원을 즉각 소환하라"는 등의 구호를 외치며 도서관을 지나 인문관, 농과대학, 사범대학을 돌며 교내 시위를 벌인 뒤 본관 앞 로터리에서 성토대회를 개최했다. 사범대 학생 100여 명도 본관 앞에서 성토대회를 개최한 후 교수들의 만류를 뿌리치고 법정대 학생과 합류하여 구호와 〈전우가〉, 〈애국가〉를 부르며 시내로 행진했다. 문리대 학생 50여 명도 시위 대열에 합류했다. 데모 학생 뒤에는 법대 학장 김용규, 사대 학장 김학수를 비롯한 여러 교수들이 뒤따르면서 계속 시내 행진을 막았다.[106]

300여 명의 학생들은 12시 30분쯤 동물병원 앞에서 학교 측의 제지를 뿌리치고 시내로 진출하려 했지만 동대구경찰서 기동대 100여 명과 정문에서 대치했다. 시위대는 이중 삼중의 경찰 저지선을 뚫을 수 없자 대구공고 옆길로 우회하여 대구공고 정문 앞으로 진출했다. 대구공고 정문에서 다시 집결한 학생들은 대오를 정비한 후 "매국외교 즉각 중단하라! 한일회담 중지하고 팔려가는 조국 찾자! 팔려가는 내 조국 근대화가 웬 말이냐! 제국주의 이 땅에서 몰아내자!"는 구호를 외치면서 시내로 행진을 했다. 당황한 경찰은 경북대 입구에서 대기하다 갑자기 시위대로 돌격하여 경찰봉으로 분별없이 학생들을 난타하자 이에 격분한 학생들

그림 16 성토대회와 시위를 벌이는 학생들(1965년 6월 24일, 《경북대학보》)

은 경찰과 맞서 돌을 던지며 격렬한 시위를 펼쳤다. 경찰의 강경한 진압으로 시위대는 10분 만에 사방으로 흩어져 해산되었지만, 많은 학생들이 부상을 입고 9명의 학생이 경찰에 강제 연행되었다.[107]

이날 시위 과정에서 학생들을 말리던 문리대의 이대수 교수와 농대의 안우홍 교수마저 경찰의 몽둥이세례를 받았다. 특히 이대수 교수는 아무런 저항 없이 주저앉아 있는 학생들을 경찰이 무자비하게 경찰봉으로 난타하며 연행하자 자신의 신분을 밝히고 "때리지 말고 연행하라"고 경찰에 요구했는데, 경찰은 교수 신분임을 알면서도 이 교수를 마구 구타하여 전치 2주의 부상을 입혀 문제가 커지기도 했다. 경북대는 24일 교수회의를 열어 학생과 교수를 폭행한 경찰의 엄단을 요구하는 성명서를 발표했다.[108]

이날 시위가 있은 후 학생들과 학교 당국 사이의 간담회가 열려 시위 중지 여부가 논의되었다. 그러나 학교 당국의 설득에도 불구하고 학생들은 견결하고도 강력한 주장으로 투쟁 의지를 굽히지 않았다. 설득이 무위로 돌아가자 학교 측은 학처장회의를 열어 돌연 6월 23일부터 7월 3일까지 휴교 조치를 내렸다. 그래서 학교 쪽으로 오는 모든 버스는 동인동로터리에서 차단되고 말았다.[109]

다음 날인 23일 학생들은 학교 측의 휴교 조치에도 불구하고 등교하여 전날 보다 더 큰 규모의 시위를 벌였다. 본관 앞 로터리에 집결한 1천여 명의 학생들은 오전 교내에서 전날 경찰의 교수 구타 사건을 규탄하고 한일협정을 반대하는 성토대회를 개최했다. 학생들은 성토대회를 마치고 "을사년은 또 역적을 낳으려는가?"라고 적힌 플래카드를 앞세우고 한일협정 조인을 반대하는 구호를 외치며 교내 시위를 벌인 뒤 시내로 진출했다. 시위대는 경찰의 저지에 대비하여 일부는 경북대 동쪽으로, 일부는 경북대 서쪽으로, 일부는 남쪽으로 분산해 학교를 빠져나가 11시쯤 신도극장 앞에서 합류하여 시위를 벌였다. 학생들은 경찰이 포위하여 최루탄을 쏘며 진압에 나서자 돌을 던지며 맞섰으나 저지선을 뚫지 못했다. 결국 학생들은 해산하여 다시 개별적으로 대구역으로 집결했다. 12시 20분경 대구역전에 모인 300여 명의 학생들이 시위를 시도했으나 경찰의 진압과 연행으로 더 이상 시위를 벌이지 못했다. 이날 시위에서는 경찰도 학생들에게 돌을 던져 많은 학생들이 부상을 입었고[110] 130여 명이 경찰에 연행되었다.[112]

한편 의대생 150여 명도 이날 오전 10시 30분경부터 한일회담을 반대하는 성토대회를 마치고 흰 가운을 입은 채 "매국적 조인을 국회는 비준 말고 정치적인 휴교를 즉시 철회하라"는 플래카드를 앞세우고 학교를 나와 구호를 외치며 시위를 벌였다. 하지만 학생들은 동인로터리를 거쳐 신암동으로 향하던 중 모두 경찰에 연행되었다가 밤 9시나 되어서야 석방되었다. 석방된 학생들은 무기한 단식투쟁을 결의하고 24일 자정을 기해 단식투쟁에 들어갔다. 처음 30여 명으로 시작되어 80여 명으로 늘어난 학생들은 의대 4층 강당에서 한일협정 조인 철회 등의 플래카드를 붙여 놓고 한일협정 조인의 비준 부결, 구속학생 석방, 교수의 법적 지위 확보, 폭력 경찰 엄단 등을 요구하며 단식농성을 벌였다. 의대생의 단식농성은 60시간이 지난 26일 정오에 중단되었다.

22일과 23일 양일간의 사태로 교수 세 명이 구타당했으며, 총학생회장 조화형을 비롯한 학생 세 명이 구속되고 또 다른 세 명의 학생이 중상을 입었다.[113] 구속된 경북대 학생 세 명은 7월 15일이 되어서야 석방되었다. 또 정사회 지도부 가운데 신분이 노출된 김성희와 신현길은 도피 생활에 들어갔다. 24일 긴급 교수회에서는 교수와 학생을 구타한 경찰관과 그 지휘자를 엄단할 것을 결의하고 교수회의 명의로 징계 요로에 건의문을 보내기로 했다. 그러자 경북경찰국장은 공식 사과를 했다.

24일에는 청구대 학생 200여 명, 계명대 학생 300여 명도 성토대회를 열고 가두시위를 벌였다.[114) 한사대 학생 150여 명도 성토대회를 열고 '제2의 이완용'의 화형식을 가진 후 단식농성에 들어갔다. 25일에는 계명대가 다시 성토대회를 열고 가두시위를 벌였으며 80여 명이 단식농성에 돌입했다.[115) 한사대 학생 50여 명도 성토대회를 마치고 단석농성에 돌입했다.[116) 이날 효성여대 학생 500여 명은 성토대회를 열고 가두시위를 벌였다.[117)

6월 말을 지나며 대학생의 시위는 소강상태를 보인 반면 오히려 고등학생들의 시위가 광범위하게 일어났다. 7월 5일에 대구여고 학생 1,500명은 낮 1시부터 한일협정 비준 반대를 내걸고 수업을 거부하며 단식농성에 들어갔다가 6일 아침 6시에 해산했다. 경북공고 학생들도 이날 오전 10시 30분 3학년 400여 명이 각 교실에서 한일협정 비준 반대 단식을 벌이다가 밤 11시 30분 해산했다. 신명여고 학생 1,400명은 6일 오전 10시부터 강당에서 한일협정 비준 반대 농성에 들어갔다.[118) 고등학생들의 시위가 확산되자 대구 시내 고등학교 교장들은 경북고, 대구고 등 5개 학교는 7월 5일부터, 나머지 학교는 기말고사를 마친 후 방학에 들어가기로 결정했다.[119) 이에 따라 대구 시내 대다수의 고등학교가 5일부터 방학에 들어가거나 시위를 벌인 학교도 곧장 방학에 들어가 고등학생의 시위는 더 이상 일어나지 않았다.

6월 28일에는 일부 대학교수단이 대정부 항의문을 발표했으며 29일에는 일제 상품 불매운동 중이던 서울 시내 사립대학들이 갑자기 여름방학을 시작했다. 그러나 한일협정 비준 반대 데모와 단식투쟁은 전국적으로 계속 확대되고 있었다. 7월 1일 경북대 학생 30여 명은 학생회관 2층에서 한일협정 조인의 비준 부결, 구속학생 석방, 교수의 법적 지위 확보, 폭력 경찰의 엄단을 주장하며 단식농성에 돌입했다. 하지만 학교 당국이 학생들의 데모를 막기 위해 예년보다 20여일 앞당겨 7월 2일부터 여름방학에 들어가면서 이들의 단식농성은 마무리되었다.[120]

7월 7일에는 대구대 학생들이 오전 9시 30분경 성토대회를 가진 뒤 구호를 외치며 명덕로터리까지 진출했다. 다음 날도 대구대 학생 500여 명이 비오는 거리로 나와 시위를 벌였다.[121] 8일 오전에는 경북대 학생 30여 명이 경북대로터리에 집결해 일본 상품 불매와 한일협정 조인을 반대하는 서명운동을 벌였다.[122] 종교계와 문단, 그리고 대학교수단도 "치욕적 협정을 결연히 거부하라"며 금식기도와 시위 등으로 항의했다. 대학과 고등학교가 방학에 들어가면서 학생들의 시위가 소강상태를 보일 무렵인 5일부터 대구 시내 영락교회를 비롯한 개신교는 한일협정 비준을 반대하는 금식기도회를 벌였다. 10일에는 범국민투쟁위원회의 주최로 1만여 명의 시민이 참석한 가운데 성토대회가 열렸다.[123] 7월 31일에는 '조국수호국민협의회'가 결성되어 비준반대 범국민운동을 시작했다. 8월 9일 대구대와 청구대 교수 43명이 서울의 교수단이 발표한 한일협정 비준 반대의 성명서를 지지하는 성명서를 발표했다.[124]

비준동의안 통과

학생들이 방학에 들어가면서 정부는 한일협정의 국회 비준을 앞두고 한일협정의 내용을 홍보하는 활동을 강화했다. 7월 중순 대구 시내 교직원을 대상으로 하는 한일협정 홍보 강연회를 시작으로 공무원과 시민들이 강제로 동원된 홍보 강연회가 여러 차례 열렸다. 이 과정에서 당국

그림 17 한일협정 체결을 반대하며 가두시위에 나선 학생들(1965년 8월 25일,《매일신문》)

의 강제 동원과 정치적 중립성을 지적하며 반발하는 일이 일어나기도 했다.[125] 하지만 결국 8월 14일 국회에서 한일협정 비준동의안이 통과되었다.

8월 14일에 한일협정 비준동의안이 공화당 단독 심의로 국회에서 통과되자 전국적으로 비준무효 투쟁이 이어졌다. 방학이 끝날 무렵인 8월 17일 서울대 법대 학생회가 한일협정 비준 무효화 선언식과 18일 한일협정 비준 무효화 결의대회를 열었고, 8월 23일 전국의 각 대학이 개강하면서 서울과 일부 지방에서 한일협정 비준 무효를 주장하는 시위가 일어났다. 그러나 대구 지역의 대학에서는 개학과 동시에 기말고사를 치르고 경찰이 학교를 감시하여 다른 지역과는 달리 시위가 일어나지 않았다.[126] 전국에서 시위가 계속되자 정부는 군을 투입하여 시위를 진압하고 위수령을 선포했다. 또한 시위 주도 학생들을 대대적으로 검거하고, 학생 징계에 대한 정부 지시를 따르지 않는 학교 책임자를 문책하는 등 강경 일변 도로 대응했다. 8월 25일에는 무장 군인이 고려대학교에 난입하는 사건 이 일어났다. 그 속에서 휴교하는 대학이 점차 늘어갔다. 결국 대학가는 공포 분위기 속에 침묵을 강요당했고, 한일협정 체결 반대 운동도 소강 상태로 접어들었다. 대구를 비롯한 전국 각 대학에서는 한일협정과 관련 한 시위는 더 이상 일어나지 않았다.

　이로써 2년여에 걸친 치열한 한일회담 반대 운동과 한일협정 체결 반 대 운동은 그 대단원의 막을 내리면서 12월 18일 한일국교수립 비준서 가 교환되어 협정이 발효되었다. 2년여에 걸친 기나긴 한일회담 반대 운 동과 한일협정 체결 반대 운동은 한국 현대사의 모순을 극복하여 새로 운 지평을 열어 가려는 역사 투쟁이었다. 하지만, 여전히 청산하지 못한 식민 잔재가 남아 있고 왜곡된 한일 관계가 지속되고 있어 아직도 끝나 지 않은 역사의 한 흐름으로 오늘날까지 이어지고 있다.

5장

박정희 장기집권 저지 투쟁

1. 6·8부정선거 규탄 투쟁

박정희 정권, 장기집권을 꿈꾸다

1967년은 대통령 선거와 국회의원 선거를 치르는 해였다. 박정희는 대통령 선거가 실시되기 전부터 이미 장기집권을 구상하고 있었다. 경제 발전과 자주국방, 통일을 실현하려면 자신이 계속 집권해야 한다는 생각이었다. 박정희에 맞선 후보는 1963년 선거 때처럼 신민당의 윤보선이었다. 선거는 일찌감치 박정희의 낙승이 예상되었다. 나이도 많고 과거 경력에서 별다른 인상을 주지 못해 인기가 없는 윤보선에 비해 박정희는 재임 기간 중 활발한 활동력을 보여 주었고, 무엇보다 경제 발전에 대한 국민의 지지와 기대가 높았기 때문이다. 5월에 치른 선거에서 박정희는 1963년 선거 때보다 더 많은 표 차이로 윤보선을 누르고 무난히 재선에 성공했다.

131

대통령에 당선된 박정희는 곧 장기집권을 위한 구체적인 계획을 추진해 나갔다. 장기집권을 위해서는 최우선으로 대통령 임기를 중임으로 제한하고 있는 헌법을 개정해야 했다. 헌법 개정을 위해서는 6월 8일에 실시되는 국회의원 선거에서 개헌에 필요한 의석을 확보하는 것이 무엇보다 중요했다. 박정희 대통령과 민주공화당은 자당의 후보를 국회의원으로서 자질과 능력보다는 박정희에 대한 충성도를 기준으로 공천했다.

박정희 정권과 민주공화당은 자당 후보를 당선시키기 위해 막대한 자금과 공무원을 동원하는 관권선거를 계획했다. 먼저 공무원이 선거에 개입할 수 없도록 규정한 선거법을 개정하여 대통령을 비롯한 별정직 공무원이 선거운동을 할 수 있도록 고쳤다. 박정희는 직접 전국을 돌아다니며 공화당 후보를 지원하는 유세를 벌이고 지지 기반이 취약한 지역에는 지역개발을 약속하는 정책을 내놓았다. 국무위원들도 전국을 순회하면서 지원 유세를 하고 행정 관리와 경찰 등 공무원을 동원하여 관권선거를 자행했다. 또한 막대한 자금을 동원하여 전국 곳곳에서 향응과 금품을 제공했다.

박정희 정권은 야당 후보의 선거운동을 방해하고 야당 후보를 선거법 위반으로 구속했다. 심지어 공안 사건을 꾸며 야당의 선거 자금을 동결시키기도 했다.[1] 6월 8일 선거 당일에는 부정선거를 노골적으로 자행했다. 야당 측 참관인이 투표소에서 강제로 쫓겨났으며 공개 투표가 자행되었다. 또한 미리 기표한 투표용지를 투표함에 무더기로 쏟아 넣었다. 그 결과 선거에서 공화당은 129석을 차지함으로써 개헌에 필요한 의석수를 훨씬 넘는 성과를 거두었다.[2]

그러나 박정희 정권과 공화당은 선거 승리의 기쁨을 오래 누리지 못했다. 선거 당일 오후부터 부정선거를 규탄하는 움직임이 전국 곳곳에서 나타났기 때문이다. 선거 다음 날 신민당은 6·8선거가 1960년 3·15부정선거를 뛰어넘는 최악의 부정선거라고 규정하고 강력한 투쟁을 벌이기로 결정했다. 같은 날 전남 보성을 비롯한 전국 곳곳에서 신민당 당원과 시민들이 부정선거를 규탄하는 시위를 벌였다. 서울에서는 연세대 학생들이 부정선거를 규탄하는 성토대회를 열어 선거 무효와 부정선거로 당선된 입후보자들의 사퇴를 요구했다.

부정선거를 규탄하는 학생들과 야당의 움직임은 날로 확산되었다. 6월 10일에는 신민당 대표위원 유진오가 부정선거를 저지른 지역의 선거 무효화와 재선거, 관련자 문책을 요구했다. 다음 날에는 군산, 춘천 등지에서 부정선거를 규탄하는 시위가 일어났다. 12일부터 신민당은 서울을 시작으로 부정선거를 규탄하는 장외투쟁에 돌입했으며, 같은 날 서울대 학생들도 부정선거를 규탄하는 학생총회를 열고 가두시위를 벌였다.[3] 대구에서도 신민당 당원들이 대구역 앞에 모여 부정선거를 규탄하는 시위를 벌였다.

부정선거 규탄 시위

전국에서 박정희 정권의 부정선거를 규탄하는 시위가 벌어지는 가운데, 경북대 학생들도 부정선거 규탄 투쟁을 적극적으로 벌였다. 이 투쟁에서는 정사회 결성과 활동을 주도한 후 학교를 졸업한 이재형, 변태강, 김성희 등의 역할이 컸다. 6월 12일 오전 법정대 학생과 정사회 회원들이 부정선거 성토대회를 개최하기에 앞서 학생들의 관심을 높이기 위해 교내에 격문을 살포했다. "우리는 또다시 3·15 망령을 봤다. 주권은 망령 앞에 전율한다. 그대는 피로 물든 4·19와 6·3의 거리에 표에 굶주려 미친 아귀를 보았는가! 모여라! 모이자! 민권쟁취의 광장으로. 4·19는 통곡

한다. 근대화된 협잡선거," "각성하여 정기 찾자 막걸리로 취한 민족," "협잡이 민주화냐 부정이 근대화냐" 같은 내용이었다. 격문은 부정선거를 자행한 박정희 정권과 공화당을 규탄하는 내용이 중심이었지만, 금권선거에 호응한 국민의 각성을 촉구한 내용도 담겨 있었다.

오전 11시 법정대 학생 100여 명이 학내 로터리에서 성토대회를 준비하는 동안 교학처장, 법정대 학장, 학생감 등이 나타나 집회 준비를 제지했다. 학생들은 교수들의 만류를 뿌리치고 성토대회를 강행했으며, 이 과정에서 교수들과 설전을 벌였다. 법정대 학장이 학생 신분에 맞게 의사표시를 하라며 집회를 제지하자, 학생들은 4·19혁명 기념식 때 총장이 주권을 침해당하면 4·19 정신으로 지키라고 훈시한 내용과 "학생의 자랑인 양심에 따른 바른 의사 표시"라고 반박하며 성토대회를 밀어붙였다.

학생들은 성토대회에서 6·8선거를 부정선거로 규정하고, 선거 무효와 부정선거로 당선된 입후보자들의 사퇴를 요구했다. 박정희 정권의 부정선거를 규탄하는 구호를 외치면서 점점 투쟁 열기를 높여 나갔다. 그러나 대회를 주도하던 학생들은 참석한 학생이 많지 않아 시위를 벌이기 어렵다고 판단하고 투쟁을 이어 가기로 결의한 뒤 자진 해산했다.[4] 이날 집회는 서울 이외의 지역에서 대학생들이 벌인 첫 성토대회였다.

학생들은 14일에도 부정선거를 규탄하는 성토대회를 열었다. 12일 성토대회처럼 법정대 학생 150여 명은 옥외 집회를 개최하기에 앞서 오전 11시 무렵 법정대 201호 강의실에서 집회를 열었다. 이날도 법정대 학장, 학생감, 교수들이 학생들에게 정치에 개입하지 말라고 주장하면서 집회 준비를 방해했다. 학생들은 순수한 학생들의 활동을 간섭하지 말라고 반박하면서 집회를 강행했다. 결국 교수들의 참관 아래 집회를 진행하기로 합의하고 대회를 진행했다.

학생들은 먼저 경기도 화성, 서울 동대문 등지에서 자행된 부정선거의 실상을 발표했다. 이를 근거로 6·8선거가 민주주의를 도살한 부정선거라고 규정하고 정부·여당과 야당, 국민에게 보내는 메시지를 채택했다. 정부·여당에게 보내는 메시지는 6·8선거를 합리화하여 국민을 우롱하지 말고, 선거를 무효화하고 국민에게 사과하라는 내용이었다. 야당에게 보내는 메시지는 학원을 정치적 수단으로 이용하지 말고, 거짓 선전으로 국민을 선동하지 말라는 내용이었다. 국민에게 보내는 메시지는 금권선거에 현혹된 사실을 비판하고 타락한 국민정신을 일소하여 민족정기를 바로 세울 것을 촉구하는 내용이었다. 학교 당국에게도 학생들의 활동에 대한 부당한 간섭을 하지 말라고 촉구했다. 학생들은 정부에 휴업령 철폐를 강력히 요구하고, 관철될 때까지 지속적인 투쟁을 벌이기로 결의했다.

학생들은 강의실에서의 집회를 마친 후 성토대회가 열릴 로터리로 구호를 외치며 이동했다. 학생들은 "워커힐이 건설인가 부정이 근대화냐!" 같은 구호를 외치며 다른 학우들에게도 동참을 촉구했다. 성토대회를 주도한 법정대 학생들은 다른 단과대 학생들의 호응을 얻어 가두시위를 벌이기 위해 플래카드도 준비했으나 여의치 않아 자진 해산했다.[5] 이날 대구에서는 대구대도 성토대회를 열었으며, 청구대는 학생회 대의원회를 열어 성토대회의 개최 여부를 결정하기로 결의했다.

전국에서 부정선거를 규탄하는 시위가 확산되고, 두 차례의 학내 시위로 학생들의 관심이 높아지면서 시위는 급격하게 확대되었다. 15일에는 단과대학 수준을 넘어 총학생회가 주도하고 전교생이 참여하는 성토대회와 시위로 발전했다. 이날 성토대회는 총학생회 회장 김휘(수의학과 64학번)와 수석부회장 고인순(화학과 64학번)이 주도했다. 둘 다 정사회 회원이었다. 오전 11시 20분 무렵부터 교내 로터리에서 시작된 성토대회에는

그림 18 시위를 막는 교수와 학생을 쫓는 경찰(1967년 7월 13일,《경북대학보》)

700여 명의 학생들이 참석했다. 총학생회와 정사회 소속 학생들은 성토대회장 곳곳에 "우리는 듣는다! 민족의 아우성을," "우리는 보았다 민권강도를," "우리는 일어섰다" 등 갖가지 격문을 살포했다. 학생들은 "무릎 꿇은 3·15에 큰절 받는 6·3-6·8," "방관은 반민족행위," "모여라 학원으로 휴교령이 막을소냐" 등의 구호를 외쳤다. 이날도 학교 당국이 학생들이 준비한 플래카드를 탈취하는 등 성토대회를 저지하기 위해 안간힘을 썼다.

이날 성토대회의 분위기는 부정선거를 상징하는 '투표함 화형식'을 거행할 무렵에 절정에 이르렀다. 그러나 이전부터 학생운동 탄압에 앞장서고 있던 학생감 천시권이 투표함을 발로 짓밟아 화형식은 무산되고 말았다. 학교 당국의 집요한 집회 방해 속에서도 학생들은 성토대회를 강행했다. 학생들은 이승만 정권의 부정선거를 규탄하며 일어났던 1960년 4월혁명에서 희생된 영령의 위패를 앞에 두고, 4월혁명의 정신을 이어 6·8 부정선거 규탄 투쟁을 끝까지 펼치겠다는 내용의 제문을 낭독했다. 이어 학생 활동에 대한 학교 당국의 부당한 간섭 중지와 엄정 중립을 촉구하는 내용이 담긴 결의문을 채택했다.

학생들은 정오 무렵에 성토대회를 마치고 가두시위를 시도했다. 이때 계철순 총장을 비롯한 교수들이 만류했지만, 학생들은 이를 뿌리치고 학생회관 뒤편 도로로 진출했다. 신암동 도로 공사장으로 경찰기동대가 출동하자, 학생들은 무장 경찰 철수를 요구하면서 연좌농성을 벌였다. 일부 학생들은 경찰의 저지를 뚫고 경대교까지 진출했다. 연좌농성을 벌이던 400여 명은 경찰이 경대교로 이동한 틈을 타 경찰 저지선을 뚫고 신암동까지 진출했다. 시위 대열은 경찰의 진압으로 분산되어 50여 명이 동신교까지 진출했다. 그러나 오후 1시 무렵 증원된 경찰기동대가 저지하자, 학생들은 교가를 부르고 구호를 외치며 학교로 돌아온 후 해산했다.

부정선거를 규탄하는 학생들의 시위가 전국으로 확산되고 양상도 격렬해지자, 박정희 정권은 대책 마련에 나설 수밖에 없었다. 문교부는 전국 대학 총·학장과 시도 교육감에게 학생들의 시위가 일어날 경우 즉각 휴업하도록 지시했다. 이에 따라 서울의 주요 대학이 휴업에 들어갔다. 경북대도 15일 긴급 학장회의를 열어 여름 봉사단 파견을 명목으로 16일부터 24일까지 5개 단과대의 전면적인 휴업을 결정했다.[6]

부정선거 규탄 투쟁은 휴업령으로 학생들이 등교하지 못해 소강상태에 들어갔다. 이 사이 그동안 시위를 주도한 총학생회와 정사회 소속 학생들은 투쟁을 강화하기 위한 대책 마련에 나섰다. 그 결과 6월 25일 대구 시내 경북대, 대구대, 청구대, 계명대, 한사대 등 6개 대학 학생회장단이 모임을 가졌다. 학생회장단은 이날 오후 1시 시내 남일동에 있는 추풍령다방에 모여 민주주의 발전과 정의 구현을 위해 끝까지 투쟁하기로 결의했다. 이어 그동안 개별 학교 단위의 분산적인 투쟁에서 벗어나 연합 투쟁을 벌이기 위해 투쟁 조직을 결성하기로 결의했다. 그 자리에서 '경북학생6·8부정선거투쟁위원회'를 결성하고, 6·8부정선거가 민주주의의 역행이므로 완전한 민주주의를 이룩할 때까지 투쟁할 것이라는 요지의 발기문을 채택했다.

학생회장단은 경북대 총학생회장 김휘를 집행위원장으로, 정사회 소속으로 경북대 법정대 대의원인 신현길을 대변인으로 선임했다. 계명대 총학생회장 장효림, 경북대 단과대 학생회장과 각 대학 학생회장 등 10명을 위원으로 선임했다. 또한 6월 26일 다시 모임을 열어 투쟁위원회 활동을 협의하기로 결정했다.[7]

정권의 정통성과 도덕성에 타격

'경북학생6·8부정선거투쟁위원회'를 결성한 후, 26일 총학생회는 6·8 부정선거 무효를 주장하는 성토대회를 계획했다. 그 전날 밤 학생회 간부들이 모임을 갖고 ① 당국은 조기방학 조기휴업령 등 망국적 흉책을 즉시 철폐하라, ② 검찰청의 기만된 6·8부정선거 수사 결과를 일체 인정치 않는다, ③ 6·8부정선거를 전면 무효화하고 부정 원흉을 즉각 엄단하라는 등 4개 항목의 결의문과 "어째서 그대들은 민족의 양심을 무지한 곤봉으로 두들겨 패는가" 등 6개 항목의 격문, 그리고 반민주 세력이 완전히 제거될 때까지 투쟁한다는 선언문을 준비했다.

성토대회가 예정된 26일 오전부터 휴교 중임에도 300여 명의 학생들이 등교하여 성토대회가 열릴 로터리 부근으로 모여 들었다. 이날도 아침 일찍부터 교수들과 직원들이 동원되어 일일이 학생들의 집결을 저지하고, 벽에 붙은 격문과 선언문을 찢으며 성토대회 준비를 방해했다. 이 때문에 이날 성토대회는 좌절되었다.[8] 학생들의 시위가 더욱 확산될 기미를 보이자, 학교 당국은 7월 5일까지 휴교를 연장했다.

학생들의 시위는 휴교령으로 잠시 주춤했으나 투쟁 열기는 식지 않았다. 휴교령 해제를 앞둔 7월 4일에 학생들은 다시 시위를 벌였다. 이날 휴교령 속에서도 500여 명이나 되는 많은 학생들이 등교하여 성토대회에 참가했다. 학생들은 성토대회를 마친 후 시위를 벌였고, 이 과정에서 15명이 경찰에 연행되었다. 5일에도 400여 명의 학생들이 6·8부정선거 무효를 주장하는 성토대회를 열고 가두시위를 시도했다. 계철순 총장과 교수, 직원들까지 동원되어 학생들의 시위를 제지했으며, 경찰도 교문에 바리케이드를 설치하여 가두시위에 대비했다. 이 때문에 결국 학생들의 가두시위는 좌절되었다.[9]

7월 6일 20일가량 지속되던 휴교령이 해제되었다. 학교 당국은 학생들의 시위를 예상하고 이날부터 기말고사를 치른 후 방학에 들어가기로 결정했다. 학교 당국의 대응에 맞서 정사회 소속 학생들은 향후 투쟁 계획을 마련했다. 5일 저녁 이현우(법학과 65학번), 배한동(사회교육과 65학번), 문재현(정치학과 65학번) 등은 문재현의 하숙방에서, 김인호(농학과 65학번), 유정선(법학과 66학번), 성진용(농화학과 66학번), 이수환(국어교육과 66학번), 김동근(사회교육과 66학번) 등은 성진용의 집에 모여서 6일부터 치러질 시험을 거부하고, 시위를 벌이기로 결의했다. 또 각자 담당할 역할 등을 논의했다.[10]

7월 6일 아침 일찍부터 학내 곳곳에서 교수들이 등교하는 학생들에게 시험을 치르도록 설득했다. 그러나 학생들은 시험을 거부하고 성토대회에 참석했다. 이날 성토대회에는 비가 내리는 날씨에도 가장 많은 1,500여 명의 학생들이 참석했다. 학생들은 "부정선거 원흉을 색출 엄단하라," "정치방학 웬 말이냐," "학원사찰 중지하고 민주학원 이룩하자," "상아탑에 끓는 분노 금력 관권 부정선거" 등의 구호를 외치며 성토대회를 개최했다.

이날 성토대회는 총학생회 부회장 고인순, 대의원회 의장이자 정사회 회원인 기우동(사회학과 64학번), 홍상(경제학과 64학번), 김명규(체육교육과 66학번) 등이 주도했다. 성토대회는 우천 때문에 약식으로 가진 후 시위에 돌입했다. 학생들은 쏟아지는 비에도 아랑곳없이 모두 우산을 접고 대열을 지어 학교 정문까지 진출했다. 그러나 출동한 300여 경찰기동대와 바리케이드 때문에 교문 진출이 어렵게 되었다. 이때 고인순이 교문 위로 올라가 선언문을 낭독했고, 그 뒤 학생들은 수의학관을 거쳐 학생회관 부근의 쪽문으로 빠져나와 경대교까지 진출했다. 경찰이 바리케이드를 설치하고 저지하자 학생들은 길가에 있는 돌을 주워 던졌으며, 경찰도 이에 맞서 돌을 던져 투석전이 벌어졌다. 이 과정에서 학생 수 명이 경찰이 던진 돌에 맞아 부상을 입었으며, 주변의 차량이 파손되기도 했다.

학생들은 경찰의 저지를 뚫고 침산파출소, 제일모직 입구, 대한방직까지 진출했다. 학생들은 다시 저지하는 경찰에 맞서 투석전을 벌였으며, 경찰이 최루탄을 발사하여 시위 대열이 두 갈래로 나뉘어졌다. 시위 대열 앞쪽에 있던 400여 명의 학생은 경찰의 저지를 돌파하여 달성로터리로 진출하여 경찰과 또다시 투석전을 벌였다. 이때 시위 대열 뒤쪽에 있던 학생 한 명이 경찰에 연행되어 달성파출소에서 집단 구타를 당했다. 학생들은 명덕네거리에 있는 2·28학생운동기념탑을 목표로 달성공원→동산파출소→약전골목→중앙파출소→반월당→남문시장 앞 언덕까지 행진하며 가두시위를 벌였다.

학생들은 기동경찰이 남산동 대한극장부터 2·28학생운동기념탑에 이르는 도로를 차단하자 곧 연좌시위에 들어갔다. 학생들은 2·28학생운동기념탑에서 성토대회를 마치고 학교로 돌아갈 것이라고 밝히며 길을 열어 줄 것을 요구했다. 경찰은 시위를 지켜보고 있던 시민들을 학생들로부터 멀어지게 한 뒤, 학생들의 요구를 들어주겠다고 약속했다. 그러나 학생감 천시권이 학생들에게 해산을 종용하는 순간을 기회로 경찰이 학생들을 강제 해산시키고 연행하기 시작했다. 이 과정에서 많은 학생들이 연행되었으며, 학생 한 명은 실신하여 병원으로 이송되기도 했다. 연행을 피해 흩어졌던 학생들이 이 모습을 지켜보고 되돌아와 끝까지 행동을 함께 하겠다며 스스로 경찰 트럭에 탑승하여 연행되었다. 또한 시민들이 경찰의 학생 구타를 항의하다가 경찰에 연행되기도 했다. 120여 명의 학생이 연행되었고 이 과정에서 거의 모든 학생들이 부상을 입었다.[11]

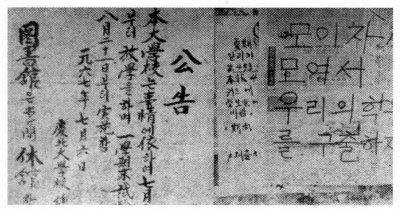

그림 19 조기 방학을 알리는 공고문과 이를 반대하는 내용의 대자보(1967년 7월 13일,《경북대학보》)

　한편, 경찰의 진압으로 학교 쪽으로 돌아간 학생 700여 명은 교내에서 다시 집결했다. 이들 가운데 500여 명이 다시 후문을 빠져나와 경대교 앞까지 진출하여 2차 시위를 벌였다. 그러나 경찰의 저지로 더 이상 시위를 벌이기 어려운 상황이 되었다. 결국 학생들은 학교로 돌아온 후 7일에 다시 시위를 벌이기로 결의하고 해산했다.

　한편 의과대학 학생 200여 명도 이날 오전 학교 본관 앞 소운동장에서 "휴업령 철폐, 학원자유 보장, 부정선거 다시 하라"라는 구호를 외치며 성토대회를 열었다. 학생들은 성토대회를 마치고 가두시위를 시도했다. 그러나 출동한 경찰의 저지로 교문 안쪽으로 밀릴 수밖에 없었다. 학생들은 한 시간 동안 교내에서 연좌시위를 벌인 후 다시 교문 돌파를 시도했다. 이 과정에서 경찰과 충돌했으며 10명의 학생이 경찰에 연행되었다.[12] 이날 본교 캠퍼스와 의과대에서 일어난 시위로 총학생회 부회장 고인순을 비롯해 140여 명이 경찰에 연행되었다. 이날 오후 대다수 학생이 석방되었으나 시위를 주도한 고인순 등 5명은 석방되지 못했다.

학생들이 기말고사를 거부하고 시위를 계속 벌이자, 학교 당국은 7월 7일부터 8월 20일까지 여름방학을 실시하기로 결정했다. 그러나 100여 명의 학생들은 방학 첫날인 7일에 등교하여 성토대회를 열었다. 학생들은 오전 10시부터 교내 로터리에서 학교 당국이 갑자기 실시한 조기 방학을 정치 방학이라 규정하고, 이를 철회할 것과 7일부터 휴관한 도서관을 개관하라고 학교 당국에 촉구했다. 아울러 6일 시위에서 부상 입은 학생의 치료를 위한 모금운동을 벌이고, 경찰에 연행되었다가 풀려나지 못한 학생 5명의 즉각 석방을 요구했다. 일부 학생들은 학교 당국과 경찰의 압력, 회유로 이날 성토대회에 참석하지 않은 대부분의 학생회장단을 비난하고, '단대위원회'를 구성하여 불신임하자는 움직임까지 보였다. 학생들이 즉각 석방을 요구한 총학생회 부회장 고인순과 기우동, 김명규를 포함한 학생 5명은 7일 오전 학생들이 성토대회를 진행하는 도중에 풀려났다.[13]

학생들의 시위는 방학과 7월 8일 이른바 '동백림 사건' 발표로 반공 분위기가 강요되면서 더 이상 일어나지 않았다. 부정선거 규탄 투쟁은 박정희 정권의 정통성과 도덕성에 타격을 가했고, 시민과 학생들이 박정희 정권의 장기집권 음모를 파악하는 계기가 되었다.

2. 3선개헌 반대 투쟁[14]

박정희 정권은 6·8부정선거를 통해 개헌에 필요한 국회 의석을 확보했다. 하지만 개헌 추진을 위해서는 해결해야 될 문제가 한둘이 아니었다. 박정희 정권과 민주공화당은 중앙정보부장 김형욱, 비서실장 이후락, 공화당 당의장 서리 윤치영을 중심으로 개헌 추진을 위한 사전 정지작업에 착수했다. 먼저 공화당 내부에 김종필을 중심으로 형성된 개헌 반대 세력을 제거하는 일이 급선무였다. 1968년 5월 박정희 정권은 '국민복지회'라는 사조직을 만들어 1971년 대통령 선거에 김종필을 공화당 후보로 옹립하기 위한 활동을 했다는 이유로 김종필 측근 세력을 제거했다. 이윽고 김종필도 정계 은퇴를 선언하여 이제 공화당 내 개헌 반대 세력은 사라졌다.

1969년 1월 공화당 의장 서리 윤치영은 조국 근대화와 민족중흥을 위해서는 강력한 지도력이 필요하므로 헌법에 규정된 대통령 연임금지 조항을 폐지해야 한다는 입장을 밝혔다. 이어 공화당 인사들이 계속 개헌 필요성을 역설하면서 개헌 문제가 정국의 전면에 떠올랐다. 박정희 대통령이 개헌 논의를 자제하라는 입장을 밝혔지만, 이는 정치적인 수사에 불과했다. 개헌추진 세력은 박정희의 의중을 파악하고 있었기 때문에 활동을 계속 펼쳐 나갔다. 4월에는 개헌을 반대했던 김종필도 입장을 바꾸어, 한국의 안정과 번영을 위해서는 박정희의 강력한 영도가 필요하므로 개헌을 지지한다는 입장을 밝혔다. 6월에는 박정희 정권이 개헌 추진 사실을 부인했지만, 학생들의 개헌 반대 움직임을 차단하기 위해 조기 방학을 실시할 거라는 소문이 널리 퍼졌다.

정권의 장기집권 음모를 간파한 정사회

박정희 정권과 공화당의 개헌 추진 움직임에 대해 야당과 학생들은 개헌을 반대하는 입장을 밝혔다. 신민당 총무 김영삼은 개헌이 추진될 경우 할 수 있는 모든 투쟁을 벌여 저지하겠다는 입장을 밝혔으며, 투쟁 방안을 마련하기 위해 당내에 '호헌 5인위원회'를 구성했다. 신민당 총재 유진오도 개헌 저지가 여의치 않을 경우 소속 국회의원들의 총사퇴도 마다

하지 않겠다는 강경한 입장을 밝히고, 당내에 '대통령 3선개헌저지 투쟁위원회'를 설치했다. 박정희 정권과 공화당의 개헌 추진이 본격화되자, 신민당과 재야인사들이 연합하여 '3선개헌반대 범국민투쟁준비위원회'를 결성하고 개헌 반대 운동에 나섰다.

3선개헌 반대 투쟁은 학생들이 시위에 나서면서 본격적으로 시작되었다. 1969년 6월 12일 서울대 학생들이 개헌 반대 선언문을 발표했으며, 16일에는 개헌추진 중지, 언론 자유 보장, 학원사찰 중지를 요구하며 시위를 벌였다. 19일에는 고려대 학생들이 개헌을 반대하는 시위를 벌이는 등 서울 지역 대학생들의 시위가 확산되었다.[15] 대구에서는 6월 23일 경북대 학생들의 시위로 3선개헌 반대 투쟁이 시작되었다. 이날 시위는 서울에서 진행되는 상황을 예의주시하던 이념서클 정사회가 논의하고 준비했으며, 법정대 학생회가 주최했다.

정사회는 일찍부터 박정희 정권의 장기집권 계획을 인식하고 있었다. 정사회 소속 학생들은 1967년 국회의원 부정선거를 규탄하는 운동에 참여했으며, 이 선거가 단순한 부정선거를 넘어 장기집권 계획의 일환에서 비롯된 것이라고 생각했다. 정사회는 1969년부터 박정희 정권이 장기집권을 위한 구체적인 계획을 추진할 것이라고 판단했다. 이에 맞서 학생회 중심으로 반대 투쟁을 펼치기 위해 1968년 총학생회 회장 후보로 진원규(철학과 63학번)를 비롯한 단과대 학생회, 대의원회 선거 등에 소속 학생들을 대거 출마시켰다.[16] 그 결과 총학생회장에 진원규, 법정대 학생회장에 권오룡(법학과 66학번), 대의원회 의장에 이수환이 당선되었다. 또한 총학생회, 단과대 학생회, 대의원회 등에 회원들이 배치되어 활동했다.

정사회 소속 학생들은 한국 사회의 현실과 사상을 담은 서적을 탐독하고 토론하거나 연구논문 발표회 등을 열었다. 일반 학생을 대상으로

그림 20 고려대 서클 한맥 주최 토론대회 우승(1969년, 성진용 제공)

현실 인식과 사회의식을 높이는 교양강좌를 열거나,[17] 대구 지역 대학생들이 참가하는 토론대회를 개최했다.[18] 나아가 총학생회와 정사회는 전국 대학생들과 현실 인식을 공유하고 연대의 틀을 마련하기 위해 '전국대학생학술토론대회'를 개최했다. 토론대회는 군 제대 후 막후에서 정사회를 지도하던 여정남이 6·8부정선거 규탄 투쟁 이후 전국 대학생들의 연합 투쟁 필요성을 느끼면서 제안한 것이었다.

1968년 11월 25일 경북대 총학생회 주최로 열린 '제1회 전국대학생학술토론대회'는 '후진국의 현실과 방향 모색'이라는 주제로 서울대, 연세대, 고려대를 비롯한 9개 대학 20개 팀이 참여하여 열띤 분위기 속에서 진행되었다.[19] 여정남은 토론대회에 참가한 서울대, 연세대, 고려대 학생 지도부를 따로 만나 전국 대학생들이 유기적으로 연락하는 방법과 공동 투쟁을 벌이는 문제를 논의했다. 다른 대학 학생들도 동의하여 유기적 연락과 공동 투쟁을 결의했다. 또한 다음 토론대회는 고려대 한맥이 주최한

다는 데 합의했다.[20]

1969년 4월 정사회는 전년도의 합의에 따라 고려대에서 총학생회가 주최하고 서클 한맥이 주관한 '제2회 전국남녀대학 학술토론대회'에 참가했다. 토론대회에는 서울대, 고려대, 연세대, 숙명여대 등 전국 주요 대학의 서클이 참가했다.[21] 정사회는 회장 유정선, 총무 성진용, 회원 홍상, 남호연(정치학과 67학번), 그해 졸업한 전 회장 문재현이 참가하여 최우수단체상을 차지했다.[22] 이때에도 여정남은 고려대 조성준 등 각 대학 학생운동의 지도부와 따로 만나 학생운동 방향을 논의했다.[23]

지방에서 처음 터져 나온 시위

6월 23일 법정대 학생회는 100여 명의 학생들이 참석한 가운데 민주헌정수호 성토대회를 열었다. 학생들은 성토대회에서 박정희 정권의 개헌 추진과 정부의 학원사찰을 비판하는 내용이 담긴 선언문과 결의문을 채택했다. 선언문과 결의문은 정사회가 기초했으며, 법정대 학생회가 얼마간 수정하여 작성했다.[24]

3선개헌 반대 투쟁에서 나타난 박정희 정권에 대한 학생들의 인식과 주장은 그저 장기집권을 막기 위한 개헌 반대에만 그치지 않았다. 학생들의 인식과 지향은 이날 발표한 선언문과 결의문에 잘 나타나 있다.[25]

선언문

지금 정부당국은 자기네들만이 자주국방 자립경제를 이룩할 수 있다는 유아독존적인 사고방식에 얽매여 민주헌정질서를 근본적으로 파괴하는 3선 개헌을 책동하여 이 민족역사상에 또다시 씻을 수 없는 오점을 남기려고 기도하고 있다. 갖은 박해와 빈곤도 조국근대화를 위한 당연한 고난으로 맹종, 감수하면서 오직 자유평등과 민족의 자주적인 번영만을 갈구하는 어질고 순박한 민중의 피맺힌 염원이 일개 이익집단의 소아병적인 비합리를 위해 이토록이나 허망하게 희생되게 할 수 없기에 정의와 진리를 사랑하는 우리 백만 학도는 전 민족을 대변하면서 분연히 궐기한다. …… 만일 우리의 정당한 요구가 관철되지 않고 민주헌정질서를 파괴하는 어떠한 형태의 행위도 우리는 용납지 않을 것을 선언하면서 자유민주수호의 성스러운 기치아래 최후의 일각까지 최후의 일인까지 투쟁할 것을 엄숙히 맹세한다.

결의문

1. 헌정질서 파괴하는 개헌음모 포기하라
2. 악덕재벌 타파하여 자유경제체제 확립하라
3. 학원사찰 중지하고 집회·결사의 자유 보장하라
4. 3선 개헌을 위한 비자발적인 국민서명운동을 즉각 중지하라
5. 외래상품 거래하듯 3선 개헌 암거래를 하지 말라
6. 정보 정치, 〈테러〉정치를 즉각 중지하라

학생들은 먼저 박정희 정권과 공화당이 내세운 개헌 논리를 비판했다. 박정희 정권과 공화당이 밝힌 개헌의 명분은 박정희의 강력한 영도로 경제 발전과 국방력 강화에 총력을 기울여 1970년대에 예상되는 위기와 시련에 대비하고, 궁극적으로는 민주적이고 통일된 국가를 건설하겠다는 것이었다.[26] 그러나 학생들은 이를 1인 독재자의 발상이며, 국민을 어리석게 여기는 처사라고 비판했다. 나아가 개헌을 민주 헌정질서를 부정하고 파괴하는 행위라고 주장했다.[27]

박정희 정권에 대한 학생들의 비판은 그동안 정권이 추진한 정책의 결과와 영향에 대한 평가에서 나왔다. 학생들은 박정희 정권이 주창한 조국 근대화와 민족 번영을 위해 그동안 민중들이 정치적 박해와 경제적 빈곤을 감수했으나, 그 성과를 누리기는커녕 오히려 악화되고 정경유착과 부정부패의 '오적'에 잔혹하게 농락되어 왔다고 비판적으로 평가했다. 즉 경제성장의 열매가 특혜를 받은 일부 재벌에게 편중되거나 권력층의 사적인 이익으로 돌아간 반면 민중의 생활은 파탄으로 더 어려워졌으며, 악덕 재벌을 타파하고 자유 경제체제를 확립해야 한다고 주장했다.[28]

정치와 사회 분야에서도 박정희 정권이 자유와 평등을 신장시키기는커녕 오히려 억압하고 중앙정보부와 경찰을 비롯한 정보기관을 동원하여 여론을 조작하거나 정치인에게 테러를 가하는 등 민중의 기본권과 인권을 억압하고 있다고 날카롭게 비판했다. 박정희에 대해서도 나폴레옹과 같은 독재자라고 규정했다.[29] 성토대회를 마친 학생들은 "민주헌정 수호하자"라는 문구가 적힌 플래카드를 앞세우고 교내 시위를 벌였으며, 개헌 반대 투쟁을 계속 벌이기로 결의하고 해산했다. 이날 시위는 지방에서 가장 먼저 일어난 대학생 시위였다.

6월 25일에는 총학생회가 성토대회를 개최했다. 교내 로터리에서 열린 성토대회에는 학생 300여 명이 참석했다. 총학생회는 먼저 박정희 정권이 내세우는 개헌의 허구성을 비판하고 민주 헌정을 수호하기 위해 학생들의 총궐기를 촉구하는 내용의 궐기문을 발표했다. 이어 개헌 반대와 민생고 해결을 요구하는 내용이 담긴 선언문과 결의문을 채택했다. 순조롭게 진행되던 성토대회는 학교 당국이 집회를 방해하면서 파행을 맞았다. 학교 당국은 집회를 막기 위해 대회를 주도하던 총학생회장 진원규를 총장실로 끌고 가 연금시켰다. 학생들은 곧 성토대회를 멈추고 총장실이 있는 본관 앞에서 총학생회장을 내보라고 요구하며 연좌농성을 벌였다. 이후 총학생회장이 풀려나자 농성을 풀고 해산했다. 28일에는 계명대와 한사대 학생들도 개헌을 반대하는 시위를 벌이면서 대구 지역의 개헌 반대 운동은 확산되어 나갔다.

6일간 연속 시위

박정희 정권은 개헌을 규탄하는 학생들의 시위가 전국으로 확산되자, 휴교와 조기 방학을 검토하고 문교부 산하에 '학생지도 전담반'을 설치하는 등 대책 마련에 분주했다. 대구에서도 경북대를 비롯한 학교 당국이 휴교, 또는 예년보다 빠른 종강과 조기 방학에 들어갈 움직임을 보였다. 학생들은 학교 당국의 움직임과 함께 개헌의 허구성을 시민들에게 알리기 위해 교내 집회에서 벗어나 가두시위를 시도하고, 이 과정에서 투석전을 벌이는 등 격렬한 투쟁을 펼쳐 나갔다.

학생들은 6월 30일부터 7월 5일까지 엿새 동안 연일 시위를 벌였다. 6월 30일 500여 명의 학생들은 오전 11시 30분부터 교내 로터리에서 개헌 반대 성토대회를 열었다. 학생들은 3선개헌 음모를 포기하고, 언론 탄압을 중지하라는 등의 내용이 담긴 시국선언문을 채택한 후 바로 가두시위를 시도했다. 교수들이 가두 진출을 제지했으나 이를 뿌리치고 경북도청 근처까지 진출했다. 200여 명의 학생들은 경찰이 가두시위를 제지하자 돌을 던지며 시내 도심으로 진출을 시도했다. 이 과정에서 학생 3명이 경찰에 연행되어 시위가 더욱 격렬한 양상으로 전개되었다. 오후에 연행된 학생들이 석방되고 나서야 학생들은 학교로 돌아와 해산했다.

7월 1일에는 600여 명이 교내 로터리에 모인 가운데 성토대회를 열었다. 학생들은 먼저 "이승만 정권의 악랄한 수법을 악용 말라"는 내용이

그림 21 학내에서 허수아비 화형식을 열고 있는 학생들(1969년 7월 2일, 《매일신문》)

담긴 시국선언문을 채택했다. 이어 '신랑 공화당'과 '신부 자유당'을 한 쌍으로 만든 허수아비 결혼식과 화형식을 거행하고자 했다. 이 광경을 지켜보던 박정기 총장과 교수들이 뛰어들어 허수아비를 빼앗아 부숴 버렸다. 그러나 학생들은 학교 당국의 대응을 예상하고 예비로 만든 허수아비의 화형식을 거행했다. 이 또한 교수들이 불붙은 허수아비의 불을 껐으나, 학생들은 준비한 주례사를 읽고 성토대회를 마무리 지었다.

성토대회를 마친 후 600여 명의 학생들은 "정부는 개헌을 중지하라!" "학원사찰 중지하라!" 구호를 외치며 가두시위를 시도했다. 경찰이 저지하자 투석전을 벌이면서 가두로 진출했다. 학생들은 행진하면서 개헌 음모 포기와 공화당을 비난하는 구호를 외치며 수성천을 건너 칠성시장까지 진출했다. 시장에서 경찰이 저지하자 스크럼을 짜고 연좌농성을 벌였다. 결국 경찰의 진압으로 100여 명이 경찰에 연행되었고 학생들은 해산

했다.[30]

학생 시위는 날이 갈수록 규모가 불어나고 가두시위와 단식농성 등 더욱 격렬한 양상으로 발전했다. 7월 2일에는 1천여 명의 학생들이 개헌 반대 성토대회에 참석했다. 학생들은 "국민을 어리석게 여기는 자들에게 맡기는 앞날은 암흑뿐이다. 이런 현실을 외면하고 우리는 공부만 하고 있을 수 없다"는 선언문을 채택했다. 성토대회를 마친 후 "정보 정치 철폐하고 악덕 경찰 처단하라," "대통령은 개헌 음모를 즉각 철회시켜라"는 플래카드를 앞세우고, "정의의 사도에게 곤봉세례 웬 말이냐," "피 묻은 곤봉으로 개헌음모 두들겨라" 등의 구호를 외치며 가두시위를 시도했다. 학생들은 경찰이 제지하자 교내 운동장 남쪽에서 돌을 던지며 교문 밖까지 진출했다. 경찰도 학생들에게 돌을 던져 쌍방 간에 투석전이 벌어졌다. 이 과정에서 학생 수 명이 부상을 입었다. 경찰이 최루탄과 돌을 던지는 등 완강한 저지로 더 이상 진출하지 못하여 가두시위는 무산되었으며, 학생들은 학교로 돌아온 후 만세삼창을 외치고 자진 해산했다.[31]

3일 오전에도 700여 명의 학생들이 교내 로터리에서 개헌 반대 성토대회를 개최했다. 학생들은 선언문을 낭독하고 시위 행진곡을 합창한 후,[32] 성토대회를 마치고 스크럼을 짜고 구호를 외치면서 가두 진출을 시도했다. 학생들은 후문으로 향하다 운동장 언덕에서 경찰과 투석전을 벌이며 진출을 시도하여 경대교와 경북도청 사이 도로까지 나아갔다. 그러나 경찰의 저지로 학교로 돌아온 학생 450여 명은 운동장에서 시위 훈련을 한 후 다시 후문 등 세 곳에서 돌을 던지며 가두 진출을 시도했다. 경찰이 최루탄을 발사하면서 저지하여 무산되었다.

이날 시위를 마친 후 법정대 학생회장 권오룡을 비롯한 법정대 학생 30여 명은 법정대 강의실에서 단식농성에 들어갔다. 학생들은 "민주헌정

그림 22 학교 운동장에서 스크럼을 짜고 경찰 저지선 돌파 연습을 하고 있는 학생들(1969년 7월 6일,《매일신문》)

필사수호"라고 적은 플래카드를 붙이고 "개헌음모 단식으로 분쇄하자," "개헌이 민주화냐, 부정이 근대화냐"라는 구호를 외치며 농성을 벌였다.[33]

경북대를 비롯한 전국 각 대학 학생들이 개헌 반대 시위를 펼치자, 문교부가 일찍부터 휴교와 조기 방학을 검토했으나 여의치 않자 예정된 학사 일정에 따라 학기가 운영되었다. 경북대도 7월 4일부터 일주일 동안 기말고사를 치르고 11일부터 방학에 들어가기로 결정했다.[34]

기말고사 실시가 예정된 7월 4일, 총학생회를 비롯한 학생회 간부들은 시험을 거부하고 개헌 반대 투쟁을 계속 펼쳐 나가기로 결의했다. 총학생회 주도로 시험을 거부한 1천여 명의 학생들이 참석한 가운데 성토대회를 가졌다. 성토대회에서 대통령과 공화당에게 개헌을 중단하라는 내용의 메시지를 채택했으며, 전국 학도에게 총단결하여 개헌을 저지하자는 메시지를 채택하고 낭독했다. 대회를 마친 후 800여 명은 후문에서, 200여 명은 정문에서 경찰과 대치하며 가두시위를 시도했다. 이날 경찰은 처음으로 페퍼포그까지 동원하고, 최루탄을 발사하며 학생들의 가두시위를 저지했다. 일부 학생들은 경찰의 저지를 뚫고 경대교까지 진출하기도 했으나 경찰의 진압으로 귀교했다.

학생들은 가두 진출이 저지되자 학교 운동장에서 시위 연습을 하며 전열을 가다듬었다. 학생들은 스크럼을 짜고 여러 대열로 나누어 행진과 충돌, 행진 가두시위를 전개할 때 일어날 수 있는 상황을 가상하여 대응 방법 등을 연습했다. 연습 후 학생들은 저마다 맡은 구역으로 이동하여 다시 가두 진출을 시도했다. 시위 도중에 학생들이 경찰 무전기를 탈취했으며, 무전기를 총장에게 넘겨주는 과정에서 학생이 차 아래 드러눕는 위태로운 상황도 발생했다. 여학생을 포함한 일부 학생이 경찰의 폭력적인 진압으로 부상을 입고 경찰에 연행되기도 했다. 경찰이 페퍼포그를 쏘면서 강경하게 저지하여 더 이상의 가두 진출이 어려워지자 교내 로터리에서 해산했다.[35]

학생들의 시위가 하루도 빠짐없이 벌어지고 양상도 격렬해지자, 학교 당국은 7월 5일부터 10일까지 의과대를 제외한 4개 단과대의 임시휴교를 결정하여 사실상 방학에 들어갔다. 휴교령에도 불구하고 5일 학생들은 학교 당국과 경찰의 저지를 뚫고 교내에서 성토대회를 개최했다. 학생 150여 명은 대회를 마친 후 3선개헌 음모 분쇄 등의 구호를 외치면서 학내 시위를 벌였으며, 교문에서 경찰과 대치하다 해산했다.

7월 3일부터 단식농성에 들어갔던 법정대 학생들은 휴교령으로 농성효과가 제한적이라고 판단하고, 이날 학생 시위에 대한 학교 당국의 정당성 인정, 시위 학생의 처벌 중지, 교수 학생간의 간담회 개최 등을 요구한 뒤 농성을 풀었다. 대구 지역 개헌 반대 투쟁을 주도했던 경북대가 휴교 조치로 시위가 어려워진 상황에서 영남대와 계명대 등 다른 대학의 학생들이 시위를 이어 나갔다. 하지만 이 또한 휴교령과 조기 방학으로 대학생들의 시위가 사실상 어렵게 되었다. 이때 경북고와 대륜고를 비롯한 고등학생들이 개헌을 반대하는 시위를 벌이면서 개헌 반대 투쟁을 이어 갔다.

투쟁 조직 결성

박정희 정권은 대학이 방학에 들어간 후 시위를 주도한 학생들의 처벌을 학교에 지시했다. 이는 이후 개헌안의 국회 인준을 비롯하여 개헌을 위한 사전 정지작업이기도 했다. 문교부는 전국 각 대학에 시위를 주도한 학생 명단을 작성하고 엄중 처벌하라고 지시했다. 경북대에서는 시위를 주도했던 총학생회장 진원규와 정사회 회장 유정선 두 명이 제적되었으며, 총학생회 총무부장 홍윤순(사회학과 66학번), 학예부장 김순복(수의학과 66학번), 정사회 회원 성진용, 이수환, 림구호(물리학과 67학번), 이혜만(정치학과 63학번), 이상우(물리학과 68학번), 남호연을 비롯한 9명이 무기정학 처분을 받았다. 법정대 학생회장 권오룡 등 8명이 근신 처분, 정사회 회원 정화영(정치학과 67학번)이 자퇴 처분되어 모두 20명이 징계를 받았다.

이어 박정희 정권은 학생들의 투쟁 역량을 약화시키기 위해 징계 받은 학생들을 강제 입영시키려는 술책을 부렸다. 제적당한 유정선과 정화영은 물론 림구호, 이수환 등 무기정학 당한 학생들에게도 입영 영장이 발부되었다. 그러나 무기정학을 당한 학생의 징집이 위법임이 드러나자 영장을 회수하는 촌극이 벌어졌으며, 림구호는 기자회견을 통해 징집을 거부하고 법적 투쟁을 선언하기도 했다.[36] 궁지에 몰린 박정희 정권은 경북 병무청 징모과장을 직위해제하는 선에서 사태를 수습하려고 했다.

박정희 정권의 탄압은 학생들을 징계하는 것으로만 그치지 않았다. 시위를 주도한 총학생회와 서클 조직에 대해서도 탄압을 가했다. 경북대는 총학생회장을 포함한 총학생회 간부들이 무더기 징계를 받아 기능이 사실상 마비되었음에도 불구하고 총학생회의 활동 기능정지 처분을 내렸다. 시위를 주도하고 적극 가담했던 서클 정사회뿐 아니라 현대사상연구회와 원리연구회의 승인도 취소해 버렸다. 이어 박정희 정권은 대학의 학생 감시 기구를 한층 강화하고, 교수의 인사 행정권도 강화시키는 조치를 취했다. 경북대 당국은 학생의 통제와 감시를 강화하기 위해 교학처 산하에 있던 학생처를 독립시켜 학생감을 학생처장으로 승격시키고, 학생지도연구소를 법제화했다. 또한 학생 지도와 처벌을 쉽게 할 수 있도록 인사위원회도 대학본부의 영향력을 강화하는 체제로 재편성했다.[37]

한편 박정희 정권과 공화당은 방학을 이용하여 본격적으로 개헌을 추진해 나갔다. 박정희 대통령은 개헌안 준비를 공화당에 지시했으며, 개헌안이 국민투표에서 부결될 경우 자신의 불신임으로 간주하여 사퇴하겠다는 내용의 담화를 발표했다. 8월 7일 공화당은 대통령의 3선 연임과 국회의원의 각료 겸직을 허용하는 내용의 개헌안을 국회에 제출했다.

신민당은 개헌안 발의를 위해 공화당이 임시국회를 개회하자, 개헌안 통과를 저지하기 위해 국회 본회의장을 점거하고 농성에 돌입했다. 8월 9일 국회의장 이효상이 이를 빌미로 개헌안의 국회 본회의 보고를 생략하고 정부로 직송했으며, 정부가 신속하게 개헌안을 공고했다. 이와 함께 박정희 정권은 개학과 더불어 예상되는 개헌을 반대하는 학생 시위에 대비하여 경찰력을 강화했다. 대구에서도 기동대 병력 외에 경북과 대구에서 차출된 경찰로 시위 진압 특별기동대를 편성하고, 학생들의 시위에 대비했다.

박정희 정권과 공화당이 발 빠르게 개헌을 추진해 나가자, 학생들도 개학을 앞두고 다시 개헌을 반대하는 활동을 펼쳐 나갔다. 학생들은 먼저 투쟁을 담당할 새로운 조직을 구상했다. 그동안 투쟁을 주도한 총학생회 회장을 비롯한 간부들이 제적되거나 정학 처분을 받고, 총학생회도 기능 정지 처분을 받아 활동이 어려웠기 때문이었다. 또한 학생회 일부 간부가 졸업을 앞두고 있어 투쟁을 이끌어가기 어려웠기 때문이었다.

8월 22일 총학생회, 각 단과대 학생회 간부와 정사회 소속 학생의 주도로 교내 서클과 학회 대표들로 '경북대개헌반대투쟁위원회'(투쟁위원회)를 결성했다. 위원장은 제적된 총학생회장 진원규가 맡았다.[38] 투쟁위원회를 구성한 후 학생들은 박정희 정권이 추진하는 개헌을 저지할 때까지 끝까지 투쟁하고, 처벌된 학생들의 구제 투쟁도 벌이기로 결의했다. 투쟁위원회는 전국 각 대학에서 결성되던 호헌투쟁위원회와 공동 투쟁을 펼치기로 뜻을 모으고, 시위에서 사용할 민주헌정 수호, 처벌학생 구제 등의 구호를 채택했다.[39]

8월 28일 투쟁위원회는 개학을 앞두고 개헌 반대 성토대회를 개최했다. 이날 성토대회에는 방학 중이었지만 200여 명의 학생이 참석했다. 학생들은 개헌 반대, 총학생회 기능정지 처분 철회, 학생 처벌 철회 등을 결의하고, 전국 대학생들에게 개헌 반대를 위한 공동투쟁위원회 결성을 제안했다. 또한 개헌을 지지하는 국회의원에 대해 낙선운동을 펼치겠다는 메시지를 채택하여 국회로 보내기로 했으며, 박정희 정권의 여론 정치와 공작 정치를 규탄하는 성명서를 발표했다. 성토대회를 마친 후 학생들은 3선개헌 반대, 학원 자유 보장, 교권 수호 등의 구호를 외치며 교내 시위를 벌인 뒤 요구가 관철될 때까지 투쟁을 벌여 나가기로 결의하고 해산했다. 이날 학생들은 시위 광경을 촬영하던 경찰의 카메라를 탈취되기도 했는데, 이미 퇴학당한 정화영이 이 일로 경찰에 체포되었다.[40]

다음 날에도 투쟁위원회는 200여 명의 학생이 참석한 가운데 개헌 반대 성토대회를 개최했다. 학생들은 구호를 외치며 개헌안에 서명한 국회의원 121명의 명단과 인물의 화형식을 거행했다. 다시 전국 학생들에게 '개헌반대 공동투쟁위원회'의 결성과 개헌 지지 의원들에 대한 낙선운동을 제안하고, 문교 당국의 학생 처벌을 규탄했다. 대회를 마친 후 학생들은 교내 시위를 벌인 뒤 가두시위를 시도하다가 여의치 않자 해산했다.

학생회관 점거농성

9월 1일 개학 날 투쟁위원회의 주도로 개헌 반대 성토대회가 열렸다. 이날부터 6일까지 1학기에 치르지 못한 기말고사가 예정되어 있었다. 대다수의 학생들이 투쟁위원회의 주도로 따라 기말고사를 거부했으며, ROTC 소속 학생 대다수도 시험을 거부했다. 성토대회에는 시험을 거부한 학생 1천여 명이 참석했다.

성토대회는 학교 당국의 강력한 저지로 무산되었다. 특히 학생의 동향을 파악하고 시위를 막기 위해 파견된 문교부 장학관이 직접 교수들과 함께 성토대회를 저지했다. 학생들은 성토대회가 무산되자 가두시위를 시도했지만, 이 또한 경찰과 학교 당국의 저지로 실패했다. 이후 100여 명의 학생들이 도서관을 점거하고 단식투쟁에 들어갔으나 총장을 비롯한 학교 당국의 설득으로 해산했다.[41] 이날 저녁 전 총학생회장이자 투쟁위원장인 진원규가 학생 신분이 아니면서 시위를 선동하고 있다는 이유에서 학교 당국의 요청으로 학내에 진입한 경찰에 체포되었다.[42]

개학 날부터 학생 시위가 일어나자 학교 당국은 9월 2일부터 다시 무기휴교령을 내렸다. 2일 아침 교수들이 학교 정문과 후문에서 등교하는 학생을 돌려보내고 도서관을 폐관하는 등 학교를 철저하게 봉쇄했다.[43]

그림 23 학교 당국의 휴업령 공고문(1969년 9월 8일, 《경북대학보》)

일부 교수들은 휴업령이 학교 최고 의결기관인 교수회에서 결정해야 함에도 불구하고 학처장회의에서 일방적으로 결정하고, 교수들에게 공식 통고 없이 단행한 것은 부당한 조치라고 학교 당국에 항의했다.[44]

한편 경찰에 연행된 진원규와 정화영은 신병 처리 시한이 지난 3일까지 행방이 밝혀지지 않아 논란이 있었다. 경찰은 4일 두 학생을 모두 보호자에게 인계했다고 밝혔으나, 가족들은 사실 무근이라고 반박했다. 마지못해 경찰은 두 학생을 보호하고 있다고 밝혔지만, 진원규는 시내 기동대, 파출소와 여관으로 끌려 다니며 취조 받고 감금당한 상태였다. 경찰은 뒤늦게 두 학생을 가족에게 인계하고 '집회 및 시위에 관한 법률' 위반 혐의로 불구속 수사를 하고 있다고 밝혔다. 학교에서 제적되거나 무기정학 처분을 받은 유정선, 홍윤순, 림구호, 이혜만, 김순복, 안태환, 이수환 7명도 같은 혐의로 입건되었다.[45]

개헌안이 국회에 상정된 9일에는 경북대, 계명대, 영남대 학생들이 동시다발로 시위를 벌였다. 경북대 의대 학생 200여 명은 개헌 반대 성토대회를 개최하여 개헌을 근대화와 국가안보라는 미명 아래 역사를 거스르는 것이라는 요지의 선언문과 국회의 개헌안 부결, 처벌 학생 구제, 휴교 반대 등을 요구하는 결의문을 채택했다. 이어 처벌 학생의 구제 서명 운동을 벌인 후 24시간 동안 단식농성을 벌이고 10일에 해산했다. 의과대 학생들이 시위를 벌이자 그동안 휴교 조치에서 제외되었던 의과대도 10일부터 휴교에 들어갔다.

10일에도 일부 학생들이 학교 당국의 휴교령 해제를 요구하며 산발적인 시위를 벌였다.[46] 하지만 휴교령으로 시위가 어렵게 되어 학생들의 투쟁 열기도 점차 약화될 수밖에 없었다. 정사회 회장 문재현과 총무 성진용 등은 투쟁을 이어 가기 위해 법정대 강의실을 점거하기로 모의했다.[47] 10일 저녁 9시 무렵 림구호와 정만기(정치외교학과 69학번)를 비롯한 정사회 소속 학생 6명이 법정대 강의실을 점거하고 농성에 돌입했다. 학생들은 책상과 걸상으로 출입문을 봉쇄하고 농성을 벌이다가 유리창을 부수고 들어온 교수들에게 붙들려 학교 버스로 학교 밖으로 실려 나갔다.[48] 이날 계명대와 영남대 학생들도 성토대회를 개최하여 개헌안 철회를 요구하는 시위를 벌였다.

개헌에 대한 시민과 학생들의 반대에도 불구하고 끝내 9월 14일 일요일 새벽에 개헌안이 국회에서 날치기로 통과되었다. 학생들의 시위는 개헌 반대와 개헌안의 통과를 성토하는 성격으로 바뀌었다. 18일 학생들은 투쟁위원회를 '반독재구국투쟁 경대투위 농성회'로 개편하고 학생회관을 점거한 채 무기한 농성 투쟁에 들어갔다. 농성 투쟁은 여정남과 문재현의 기획이었다. 이날 밤 성진용, 홍윤순, 림구호를 비롯한 학생 40여 명은

그림 24 학생회관을 점거하여 농성하고 있는 학생들(림구호 제공)

학생회관을 점거한 후 "자유 아니면 죽음을," "장기집권 결사반대," "반
독재 구국투쟁"이 적힌 플래카드를 내걸고 박정희 장기집권 반대와 개헌
안 철회를 주장했다. 19일에는 농성 학생이 50여 명으로 불어났다. 정사
회 소속 성진용, 홍윤순, 이수환, 림구호, 정만기, 김동근, 이정우(국어국문
학과 66학번) 등이 농성을 주도했다. 교수들이 만류하기 위해 학생회관 진
입을 시도하는 과정에서 교수와 학생들 사이에 몸싸움도 벌어졌다.[49]

　학생들은 농성장에서 개헌안 철회 성토대회를 열어 국회·정부·국민들
에게 보내는 메시지를 채택하고, 행동 규약과 호헌 등의 내용이 담긴 강
령을 발표했다. 강령은 1인 독재 반대, 3선개헌 반대, 학원 자유 수호, 학
생들의 처벌 및 불법 입영 무효, 휴업령 철회였다. 또한 투쟁 의지를 보여
주는 다음과 같은 행동 규약도 밝혔다. "① 우리는 지성인의 긍지를 가지
고 위대한 역사적인 호헌투쟁을 수행한다, ② 우리의 행동은 민주질서에

그림 25 농성학생을 설득하러 사다리를 타고 학생회관 건물로 올라가는 교수들(1969년 9월 29일,《경북대학보》)

위배되지 않은 한도 내에서 민족 양심에 따라 공명정대하게 수행한다, ③ 어떠한 고난과 역경이 있을지라도 정의와 민족 대의를 위하여 일치단결하여 최후의 일인까지 투쟁한다."[50]

학생들이 점거농성에 들어가자, 학교 당국은 교수와 직원을 동원하여 학생회관을 둘러싸고 학생들을 고립시킨 채 강제 해산을 시도했다. 그러나 학생들이 완강하게 저항하여 무산되고, 이후 몇 차례 강제 해산을 시도했으나 이 또한 물거품이 되었다. 20일 학생처장을 비롯한 교수와 직원들이 학생회관에 진입하여 학생들에게 농성을 풀도록 설득했으나 학생들은 거부했다.[51] 그러나 학생들이 고립되어 더 이상 농성 투쟁이 어렵다고 판단한 여정남과 정사회 지도부가 투쟁을 마무리하기로 결정함에 따라 이날 저녁 학생들은 이전부터 학생운동을 후원하던 문리대 수학과 안재구 교수의 주선으로 총장과 협상에 들어갔다. 학생들은 농성 학생들의 책임 불문, 학생회의 조속한 정상화, 처벌 학생들의 처벌 백지화 등을 요구했다. 총장이 요구 사항을 수용하자 학생들은 농성을 풀고 자진 해산했다.[52] 학생들은 이후에도 간헐적으로 시위를 벌였지만, 정부의 강력한 대응과 학교 측의 휴교 조치로 사실상 막을 내렸다.

투쟁의 맨 앞자리에

학생들이 박정희 정권의 장기집권 계획을 저지하기 위해 일어난 3선개헌 반대 투쟁은 크게 두 시기에 걸쳐 전개되었다. 학생들은 지방에서 가장 먼저 시위를 벌이고, 투쟁 방식도 치열했다. 특히 6월 30일부터 7월 5일까지 엿새 동안이나 계속 시위를 벌이면서 전국의 주목을 받았다. 전국에서 6일 동안 연일 시위를 벌인 대학은 경북대와 고려대뿐이었다. 또한 휴교 조치에도 불구하고 끊임없이 투쟁을 펼치며 학교 본관과 도서관, 학생회관을 점거하여 농성을 벌였다. 초기의 시위는 교내에서 집회를 가지는 평화적인 방식으로 전개되었으나, 휴교 조치와 조기 방학을 실시한다는 소식이 알려지면서 가두시위로 발전했다. 이 과정에서 가두 진출을 막는 경찰과 투석전을 벌였으며, 학생들이 부상을 입거나 경찰에 연행 당하면서 더욱 격렬한 시위를 전개했다. 학생들은 교내 집회, 가두시위를 중심으로 단식농성, 점거투쟁 등 다양한 방식으로 투쟁을 전개하며 박정희 정권의 장기집권 계획을 막고자 했다.

학생들은 박정희 정권에 대한 비판적인 인식 속에서 개헌 문제에 접근했다. 즉 개헌은 박정희 정권의 집권을 연장하는 술책이며, 나아가 헌정 질서를 무너트리고 민주주의를 파괴하는 것이라고 규정했다. 아울러 개헌 추진은 영구 집권을 꾀했던 이승만 정권과 자유당의 전철을 밟는 것이며, 궁극적으로 역사의 퇴보를 의미한다고 비판하며 3선개헌을 반대했다. 학생들은 개헌 문제에 국한되지 않고 민주주의 문제까지 제기했다. 학생들이 광범위하게 요구했던 문제는 학원사찰 중지였다. 박정희 정권의 학원사찰은 비단 이 시기에만 제기된 것이 아니었다. 일찍부터 학생들의 동향을 파악하고 감시하기 위해 정보기관과 연결되어 있던 학원사찰 단체가 발각되어 문제가 되기도 했다. 이후에도 중앙정보부와 경찰이 학내에 상주하거나 정보기관이 학생을 이용하여 학생들의 동향을 파악하고 감시하는 활동이 광범위하게 이루어지고 있었다. 이 때문에 학생운동 세력은 물론 일반 학생들까지 학내 활동이 위축되어 있었다. 학생들은 이를 비판하며 학원사찰을 중지하고 집회와 결사의 자유를 보장하는 학원 자유화를 요구했다.

학생들이 내세운 또 하나의 요구는 정부의 언론 탄압 중지와 언론 자유 보장, 언론인의 각성이었다. 학생들은 박정희 정권의 언론 정책으로 언론이 본연의 역할을 수행하지 못하고 있다고 인식했다. 박정희 정권은 1967년 국회의원 선거를 앞두고 정부·여당에 비판적인 언론을 무력화시키기 위해 언론인을 구속하거나 테러를 가했으며, 기관원을 언론사에 상주시켜 관리하고 통제했다.

박정희 정권은 탄압과 동시에 은행 융자와 차관 제공 등 특혜를 제공하는 양면 정책을 취했으며, 이에 힘입어 언론사의 사옥과 시설이 확장되는 등 상업주의 기업으로서의 면모를 갖추어 가고 있었다. 이와 같은 정권의 언론 정책으로 정권에 대한 비판적인 논조가 상당히 약화되고 친정부·여당 논조가 강화되고 있었다. 학생들은 이를 정부와 여당을 일방적으로 홍보하는 여론정치라고 규정하면서 규탄했다. 결국 3선개헌 반대 투쟁은 학생들이 헌신과 희생을 무릅쓰고 박정희 정권의 장기집권과 민주주의의 훼손, 이로 인한 역사의 후퇴를 막기 위한 투쟁이었다.

6장

학원자주화 투쟁과 정진회

1. 이념서클 정진회

1960년대 중반에 결성되어 경북대 학생운동을 주도했던 서클 '정사회'는 1969년 3선개헌 반대 투쟁 이후 해체되었다. 학교 당국이 서클의 지도교수가 없다는 이유로 등록을 취소했기 때문이다. 정사회 소속 일부 학생들은 학교 당국의 조치가 부당하므로 미등록 상태에서도 활동을 이어 나가자는 의견을 내놓았다. 그러나 다수의 학생들이 미등록 상태에서는 활동의 제약이 많고, 무엇보다 일반 학생들에게 공신력을 얻기 힘들어 활동이 어렵다고 주장하여 서클을 해체하기로 결정했다. 대신 새로운 회원을 영입하여 새로운 서클을 만들기로 결의했다.

정사회 소속 학생들은 겨울방학 동안 새로운 서클을 창립하기 위해 움직였다. 정사회 회원들은, 서클에 가입하지 않았지만 3선개헌 반대 투쟁에 적극적으로 참가했던 학생들과 친분이 있는 학생 가운데 사회의식이 높은 동료 학생을 중심으로 참여 의향을 타진했다. 그 결과 몇몇 학생들이 함께하겠다는 뜻을 밝혔다. 또한 고학년을 중심으로 새로운 서클 명칭과 회칙 등 서클 창립과 학교 등록에 필요한 준비도 해나갔다. 정사회 회원 가운데 4학년이 되는 일부 학생은 학교 당국의 등록 여부를 의식하여 새 서클과 관계를 유지하되 가입하지 않기로 결정했다.

정사회 소속 학생들은 1970년 3월 1일 개학 직전에 창립을 위한 발기대회를 개최했다. 발기대회는 법정대 강의실에서 문동주(수학교육과 68학번), 최외복(법학과 68학번), 박문숙(법학과 68학번), 이현세(수학교육과 68학번), 정욱표(사회학과 69학번), 여석동(정치외교학과 69학번) 등 주로 2, 3학년 학생들이 참석한 가운데 열렸다. 여기서 서클 명칭과 회칙을 집중적으로 논의하여, 정사회를 발전적으로 계승하고 학생으로서 바르게 나아간다는 의미에서 '정진회'(正進會)로 이름을 결정했다. 정사회가 바르게 생각하는 것이었다면, 정진회는 이를 바탕으로 한 걸음 나아가 바르게 실천한다는 의미였다. 이어 임원 선출에 들어가 최외복과 여석동을 회장과 부회장으로 선출했다. 그리고 총무에 윤엽(철학과 68학번), 감사위원에 정옥교(외국어교육과 67학번), 학년대표에 박문숙 등을 선출하여 서클 구성에 필요한 기본 사항을 마무리 지었다.

정진회는 발기대회를 마친 후 3월 3일 학교 당국의 승인을 받아 정식으로 서클 등록까지 마쳤다. 지도교수로는 박물관장으로 있던 김영하 교수를 추대했다. 창립총회는 3월 15일 교내 로터리에서 회원들이 참석하여 서클에 관심을 가진 일반 학생들이 지켜보는 가운데 열렸으며, 서클의 지향 목표를 알리고 발기대회에서 기초한 회칙 통과와 임원을 추인하는 내용으로 진행했다.[1]

창립총회 후 소속 학생들은 학생운동에 관심 있거나 시위 현장에서 알게 된 학생을 접촉하여 가입을 권유했다. 동시에 학기 초 서클 회원 모집 기간을 이용하여 회원을 모집했다.[2] 창립 당시 회원은 30여 명이었으며, 1971년에는 60여 명에 이를 정도로 서클의 외형적 규모가 컸다.[3] 그러나 현실 인식의 차이를 비롯한 다양한 성향을 가진 학생들로 구성되어 모든 회원들이 적극적으로 활동하지는 않았다.

학생운동의 새로운 방향 제시

정진회가 지향한 목표는 "앞으로 학생운동의 새로운 방향 제시, 대학 사회에서 건전한 연구 풍토 조성으로 사색하는 대학생상 확립, 폭넓은 인격도야와 바람직한 민족관 함양에 역점"을 둔다는 내용이었다.[4] 정진회가 표방한 '바람직한 민족관'은 1960년대 박정희 정권이 주창한 '민족적 민주주의'의 허구성을 비판하는 의미였다. 나아가 연구와 학습을 통해 새로운 민족관을 정립하고, 이를 토대로 학생운동의 방향을 제시한다는 뜻이었다.

정진회의 활동은 월례 정기 세미나, 저명인사 초청 강연회, 시내 대학생 서클대항 토론대회, 동하계 수련대회, 춘추 야외 연구 발표회 등이었다. 이 가운데 연구 발표회가 가장 전력을 기울인 활동이었다. 연구 발표회는 거의 매월 한 차례 열면서 회원들의 현실 인식을 심화시키고, 학생운동의 활동 방향을 정립하는데 집중했다. 발표회를 준비하는 학생들이 탐독한 자료는 그 무렵 여러 진보적 지식인의 글이 실리던 《사상계》를 비롯하여 《한양》, 《세대》, 《신동아》 같은 시사 잡지와 '통일혁명당 사건'으로 폐간되었으나 한국 사회 여러 분야에 대해 참신하면서도 진지한 접근으로 젊은 지식인에게 큰 영향을 주었던 《청맥》 등이었다. 또 《유물론과 경험비판론》 같은 사회과학 서적과 《한국사신론》, 《세계사》 같은 역사책

도 탐독했다.[5]

연구 발표회는 '역사연구 방법론,' '자유·민권운동과 민족주의,' '네오 파시즘의 형식과 내용' 등을 주제로 회원들의 이론 수준을 높였다. 이어 '한국 정당정치의 구조와 특색,' '한국 헌정사,' '부정선거의 원인' 등을 주제로 한국 정치사에 대한 인식을 높이고, 항일 독립운동사, 민족운동 등을 주제로 역사 인식을 심화시켰다. 또한 '1960년대 한국 사회의 부조리,' '대학의 반지성적 현실' 등의 주제로 대학을 비롯한 한국 사회의 모순을 파악하면서 현실 인식을 심화시켜 나갔다.

정진회 소속 학생들이 큰 관심을 둔 문제 가운데 하나는 바로 통일 문제였다. 한국 사회에서 나타나는 많은 문제가 분단 체제에서 비롯되었다고 인식했기 때문이다. '민족통일과 국제정세,' '민족통일 방안 검토' 등을 주제로 통일 문제와 그 방안을 모색한 연구 발표회도 이러한 인식에서 비롯되었다. 일본의 한국 재침략을 경계하여 '한일 관계의 전망'을 주제로 한 연구 발표회도 열었다. 특히 '민족주의와 학생운동,' '민족운동과 학생운동'을 주제로 학생운동의 이념과 성격을 파악해 나갔다. 또한 '1960년대 학생운동의 회고,' '1970년대 학생운동과 구국운동' 등을 통해 지난날 학생운동의 성과와 한계, 나아가 향후 학생운동의 전망을 내다보았다.[6] 아울러 연수회에서 학생들이 저마다 준비한 내용으로 세미나를 진행해서 역사와 사회 인식 수준을 높여 갔다.

다른 대학 학생들과 연대 강화

정진회는 경북대는 물론 다른 대학 학생들과도 적극적으로 교류했다. 주로 학술 토론대회를 개최하거나 다른 대학의 학술 토론대회에 참가하는 방식으로 현실 인식을 심화시키고 연대를 강화했다. 창립 직후인 1970년 4월에 4월혁명 10주년을 기념하여 대구 시내 대학생들이 참가하는 학술 토론대회를 개최했다. 그해 5월에는 고려대학교 총학생회가 주최하고 서클 한맥이 주관한 제3회 전국남녀대학생학술토론대회에 참가했다. 이 토론대회에 전국에서 10개 대학 서클이 참가했는데, 주제는 '4월혁명과 한국 민주주의,' '학생과 사회 참여,' '서구 문화, 특히 미국 문화가 한국에 미친 영향' 등이었다. 정진회는 '학생과 사회 참여'를 주제로 서울대 문리대와 치열한 토론을 벌인 끝에, 정진회와 관계를 맺고 있던 림구호가 우수상을 수상했다.[7]

1970년 6월에 경북대 문리대가 주최한 '전국대학생학술토론대회'에 참가한 서울대, 고려대 학생들과 '한미 외교 백년사,' '후진국의 민족주의' 등을 주제로 연구 발표회를 열었으며, 행사를 마친 후 함께 친선 체육대회를 열고 친목을 다졌다. 이 무렵 정진회와 관계를 맺고 있던 여정남은 학술 토론대회를 기회로 서울에서 안평수, 조성준 등 서울 지역의 각 대학 학생 지도부와 만나 향후 학생운동의 방향, 연대 방안, 토론대회 정기 개최 문제 등을 논의했다.[8] 대구에서는 토론대회에 참가한 채만수와 서원석, 고려대의 함상근과 조연상, 김영곤 등을 접촉하여 시국 대응 방안과 1971년 봄 정진회가 주최할 토론대회 등을 논의했다.

1971년 9월에는 고려대 총학생회가 주최하고 서클 한맥이 주관한 제4회 전국남녀대학생토론대회에 전정효(정치외교학과 69학번)와 임규영(사회교육과 71학번) 등이 참가했다. 토론대회는 "무사안일의 소시민적 구각을 탈피하여 비판력과 응결된 힘으로서 민족 사회 내의 부정적인 흐름을 불식하고 역사의 선구인 지식인을 위한다"는 취지 아래 열렸다. 서울대, 전북대, 부산대, 충북대를 비롯한 전국 9개 대학이 참가했으며, 주제는 '민족통일의 방향과 그 문제점,' '근대화에 따른 빈곤과 소외 문제,' '대학 민주화 투쟁의 성격과 방향,' '일본의 경제적 군사적 대두' 등이었다. 정진회는 '대학 민주화 투쟁의 성격과 방향'이라는 주제로 서울대 문리대와 토론을 벌였고, 단체 우수상을 수상했다. 토론대회의 심사는 그 무렵 합동통신사의 기자로 활동하던 리영희와 고려대 교수 김낙중 등이 맡았다.[9]

정진회는 경북대 이념서클로서는 처음으로 회지를 발간했다. 1971년 3월부터 《정진》(正進)이라는 제호의 회지를 매월 2회 발간하여 학생들에게 배포했다. 회지 발간을 담당한 부서와 회원을 보면, 편집부는 이현세, 정치부는 여석동, 경제부는 정만기, 사회부는 정욱표와 손원동(사회교육과 69학번), 제작부는 권영기(국어국문학과 69학번)가 각각 맡았다. 발간 비용은 소속 학생들의 회비로 충당했고, 자금이 부족할 경우에는 몇몇 학생의 등록금으로 충당하기까지 했다.

회지에 실린 내용은 학교 당국의 비민주적인 행정과 일부 교수들이 학생들에게 가한 야만적인 폭력 행위 등을 비판하고, 박정희 정권의 반민주, 반민중, 반민족 성격을 폭로하는 것이었다. 또한 등록금 문제를 비롯한 학교 현안과 전국 대학에서 벌어지는 학생운동의 소식을 전하는 내용도 많았다.[10] 회지 발간은 편집부가 회지에 실을 주제를 결정하여 관심 분야와 소질에 따라 회원에게 배정하고, 취합된 원고 중에서 취사 선택하는 방식으로 진행되었다. 회지는 1971년 3월 15일자로 제1호, 3월 30일자로 제2호를 1천 부씩 발간했으나, 제2호를 끝으로 정진회의 주요 학생들이 학생운동으로 구속되거나 제적되어 더 이상 발행하지 못했다.[11]

정진회는 학생들의 정치사회 의식과 대학 문제에 대한 관심을 높이기 위한 활동을 벌였다. 이를 위해 1970년 9월에는 학생들을 대상으로 여론조사도 계획했다. 여론조사는 조국통일을 위한 현실 타개책, 정치 세력이 학원의 자주성에 미치는 영향, 대학의 현실과 타개책, 대학 내 군사훈련의 영향과 학생의 견해, 등록금의 비민주적 활용과 실태, 대학 선거의 현황과 문제점, 대학신문의 중요성과 문제점 등을 묻는 내용이었다.[12] 학교 당국이 예정된 총학생회장 선거에 악영향을 끼친다는 이유로 여론조사를 금지시켰으나, 정진회는 그대로 밀고 나갔다.[13] 이 문제로 서클 지도교수인 김영하가 사임하자 김성혁 교수를 지도교수로 추대했다.

정진회는 여론조사를 마친 후 그 결과를 학생들과 공유하고 대학생이 지녀야 할 자세와 대학이 나가야 할 방향을 진단하기 위해 회원들과 학생들이 참여하는 공청회를 그해 11월에 개최했다. 공청회는 사범대 강의실에서 정진회 회원과 일반 학생 100여 명이 참석한 가운데 열렸다. 논제와 발표자는 '한국 대학의 현실과 그 타개책'(정병열, 사회교육과 68학번), '정치 세력이 학원의 자주성에 미치는 영향'(장한목, 경제학과 69학번), '대학 내 군사훈련에 대한 소감'(조규현), '학생 처벌과 학생의 기본적 인권보장'(서위태, 사회교육과 69학번), '대학 선거의 현황과 문제점'(진병문, 사회교육과 69학번), '대학신문의 중요성과 제 문제점'(김희경, 국어교육과 69학번), '등록금의 비민주적 활용과 그 실태'(림구호), '조국통일을 위한 현실 타개책'(정욱표)이었다.[14]

그 밖에도 정진회는 회원 서로간의 친목을 도모하고 조직적인 공동 생활을 함양하기 위해 밀양 사자평 등지에서 수련회를 가지거나 신입회원 환영회를 열었으며, 학년 대항 체육대회를 개최하기도 했다.

2. 총학생회 직선제 쟁취 투쟁

정치 공작의 대상으로 전락한 총학생회

경북대 학생들은 1969년 3선개헌 반대 투쟁에서 전국 대학 가운데 가장 치열한 투쟁을 벌였다. 박정희 정권의 장기집권을 반대하는 일반 학생들이 원동력이 되었고, 투쟁을 주도한 정사회의 역할도 컸다. 특히 총학생회가 학생들을 조직하고 투쟁을 주도했기에 가능한 측면이 컸다. 1960년 4월혁명 이후 각 대학 학생운동의 향방은 총학생회의 성향에 따라 좌우되었다고 해도 지나친 말이 아니다. 따라서 운동 주도 세력은 저마다 총학생회를 장악하기 위해 노력했다. 마찬가지로 박정희 정권도 어용 성격의 학생회를 구성하여 학생운동을 약화시키기 위해 중앙정보부를 비롯한 각종 정보기관을 동원하여 공작을 펼쳤다.

아니나 다를까 총학생회 선거는 정보기관의 첫 번째 공작 대상이 되었다. 당시 총학생회 선거는 각 단과대 대의원들이 총학생회장을 선출하는 간접선거 방식이었기 때문에 정보기관의 개입이 수월한 편이었다. 이것이 어려울 경우에는 학생회를 와해시키기 위해 학생회 간부를 회유하거나 프락치를 이용하여 분열·약화시키고, 학교 당국에 학생회 간부를 징계하도록 압력을 넣었다. 정보기관의 주된 공작 대상은 개인의 입신양명을 위해 총학생회장을 비롯한 학생회 간부가 되었던 학생들이었다. 실제로 어용 학생회의 간부를 지냈거나 학교 당국에 협력했던 학생들은 졸업 후 중앙정보부를 비롯한 정보기관이나 모교에 직원으로 채용되기도 했다.

여정남과 정진회를 중심으로 하는 운동 주도 세력은 1971년 4월에 실시될 대통령 선거가 박정희의 장기집권 또는 영구집권을 위한 중요한 분기점이 될 것이며, 정권 유지의 가장 큰 걸림돌인 대학의 자주화와 민주화를 억압할 것이라고 내다보았다. 따라서 대통령 선거 투쟁을 효과적으로 펼쳐 박정희 정권의 영구 집권 음모를 분쇄하고, 교련 철폐 등 학원자주화와 민주화 쟁취를 학생운동의 방향으로 결정했다. 이를 위해서는 총학생회의 역할이 중요하다고 판단했다. 특히 이 무렵 정보기관이 어용 총학생회를 세우기 위해 국회의장 이효상이 회장으로 있던 경북산악연맹 소속 학생이 출마했다는 소문이 널리 퍼지고 있었다.[15]

운동 주도 세력은 정진회 회원을 정·부총학생회장 후보로 출마시키는 것과 함께 총학생회 선거 방식을 기존의 간선제에서 일반 학생들이 직접 선출하는 직선제로 바꾸어야 한다고 판단했다. 이 무렵 총학생회 선거는 국회의원 선거 뺨 칠 정도로 타락한 모습을 보였다. 선거운동 과정에서 입후보자가 단과대 대의원들을 회유하기 위해 여관과 유흥가 등지로 데려가 향응과 금품을 제공하는 일도 비일비재했다. 운동 주도 세력은 직선제로 바뀔 경우 선거의 타락을 막고, 무엇보다 정보기관의 공작이 개입될 여지가 적을 거라고 보았다. 나아가 선거운동을 통해 학생들의 정치적·사회적 관심을 높이고, 1971년에 예상되는 반독재 민주화 투쟁의 대중적 토대를 구축할 수 있을 거라고 내다봤다.

정진회는 총학생회장 후보 출마에 앞서 학생들의 정치적·사회적 의식과 관심을 높이기 위해 여론조사를 실시하기로 결정했다. 여론조사의 내용은 총학생회 선거 방식, 학원 내 외부 정치 세력의 침투 여부, 3선개헌 반대 투쟁에서 정치적 압력으로 부당하게 징계된 학생의 구제 문제 등이었다. 정진회의 의도를 파악한 학교 당국이 총학생회장 선거에 악영향을 미친다는 이유로 반대했지만, 정진회는 여론조사를 강행했다.[16] 일청담에서 진행되던 여론조사가 끝날 때까지 학생과 충돌할 것을 의식하여 총장이 우회하여 출퇴근하는 촌극이 빚어졌다.[17]

정진회는 이현세와 여석동을 정·부총학생회장 후보로 출마시키고, 〈총학생회장 선거를 직선제로〉라는 성명서를 교내에 뿌리면서 직선제 쟁취 투쟁을 시작했다. 그러나 총학생회 선거 투쟁은 처음부터 어려움에 부닥쳤다. 9월 30일 입후보 등록 때 비로소 공탁금을 납부해야 한다는 사실을 알게 되었던 것이다. 공탁금 납부는 이전에 없던 것으로, 적법한 절차를 거쳐 규정된 제도가 아니었다. 이현세와 여석동은 선거위원회에 공탁금 납부 철회를 요구하며 설전을 벌였지만, 등록 마감을 앞두고 있어 일단 공탁금을 나중에 납부하겠다는 각서를 제출한 뒤에 후보 등록을 했다. 아울러 불법적인 처사를 따를 수 없다는 항의서도 함께 제출했다.[18]

이날 후보 등록을 마친 후 입후보자와 선거위원들이 선거 관련 내용을 논의하는 간담회가 열렸다. 이현세는 공탁금 문제를 제기하면서 학생회 선거 관련 규정이 적법한 절차를 거쳐 개정되어야 함에도 총학생회장과 대의원회 의장이 임의로 공탁금 제도 시행을 결정했다고 비판하며 철회를 요구했다.[19] 선거 관리를 담당하는 총학생회장과 대의원회 의장은 입후보자의 난립을 방지하기 위해 공탁금 제도를 시행하게 되었다고 설명했다. 이현세의 주장처럼 공탁금 제도는 선거 요강에 없는 규정이었고, 이전까지 실시된 총학생회 선거에 출마한 입후보자가 많지 않았던 상황을 볼 때 수긍하기 힘든 논리였다. 결국 다른 입후보자와 다수의 학생들도 공탁금 제도를 없애는 것이 옳다는 데 동의하여 곧 폐지되었다.

간담회가 끝난 다음 날인 10월 1일 세 팀의 입후보자 가운데 한 팀이 뚜렷한 이유 없이 사퇴하여 선거는 양자 구도가 되었다. 그 이면에는 모종의 흥정이 있었고, 선거 비용을 한 후보자가 보상해 주었다는 풍문이 나돌기도 했다.[20]

부정선거와 학교 당국의 인준

이현세와 여석동은 한 후보의 석연치 않은 사퇴와 함께 또 다른 후보의 미심쩍은 경력에 의문을 품고 이 후보의 자격 요건 충족 여부를 확인했다. 이 과정에서 상대 후보의 최종 학기 성적이 자격 요건을 충족시키지 못해 자격 미달이며, 선거 요강에 따르면 각 입후보자가 추천하는 한 명이 선거위원회에 참여한다는 규정을 어겼다고 판단했다. 두 학생은 학점 산출 방식의 부당함, 입후보자 자격 재심사, 선거위원회 구성의 불법성을 비판하는 내용의 항의서를 선거위원회에 제출했다. 그러나 선거위원회가 별다른 해명 없이 기각하자, 여러 차례 이의 신청서를 선거위원회에 제출했다. 이의가 받아들여지지 않자 두 학생과 정진회 소속 학생들은 학교 당국의 묵인 아래 학칙이 파괴될 수 없다고 판단하고 학원의 진실성을 수호하기 위해 투쟁하기로 결의했다.[21]

이현세와 여석동은 10월 2일 대의원 총회에서 이 문제를 정식으로 제기했다. 상대 후보와 가까운 몇몇 대의원이 이현세를 위협하면서 공포 분위기를 조성했다. 이현세와 여석동은 대의원회가 뚜렷한 해명 없이 학생회 선거를 강행하기로 결정하자, 선거 요강에 규정된 선거 공영의 원칙과 정당한 절차에 따라 대의원 총회가 개최되어야 한다고 주장하고, 불법으로 점철된 선거에 임할 수 없다는 입장을 밝힌 후 퇴장했다.[22]

이현세와 여석동이 퇴장한 후 선거위원회는 이들의 퇴장을 입후보 사퇴로 간주하고, 단독 후보에 대한 신임투표를 실시하여 가결시켰다. 그러나 두 사람의 퇴장을 사퇴로 간주하여 단일 후보가 되었을지라도 선거 요강에는 신임투표나 무투표 당선에 관한 조항이 없었고, 재선거에 관한 근거도 없어 논란의 여지가 많았다. 두 학생은 편파적이고 부패한 선거위원회의 불신임, 교무처와 학생처의 시행착오 추궁, 대학 발전을 위한 선거

운동 방식의 시정, 합법적인 학생회 활동의 정상화, 공정한 선거위원회 구성을 통한 재선거 시행 등을 요구하는 내용의 공개서한을 학교 당국에 제출하고 답변을 기다렸다.[23)]

하지만 선거위원회와 학교 당국은 두 학생의 요구를 무시했다. 오히려 학교 신문은 〈지성인다운 공명선거〉라는 제목으로 두 학생이 회칙의 유권 해석 문제로 자진 사퇴했으며, 단독 후보에 대한 신임투표를 실시하여 총학생회장과 차석 부회장을 선출했다는 내용을 발표했다. 또한 예년처럼 타락한 선거 분위기와는 달리 공명선거가 실시되었다고 평가했다.[24)] 총장을 위원장으로 하는 학생지도위원회도 선거 결과를 그대로 인준했다.[25)]

두 학생은 학교 신문이 왜곡 보도를 했다고 규탄하고, 총장에게 불법 선거를 인준한 법적 근거 제시와 정당한 집행을 촉구하는 내용의 항의서를 제출했다. 학보사 주간에게도 왜곡 보도된 내용에 대한 정정보도 요구 등의 내용이 담긴 항의서를 제출했다. 두 학생은 10월 중순부터 거의 매일 학생처장과 학보사 주간을 방문하여 시정을 요구했으나 학교 당국이 철저하게 무시했다. 10월 29일 총장과 면담 자리에서도 기존 입장을 고수하자, 이현세와 여석동 두 학생은 정진회 소속 학생들과 학교 본관 앞에서 농성에 돌입했다.[26)]

단식농성

다음 날 학생들은 불법을 규명하겠다는 내용의 항의서를 학교 측에 제출하고 목숨 걸고 농성을 이어 나갔다. 학교 측이 직원을 동원하여 두 학생을 수성못 근처 여관까지 강제로 끌고 가 회유했으나, 끝까지 거부하고 여관을 빠져 나와 농성을 계속했다. 학생들의 완강한 의지에 밀린 학교 당국이 합리적으로 선거 결과를 인준했다는 내용의 회신을 보내오자, 두 학생은 무기한 단식농성을 벌이기로 결의했다.

11월 1일 여석동은 학생들에게 "내가 죽더라도 친구 여러분들은 슬퍼 말고 더욱 힘을 내어 불의를 쳐부수라"는 내용의 호소문을 발표했다. 학교 당국이 두 학생의 건강 문제를 핑계로 경북대 병원에 강제로 입원시켰으나, 이현세는 교수들의 만류를 뿌리치고 병원을 빠져나와 농성으로 돌아왔다. 여석동도 서울로 강제 압송되던 도중에 탈출하여 학교로 돌아와 농성에 합류했다. 두 학생은 정진회 소속 학생 20여 명과 함께 학교 본관 입구에 "대학의 진정성을 사수하자," "학원의 양심을 더 이상 기만하지 말라"는 내용의 현수막을 내걸었다.

학교 당국은 학생 가족을 회유하거나 위협하면서 학생들의 투쟁을 무마시키려고 했다. 가족에게 학생들의 농성이 계속될 경우 피해를 입을 것이며, 배후에는 좌익 분자들이 있다며 학생들을 빼내라고 위협했다. 이현세는 일주일의 단식으로 실신하여 입원하기도 했으나, 〈적반하장격의 해명서를 통박한다〉라는 장문의 성명서를 발표하는 등 학교 당국의 비교육적이고 불법적인 행위를 폭로하고 규탄하는 투쟁을 벌여 나갔다.[27]

11월 3일 선거위원회와 학생지도위원회는 기존의 입장을 재확인하는 성명서와 입장을 밝혔다.[28] 학생들의 오랜 단식농성으로 몸 상태가 악화되었고, 학교 당국의 입장도 완강하여 더 이상 투쟁이 어렵게 되자 단식농성을 풀었다. 비록 요구 조건을 관철하지 못했으나, 학교 당국의 문제를 드러내고 총학생회에 대한 학생들의 관심을 높이는 계기가 되었다. 이 투쟁으로 선출 방식을 간선제에서 직선제로 전환할 수 있는 분위기가 조성되었다는 점은 의의가 컸다.[29]

3. 등록금 인상 반대 투쟁

대학은 다시 우골탑

운동 주도 세력이 1971년 운동 방향을 반독재 민주화 투쟁과 학원자주화 투쟁으로 설정하여 투쟁을 준비하는 과정에서 학교 당국이 등록금을 대폭 인상하는 돌발 상황이 발생했다. 1970년에도 등록금이 평균 26퍼센트 인상되어 학생과 학부형의 불만이 높았으며,[30] 1971년에는 실험 실습비가 40~100퍼센트, 기성회비가 40퍼센트로 대폭 인상되었다. 이 무렵 문교부가 사립대학의 등록금 인상을 최대한 억제하고, 국립대학 등록금을 인상하지 않겠다는 입장을 밝혔기 때문에 학생들의 불만은 당연히 커질 수밖에 없었다.[31] 우수한 고등학교 성적임에도 불구하고 경제적 어려움으로 서울로 진학을 포기하고 경북대를 선택한 학생들과 부담이 커진 학부형의 불만이 커질 수밖에 없었다. 다른 국립대학과 달리 경북대가 법적·경제적 근거나 명분 없이 등록금을 대폭 인상한 점과 예산 운영의 불투명성에 의문을 제기되었다.

애초에 운동 주도 세력은 등록금 문제에 관심을 가지고 있었으나, 등록금 인상 반대 투쟁을 주도적으로 벌이지 않고 총학생회를 비롯한 학생회가 펼쳐 나가도록 추동하는 쪽으로 방향을 잡았다. 그러나 학교 측과 유착 관계에 있던 총학생회가 소극적인 입장을 보이며 미온적으로 대처하자, 기존 입장을 바꾸어 등록금 문제에 적극적으로 대응하기로 결정했다.[32]

운동 주도 세력은 등록금 인상을 부정부패로 점철된 박정희 정권의 정권 유지를 위한 수단이라고 보았다. 그동안 그릇된 근대화와 지나친 차관 경제의 결과로 경제적 위기에 처한 박정희 정권이 정부의 부담을 줄이고자 '수익자 부담' 논리로 그 부담을 대학으로 전가시킨 것이라고 인식했다. 나아가 파시즘 성격을 띠고 있는 박정희 정권이 권력 연장을 위해 어용적인 학원을 경제적으로 비대화시켜 자주적이고 민주적인 학생 활동의 탄압을 강화시키려는 의도라고 보았다. 또한 정권의 그늘 아래 무사안일에 빠진 교수들에게 연구수당 인상, 연구비 소득세 면제 등으로 반지성적인 모습을 더욱 강화시키려는 방편이라고 생각했다. 특히 그동안 학생운동의 본보기가 되어 온 경북대 학생과 학부형에게 경제적 부담을 가중시킴으로써 그 해결책에 급급하게 만들어 저항 의식을 마비시키려는 고도의 전술로 인식했다.[33]

학생들은 대학이 구성원의 순수한 용기와 자율적 의지로 자유, 민주, 권리가 보장될 수 있으나, 박정희 정권의 학원 탄압 정책과 학교 당국의 노예적·관료적 아부 근성, 교수들의 무기력으로 굴종과 어용 관료 집단이 경영하는 지식 시장으로 전락해 버렸다고 비판했다. 이러한 현실이 '정권 안보의 일환'으로 학원 병영화가 무비판적으로 이루어지고, '수익자 부담의 원리'라는 미명 아래 등록금 폭등의 근거를 제공했다고 보았다. 학생들은 부조리한 대학 현실의 타개와 보장되지 못하는 권리를 획득하고, 정부와 학교 당국, 그리고 지성인의 품격이 사라진 교수들로부터 학원민주화를 쟁취하기 위해 투쟁을 벌여 나가기로 뜻을 모았다.[34]

등록금 납부 거부 투쟁

개학을 앞두고 법정대, 문리대, 사범대, 농과대, 공과대 5개 단과대학 학생회장들 모여 등록금 문제를 논의했다. 논의 결과 먼저 관계 당국에 등록금 인상 이유 해명과 인하를 요구하는 건의문을 발송하고 성명서를 발표하기로 결정했다. 여의치 않을 경우에는 투쟁 기구를 결성하여 등록금 납부 거부 투쟁을 벌이기로 결의했다.

단과대학 학생회장단과 정진회 소속 학생들은 평화적이고 합법적인 투쟁을 전개했다. 등록이 시작되는 2월 28일부터 등록금 납부 창구에서 학생들에게 등록금 인상의 부당성을 설명하며 납부를 거부하도록 선전했다. 이 과정에서 학교 당국과 마찰이 일어나 법정대 부학생회장 김성덕(정치외교학과 69학번)이 교수에게 구타당하는 불상사가 발생하기도 했다.[35] 등록금 납부 거부 투쟁으로 결국 등록 기간인 3월 2일까지 학생들의 등록률은 70퍼센트 정도에 그쳐 예년에 비해 상당히 저조했다.[36]

개학 직후 학생들은 등록금 인상 반대 투쟁을 본격적으로 펼쳐 나갔다. 3월 5일 5개 단과대학 학생회는 민주 학원의 존립 자체를 위협하는 등록금 인상 조치를 반대한다는 성명서를 발표하고, 아래와 같이 요구했다.

1. 정부는 선거로 인한 예산 부족을 "수익자 부담의 원리"란 미명 하에 배보다 배꼽이 큰 본교 등록금의 모순점을 즉각 시정하고 타 국립대학과 견주어 종전 수준으로 환원 조치하도록 하라.
2. 학교 당국은 민주·민족적 교육기관으로서의 자세를 확립하여 식민지적 가치관에 의한 무사, 안일적 노예습성에서 탈피하여 이 이상 더 학생들의 호주머니 착취로 현실 재정을 해결 하려는 태도를 버리고 학생들의 권익 투쟁에 적극 협조하기를 촉구한다.
3. 이러한 학생들의 권익 보장 투쟁에 폭력화한 교수의 양심을 경계하며 학교 당국의 과도한 방해 및 분열 전술을 즉각 중지하여 사제 간의 인격적 관계를 파괴하지 않기를 바란다.
4. 물가 앙등, 처우개선 등의 명분에서 등록금 인상의 근거가 있다면 지금까지 학생들이 납부한 등록금이 과연 어느 정도 학생과 교수들의 연구를 위해 유효적절하게 사용되었는가를 규명하기 위해 학생

들이 참여한 조사기구 설정에 동의하고 적극적으로 지원하라.

학생들은 요구가 관철될 때까지 모든 합법적인 방법을 동원하여 투쟁하고, 관철되지 않을 때는 민주주의 사회의 본원적 권리에 입각하여 극단적인 방법의 사용도 피하지 않겠다고 의지를 밝혔다.[37]

권익투쟁위원회 조직

등록금 납부 거부 투쟁으로 학생들의 등록률이 저조하자, 학교 당국이 총학생회와 각 단과대 학생회 간부들을 회유하기 시작했다. 이 때문에 일부 단과대 학생회는 소극적인 입장으로 바뀌었다. 가장 적극적으로 활동을 펼치던 법정대 학생회는 학생총회를 개최하여 대응 방안을 모색했다. 3월 15일 법정대 201호 강의실에서 열린 총회에서 학생들은 학생 권익을 대변해야 할 총학생회가 아무런 역할을 하지 못하고 있다고 비판하고, '경북대학교 범학생권익옹호투쟁위원회'(투쟁위원회)를 결성하여 등록금 인하 투쟁을 벌이기로 결의했다.

3월 19일 투쟁위원회는 등록금 인상을 규탄하는 성토대회를 개최했다. 성토대회에서는 박정희 정권이 학생 탄압과 민주 학원을 유린하는 '교련'과 '등록금 인상'을 비판하고, 학원 자유와 민주화에 시금석이 되자는 요지의 선언문을 발표했다. 성토대회를 마친 후 학생들은 등록금 인상의 법적·경제적 근거를 따져 묻고 학교 당국의 성의 있는 답변을 듣기 위해 총장과 면담하기로 결의했다. 학생들이 본관 총장실로 향하자 교수들이 제지하고 나섰는데, 이 과정에서 일부 교수가 학생들에게 폭력을 행사하는 일도 일어났다.

학생들은 3월 22일에도 학교 당국의 방해를 무릅쓰고 성토대회를 열

그림 26 등록금 인상과 교련 문제를 논의하고 있는 총학생회 확대간부회의(1971년 4월 8일, 매일신문사 제공)

어 평화적이고 합법적으로 끝까지 투쟁하기로 결의했다. 학생들은 다음 날과 추가등록 마지막 날인 24일에도 성토대회를 계획했으나, 학교 당국과 교수들의 저지로 열리지 못했다. 등록금 인상 반대 투쟁과 성토대회를 무산시키려는 학교 당국과 교수들의 방해는 집요했다. 학생들에게 폭력을 행사하거나 금전으로 매수하려고까지 했으며, 유언비어로 학생들을 이간시키려는 움직임도 나타났다. 특히 23일 성토대회에 참석하려던 수의학과 학생이 농과대 학장과 교수들에게 끌려가 구타를 당했으며, 심지어 교수와 선배 학생들에게 협박을 받기도 했다.[38]

한편 등록금 문제가 학생 권익과 직결된 문제였으나, 총학생회와 일부 단과대 학생회는 등록금 인하 투쟁에 소극적인 태도를 보였다. 심지어 투쟁위원회의 활동을 폄하하고 비방하는 태도를 보이면서 활동을 방해했다. 이 때문에 학생들 사이에 총학생회가 학생회비를 올리는 조건으로 학교 측과 모종의 거래가 있는 것이 아닌가 하는 소문이 널리 퍼질 정도

였다.[39]

총학생회에 대한 학생들의 비판이 높아지자, 총학생회는 마지못해 대책 마련에 나섰다. 4월 8일 총학생회는 학생 대표 100여 명이 참석한 가운데 확대간부회의를 개최했다. 이날 회의 안건은 등록금 인상 문제와 교련 문제였다. 회의에서 일부 학생 대표들은 등록률이 97퍼센트에 이르러 대응하는 데 어려움이 있다고 주장했다. 대신 학생들이 등록금 인상을 이해할 수 있도록 총학생회가 등록금 인상이 불가피했던 세부 사항을 학교 당국에서 해명해 줄 것을 요청한 후, 학교 측의 답변 내용에 따라 행동 방향을 모색하기로 결의했다.[40]

확대간부회의 이후로 등록금 인상 문제에 대응하는 학생회의 움직임은 더 이상 없었다. 이를 계기로 학교 측은 등록 기한 안에 등록하지 못한 학생들을 구제하기 위해 등록하지 못한 사유서를 첨부하여 추가 등록하도록 했다. 이때까지 등록하지 못한 대다수 학생들은 등록했으나, 50명가량은 등록을 하지 못해 제적 처리되었다.

제적된 대다수의 학생은 경제적인 이유로 등록하지 못했지만, 정진회 회장 전정효와 정욱표 등 10여 명은 학교 측의 거부로 등록할 수 없었다. 학교 측은 이들 학생들이 제출한 사유서 내용이 사실과 다르고, 학업에 전념할 의사를 보이지 않아 접수를 거부했다고 밝혔다. 하지만 이 처사는 누가 봐도 등록금 인상 반대 투쟁과 교련 철폐 투쟁을 적극적으로 펼친 데 대한 보복 조치였다.[41] 정진회의 '반독재구국선언 사건'으로 군 보안대에 연행되어 조사받던 정만기 등도 등록을 하지 못해 제적되고 말았다.[42]

학생들은 이 투쟁에서 등록금 인상을 비판하고 인하를 요구하는 선언문을 세 차례나 발표하고 해결책을 마련하기 위해 학교 측에 학생총회, 세미나, 토론회 등을 요구했다. 그럼에도 학교 당국은 한 번도 응하지 않왔으며, 이미 많은 학생들이 등록을 마쳐 등록금 인상 반대 투쟁은 동력을 잃어버렸고 더 이상 투쟁을 벌이기 어려워졌다. 또한 교련 철폐 투쟁과 대통령 선거가 맞물려 있는 당시 상황도 투쟁에 장애 요인으로 작용했던 것 같다.

결국 투쟁위원회는 싸움을 종결하기로 결정하고 박정희 정권의 학원 탄압과 학교 측의 무기력으로 굴종과 어용 지식 시장으로 전락한 대학 현실을 돌파하기 위해 학생, 교수, 학교 당국의 공동 투쟁을 촉구하는 성명서를 발표했다. 또한 학원민주화와 민주주의를 수호하기 위해 교련 철폐 투쟁과 공명선거 추진 운동을 전개하기로 결의하고 등록금 인상 반대 투쟁을 마무리 지었다.[43]

3. 학원 병영화 반대와 교련 철폐 투쟁

1차 교련 철폐 투쟁

1961년 5·16군사쿠데타의 명분으로 반공 제일주의를 내세우며 반공 체제를 강화해 나가던 박정희 정권은, 1968년 북한 무장 게릴라의 청와대 습격 사건과 푸에블로호 나포 사건 등으로 남북 대립과 갈등이 고조되자 반공 체제를 더욱 강화하는 조치를 취했다. 1968년 10월 모든 국민을 체계적으로 감시하고 통제할 수 있는 '주민등록법'을 전면 시행했으며, 사회 병영화를 추진하기 위해 향토예비군을 창설했다. 또한 체제에 순응하는 국민을 만들기 위한 이데올로기로서 '국민교육헌장'을 제정하고, 모든 대학에서 '국민윤리'를 필수 과목으로 정했다.

박정희 정권은 일반 사회뿐 아니라 학원까지도 병영화를 추진했다.

1969년부터 대학 입시에 반공이나 도덕과 관련된 문제를 더 많이 출제하는 한편, 각급 학교에 반공 과목을 포함시켜 반공 교육의 시간을 늘리고 웅변대회와 강연회를 개최하는 등 학교의 반공 교육을 강화해 나갔다. 이와 함께 학생들의 군사훈련도 강화하는 방침을 수립했다. 문교부는 국방부와 협의하여 1969년부터 교련 과목을 신설하여 남자고등학교 2~3학년과 ROTC 교육을 받지 않는 남자 대학생들에게 교련 교육을 실시하기로 결정했다. 교련 교육은 매주 두 시간으로 하고 고등학생은 도수 각개 훈련 등 기초 과정을, 대학 1~2학년 학생은 전술학 등 초급 과정을, 대학 3~4학년은 사격술 등 고급 과정의 군사훈련을 실시한다는 내용이었다. 1970년 2학기부터 여고생과 여대생까지 확대 실시했다. 이어 교련 교육을 강화하기 위해 ROTC 제도를 폐지하는 '교련 강화 일원화 방침' 안을 발표하고, 1971년부터 학생 군사훈련을 2군사령관이 직접 관장하는 시행 세칙도 확정했다.

대학생들은 학원 탄압을 더욱 강화하고 학원 병영화를 획책하는 박정희 정권의 교련 강화 방침을 비판했다. 1970년 9월 정진회는 학생들에게 교련 교육의 폐해를 알리고 관심을 높이기 위해 교련에 대한 여론조사를 기획했다. 여론조사는 교련과 ROTC 등 대학에서 실시하는 군사훈련이 학생의 자치활동에 미치는 영향, ROTC 제도 폐지와 교련 강화에 대한 학생의 견해 등을 묻는 항목으로 구성되었다.[44]

1970년 11월 서울대를 비롯한 5개 대학 총학생회는 정부의 군사훈련 강화를 비판하는 공동 선언문을 발표했다. 선언문은 군사훈련 강화가 대학 지성의 비판 정신을 억압하고, 학원의 자율성을 침해하기 위한 것이라는 내용이었다. 12월에는 연세대 학생들이 처음으로 교련을 반대하는 시위를 벌였다.[45]

경북대 학생들은 12월 7일부터 3일 동안 교련 강화와 학원의 병영 기지화를 반대하는 성토대회를 개최했다. 12월 7일 총학생회와 교양학부를 포함한 6개 단과대 학생회 공동 주최로 교내 로터리에서 150여 명이 참석한 가운데 성토대회가 열렸다. 성토대회는 당초 오전 10시부터 시작될 예정이었으나 학교 당국이 격문을 찢고 집회를 저지하면서 지연되었다.

학생들은 성토대회에서 박정희 정권이 장기집권을 위해 언론을 탄압하고, 그 어떤 독재 시대보다 철저한 정보 정치를 펴고 있다고 규탄했다. 또한 불신주의와 무사안일주의, 허무주의가 팽배하는 사회로 이끌고 있으며, 학원마저도 사찰하여 정권의 부속물로 예속시키려 획책하고 있다고 비판했다. 학생들은 교련 강화책이 학원을 병영 집단으로 만들어 자주적이고 슬기로워야 할 지성인의 보금자리를 분열과 복종만 남은 획일체로 개편하고, 상아탑을 군홧발과 군가의 장단에 놀아나는 신병훈련소로 개조시키려는 술책이라고 규탄했다. 특히 박정희 정권이 학생들의 동태를 파악하고 정보를 수집하기 위해 '정보 학생'들을 확보하고 있음을 지적하고, 즉각 중지하고 학원사찰을 철폐하라고 주장했다.

학생들은 "학원사찰을 즉각 중지하고, 교련 강화책을 철회하며, 학원의 자주성을 보장하라"는 요지의 결의문을 발표하고, 대통령과 전국 백만 학도에게 보내는 메시지를 채택했다. 끝으로 "대학이 훈련소냐, 교정이 연병장이냐," "교련강화는 장기집권의 기틀이다," "죽어가는 학원자유 백년대계 그르친다"는 내용의 구호를 외치고, 모든 문제가 관철될 때까지 끝까지 투쟁할 것을 결의했다.[46] 성토대회를 마치고 학생회 간부들은 학교 측과 연석회의를 열어 학생들의 주장과 요구 사항을 제시했으나, 의견 충돌로 성과를 내지 못하고 결렬되었다.[47]

이튿날에도 학생 100여 명이 학교 도서관 앞에 모여 교련 강화책 철회, 학원사찰 중지, 학원자주성 보장 등 요구 조건을 내걸고 이틀째 성토대회를 열었다. 학생들은 "교련 강화책을 철회하라," "학원사찰을 중지하라"는 내용의 플래카드를 앞세우고, "현 정권은 학원을 병영 집단으로 둔갑시켜 자주적이고 슬기로워야 할 지성인의 보금자리를 명령과 복종만의 획일체로 개편하고 상아탑을 군가의 장단에 놀아나는 신병훈련소로 개조하려 하고 있다"고 거듭 주장했다. 이날 성토대회도 오전 10시부터 열릴 예정이었으나 학교 측의 방해로 지연되었다.[48]

12월 9일에도 학생들이 정부의 교련 강화책과 학원사찰을 규탄하는 교내 시위를 벌였으며, 10일에는 학생회 명의로 교련 강화책에 대한 당국의 추이와 학원사찰의 실시 여부를 계속 주시한다는 요지의 성명서를 발표했다.[49] 교련 철폐 투쟁은 사안의 중대성에도 불구하고 기말고사를 앞두고 있었기 때문에 학생들의 참여가 저조했다. 총학생회와 운동 주도 세력은 더 이상 투쟁을 지속하기 어렵다고 판단하고, 일단 정부의 정책을 지켜보기로 한 채 1차 투쟁을 마무리했다.

2차 교련 철폐 투쟁

박정희 정권은 대학생의 반대에도 불구하고 오히려 1970년 12월에 교련을 강화하는 시행요강을 발표했다. 시행요강은 대학교 4년 동안 총수업 시간의 약 20퍼센트에 해당하는 711시간 교련 수업을 받고, 군사교육을 위해 대학에 현역 군인을 배치한다는 내용이었다.[50] 이에 대해 학생들은 군사훈련 시간이 지나치게 많은 점과 현역 군인이 학교 안에 들어올 경우 학원 병영화가 강화되고 학생 활동이 제약되어 학원의 자율성이 침해될 것이라고 비판했다.

정부는 교련 교육을 강화하는 방침과 함께 학생들의 교련 철폐 투쟁을 약화시키기 위한 방책을 마련했다. 그 가운데 하나가 정치 세력이 학생들의 교련 철폐 투쟁을 배후조종하고 있다고 날조하는 것이었다. 그 첫번째 대상이 그동안 교련 철폐 투쟁을 가열 차게 펼친 박정희 정권의 정치적 기반인 대구의 대학이었다. 1971년 2월 10일 민주공화당 경상북도지부는 신민당 중앙당이 서울의 Y대, K대 총학생회장을 대구로 보내 돈을 뿌리면서 교련 강화를 구실로 반정부 시위를 꾀하고 있다는 요지의 성명을 발표했다.

경북대 총학생회는 계명대 총학생회와 함께 2월 18일 민주공화당의 성명을 비판하는 공동 성명을 발표했다. 두 학교 총학생회장은 성명서에서 민주공화당 경북지부의 성명이 허위 사실을 조장하고 법과 질서를 망각한 비민주적 행위이며 학원을 득표의 이용물로 낙착시키고 학원에 공포 분위기를 조성하고 있다고 규탄했다. 학생 대표들은 ① 공화당 도지부는 더 이상 허위 사실을 유포시켜 학원을 우롱하지 말고, 2월 10일자 성명을 즉각 백지화시키고 즉각 전 국민 앞에 공개 사과하라, ② 정당은 학원을 대상으로 삼아 자기 당의 당리당략에 이용하거나 정치 도구화하지 말라, ③ 우리는 민족과 국가의 양심으로 맡은 바 사명에 충실할 따름이라고 밝히고, 학원을 정치에 끌어들이지 말라고 주장했다.[51]

정부가 대학생들의 비판에도 불구하고 교련 교육을 강화하는 구체적인 방침을 추진하자, 1971년 3월 전국의 12개 대학 학생회 대표자들이 학원 병영화를 가져오는 군사교육의 전면 철폐를 주장하는 〈교련철폐 전국 대학생 공동선언문〉을 발표했다. 3월 23일 경북대 총학생회가 이 선언문을 학생들에게 배부하기 위해 4천 부를 복사했으나, 학교 당국이 탈취하는 일이 일어났다. 25일에는 정진회 소속 학생들이 인문관 앞에서 학생들에게 배부하던 서울대 법대 회지 《자유의 종》과 서울대의 〈교련철폐 투쟁선언〉 같은 유인물을 "반정부 불순 삐라"라는 이유로 서원섭 교수를 비롯한 학교 당국에 빼앗겼고, 교내 로터리에서는 정진회 회지가 도난당하는 일이 발생했다. 학생들은 학교 측에 항의하고 유인물을 돌려달라고 요구했으나, 학교 당국이 거부하자 정진회 소속 학생들은 다음 날 학생처장을 방문하여 항의하고 유인물의 반환을 요구했다. 학교 당국이 또 다시 거부하자 이를 규탄하며 농성을 벌였다.

정진회는 회지에 교련 강화를 비판하는 사설을 실었다. 사설에서 정진회는 한국 사회를 파시즘 지배 체제라고 규정하고, 박정희 정권이 교련을 강화하는 배경은 위기의식을 조장하여 10년간 누적된 부정부패와 경제 파탄을 위장하려는 것이라고 규정했다. 박정희 정권이 내세우는 위기의식은 한반도의 전쟁을 염두에 두고 있지만, 전쟁은 주변 강대국에 의해 규정되는 상황에서 이미 저마다 자국의 경제적 이익을 위해 우호적 평화 외교를 적극 추진하고 있는 세계 흐름에서는 희박하다고 주장했다.

교련에 대해서는 "양심적인 학생을 학원에서 추방함으로서 정권을 유지시키려는 시도이며, 한걸음 더 나아가 〈군국주의 첨예병〉으로 도구화"하려는 것이고, 교련을 포함한 학생들의 자주적이고 민주적인 활동에 방해가 되는 모든 제도 및 봉건 가치관, 정보 정치가 학원에서 자취를 감출 때 학생은 조국의 민주 역사 발전에 더 큰 기여를 할 수 있을 것이라고 인식했다. 따라서 학생들은 구국 운동의 전위 대열에서 학원을 병영화하려는 백색테러를 배격하고 학원에서 사회로, 사회에서 학원으로 공동 투쟁 전선을 형성하여 파시즘 체제에 저항하는 대중투쟁을 벌여야 한다고 주장했다.[52]

교련을 반대하는 대학생 시위는 4월 연세대를 시작으로 전국 대학으로 확산되어 나갔다. 경북대 총학생회는 4월 8일 총학생회 간부 및 대의원, 각 단과대 학생회 간부, 각 학회 대표 등 100명이 참석한 가운데 간부회의를 열어 교련 실시에 대한 찬반 토의를 벌였다. 먼저 "교련의 학원 자주성 침해는 있을 수 없으며 교련을 통한 정신 무장이 필요하다"는 찬성 측과 "교련은 헌법에 명시된 국민 기본권의 위배이며, 극동의 정세가 그렇게 위기인 것은 아니다"는 반대 측의 상호 진지한 토론이 오랜 시간 이어졌다. 학생들은 토의를 마친 후 투표에 들어가 반대 61, 찬성 18, 기권 1로 교련 실시를 반대하기로 결의했다. 투쟁 방법은 다시 논의하기로 결정했다. 다음 날 총학생회 사무실에서 교련 반대 투쟁의 방식을 논의하기 위해 각 단과대를 대표하는 학생들이 모였으나, 교수들의 만류로 아무런 논의도 못한 채 끝나고 말았다.[53]

'학원자유 수호하자'

학생회의 확대간부회의의 결의에 따라 교련 반대 성토대회를 4월 12일부터 14일까지 개최했다. 12일 총학생회 주최로 교내 로터리에서 열린 교련 전면 반대 성토대회에는 200여 명의 학생이 참석했다. 대회장에는 "교련 전면 철폐하라," "학원의 자주성을 수호 한다"라는 내용의 플래카드가 걸렸다. 학생들은 "모여라 학우들아, 학원자유 수호하자," "군화소리 높아갈 때 상아탑이 무너진다," "언론인은 분발하라," "안보 위한 교련이냐, 집권 위한 교련이냐," "조령모개 문교부 정책, 백만 학도 다 죽인다" 등의 구호를 외치며, 박정희 정권의 학원 병영화 획책을 규탄했다. 이어 교련을 전면 반대하는 요지의 성명서를 발표하고 결의문도 채택했다. 학생회장단은 학생들의 의사에 따라 행동하며 어떤 희생도 감수한다고 약속하고, 전체 학생들의 정신 무장을 촉구했다. 성토대회를 마친 학생 100여 명은 정문까지 시위를 벌인 뒤 정문에서 경찰과 대치하다가 해산했다.[54]

13일 오전에는 학생 500여 명이 참석한 가운데 성토대회가 열렸다. 학생들은 애국가 합창에 이어 "모여라 학우들아, 학원자유 수호하자!" 등의 구호를 외치며 약식으로 성토대회를 가진 뒤 학내에서 시위를 벌였다. 이어 교수와 직원들의 제지를 뚫고 가두시위를 벌이기 위해 후문으로 진출했으나, 경찰의 제지로 연좌농성을 벌였다. 학생들은 연좌농성을 풀고 정문으로 이동했으나, 다시 경찰이 제지하자 투석전을 벌였다. 이 과정에서 총학생회 총무부장 김강수(법학과 65학번)를 비롯한 학생 몇 명과 경찰이 부상을 입고, 황철식(과학교육과 71학번)이 경찰에 연행되었다. 학생들은 "학원 내에 경찰이 무엇이냐!" "경찰은 물러가라"는 구호를 외치며 대열을 지어 경찰의 제지를 뚫고 교문 밖까지 진출했다. 그러나 경찰이 최루탄을 쏘며 저지함에 따라 교내로 들어갔고, 연행된 학생이 석방되자 교내 로터리에서 해산했다.[55]

4월 14일에는 서울대에서 경북대, 서울대, 고려대, 연세대, 전남대 등 전국 11개 대학 학생 대표 200여 명이 모여 '민주수호전국청년학생연맹'을 결성하고 교련 철폐 운동과 공명선거 캠페인을 벌이기로 결의했다. 학생 대표들은 ① 대학이 폐쇄되는 한이 있더라도 끝까지 교련 철폐 투쟁을 계속한다, ② 공명선거를 저해하는 온갖 부정부패를 사직 당국에 고발하고 대학 단위로 선거참관 운동을 벌인다는 등의 10개 항목을 행동강령을 채택했다.[56] 그날 경북대에서는 100여 명, 15일에는 50여 명의 학생들이 모여 성토대회를 열려고 했으나 교수들의 제지로 무산되었다.[57]

학교 당국은 학생들의 교련 철폐 투쟁을 막기 위해 3, 4학년 학생 전원을 실습과 견학 등의 명목으로 4박5일 장기 여행을 보내기로 결정했다. 15일 각 학과별로 전공과목과 관련 있는 목적지를 선택하여 떠나되 관광 여행도 할 수 있으며 경비는 학회비에서 집행하도록 했다. 이에 따라

일부 학과가 여행을 떠나는 경우도 있었다.[58]

학생들은 학교 측의 방해를 무릅쓰고 교련 철폐 투쟁을 이어 나갔다. 16일 오전 50여 명의 학생이 참석한 가운데 교내 로터리에서 교련 반대 성토대회를 가졌다. 학생들은 "학원자유 수호하자!'" 등의 구호와 함께 제적된 학생의 구제를 요구했다. 아울러 학교 당국이 시위를 저지하기 위해 총학생회와 단과대 학생회 간부들을 억지로 여행을 보내고 있다고 비난했다. 성토대회는 이번에도 교수들의 제지로 중단되었다. 이날 성토대회는 15일 법정대 학생들이 제적된 학생의 처벌 경위 설명을 학교 측에 요구하고 구제를 요청했다가 관철되지 않아 열린 집회였다.[59]

4월 19일에는 4월혁명 기념식과 함께 교련 반대 성토대회를 열려고 계획했다. 학생들은 단과대 별로 학생 대표들이 교내 로터리에서 모여 시위를 벌일 계획이었으나 교수들의 제지로 무산되었다. 그러나 이날 문리대 철학과 학생 25명은 인문관 강의실에서 바리케이드를 치고 단식농성에 들어갔다. 이에 앞서 철학과 학생들은 긴급 임시총회를 열고 교련 반대, 처벌 학생 구제, 학원사찰 중지, 학교 당국은 정치 구속을 받지 말고 학생을 적극 옹호하라는 결의문을 채택했다. 학생들은 교수들의 만류로 농성을 풀고 해산했다.[60]

4월 20일 이후 교련 철폐 투쟁은 소강상태에 들어갔다. 20일 경북대와 서울대를 비롯한 전국 13개 대학 학생 대표들로 구성된 '민주수호전국청년학생연맹'이 모임을 가지고 활동 방향을 논의했다. 학생 대표들은 4월 27일 대통령 선거가 끝날 때까지 시위 등 극단적인 투쟁 방법을 지양하고, 학교 별로 정상적인 수업을 하면서 냉각기를 가지기로 의견을 모았다. 또한 공명선거를 위해 학생으로 구성된 참관인단을 각 투표장과 개표소에 파견할 수 있도록 관계 당국에 건의하고, 각 대학별로 15~20명의 참관인 명단을 작성하고 참관인단 결단식을 개최하기로 결의했다. 이어 앞으로 13개 대학의 정치 참여 상황을 알릴 수 있는 학교 기관지를 각 대학별로 발간하기로 결의했다.[61) 이날 결정은 학생들이 정부가 국립대학에 휴강 조치를 내림에 따라 학교 폐쇄의 구실을 주어서는 안 되고, 대통령 선거와 국회의원 선거를 앞둔 선거 국면에서 공명선거 쟁취에 역점을 두어야 한다고 인식했기 때문이었다.

학생 대표들의 결정에 따라 교련 철폐 투쟁을 멈춘 학생들은 선거 국면을 맞이하여 공명선거 달성을 위한 캠페인과 선거참관단 결성을 준비했다. 경북대 학생들은 다른 대학 학생들과 함께 신민당 경북도지부에 학생들을 투표 참관인으로 추천해 달라고 요청했다. 학생 신분으로 투개표에 참관하려 했으나, 현행법에 어긋나 유권자 자격으로만 참여할 수 있었기 때문이었다.[62) 법정대 학생을 중심으로 한 40명은 4월 27~28일 이틀 동안 경북 고령군과 달성군을 비롯한 경북 도내 각 지역에서 대통령 선거 투개표 과정을 참관했다.[63)

경북대 학생들의 교련 철폐 투쟁과 대통령 선거 투쟁은 사안의 중요성에 비해 활발하게 펼치지 못했다. 특히 정진회는 두 투쟁이 가지는 의의를 인식하고 1971년 활동 목표를 여기에 두고 준비해 나갔다. 하지만 그해 4월 7일 정진회의 '반독재구국선언 사건'으로 정진회 활동을 주도하던 대다수의 학생이 정보기관과 경찰에 연행되거나 수배되어 활동을 펼칠 수가 없었다. 일반 학생들도 이 사건에 영향을 받아 투쟁에 소극적인 모습을 보였다. 총학생회도 전국적인 투쟁 양상에 호응하는 태도를 보였으나, 적극적이고 주도적인 자세를 보이지 않았다. 총학생회 직선제 쟁취 투쟁에서 정진회가 예상했던 대로 총학생회장을 비롯한 학생회 간부들이 학교 당국, 정보기관과 친연 관계 또는 회유와 압력에서 벗어날 수 없

었기 때문이었다. 두 투쟁은 학생운동의 지도부와 총학생회의 부재 또는
소극적 입장이 학생운동에 미치는 영향을 여실히 보여 준 사례였다.

7장

반독재 민주화 투쟁

1. 전태일 추도식 투쟁

전태일 분신

1970년 11월 13일 박정희 정권의 맹목적인 경제 발전의 폐해를 세상에 고발하고, 한국 노동운동과 사회 민주화 운동의 전환점이 되는 일이 발생했다. 전태일의 분신이었다.

전태일은 1948년 대구시 남산동에서 태어나 청옥고등공민학교에 다니다 열다섯 살이던 1963년 서울로 가 평화시장에서 봉재공장 재단사로 일했다. 그는 노동자의 열악한 노동 환경을 인식하고, 평화시장 내 재단사 모임인 '바보회'를 만들어 노동 실태를 조사했다. 이를 바탕으로 근로감독관과 노동청을 여러 차례 방문하여 노동조건의 개선을 요구했다. 그는 요구가 관철되지 않자 '바보회'를 투쟁 단체인 '삼동친목회'로 전환하여 노동 조건의 개선을 위해 보다 적극적으로 활동했다. 끈질긴 활동에도 개선될 기미가 보이지 않자, 그는 마지막 수단으로 분신을 결행하기로 마음먹었다.

1970년 11월 13일 전태일은 평화시장에서 "우리는 기계가 아니다!"는 내용이 적힌 플래카드를 앞세우고 '근로기준법 화형식'을 거행했다. 이어 "근로기준법을 준수하라," "노동자들을 혹사하지 말라"는 구호를 외치며 분신을 결행했으며, 사람들에게 "내 죽음을 헛되이 하지 말라"고 외쳤다. 곧 병원으로 옮겨졌지만 회복하지 못하고 끝내 숨을 거두었다.[1]

전태일의 죽음은 경제성장의 그늘 아래 법이 보장한 최소한의 보호도 받지 못한 채 열악한 노동 환경과 비인간적인 처우, 저임금 장시간 노동에 혹사되던 노동자들의 실태를 고발함으로써 사회적으로 노동문제에 대한 관심을 높여 노동운동 발전에 중요한 계기가 되었다. 전태일은 한국 노동운동을 상징하는 인물로 남게 되었다.

전태일 추도식

전태일의 죽음은 같은 또래 대학생에게 큰 충격을 주었다. 일부 대학생은 학업을 그만두고 노동 현장에 뛰어 들기도 했다. 11월 25일 서울대 학생들은 전태일 추도식과 노동조건 개선을 위한 성토대회를 열었다. 학생들은 성토대회에서 '노동실태 조사단'을 만들어 노동조건 실태를 조사하는 등 지속적인 운동을 펼치기로 결의하고, 48시간 기한부 단식농성에 돌입했다.[2]

정진회 소속 학생들도 전태일이 대구 출신이라는 점, 무엇보다 자신들이 그동안 주장했던 박정희 정권의 경제개발이 불러온 부작용을 분신으로 세상에 알린 청년의 뜻을 기리기 위해 추도식을 대구 지역에서도 거행하기로 결정했다. 그러나 준비 부족으로 총학생회 선거를 앞두고 실시한 여론조사 결과를 정리하여 준비하고 있던 공청회에서 약식 추도식 형태로 진행하기로 결정했다. 11월 24일 여론조사 공청회를 열기에 앞서 참석한 학생들에게 전태일의 분신 소식을 소개하고, 고인을 추도하는 묵념을 진행했다. 이때 정진회의 지도교수인 문리대 영어영문학과 김성혁 교수가 추도식을 비판하면서 퇴장해 버리는 일이 발생했다.[3] 이를 계기로 김성혁 교수가 지도교수직을 사퇴했으며, 정진회는 여러 교수에게 지도교수가 되어 달라고 의뢰했으나 모두 거부하여 지도교수는 공백이 되었다.[4] 학칙에는 지도교수가 없으면 자동 해체된다고 규정되어 있었으나, 관례대로 학교 당국이 1주일 이내에 해체 공고하지 않아 서클은 그대로 유지되었다. 하지만 활동에서 큰 타격을 입었다.

여정남, 림구호, 정만기는 전태일 분신의 의미를 되새기기 위해 정식으로 전태일 추도식을 열기로 결정했다. 여정남의 지도와 림구호의 지원을 받아 정진회 회원이자 한국대학생불교연합회 경북지부 회장을 맡고 있던 정만기가 가톨릭대학생연합회, 기독교대학생연회와 연합하여 추도식을 거행하기 위해 이들 단체 대표와 만났다. 이들도 모두 찬성하여 12월 6일 대구 지역 대학생들이 참석한 가운데 전태일이 태어난 남산동에 있는 사찰 보현사에서 추도식을 치르기로 합의했다. 보현사 측도 꽃다운 나이에 자기 몸을 희생하면서 다른 사람의 권익 옹호를 위해 분신한 사실을 안타까워하고 흔쾌히 장소 사용을 허가했다.[5]

한국대학생불교연합회 경북지부는 정진회의 지원으로 추도식에서 낭독할 '추도사'와 여정남이 기초한 '500만 노동자에게 보내는 메시지'와 '종교인에게 보내는 호소문,' 림구호가 기초한 '백만 학도에게 보내는 메시지'를 작성하여 한국대학생불교연합회 경북지부장 명의로 각 언론사와 대학에 배포했다.[6] 40여 년이 지난 지금도 정만기는 이날 낭독할 예정이었던 추도사의 내용 일부를 또렷하게 기억하고 있다.

…… 태일 형아! 문득 도연명의 이런 싯귀가 기억난다.

昨日到城郭 어제 성 안에 갔다가
歸來淚滿巾 돌아오는 길에 눈물이 수건을 적셨다.
遍身綺羅者 몸에 비단을 두른 사람은
不是養蠶人 누에치는 사람이 아니더라

이 시의 제목은 〈잠부〉(蠶婦)로서 실제로는 도연명이 아닌 작자 미상으로 알려져 있다. 상품을 생산한 주체가 오히려 상품에서 소외당하는 부조리한 사회의 단면을 고발하는 내용이다. 전태일이 근로조건 개선을 위해 백방으로 뛰어다니는 동안 느꼈을 심정을 잘 담고 있는 시였다.

추도식 계획이 알려지자 대학생불교연합회 경북지부의 지도교수인 문리대 국어국문학과 정주동 교수가 정보기관과 학교 측의 압력으로 추도식을 취소하도록 만류하면서 어려움에 봉착했다. 더욱이 추도식 당일 보현사 측도 단순한 추도식이 아닌 정치적인 성격을 띠고 있다는 이유로 돌연 장소 사용을 거부했다.[7] 아울러 불교가 아닌 다른 종교를 가진 학생들의 사찰 출입을 금지한다고 밝히면서 추도식을 제지했다. 그것은 표면적인 이유일 뿐 정보기관과 관의 압력이 있었기 때문이었다. 학생들은 애초 계획대로 보현사에서 추도식을 강행했다. 하지만 결국 보현사 측과 경찰의 방해로 중단되고 말았다.[8]

대구에서 시도한 전태일 추도식은 정보기관의 방해로 파행적으로 끝났지만, 경제 성장의 그늘에 가려져 있던 열악한 노동 환경에 대한 사회적 관심을 불러일으키는 계기가 되었다.

2. 정진회의 반독재구국선언 사건

학생운동의 전국 조직화를 추진한 정진회

1971년은 대학 사회뿐 아니라 한국 정치사에서 중요한 의미를 지닌 해였다. 이 무렵 세계는 그동안 치열하게 전개된 동서 냉전을 지양하고 평화와 화해 분위기로 나아가는 정세였다. 한편 박정희 정권은 오히려 위기의식을 조장하여 대통령 선거와 국회의원 선거를 통해 지배 체제를 공고히 하면서 영구 집권을 꿈꾸고 있었다. 대학에서는 지배 체제 유지의 최대 걸림돌인 학생운동을 탄압하고 군사훈련을 강화하여 학원 병영화를 획책했다.

1971년 2월부터 여정남의 주도 아래 정진회 소속 학생들은 1971년 시국의 엄중함을 인식하고, 국내외 정세와 학생운동의 방향에 대해 학습과 토론을 하면서 활동 방향과 내용을 모색했다. 학생들은 세계정세가 그동안의 동서 냉전 체제에서 벗어나 화해 분위기로 가고 있지만, 반대로 국내 정세는 남북 대립이 심화되는 분위기에 주목했다. 박정희 정권이 이런 상황을 이용하여 대학의 교련교육 강화에서 보듯 반공 체제를 더욱 강화할 것이라고 판단했다. 특히 이 해에 실시될 대통령 선거가 장기집권을 넘어 영구 집권을 위한 발판이 아닌가 의심했다. 정진회는 이 흐름을 막기 위해 전국적인 투쟁을 펼쳐야 하며, 이는 학생운동의 전국적인 조직화를 통해 가능하다고 인식했다.

정진회는 먼저 학생들의 권익을 옹호하고 대중 투쟁의 기반을 마련하기 위해 등록금 인상을 반대하는 투쟁을 벌이고, 1970년에 전개된 교련 철폐 투쟁을 이어 나가기로 투쟁 방향을 세웠다. 이에 따라 총학생회가 소극적으로 대처하던 등록금 인상 반대 투쟁에 적극적으로 참여하여 주도하는 한편 학생운동의 전국 조직화를 위한 활동을 전개했다. 그 일환으로 1971년 4월에 경북대에서 4·19혁명 11주년을 기념하여 전국 주요 대학의 서클이 참여하는 전국대학생 서클대항 학술토론대회를 열기로 결정했다. 토론대회를 매개로 학생운동의 전국 조직화의 계기를 마련한다는 계획이었다.

전국 각 대학의 대표적인 이념서클이 참석하는 학술 토론대회가 이 해에 처음 개최된 것은 아니었다. 정진회의 전신인 정사회는 대구 지역 각 대학 서클이 참여하는 학술 토론대회를 주최했을 뿐 아니라 서울을 비롯한 전국 각 대학의 서클이 개최한 토론대회에 참여하여 학생운동의 방향과 내용에 대한 인식을 공유한 경험이 있었다. 1971년에는 2학기에 학술 토론대회가 고려대에서 열리기로 예정되어 있었다. 여정남과 정진회 소속 학생들은 이럴 경우 4월에 실시될 대통령 선거에서 효과적으로 대응할 수 없고, 박정희 정권의 영구 집권을 저지할 수 없다고 판단했다. 따라서 정기적인 토론대회와는 별도로 대통령 선거가 실시되기 전인 4월 초에 전국 각 대학 학생운동 리더들과 서로 정세 인식을 공유하고 연대 투쟁을 모색하기 위해 전국 각 대학 이념서클이 참여하는 토론대회를 개최하기로 결정한 것이었다.

정진회의 결의에 따라 회원인 이현세와 정만기, 정진회에는 가입하지 않았지만 관계를 맺고 있던 림구호는 겨울방학에 서울로 가서 서울대의 채만수와 이신범, 고려대 서클 한맥의 함상근, 조연상, 김영곤 등을 만나 학생운동의 방향과 토론대회에 관해 논의했다. 이후에도 서울과 부산 등 전국 각 대학 학생운동 서클을 찾아가거나 전화로 연락을 취하여 토론대회의 참가를 약속받는 등 학생운동의 전국 조직화를 위한 기초 작업을 해나갔다.[9] 이때 접촉한 서클은 부산대의 한얼, 서울대의 문우회·사회법

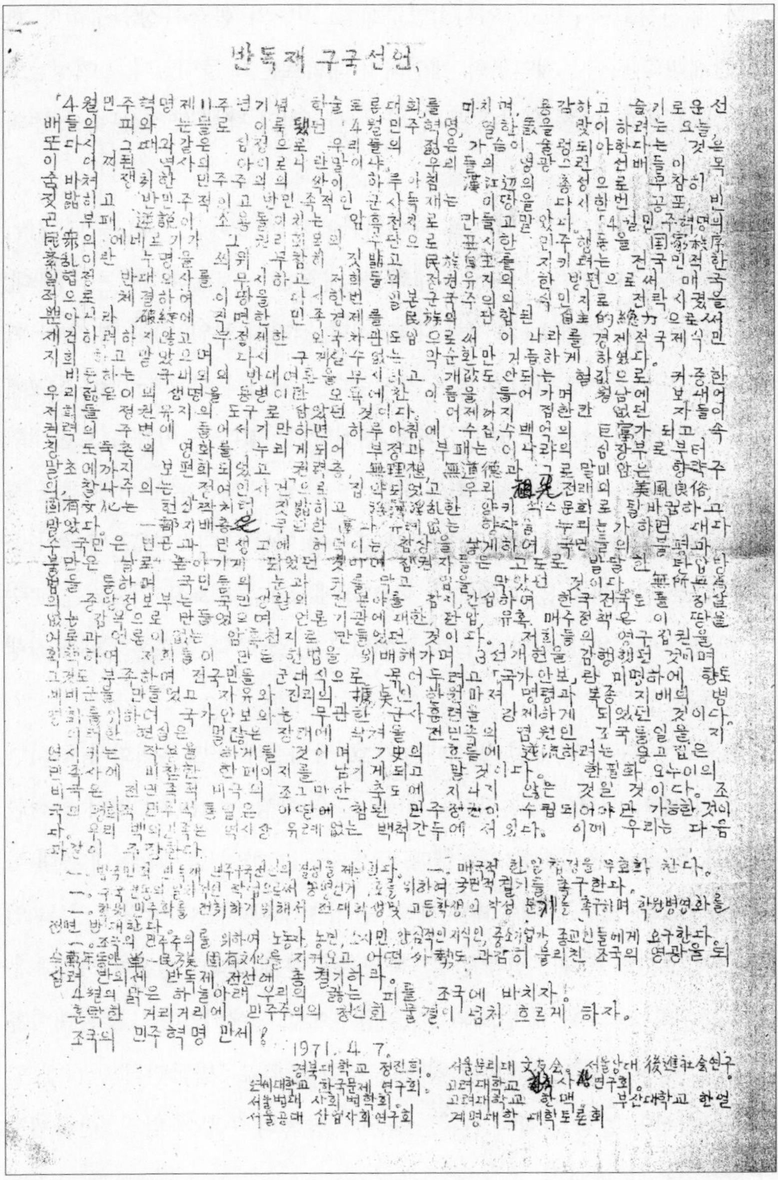

반독재 구국선언,

그림 27 정진회가 발표한 〈반독재구국선언〉(1971년 4월 7일)

학회·후진사회연구회·산업사회연구회, 고려대의 한국사상연구회와 한맥, 연세대의 한국문제연구회, 계명대의 대학토론회 등이었다.[10] 여정남도 서울에서 온 조성준, 유인태 등과 만나 전국적인 학생 조직 문제를 논의했다.

정진회는 예정대로 4월 7일 학생회관에서 '4·19혁명 제11주년 기념 전국대학생 서클대항 학술토론대회'를 개최했다. 토론대회에는 서울대, 고려대 등 전국 10개 대학 서클 대표 18명, 정진회 회원 30여 명, 일반 학생 50여 명 등 모두 100여 명이 참석했다.[11] 그러나 학교 당국이 학교에 등록되지 않은 단체는 교내 집회를 인정할 수 없다는 이유로 토론대회를 제지했다.[12] 이 무렵 정진회는 1970년 11월 전태일 추도식 문제로 지도교수가 사퇴한 뒤로 공석 상태였기 때문에 이를 빌미로 학교 당국이 공식 서클로 인정하지 않고 있었다. 이 과정에서 토론대회를 막으려는 교수와 학생들 사이에 물리적 충돌이 일어났으며, 결국 학술 토론대회가 진행되지 못했다.[13]

정진회는 다음 날 8일 법정대 101호 강의실에서 토론대회에 참석한 전국 각 대학 서클 대표, 정진회 회원, 일반 학생 등 100여 명이 참석한 가운데 학술 토론대회를 개최했다. 토론대회는 한일 문제(서울대 공대 산업사회연구회), 노동 문제(고려대 한맥), 농어촌 문제(서울대 상대 후진사회연구회), 민족문화 문제(부산대 한얼), 학생운동 문제(경북대 정진회, 서울대 문리대 문우회) 등의 주제 발제와 토론 방식으로 진행되었다.[14] 토론대회를 마친 후 정진회와 토론대회에 참가한 서클 명의로 "범국민적 반독재 민주구국전선의 결성을 제의한다"는 등 5개 항목의 주장이 담긴 〈반독재구국선언〉을 채택했다.[15]

선언문은 정진회와 토론대회에 참가한 학생들의 사전 모임에서 정진회가 준비된 〈반독재구국선언〉 초안을 수정하여 작성하고, 토론대회에서 발표하기로 결의한 것이었다.[16] 선언문에서 학생들이 주장한 내용은 아래와 같다.

- 범국민적 반독재 민주구국전선의 결성을 제의한다.
- 매국적 한일협정을 무효화 한다.
- 구국운동의 일차적인 작업으로써 공명선거 수호를 위하여 국민적 궐기를 촉구한다.
- 학원민주화를 전취하기 위해서 전 대학생 및 고등학생의 각성 분기를 촉구하며 학원 병영화를 전면 반대한다.
- 조국의 민주주의를 위하여 노동자, 농민, 소시민, 양심적인 지식인, 중소기업가 종교인들에게 요구 한다. 半萬年 동안 單一民族 固有文化를 지켜오고 어떤 外勢도 과감히 물리친 조국의 영광을 되살려 반외세 반독재 전선에 총궐기하라.

선언문은 박정희 정권이 1961년 5·16군사쿠데타로 권력을 장악한 후 정치·경제·사회·문화 분야에 나타난 여러 문제를 지적하고, 이를 역사의 흐름을 거스르는 것이라고 신랄하게 비판하는 내용이었다. 나아가 한국 사회의 모순을 극복하고 평화적 통일을 이룩하기 위해 노동자·농민·소시민·양심적인 지식인·중소기업가·종교인 등이 반독재 구국전선을 결성하여 반외세·반독재 전선에 총궐기해야 한다는 주장이었다. 즉 당면한 학생운동의 기본 방향을 반외세·반독재 민주화 투쟁임을 명확하게 제시했다. 정진회는 이러한 인식과 방안을 전국에 확산시키기 위해 학술토론대회에 참가한 학생들뿐 아니라 광주를 비롯한 전국 각 대학에 〈반독재구국선언〉을 배포하고자 했다. 또한 각 언론사와 대학으로 발송하고 일반 대학생 등에게도 배포했다.

체포, 고문, 징역

정진회의 〈반독재구국선언〉의 내용은 커다란 파장을 불러 일으켰다. 이 때문에 4월 10일부터 여정남과 정진회 회원 이현세, 여석동, 정만기, 정욱표, 권영기, 전정효 7명이 정보기관에 체포되었다. 정사회에서 활동하고 졸업 후 《매일신문》 기자로 있던 김성희도 〈반독재구국선언〉을 작성하고 배후조종했다는 혐의로 체포되었다. 이들은 영장도 없이 4월 10일부터 동촌에 있는 K-2 공군보안대로 연행되어 중앙정보부의 주도 아래 불법 감금당한 채 구타와 물고문, 전기고문을 비롯한 잔혹한 고문을 당했다. 학생들은 구속영장이 발부되어 경찰서에 넘겨진 후에도 물고문과 급소를 물 축인 수건으로 묶어 놓고 곤봉으로 매질을 당하는 등 다시 모진 고문을 받았다.[17] 전정효는 감시가 느슨한 틈을 타 탈출하여 수배를 당했다.

선언문에서 정보기관이 문제 삼은 내용은 '외세'라는 단어와 "개 값도 안 되는 헐값으로 귀중한 우리 젊은이들의 생명을 용병이란 오욕에 찬 이름을 들어가며 월남에 보내어"라는 구절과 "반외세 반독재 전선에 총궐기하라!"는 문구였다. 정보기관이 조사 과정에서 더욱 강하게 추궁한 문제는 선언문 작성자였다. 학생들은 검찰에 송치되기 직전까지 고문을 받으며 여정남의 배후 여부, 그 배후가 개인인지 단체인지, 조직적으로 학생운동을 지도하거나 후원하는 세력의 존재 여부 등을 추궁받았다.

학생들은 처음에는 작성자에 대해 함구했으나 잔혹한 고문을 견디지 못하고 여정남이 작성했다고 진술했다. 정보기관은 다시, 학생이 그런 글을 쓸 수 없다고 몰아 부치며 여정남과 학생들에게 고문을 가하며 배후를 추궁했다. 여정남은 견디기 힘든 육체적 고통과 더 이상 견딜 경우 다른 학생들도 위험하다고 판단하여 선언문 초안을 교정한 김성희가 작성했다고 허위 자백했다. 이로써 불법 감금과 잔혹한 고문으로 점철되었던 조사가 일단락되었다.

정진회 회원들은 반공법 위반 혐의로 기소되어 재판에 회부되었다.[18] 공소 내용은 학생들이 정진회를 조직하여 국가를 전복하고 공산화할 목적으로 자유 우방 국가로부터 고립을 꾀해 왔다는 내용이었다. 또한 북한이 제창하는 평화통일이란 미명 아래 그 전제조건으로서 한국에 주둔한 유엔군 철수, 한미방위조약 폐기, 월남파병 반대, 향토예비군 폐지를 왜곡 선전하여 저소득층에게 계급의식과 반정부 의식을 부식 조장하여 국민 분열을 꾀했다는 것이었다.[19]

한편 정진회 소속 학생들이 군 보안대에서 잔혹한 고문을 당하고 있는 사이, 학교 당국은 4월 10일과 13일에 총학생회 직선제 쟁취 투쟁과 등록금 인상 반대 투쟁을 주도했던 여석동과 이현세를 제적시켰다. 학교 측은 두 학생이 토론대회를 만류하는 교수들을 넘어뜨리고 의자를 던지는 등 학생 신분에 벗어난 행위를 저질러 학칙에 의거하여 제적했다고 밝혔다.[20] 이때 물리력은 두 학생이 아니라 다른 학생이 행사했고, 수많은 학생들이 이 장면을 목격했다.[21] 따라서 학생들은 1970년 총학생회 직선제 쟁취 투쟁과 교련 철폐 투쟁, 1971년 등록금 인상 반대 투쟁을 주도한 것에 대한 괘씸죄와 예상되는 교련 철폐 투쟁을 약화시키려는 의도라고 인식했다.

여정남을 비롯하여 구속 기소된 8명은 재판 도중 8월에 보석으로 석방되었다. 재판 과정에서 정진회의 지도교수였던 김성혁은 "정진회는 민족의 얼, 민족의 발자취를 연구하는 모임이며, 학생들에 대한 사상은 의심치 않았다"고 진술했다.[22] 학생들도 〈반독재구국선언〉을 작성한 것은 사실이나, 북한의 위장 평화통일에 동조하지 않았으며, 반외세는 외국군 철수를 의미하는 것이 아니라 일본 경제를 경계하자는 뜻이라고 주장했다. 자백서도 온갖 고문에 못 이겨 어쩔 수 없이 작성한 것이라고 밝혔다.[23]

재판은 이유도 밝히지 않은 채 연기되었다가 1978년 1월에 다시 시작되었다. 학생들은 1심에서 징역 1년6개월에서 1년, 자격정지 1년6개월에서 1년을 선고받았다. 1983년 항소심에서 이현세, 여석동, 정만기는 징역 4개월과 자격정지 1년, 정욱표는 징역 6개월과 집행유예 1년 및 자격정지 1년을 선고받았다. 김성희는 무죄를 선고받았다. 그해 대법원에서 항소심 판결대로 형이 확정되었다.[24]

3. 위수령 공포와 구속학생 석방 투쟁

전국대학 공동선언문 발표

1971년 2학기 들어 교련 철폐 투쟁이 다시 시작되고, 사회 민주화를 요구하는 학생들의 시위가 전국에서 일어났다. 10월 6일 경북대에서도 법정대 학생회장 장한목과 부회장 김성덕의 주도로 20여 명의 학생들이 도서관 앞에서 반공법 위반 혐의로 구속된 정진회 회장 전정효의 석방을 요구하는 시위를 벌였다. 학생들은 전정효의 구속이 학생운동을 탄압하기 위한 처사라고 규탄하고, 구속학생 석방, 학원 내 학생 연행 중지, 학원 민주화와 자유화 보장 등을 요구하며 대학본부까지 진출하여 시위를

벌였다.[25]

다음 날에도 법정대 학생회 주도로 학생들이 도서관 앞에 모여 구속된 전정효의 석방을 요구하는 성토대회를 열었다. 학생들은 박정희 정권이 남북 적십자회담으로 집권 세력의 부정부패를 은폐하려는 술책을 부리고 있다고 비판하고, 1971년 8월 실미도 사건과 광주대단지 사건이 일어난 원인에서 보듯 사회악을 양산하고 있다고 신랄하게 성토했다. 학생들은 성토대회를 마친 후 "학원탄압은 망국적 행위다," "우리는 학원자주를 말살하는 정보 정치를 규탄한다" 등의 플래카드를 들고 시위를 벌였다. 법정대 학생회 간부는 박정희 정권이 만족할 만한 대책을 내놓지 않으면 극한 투쟁도 불사하겠다는 입장을 밝혔다.[26] 8일에도 90여 명의 학생들이 성토대회를 열고 시위를 벌였다.[27]

10월 13일 경북대 총학생회장 허태웅(지질학과 65학번)은 서울대에서 연세대, 고려대를 비롯한 전국 14개 대학 총학생회장과 모임을 가지고 박정희 정권을 규탄하는 〈전국대학 공동선언문〉을 발표했다. 선언문에서 학생들이 주장한 내용은 이렇다.

- 당국은 부정부패 은폐를 위한 심야 무장군인 학원난입에 대한 책임을 지고 국민에게 공개 사과하고 국방장관은 사임하라!
- 일체의 학원사찰을 즉각 중지하라!
- 부정부패의 원흉을 단호히 처벌하라!
- 10월 12일자 교련수강을 거부하면 징집하겠다는 국민기만의 처사에 대하여 문교, 국방장관은 담화를 취소하고 공개 사과하라!
- 불법 연행 구속된 학생을 즉각 석방하라!

全國大學 共同宣言文

外援도 모순 속에서 저들 軍部政治 集團의 反動은 더욱 그 心慮를 더해가고 民衆의 生存權을 침서려 위련당하고 있다. 世界史의 긴장의 완화로 돋닷을치고 南北統一을 위하여 國內的인 여건조성이 무엇보다 긴요함에도 불구하고 저들은 위기의식을 계속해가 고조시키고 국민들의 순의한 두의와 大學生에 대한 救援喜議를 要要하고 愚衆 멈루지 아니한다.

보라! 그들이 의미하는 祖國近代化는 우리들에게 무엇을 보여주는가?

누적되는 外債는 國際收支의 만성적역조를 초래했고 처카류 價格싸움을 불보기도 하여 우리나라의 가격 가기는 외구 의존 제국주의에 독점재벌의 손아귀에 강발 당했다. 그 뿐아니라 매국으로 전락한 재벌과 수이비 政治人 밑에서 근로자 대중과 寒民不層은 外國재벌의 노예도 化하고 그 生存에 直接的인 위협을 느껴게 된 것이다. 이 모든 부패는 저들 大교政治勢力과 특권을 누리는 재벌의 부정부패에 기인한다. 祖國은 어디로 가는가? · 이 절박한 물음 앞에서 民衆과 知識人은 드디어 궐기했다. 지난 10月 5日 연주교주의 民心들이 反독재 부정부패 분화를 뿌여더니 우리 民주의 원실을 확하는 厂史的인 쾌거르다. 民族과 民衆의 의익을 대변하는 우리 일번 학생근 反民族 勢力의 저기 독점을 요구하면서 이 불화에 흐르셨으나 저들은 國防과 치安 일서를 爲해서 存해야 하는 軍隊와 警察力을 하루인으로 부리면서 民主勢力에 대한 족력의 직원적인 탄압을 서들러 있었다. 그들의 反民衆的인 反民주적 서의는 天下에 뿌로 저졌다. 도단에 빠진 민중의 生존을 건지기 위해서 그리고 관련 제국주의 척결론로서 조국 상도를 바라는 저들 매국노들을 다도키 위해서 우리는 이제 厂史的인 구국투쟁을 선각한다.

民주여! 민중이여! 그리고 지식인 들이여!

무엇을 주저 하는가? 님의를 머난 저들은 이제 붕괴의 마즈막에 다달았다.

一, 남축은 부정부패 은폐를 爲한 深夜 武裝軍人 校園 난입에 對한 責任을 지고 國民에게 공개 사과하고 國防長官은 辭任하라!

一, 一体의 軍事통치를 즉각 中止하라!

一, 부정부패의 전용을 단호히 서벌하라!

一, 10月 12日字 校練受講을 拒否하면 집입하였다는 國民 가단의 처사에 대하여 문교 국방장관은 담화를 취소하고 公開사과 하라!

一, 불법 연행 구속된 學生을 즉각 의방하라!

慶北 大學校 總 學生会 .	서울 大學校 總 學生会
고려 大學校 "	선국 "
연게 大學校 "	동국 "
성균관 "	명지 "
서강 "	단국 "
우단 "	우서 "
전남 "	총목 "

그림 28 전국 14개 대학 총학생회가 발표한 〈전국대학 공동선언문〉(1971년 10월 13일)

학생대표들은 ① 고대 무장군인 난입사건에 관련된 주모자 처벌, ② 학원사찰의 즉각 중지, ③ 부정부패 원흉 처벌, ④ 교련수강 거부 학생들을 징집하겠다는 국방장관 담화의 취소, ⑤ 불법 연행된 학생의 석방 등을 요구했다. 또 학생 대표들은 앞으로의 투쟁 방향에 대해 논의했다.[28] 이날 발표한 공동선언문은 경북대에도 1,500장이 살포되었다.

14일 법정대 2학년 학생들은 회합을 가지고 교련 수강을 거부하기로 결의했다. 교련 수업을 거부하고 모인 이날 학생들은 교련이 대학의 자율성을 침해하여 정부의 어용기관으로 만들기 위한 수단이라는 것이 명백히 밝혀졌다고 주장하면서 아무런 실효성이 없는 교련을 수강할 수 없다고 결의했다. 또한 정부가 학생운동을 탄압하기 위해 교련 수강을 거부하는 학생들을 강제로 징집하고 있다고 밝히고, 교련 수강을 거부한 학생의 징집을 즉각 철폐하라고 주장했다.[29]

학생들의 교련 철폐 요구에도 불구하고 학교 당국은 교련 수강을 거부한 학생들의 명단을 병무청에 통고했다. 경북 병무청은 학교 측이 통보한 27명 가운데 김정하(경제학과 69학번) 등 13명에게 곧바로 입영 영장을 발부하여 입영토록 했다. 14명의 학생에 대해서는 병무 심사를 거쳐, 신검 미필자는 신검을 받도록 하고 입영 연령을 초과한 학생은 동원령 소집에 응하도록 조치했다.[30]

정진회 강제 해산

교련 철폐 등 박정희 정권을 규탄하는 학생들의 시위가 점차 격화되자, 10월 15일 박정희 대통령은 '학원질서 확립을 위한 특별 명령'을 발표하고, 서울시 일원에 위수령을 발포했다. 박정희는 학생들의 시위는 교련 반대를 빙자한 불법 데모로서 질서가 파괴된 대학에는 학원의 자유·자주·

자치를 인정할 수 없다고 선언했다. 또한 경찰이 학교 안에 진입해서라도 시위 주도 학생을 색출하고, 안 되면 군을 투입해서라도 질서를 잡으라고 지시했다. 나아가 학생들의 시위, 성토, 농성, 등교 거부 및 수강 방해 같은 행위를 용납할 수 없으며, 주동 학생을 전원 체포하여 학적에서 제외하라고 명령했다.[31) 박정희 대통령의 특별 명령에 따라 무장한 군인들이 학교에 들어가 강의실에서 학생들을 연행하고 피하는 학생들을 쫓아가 폭행하는 일이 곳곳에서 일어났다.

위수령 발포 이후 정부는 학생운동을 탄압하기 위한 구체적인 방안을 대학 당국에 강요했다. 문교부는 전국 각 대학에 시위 주동 학생 제적, 교련 미수강자 색출, 제적 학생의 편입학 불허, 지하 신문 같은 간행물 발간 정지, 자치활동 정지 등을 지시했다. 이에 따라 경북대에서도 10월 16일 문리대와 법정대 교수회의를 소집하여 총학생회장 허태웅, 법정대 학생회장 장한목, 여정남과 정만기를 제적 처분하기에 이른다. 이들의 제적 처분에 대해 학교 측은 시위, 농성, 수강 거부, 등교 거부 등 학원 질서를 파괴하는 주도 학생을 제적하라는 박정희 대통령의 특별명령에 따른 것이라고 밝혔다.[32) 정진회도 문교부가 "학생들이 사회 참여를 구실로 학교의 지휘권을 벗어나 본래의 목적과는 다른 정치적인 서클 활동을 하고 있다"고 지적한 전국 각 대학의 서클 가운데 하나로 지목되어 강제로 해체되었다.[33)

학교 당국은 문교부가 10월 18일 전국 각 대학에 시달한 학칙 개정 지침에 따라 단과대학 별로 교수회의 또는 학처장회의를 열고 학칙을 개정하여 문교부에 승인을 요청했다. 학칙 개정의 주요 내용은 학생 징계 문제 등에 총·학장의 권한을 강화하고, 제적된 학생의 재입학이나 편입학을 불허하며, 학생 서클 간행물, 10명 이상의 집회 등은 총장이나 학장으로부터 사전 허가를 받아야 하며, 학생 임원 선거에 선거비 사용을 일체

금지하는 것 등이었다. 특히 학생 징계 문제는 종전에는 교수회의와 학장 등을 거쳐 총장의 재가로 징계토록 돼 있었으나 학칙 개정에 따라 총장 단독으로 징계할 수 있도록 했다.[34]

박정희 정권과 학교 당국의 초강경 조치에도 불구하고 10월 18일 법정대 학생 90여 명은 법학, 경제학, 정치학 등 학회 별로 강의실에서 모임을 가져 학생의 제적 처분을 규탄하고 수강을 거부하기로 결의했다. 학생들은 학교가 제적이라는 극단적인 처벌로 학생을 다스리는 처사는 전에 없었던 일로 수업을 받기에 너무 불안한 현실이기 때문에 수강을 거부한다고 밝혔다.[35] 이날 교내 게시판에 법정대 학생 일동 명의로 된 "반민주적 독재 정권에 학원이 짓밟히고 있다. 등교를 거부하라"는 벽보를 부착했다. 벽보는 경찰이 발견하고 학교 당국이 철거했다.[36]

제적된 학생 가운데 여정남과 정만기는 곧 수배되었으며, 총학생회장 허태웅, 법정대 학생회장 장한목 등은 경찰에 연행되어 조사를 받았다. 법정대 부회장 김진찬, 전 법정대 학생회장 이인희도 교내 게시판에 벽보를 부착한 혐의로 경찰에 연행되었다.[37] 박정희 정권이 위수령을 공포하고 학교 당국이 연이어 학생들을 징계하면서 학생 시위는 점차 약화되어 갔다.

학교에서 쫓겨난 학생들이 피신하거나 경찰에 연행되어 고초를 겪고 있을 무렵, 학교에서는 박정희 대통령이 자리 잡는 역설적인 광경이 벌어졌다. 10월 30일 동창회가 마련한 기금으로 세워진 사범대학 신관 벽면에 박정희의 부조 흉상이 설치된 것이다. 부조 흉상 아래에는 "용기 있는 혁명가," "민족중흥의 위대한 정치가"라는 글도 새겨졌다. 쫓겨난 학생 자리에 타도 대상이 자리 잡는 순간이었다. 험난한 학생운동과 비극적인, 너무도 비극적인 상황을 예고하는 것이었다.

3부

유신 체제와 민주화 운동

1972~1979

경북대 교정에 조성된 여정남공원

8장

유신 체제 전기 민주화 운동

1. 이념서클의 맥 한국풍토연구회[1]

대학의 낭만을 떠올리게 하는 낱말로 축제, 미팅, 엠티, 체육대회, 서클 같은 게 있다. 이런 낱말의 조합이 하나로 만나 '서클 활동'으로 수렴된다는 데 이견이 있을까? 하지만 1970년대의 서클은 이런 낭만도 한켠으로 밀쳐놓아야 하는 슬픈 시대였다. 위수령, 계엄령, 비상조치, 긴급조치로 걸핏하면 교문을 폐쇄해 버리고, 그것도 모자라 교문 앞에 군인과 탱크가 교문을 막아서는 시절이었다. '낭만'이라는 단어는 부끄러운 사치와 같았던 시대에 청춘들은 제대로 캠퍼스 생활을 누릴 수 없었다.

그래도 1970년대 경북대학교에는 많은 서클이 있었다. 교양과 친목을 목적으로 하는 서클들 중에 시대정신을 갖춘 지식인이 되어야 한다는 목적으로 만든 이념서클도 있었다. 1970년 상반기 경북대 학생운동을 이끌었던 한국풍토연구회가 대표적인 실천적 이념서클이었다.

경북대 이념서클의 맥

한국풍토연구회(한풍회)는 1964년 만들어진 '맥령'과 그 후신인 '정사회,' 그리고 정사회를 계승한 '정진회'에 이어, 경북대 학생운동의 대표적인 이념서클의 맥을 잇는다는 자부심으로 조직되었다.

3선개헌 반대 투쟁 이후 경북대 학생운동은 전태일 추도식, 정진회 필화 사건과 1971년 10월 위수령 발동 등으로 학생운동의 핵심 그룹이 제적과 강제 입영, 수배를 당하면서 위기 상황에 빠져 있었다. 하지만 정진회 9기(71학번)가 중심인 학생운동 그룹은 정진회가 필화 사건으로 한창 어려움을 겪을 때 조직 형태를 바꾸어 학생운동을 이어 가야 한다는 판단을 내렸다. 정진회 9기 그룹은 자주·민주·통일의 대의에 깊이 공감했고, 비록 짧은 기간이지만 선배 운동가들의 투쟁을 지켜보는 한편 스스로 작은 실천들을 통해서 민족민주운동의 경험을 쌓아 가고 있었다.

정진회 회원이었던 황철식(과학교육과), 이수일(수의학과), 임규영(일반사회교육과), 강동균(법학과), 전경수(화학교육과), 이한용(불어교육과) 등 71학번이 중심이 되어 이수일과 임규영의 자취방과 하숙방을 전전하면서 자주 모여 자신들의 미래를 설계하고, 민주주의의 대의에 발걸음을 확고히 내딛기 시작했다. 이들의 자생적인 활동에 정사회 선배 림구호와 이현세, 정진회 선배인 전정효, 정만기 등 정진회 회원들도 만남의 기회를 만들어 함께 정세도 토론하면서 후배들을 격려했다.[2]

경북대 71학번은 자신들이 주축이 되어 경북대 학생운동을 담보하고 정진회를 계승할 수 있는 새로운 이념서클을 만들기로 결의하게 된다. 1971년 11월 하순 무렵, 지금은 철거된 인문관(현재 대학원동 옆 자리)의 강의실에 71학번 50여 명이 모여들었다. 이 자리에서 한국풍토연구회 창립총회와 사회문제 토론회가 개최되었다. 조직의 명칭은 창립준비위원회

단계에서 고심 끝에 몇 가지 제안 중에서 정체가 애매모호한 느낌을 주는 '한국풍토연구회'(한풍회)로 결정되었고 정사회나 정진회와는 달리 여학생 회원을 적극 받아들였다. '풍토'란 명칭과 여학생 회원 영입에 신경을 썼던 것은 대외적으로 가급적 정진회와 같은 이념 지향적인 서클이 아니라는 인상을 주기 위한 의도가 반영된 것이었다. 초대 회장에는 전경수가 만장일치로 선출되었다. 이어진 토론회에서는 임규영이 주제발표를 했다. 지도교수는 일본 유학을 다녀온 문리대 사회학과 류시중 교수가 맡아 주었다. 당시 학보사 기자였던 이광하가 힘을 써 《경북대학보》 1면 하단에 한풍회 창립을 알리는 기사가 조그맣게 실리기도 했다.

1972년 봄 새로 입학한 72학번을 중심으로 신입 회원을 모집하여 강기룡, 장성백 등이 회원으로 가입했다.[3] 그 뒤로 71학번, 72학번 회원들은 73년 하반기 반유신 투쟁부터 74년 3월 21일까지 경북대 학생운동의 핵심으로 활약했는데, 이들은 민청학련 사건의 경북대 관련자가 되어 유신이 휘두르는 칼에 자상을 입게 된다. 민청학련 경북대 관련자 16명 가운데 한풍회 소속 학생은 임규영, 황철식, 이광하(원예학과 71학번), 강동균, 김진규(수의학과 71학번), 장성백(수학교육과 71학번), 강기룡(정치외교학과 72학번), 김시형(정치외교학과 72학번), 조태수(정치외교학과 73학번), 이승룡(공업교육과 73학번) 등 10명이나 되었다.

한풍회는 1972년 신입 회원을 모집한 뒤 회원들의 친목 도모와 학내 활동의 방향성을 논의하기 위하여 그해 여름 포항 장기면 해변으로 2박 3일 수련회를 갔다. 처음 갖게 된 단체 워크숍이었다. 1973년 여름방학 때도 경북 영일군 대보리 해안의 한 초등학교에서 한풍회 연수회가 일주일가량 1~3학년 회원 약 30~40명이 참가한 가운데 개최했다. 연수회 중에 지도교수 류시중이 연수회 장소에 찾아와 한풍회 회원들과 함께 밤을 지새기도 했다. 이 자리에는 림구호, 이현세, 정만기 등 여러 선배들도 참여하여 회원들과 학생운동, 사회문제 등을 토론하며 후배들을 격려했다. 1973년 한풍회 회장은 이광하였다.

세월이 흘러 2014년 11월 5일, 경북대학교 교정 사회대 앞에 있는 '여정남공원'에서 '11·5민주투쟁 41주년 기념모임'이 열렸다. 기념모임이 끝난 후 참가자들을 대표하여 이광하와 임규영이 대구시 대명동 고 류시중 교수의 자택으로 부인을 찾아 위로와 감사 인사를 건넸다. 류시중 교수는 한풍회 지도교수를 맡았다는 이유로 민청학련 사건이 발생했을 때 유신 독재에 의해 적지 않은 고초를 겪었다.

한풍회는 2기 회원(72학번, 2학년)과 3기 회원(73학번, 1학년)을 영입하고 경험이 쌓여 가면서 영향력이 확대되어 가고 있었다. 1973년 9월 초부터는 3선개헌 반대 투쟁으로 제적된 정사회 회원 유정선, 정화영이 곡절 끝에 복학되어 한풍회 선후배들과 교류했다.[4]

총학생회 선거 참여

1973년 10월 총학생회장 및 단과대학 학생회장 선거가 예정되어 있었다. 한풍회는 학생회 선거 참여에 따른 다양한 측면을 고민한 후 다가올 반유신 항쟁을 효과적으로 수행하기 위해 학생회 선거를 활용하기로 결정했다. 그러나 한풍회 회원들이 처음부터 총학생회 선거 참여에 적극성을 보이지는 않았다. 오히려 참여하는 것에 우려를 보였다. 어쩌면 학생운동의 순수성을 오해받을 수 있지 않을까하는 점 때문이었다.[5] 그간의 총학생회 선거는 기성 정치판에서 볼 수 있는 타락한 금권선거가 되기 일쑤였기 때문에 자칫 총학생회 선거에 참여한 한풍회의 모습이 학생들에게 왜곡되지나 않을까 염려했던 것이다.

학생회 선거는 대학이 가져야 하는 시대적 사명감과 대학생의 역할 등에 대해 학생 대중과 소통하면서 만들어 내는 중요한 투쟁 공간이다. 따라서 학원민주화와 반유신 투쟁을 위한 학생운동의 저변 확대와 학생회 조직이 가지는 합법적 영향력은 중요할 수밖에 없다. 이런 점을 들어 한풍회 회원들은 우려를 무릅쓰고 선거에 참여하기로 결정했다.

한풍회 회원과 운동권 선배들은 2학기가 시작되면서 선거로 바빠졌다. 임규영의 증언에 따르면, 총학생회장 선거에는 직접 후보를 내지 않기로 결정했으나 직접선거인 단과대학 학생회장 선거에는 될 수 있으면 한풍회 회원을 후보로 내기로 했다. 그럼에도 결국 총학생회 선거에서도 한풍회가 지지한 후보를 당선시킬 수 있었는데, 여기에는 이강철(정치학과 66학번)의 도움이 절대적이었다.[6] 이 무렵 이강철은 탁구장을 운영하고 있었기 때문에 자금을 지원을 할 수 있었고, 1972년 상반기 총학생회에서 총무부장을 맡아 일한 경험이 있어 도움이 되었다.

총학생회장으로 한풍회가 지지한 홍구조(철학과 68학번)가 당선되었다. 한풍회는 사범대 선거에도 공을 들였다. 모든 단과대 가운데 가장 치열한 접전을 벌인 사범대 학생회장 선거는 치열한 선거전이 투표 당일까지 계속되어 기록적인 90퍼센트 이상의 투표율을 기록하면서 뜨거운 관심을 모았다. 선거 결과 마침내 박상수(영어교육과 71학번)가 112표의 차로 당선되었다.[7] 총학생회는 학예부장과 사회부장에 한풍회 회원인 황철식과 이광하를 추천했으나, 학교 당국은 이념서클 회원이라는 핑계로 승인을 거부했다.[8]

박정희는 1971년 10월 15일 문교부에 학원 안정에 대한 특명을 내렸다. 내용은 데모 주동자 색출을 위한 경찰의 학원 진입 허용과 학원의 안정을 깨뜨리는 학생을 대학에서 추방하라는 것이었다.[9] 문교부는 전국

대학에 학생 활동을 적극적으로 통제하는 조처를 강제했다. 징계 제적된 학생의 재입학과 편입 불허, 학생 서클 조직과 간행물 발간 및 집회 등의 사전 허가제, 그리고 학생회 간부와 대의원에게 평균 B학점 이상의 성적 요구, 총·학장에게 학생회 해산권 부여 등이 주된 내용이었다. 학생들의 과외 활동은 총·학장의 지도와 감독을 받아야 하며, 이를 위반한 경우 교수회 심의 없이 바로 징계할 수 있도록 했다.[10] 정권은 학생들이 사회문제에 관심을 갖지 못하게 하려고 다각도로 옥죄어 오고 있었다.

시대 상황이 대학생들이 정치에 관심을 두는 것을 불온시했기 때문에 유신 체제 아래에서 대학생들의 정치의식을 직접 확인할 수 있는 지표를 찾기가 무척 어렵다. 교수나 학생 모두 현실 문제에 대한 내용이 조금이라도 들어가는 수업을 하면 안 되었고, 학술연구 과제도 당연히 금지했다. 그런 점에서 1973년 '새세대문제연구소'에서 실시한 표본조사는 학생 의식의 단면을 볼 수 있는 드문 자료이다. 조사 결과를 보면 남자 대학생들의 주된 대화 주제는 진로 문제(50%), 국내 정치나 경제(21%), 통일이나 국내 정치(10.2%)였다. 강압 정치 아래에서 자신의 정치적 견해를 솔직하게 표현할 수 없는 시대 상황을 고려할 때 국내 정치와 관련한 경제와 통일 문제에 대한 관심이 30퍼센트가 나온 다는 점은 유신 체제의 문제의식을 대학생들이 가지고 있음을 보여 주는 지표라고 할 수 있다.[11] 그러나 이런 결과는 의식의 측면만 보여 주는 것이고, 행동으로 옮기는 문제는 또 다른 차원이었다. 문제의식을 갖더라도 생각에서 멈추어야 했다. 정권에 반하는 생각이나 행동을 한다는 것은 '절대 금기'의 영역이기 때문이다.

한풍회 회원들은 자신들이 이념서클 회원이 된다는 게 무얼 의미하는지 잘 알고 있었다. 더 나은 세상에 대한 갈망, 민주주의 실현을 위한 작은 실천 하나로도 모든 기득권을 버려야 된다는 것을. 그럼에도 한풍회 소속 학생들은 이 모든 것을 감내하며 1970년대 상반기 경북대 학생운동을 책임진 소중한 주역들이었다.

2. 유신 체제의 성립과 11·5투쟁

1972년 10월 17일, 박정희는 유신 체제를 선포하면서 저녁 7시를 기해 전국에 비상계엄을 발포했다. 국회는 해산되었으며 정당 및 정치 활동이 중지되었다. 나아가 약 2개월간 헌법 일부 조항의 효력을 중지시키고 비상국무회의가 헌법 일부 기능을 수행하도록 하는 비상조치를 취했다. 전국의 대학은 휴교령으로 교문을 닫았다.[12] 1972년 11월 21일 유신헌법에 대한 국민투표가 실시되었고,[13] 박정희는 제8대 대통령 취임일인 12월 27일에 유신헌법을 공포함으로써 유신 체제가 수립되었다.

그 무렵 학생운동은 초법적인 유신 선포에 곧바로 대응할 수 없었다. 1971년 가을 위수령 선포로 학내 시위와 관련하여 학생운동권의 주요 활동가들은 제적 등의 징계를 받거나 또는 강제징집되어 크게 위축되어 있었다. 경북대도 지난 1971년의 정진회 탄압 사건 이후 새로운 이념서클인 한풍회가 창립준비를 시작하는 등 학생운동의 전열을 새롭게 가다듬어 막 걸음을 떼던 시기였다.

유신 선포와 포고령 위반 사건

각 대학은 계엄령 아래에서 정세를 관망하는 한편, 앞으로의 정국 방향에 대한 고민이 집중되어 전국적으로 주목할 만한 시위는 일어나지 않고 있었다. 경북대 학생운동 그룹은 '유신헌법'의 부당함을 공유하고 한 편으로 정세를 주시하면서 반유신 운동을 전개하기 위한 암중모색을 하고 있었다. 그러나 조용한 대학가와는 달리 유신헌법이 선포된 대구 지역에는 유신을 규탄하는 이런저런 사건들이 발생했다.

1972년 11월 대구 시내 고등학교 몇 군데에서 '구국장교단' 명의의 유신 체제를 비판하는 선언문이 뿌려졌다. '선언문 살포 사건'은 유신 계엄하의 정보기관을 발칵 뒤집어 놓았다. 여정남이 용의 선상에 올라 중앙정보부 대구지부에 끌려가 무자비한 고문을 당하고 일부 학생들도 체포되거나 수배되었다. 여정남을 '선언문 살포 사건'의 주요 용의자로 지목한 근거는 선언문 내용이 평소 여정남이 즐겨 쓰던 문체와 비슷하다는 이유였다.[14] 하지만 이것은 형식적인 이유였고, 공안 당국은 계엄령 하에서 유신 체제를 비방하면 어떤 대가를 치러야 하는지 보여 줄 희생양이 필요했을 뿐이다. '선언문 살포 사건'의 관련자로 림구호, 이한용, 임규영이 11월 17일경 경북도경 대공분실로 연행되었다. 여정남과 림구호, 이한용, 임규영 등이 학교 밖의 다방과 식당 등지에서 만나 유신헌법을 놓고 반대 토론을 했다는 혐의를 만드는 것이 조사의 초점이었다. 가장 먼저 끌려가서 끔직한 고문을 당한 여정남은 중앙정보부 대구지부에서 조사를 받았다. 여정남은 정진회 필화 사건 등으로 정보기관에 이미 요시찰 대상자로 주목받고 있었는데, 그가 만난 경북대 학생들을 중심으로 정보기관에 끌고 갔던 것이다.[15]

정보기관은 여정남과 림구호, 이한용, 임규영이 반유신 유인물 사건과 무관하다는 것을 알았지만 구타·고문 흔적을 숨기기 위한 방편으로 이들을 구속하여 군법회의에 회부해 버렸다. 이들의 죄명은 계엄 하에 허가 없이 다방이나 식당에서 사람들을 만나 차를 마시고 함께 식사하는

것은 포고령을 위반한 '불법집회 죄'에 해당한다는 것이었다.[16]

여정남, 림구호 등은 경북도경 대공분실에서 7~10일 가량 조사를 받았다. 이 과정에서 여정남이 가장 심한 가혹행위를 당했다. 계단을 오르지 못할 정도로 구타와 고문을 당한 림구호는 오히려 여정남이 너무 처참하게 당하여 자신의 고통은 그냥 삼킬 수밖에 없었다고 한다. 임규영은 재판 과정에 여정남을 대면했을 때 온 몸의 살이 터져 형편없었고 한쪽 귀는 고막을 다쳐 소리를 제대로 듣지도 못했다고 기억하고 있었다.[17] 이들은 대구 북부경찰서 유치장에 약 30~40일간 있으면서 '계엄법 제15조 및 계엄사 포고 제1호' 위반 혐의로 기소되어 비상보통 군법회의에 회부되었다. 여정남과 림구호는 1심에서 징역 3년, 항소심인 육군 고등군법회의에서 징역 6월, 집행유예 1년형을 선고받고 대법원에 상고했으나 기각되어 형이 확정되었다. 이한용과 임규영은 선고유예를 선고받았다. 이들은 모두 서대문구치소로 이송되어 영어의 몸이 되었다. 이 사건과 관련하여 당시 정보기관은 경북대에서 정진회 활동을 했던 이현세를 체포하기 위해 경북 가창의 이현세 집으로 출동했다. 당시 이런 사정을 인지하지 못했던 이현세는 집에 찾아온 정만기와 함께 이웃집에 가 있었기에 검거를 피할 수 있었고, 그 뒤로 둘은 사건이 종결될 때까지 도피 생활을 했다.

37년이 지난 2010년 4월 13일 '진실·화해를위한과거사정리위원회'는 '경북대 포고령위반 사건'과 관련하여 가혹행위 부분은 진실 규명, 이 사건 모임을 포고령 위반으로 처벌한 것과 관련된 부분은 각하이므로 '일부 진실규명'으로 결정했다. 이후 2011년 12월 22일, 대법원 재심 재판에서 모두 무죄확정을 받았다.

김대중 납치 사건과 공포정치

1972년 7월 4일, 정부는 돌연 남북공동성명을 발표하여 통일 분위기를 띄우고 국민의 관심을 모으는 듯했다. 그런데 불과 넉 달이 안 되어 통일을 빙자하여 10월유신을 선포했다. 그러고 1년 뒤인 1973년 8월에는 해외에서 반유신 활동을 이끌고 있던 김대중이 일본에서 납치되는 사건이 벌어졌다. 김대중은 1973년 8월 8일 일본 도쿄의 그랜드팰리스호텔에서 납치된 채 중앙정보부의 공작선인 용금호 화물칸에 실려 한국에 돌아왔다. 납치범들이 김대중을 감금하고 있다가 13일 밤 서울 동교동 자택 부근에 내려놓고 사라진 사건이 발생한 것이다.[18] 대표적인 야당 정치인이자 반유신 활동을 하던 김대중을 납치한 사건은 대학, 재야 등 사회 각 분야에 반유신 움직임을 촉발시켰다.

그동안 학생운동은 유신 체제 수립 후 1973년 하반기까지 제대로 된 반유신 투쟁을 진행하지를 못했다. 정권이 학생운동의 저항을 아예 뿌리부터 잘라 버리기 위해 학생운동의 탄압을 더욱 강화했으며, 학생운동을 주도해 오던 대학 내의 이념서클들을 반국가 단체, 사회주의 사상 단체 등으로 조작하여 많은 학생들을 구속시켰기 때문이었다.[19] 이런 상황에서 김대중 납치 사건은 1973년 후반기의 대규모 반유신 투쟁을 촉발시키는 중요한 계기가 되었다.

공개적인 반유신 투쟁은 1973년 10월 2일 서울대학교 문리대 학생들로부터 시작되었다. 10월 2일 서울대 문리대 학생의 반유신 투쟁은 약 500~600여 명이 집결하여 독재 타도를 외치고 유신 반대의 깃발을 드는 것으로 포문을 열었다. 이 사건으로 문리대 학생 180여 명이 경찰서로 연행되어 20명 구속되는 등 많은 학생들이 학교와 정부로부터 처벌을 받았다.[20]

이후 10월 하순부터는 경북대를 비롯하여 전국 대학에서 구속학생 석방, 처벌 백지화 요구 투쟁을 전개해 나갔다. 투쟁 방식도 11월 하순부터는 동맹휴학, 수업 거부, 기말시험 거부 등 다양한 방식으로 전개되었으며 유신의 부당성을 시민들에게 알기 위하여 가두 투쟁도 전개되었다. 이 같은 학생들의 거센 저항과 여론에 떠밀려 결국 박 정권은 12월 7일 구속학생 전원 석방과 처벌 백지화를 표명할 수밖에 없었다.

유신 체제 하의 완벽한 언론 통제와 공포 정치로 서울대 학생들의 10월 2일 반유신 투쟁은 국내 언론에는 전혀 보도되지 못한 채 입에서 입으로 퍼져 나갔다. 그 무렵 학생운동은 여러 가지로 어려운 상황에 놓여 있었다. 1971년 가을의 위수령 발동에 따른 대탄압으로 큰 타격을 입은 대학들의 조직 역량이 아직 회복되지 못한 상황이었으며, 1973년 6월경에 있었던 고려대와 전남대 등의 이념서클 탄압으로 학생운동 역량이 손실되어 있었다.

유신반대 투쟁의 횃불

경북대학교는 지역 대학 가운데 유신반대 투쟁의 첫 횃불을 올린다. 10월 2일의 서울대 투쟁에 호응하여 경북대도 반유신 투쟁을 적극 조직해 나갔다. 공안기관의 감시를 피해 반유신 투쟁을 준비해 나간다는 것은 쉬운 일이 아니었다. 그러나 이는 극복하지 않으면 안 되는 난관일 뿐이었고, 경북대의 조직 역량은 이를 감당하기에 충분하다고 자신했다. 경북대 반유신 투쟁은 여정남의 독려 속에 정화영과 이념서클 한풍회를 중심으로 준비되어 갔다.[21]

3선개헌 반대 투쟁으로 제적당한 채 징집된 유정선과 정화영은 군복무를 마치고 제대를 했지만, 복학을 시켜 주지 않으려는 학교 당국 때문에 우여곡절을 겪었다. 3선개헌 반대 투쟁 당시 정사회 회장이던 유정선과 회원 정화영이 1973년 3월 결국 학교로 복귀했고, 정진회 후신인 한풍회와 자연스럽게 선후배 동지 관계를 형성해 나가게 되었다.

당시 여정남은 1971년 정진회 사건과 1972년 포고령 사건으로 자신에 대한 정보기관의 관심이 매우 심각한 수준이라는 사실을 확실히 알게 되었다. 이 때문에 여정남은 학생운동의 전면에 직접 나서지 않았으며 '민주수호청년협의회' 같은 사회 저명인사 중심의 공개 조직을 통해 활동하는 쪽으로 신변 정리를 하려던 상태였다. 외견상 학생운동의 일선에서 한 발짝 물러나 있었던 여정남은 이 시기 경북대 학생운동에는 직접 관여하지 않았다. 다만 같은 학과였지만 교류가 거의 없었던 이강철과 정화영을 학생운동을 위해 서로를 연결시켜 주는 정도에 머물렀다. 66학번 이강철은 여정남과는 정치학과 선후배로 친밀한 사이였으며, 졸업을 앞둔 복학생으로 군 입대 전부터 총학생회 선거운동에도 관여하는 등 학교 안팎에서 일정한 영향력을 가지고 있었다.

1973년 10월 30일과 11월 5일, 두 차례에 걸친 경북대 반유신 투쟁은 10월 2일 서울대 투쟁 이후 꺼져 가던 반유신 투쟁에 다시 불을 지펴 전국적으로 추동한 중요한 반유신 투쟁이었다. 특히 박정희의 정치적 텃밭인 대구에서 일어난 대규모 기습적인 반유신 투쟁은 유신 체제에 정치적 타격을 준 의미 있는 투쟁이라 할 수 있다.

그동안 경북대 학생운동의 선배 그룹은 다른 지역 대학들과 인적 네트워크를 형성해 나가고 있던 터였다. 이미 1973년 4월 여정남과 림구호는 서울을 다녀왔다. 서울대 유인태의 집에서 서중석을 만나 그동안 유신독재의 탄압으로 끊겼던 각 대학의 연계망 복원 대책을 논의했다. 경북대의 림구호와 서울대의 유인태, 경북대의 임규영과 서울대의 이철로 인적 네트워크를 형성하고, 서울과 대구 연락책으로 서울대 배영순을 선정했다. 또 부산대 연락은 경북대가 맡기로 하는 등 서로 역할을 확인했다. 여정남은 서울 지역의 다른 대학 학생운동권 인물과도 접촉했다.[22] 이렇게 인적으로 형성된 네트워크 구축은 서울대의 반유신 투쟁을 지역 대학 조직의 가장 중심이 되는 경북대에서 이어받는 것을 의미했다.

경북대 반유신 투쟁은 정화영, 이강철, 임규영, 황철식 등이 저마다 필요에 따라 만나면서 일이 추진되었다. 임규영은 한풍회 회원을 선별하여 투쟁 조직에 참여시키는 역할을 맡고, 총책임을 맡은 정화영이 나머지 모든 일을 준비하기로 했다. 한때 시내 중심가에서 전단을 대규모로 살포하려는 계획이 논의되기도 했다. 그러나 전단 살포 계획은 본격적인 학내 시위에 대한 유신 독재의 반격을 감안하여 취소되었다.

이 무렵 여정남은 선배로서 경북대 반유신 투쟁 준비를 확인하기 위해 정화영과 임규영을 몇 차례 만나 주요한 지침을 함께 논의했다. 이 시기는 서울대학교 문리대 투쟁의 불씨를 살려내서 전국에 퍼뜨릴 학생운동 조직이 경북대학교를 제외하고는 거의 전무한 상태였다. 따라서 경북대 학생운동 조직이 반유신 투쟁의 깃발을 드높여야 할 책임은 어느 때보다 막중했다. 여정남은 모든 역량을 다 쏟아 총력 투쟁을 펼쳐야 한다고 주장했고, 림구호는 학생운동의 지속성을 담보하기 위하여 조직의 최후 보루는 남겨야 한다고 주장했다. 림구호는 후배 임규영을 만나 "이번 반유신 투쟁에는 참여하지 않았으면 좋겠다"는 의견을 내놓기도 했다.[23] 그러나 정화영과 한풍회 회원 임규영, 황철식, 이광하는 10월 2일 서울대의 반유신 투쟁의 불꽃을 경북대에서 이어 가야 한다고 굳게 결의했다.

반유신 투쟁에 앞장선다는 것은 대학생으로서 기득권을 포기해야 하고 정권의 탄압을 감내해야 하는 중대한 결단이 필요한 일이다. 그러나 구속을 각오한 투쟁임에도 불구하고 황철식, 이광하, 최재룡, 강기룡, 최문수 등이 투쟁에 동참하기로 결의했다.[24]

이들은 1차 투쟁 거사 일을 10월 하순으로 계획하고 준비를 해나갔다. 1973년 10월 30일 오후 3시 무렵 일청담과 교양과정부 앞에서 강기룡은 손수 작성한 "유신헌법 철회하라, 학원자유 보장하라, 김대중 납치 사건을 규명하라"는 내용이 담긴 선언문을 읽은 뒤 곧바로 "언론인은 중립을 지켜야 하며 정의의 필봉을 들어야 한다"는 구호를 외치며 시위를 시도했다. 그러나 경험 부족과 조건의 미성숙, 신속한 사복경찰 투입으로 시위는 성공하지 못한 채 끝나고 말았다. 강기룡은 대구 북부경찰서로 자진 출두한 후 구속되었다.

10월 30일 투쟁의 결과를 지켜보고 여정남, 정화영, 임규영은 다시 만나 투쟁 전략을 협의했다. 대학 안에는 사복경찰 병력이 상주하고 대중이 공포 분위기에 사로잡혀 있는 조건에서는 초기에 진압 역량을 압도하는 역량을 투입하여 기습적이고 전격적인 투쟁을 감행해야 한다는 결론이 나왔다. 동시에 최대한 격렬한 시위 투쟁을 전개해서 교착된 국면에 돌파구를 열어 반유신 항쟁을 전국에 파급시켜야 한다는 점도 강조되었다. 좀 더 효과적인 전술을 구사하기 위해 일반적으로 학생들이 학교에 가장 많이 모이는 오후 2시 정도에 시위를 벌이는 것이 일반적이었으나 경찰의 허를 찌르기 위해 1973년 11월 5일 월요일 오전 10시 1교시 수업 직후로 행동 개시 일시가 결정되었다.[25] 월요일 오전 10시라면 정보기관들이 방심하고 있을 거라고 판단했기 때문이다.

날짜가 결정되자 시위 준비에 돌입했다. 정화영, 강동균, 황철식 등은 반야월에 있는 황철식의 친구 방에 가서 정화영이 준비한 등사기로 선언문 등을 등사하고 갖가지 시위 용품을 준비했다.[26] 선언문의 글씨는 한풍회 회원 가운데 필체가 좋은 강동균이 맡았다. 이곳에서 정화영, 황철식, 강동균이 손에 잉크를 묻혀 가며 선언문 2천장을 제작했다. 정화영은 시위에 사용할 핸드마이크를 구하기 위해 한일극장 옆 전파상으로 갔다. 그런데 보증인을 요구하는 바람에 유정선에게 전화를 하게 되었고, 이 일로 유정선도 11월 5일 투쟁에 동참하게 된다. 정화영은 이강철에게도 11월 5일 투쟁을 공유하면서 인원동원을 부탁했다. 이강철은 평소 가깝게 지내던 현승효(의과대 71학번)와 그의 의과대 친구들을 참여시키는 등 인원 동원을 측면에서 지원하기로 했다. 이광하, 최재룡(전자공학과 71학번), 장성백, 임규영, 최문수(농학과 72학번), 박명규(정치외교학과 73학번), 김시형, 조태수, 이승룡 등도 각자 맡은 일을 처리했다. 이들은 치밀한 계획에 따라 가까이 지내던 학우들에게 미리 연락하여 당일 아침 대기 상태에 있도록 했다. 황철식은 투쟁 시각에 임박하여 현사회 회장 백문태(사회학과 71학번)에게 함께 참여하자고 요청하여 이날 시위에 현사회 회원의 참여도 있었다.

11·5 민주헌법 쟁취 투쟁

1973년 11월 5일 월요일 오전 9시, 교양과정부 4층 건물에 모인 한풍회 회원 40여 명은 삼삼오오 긴장된 표정으로 모여들었다. 일부는 선언문과 격문을 소지한 채 다른 건물에 파견되어 있었다. 오전 10시 정각, 일제히 경북대학교 반독재민주구국투쟁위원회 명의의 〈반독재민주구국선언문〉과 격문을 뿌리며 반유신 시위 투쟁에 돌입했다. 얼마 후 강의실에서 학생 200여 명이 몰려나와 대열을 형성하면서 일청담 부근에 집결해 시위에 참여했다.

정화영은 대학 언론의 소명을 잊은 채 유신 체제를 긍정적 논조로 다루어 학생들로부터 질타의 대상이던 경북대학보사의 신문 보급소에 휘발유를 붓고 불을 질렀다. 언론의 역할에 대한 경종을 울리는 상징적 퍼포먼스였다.[27] 이 무렵 주요 일간지는 유신에 대해 정부 입장만 기사화하고, 학생과 종교계 등 반유신 투쟁에 대해서는 제대로 보도가 되지 않았다. 《경북대학보》는 〈주간 표어〉 꼭지를 만들어 "대학의 유신은 끝없는 면학" 따위의 표어를 수차례 게시하고, 〈4·19정신을 유신 정신으로〉랍시고 유신 정권을 옹호하는 내용의 사설을 실어 학생과 교수들로부터 정부의 허수아비 역할을 하고 있다는 비판을 받았다.

《경북대학보》 보급소의 불길이 타오르자 학생들이 흥분해서 더 많이 모여들었다. 교양과정부에서 로터리로 이어지는 아스팔트길은 학생들로 꽉 들어찼지만 학생들은 아직 시위 대오를 제대로 형성하지 못하고 있었다. 주동자들조차 무질서한 학생들 속에서 우왕좌왕하고 있던 와중에 여기저기서 시위 대열을 갖추자는 자발적인 호소가 터져 나오면서 시위대가 모양새를 갖추어 갔다.

놀라운 점은 조직적으로 동원하지 않은 학생들 가운데 더 열정적이고 대담한 선동가가 나왔다는 사실이다. 그런 대표적인 학생이 윤규한(국어교육과 71학번, 80년 복교 후 경상대 회계학과로 전과)이었다. 험난한 시대가 자연 발생적인 투사를 만들고 내고 있었던 것이다. 이강철의 독려로 의과대학에서는 현승효(1975년 2월, 군 입대 후 훈련 중 사망)와 그 친구들이 시위에 참가하러 왔다.

시위 주도자의 선창에 따라 학생들이 구호를 외치기 시작하자 교수들이 달려 나와 시위를 저지하고 나섰다. 사범대 학생과장은 정화영과 임규영 등 학생에 떠밀려 땅바닥에 내동댕이쳐졌고, 박정희의 사범학교 동기 동창인 김영희 총장도 학생들의 기세에 비켜나야 했다.

시위 대열의 선두 학생들은 "박정희 물러가라"는 현수막을 앞세우고 구호를 외치며 200~300명이 스크럼을 짠 채 후문을 나가 도청교 중간까지 진출했다. 주변 연도와 언덕에는 구경꾼으로 인산인해를 이루었다. 이때 임규영은 대열 선두가 너무 빨리 전진한다고 판단했다. 선두 그룹은 후문을 나서자마자 달음박질로 도청 쪽으로 내달렸는데, 후미는 자연히 뒤로 처질 수밖에 없었다. 선두가 학교에서 1킬로미터 정도 떨어진 도청교를 건너는데, 경찰기동대가 다리 한가운데에 포진하기 시작했다. 더 이상의 전진이 불가능하자 선두 시위대는 학교로 돌아와 경찰기동대와 대치하는 가운데 황철식의 주도 아래 농성을 시작했다.

시위대가 다시 교내 로터리로 행진을 하자 학생들의 동조가 늘어나 한때 1천 명 정도까지 불어나기도 했다. 그러나 이 무렵 정화영을 비롯하여 대부분의 시위 주동자들이 학교를 빠져 나가는 중이어서 시위를 끝까지 책임질 수 있는 상황이 되지 못했다. 최재룡 등 몇몇 학생이 만세삼창 후 시위를 끝내려고 했으나 시위에 참여했던 학생들의 열기로 현장을 떠나려 하지 않아 좀처럼 해산되지 않았다.[29]

시위에 직접 참가하지 않은 학우들도 반유신 투쟁에 많은 지지를 보냈다. 이날은 11월 초인데도 날씨가 제법 쌀쌀했다. 경찰관과 대치하면서 연좌농성을 하고 있던 시위대에게 경북대 여학생들은 따뜻한 물을 끓여와 격려해 주기도 했다.[30]

11월 5일 시위 투쟁은 즉시 국내외 언론에 보도되기 시작했다. 당일 석간 《매일신문》 사회면 4칸짜리 시사만화 옆에는 4~5단 크기로 경북대 학생들의 시위 사건이 보도되었고,[31] 이튿날 《동아일보》는 경북대 학생들의 시위를 작은 기사로 처리했지만 사회면 중앙에 박스 처리로 배치하여 '유신 이후 첫 가두 진출 시위' 사건으로 보도했다.[32] 11월 5일 투

그림 29 11·5시위 보도 기사(1973년 11월 6일,《매일신문》)

쟁 현장에서 발표된 경북대학교 〈반독재민주구국선언〉은 시위 전에 미리 서울 쪽에 전달되었고, 이 글은 11월 5일 서울에서 재야인사 15인이 발표한 '시국선언'을 자극했다고 여정남이 말한 것을 임규영은 기억하고 있다.[33]

당시 학생들은 반유신 투쟁에서 유신 체제만 반대한 것이 아니라 보편적 민주화와 빈부 격차 해소, 종속 경제 반대와 민족 자립 등을 요구했다. 그러나 경북대의 11월 5일 투쟁 현장에 등장한 "반민주적인 유신헌법 폐지하고 민주헌법 제정하라"는 투쟁 구호는 반유신 투쟁 과정에서 처음 제기된 의제로, 이후 '개헌청원 백만인 서명운동' 등 반유신 투쟁의 가장 중요한 어젠다의 하나로 발전하게 된다.

'민주헌법 제정 요구'는 반유신 투쟁의 구호를 넘어 주권이 누구에게 있는가를 상기시키는 민주주의의 근본적 의제이다. 이후 한국 민주화 운동사에서 가장 기본이 되는 과제는 국민의 보편적 인권과 정치적 자유를 보장하는 법질서를 만드는 것이었으므로, 이 시기 반유신 운동이 한국 민주화 운동의 방향에 대한 지침을 정확히 짚고 있음을 알 수 있다.

차디찬 교도소 바닥

박정희 정권은 경북대 반유신 투쟁을 저지하지 못한 책임을 물어 즉각 대구 북부경찰서 정보과장을 직위해제시키고 30여 명의 전담 수사 요원을 배치하여 수사본부를 꾸렸다. 수사가 시작되자 이강철, 신유균(농학과 70학번), 최문수가 구속되고 정화영, 황철식, 이광하, 최재룡, 임규영 등이 수배되었다.[34] 시위 이튿날 강동균, 장성백이 임규영과 최재룡을 만나기 위해 학교로 오는 도중 경찰의 불심검문에 걸려 연행되었고, 농대 여학생 허식(원예학과 72학번)을 비롯하여 다수 학생들이 연행되어 조사를 받았다. 기습 시위의 실체 파악에 갈팡질팡하던 수사본부는 강동균과 장성백의 가담 정도를 몰라서 며칠 뒤에 석방하고 말았다.

한편 정화영은 당일 도청 부근에서 시위대에서 몰래 빠져 나와 택시를 타고 몸을 피하려고 했는데, 정화영을 집중 감시하던 사복경찰 몇몇이 잇따라 택시를 타고 정화영이 탄 택시를 추격했다. 택시 기사는 자신이 피해를 입을수 있음에도 불구하고 추격을 따돌렸고, 그 과정에 택시비도 받지 않고 정화영을 안전하게 피신할 수 있도록 도와주었다고 한다.[35] 소극적이나마 시민들까지 학생들의 반유신 투쟁에 정서적으로 공감대를 가지고 있었음을 보여 주는 대목이다.

임규영도 시위 도중에 몸을 피해 고등학교 한 해 선배인 영남대 김광택의 집으로 피신했다. 김광택은 이미 고3 때 3선개헌 반대 시위를 주동한 혐의로 퇴학당한 경험이 있었기 때문에 임규영의 피신 생활 과정에 도움을 많이 주었다.[36]

최재룡은 피신 기간 동안 입주 과외교사를 했다. 정화영은 경북 영천 천호열의 집에 피신해 있었는데, 여정남은 반유신 투쟁을 계속 이어 가기 위해 정화영과 임규영을 찾아다녔지만 결국 만날 수 없었다. 미리 피신 장소가 공유되지도 않았고, 연락 체계가 잘 수행되지 못했기 때문이었다.[37]

11월 5일 반유신 투쟁과 관련해 입건된 본교·학생 10명은 11월 16일 대구지검에 송치되었다.[38] 학생 10명 가운데 이강철, 신유균, 최문수 3명은 구속 송치되고 강동균, 시위 당일 유인물을 살포한 허식 등은 불구속 송치되었다. 정화영 등 5명은 수배 중 기소중지자로 송치되었다. 16일 오후 구속 학생들은 검찰의 1차 심문을 받았다.

10월 30일의 시위 주도 혐의로 강기룡이 화원교도소에 먼저 수감되어 있었고, 이후 11월 5일 시위로 구속된 이강철, 신우균, 최문수가 같은 교도소에 수감되었다. 강기룡은 혼자 하는 수감 생활보다 학우들이 함께 하니 수감 생활의 무게가 한결 가벼워졌고, 면회 오는 교수와 친구들에게 오히려 "감옥 안은 참으로 따뜻한데 바깥은 꽤 춥지요?"라고 말하면서 유신 체제의 공포 속에서 아무것도 할 수 없는 무력감으로 위축되어 있던 지인들을 오히려 위로한 기억이 있다고 술회했다.[39] 이처럼 경북대 반유신 투쟁을 주도한 학생들은 대부분 구속되거나 수배됨에 따라, 11월 20일 무렵부터 12월 5일까지 진행된 경북대 학생운동은 시위를 주동한 경험이 없었던 학생들이 이끌어 가게 되었다.

한편 11월 5일 시위와 관련하여 11월 26일 오후 1시, 경북대 총학생회장 홍구조와 단과대 학생회장 등 10명은 김영희 총장과 면담했다. 이들은 10월 30일과 11월 5일의 시위로 구속된 학생 4명을 석방하기 위해 학교가 어떤 대책을 조치했는지를 따져 묻고, 석방 노력과 수배로 도피

중인 학생들을 처벌하지 않는다는 확약을 해달라고 요구했다. 학생회장
단 10명은 총장의 확약을 받기 전에는 귀가할 수 없다며 오후 5시부터
도서관과 학생회관에서 단식농성에 들어갔으나 교수들의 만류로 밤11시
쯤 학교 버스를 타고 귀가했다.[40)

3. 학원민주화 투쟁

학원민주화 투쟁으로 이어진 반유신 투쟁

경북대학교의 투쟁은 서울대학교 문리대의 투쟁 이후 반유신 투쟁의
불길이 사그라들지 않을까 우려하던 사람들에게 새로운 희망을 보여 주
었다. 이 사건을 계기로 전국 대학에 반유신 항쟁의 불길이 번지기 시작
했다. 각 대학에서는 자기 형편에 맞는 다양한 방식으로 반유신 항쟁을
시작했다.

11월 5일 반유신 투쟁 이후 사범대 학생회 여학생부장 유진숙(가정교
육과 71학번)과 한풍회 1학년 회원인 박명규, 교양과정부 부회장 정영순
(간호학과 73학번) 등은 선배들의 구속과 수배에도 불구하고 반유신 투쟁
과 구속학생 석방 등을 요구하며 경북대 학생운동을 이어 갔다. 총학생회
도 구속학생 석방 운동을 진행하면서 경북대 학내 분위기는 정보기관의
탄압에도 움츠려들지 않았다.

11월 30일, 100명이 넘는 경북대 학생들은 교내 일청담에 모여 "언론
자유를 보장하라," "학원사찰 즉각 중지하라"라는 구호를 외치며, 낮 12
시부터 한 시간 동안 캠퍼스를 돌며 시위를 한 후 교양과정부 강의실에
들어가 농성을 벌여 11월 5일의 투쟁을 이어 갔다.[41)

한편 경북대 11월 5일 투쟁 이후에도 반유신 투쟁은 전국 대학으로 확산되어갔다. 11월 21일부터 30일까지 전국적으로 24개가 넘는 대학에서 2만여 명의 학생이 학원민주화와 반유신 투쟁으로 구속된 학우 석방 등을 요구하며 연일 시위를 벌였다.[42] 학생들의 시위는 교내 집회를 벗어나 '민주주의 확립' '구속학우의 석방' 등의 내용을 시민들에게 알리기 위하여 거리로 나갔다. 이 시기 학생들은 새로운 집회 방식으로 기말시험 거부와 철야 농성을 진행했다.

전국 대학의 반유신 투쟁이 점점 더 거세어지자, 정부는 학생들의 시위를 저지하는 방편으로 대학들에게 조기 방학을 강요했다. 11월 22일 서울대 문리대의 조기 방학을 시작으로 각 대학은 11월 30일을 전후하여 전국적으로 조기 방학에 들어갔다. 학생들은 정부 당국의 조기 방학 조치는 학원민주화를 가로막고 반유신 투쟁을 잠재우기 위한 술수에 불과하다는 인식 아래 강력히 항의하며 연이어 학원민주화와 유신반대 투쟁의 불길을 이어 갔다.[43] 시위를 잠재우기 위하여 실시한 조기 방학이 오히려 대학생들의 반정부 투쟁에 기름을 붓는 격이 되어, 12월에 접어들면서 반유신 투쟁과 학원민주화 투쟁은 더욱 거세어만 갔다.

대구 지역은 12월 1일 영남대학교가 조기 방학을 가장 먼저 결정했다. 이에 대한 항의로 영남대 교양학부와 공대 학생 700여 명은 12월 1일 대명동 캠퍼스에서 "학원자율화 보장," "대일예속 경제 지양," "구속학생 석방" 등을 요구하며 교문 밖까지 진출했다.[44]

경북대는 12월 1일 1천여 명의 학생들이 기말시험을 거부하며 오전 10시쯤 시계탑 앞에 모여 "정부는 진정한 민주 체제를 확립하라," "학원 자유 보장과 학원사찰 중지하라," "구속학생 석방하라'는 구호를 외치며 가두로 진출했다. 10시 30분 쯤 후문에서 경찰과 한 시간 동안 대치하다가 검단동 방면으로 스크럼을 짜고 교문을 나선 후 이를 저지하는 경찰과 투석전을 벌였다. 경찰은 페퍼포그에서 최루가스를 쏘고 최루탄을 투척하며 학생들의 교외 진출을 막았다.

이날 시위 도중 학생 4명(여학생 1명 포함)과 교양학부장 나병욱 교수가 부상을 입었으며 18명이 연행되었다.[45] 시위 학생들은 본관 앞 광장에 모여 농성을 하면서 김영희 총장으로부터 구속 학생에 대한 대책을 들은 뒤 정문으로 행진해 경찰과 대치했다. 이들은 북부경찰서장한테서 연행 학생 석방에 대한 확약을 받고 다시 본관에 와서 농성을 계속하다가 오후 3시 30분경 해산했다. 12월 1일 시위로 북부경찰서에 연행된 18명의 경북대생과 영남대생 1명은 당일 오후 5시 30분경에 모두 훈방되었다.

한편 12월 1일 오후 4시 경북대학교 본부는 총장실에서 학처장회의를 열어 2일부터 조기 방학을 실시하기로 하고 기말시험을 무기한 연기하기로 결정했다.[46] 경북대는 당초 12월 15일까지 기말시험을 치르고 시험이 끝나는 대로 방학에 들어가기로 계획했으나 정부 방침에 따라 조기 방학을 결정한 것이다. 그러나 의과대는 학사 일정의 어려움으로 12월 15일까지 기말시험을 실시하기로 했다.

경북대 의대 학생들도 반유신 투쟁에 함께했다. 엄혹한 세월은 의대생들로 하여금 '사람을 살리기 위해서는 좋은 세상이 되어야 한다'는 명제를 실천하도록 만들었다. 12월 1일 경북대 의대생 150여 명은 오전 9시 30분경 동인동 의과대학 신관 2층 2학년 강의실에서 "언론인은 정의를 수호하고, 종교인은 양심을 지켜라," "구속학생 석방하라," "학원사찰 중지하라," 대일 경제권 예속에서 탈피하라" 등 6개항의 결의문을 채택하고 구속학생 석방 서명운동을 벌이기로 결의한 뒤 오전 10시 기말시험에 참여했다.[47] 한편 조기 방학 결정에 반발할 학생 시위에 대비해 기동경찰이 경북대 후문에 출동하여 상주하고 있었다.

그 밖에도 한사대는 12월 3일부터, 효성여대는 13일부터, 계명대는 10일부터 겨울방학에 들어가기로 결정했다.[48]

정권은 귀가 강요. 그러나 경북대생은 일청담으로.

방학 시작일인 12월 2일 오전 10시 30분경 경북대 학생 400여 명은 일청담에 모여 "조기 방학을 즉각 철회하라" 등 7개 항목의 결의문을 채택하고 시위에 돌입했다. 이들은 11시쯤 정문을 나와 100미터쯤 가두로 진출했으나 경찰의 저지로 다시 교문 안으로 들어와 오후 1시 20분쯤에 자진 해산했다.

같은 날 의과대 350명과 간호대 50여 명 등 400여 명이 동인동 교정에서 성토대회를 열고 교정과 옥상을 돌며 시위를 벌였다. 이들은 교수들의 만류로 오후 3시 30분쯤 강당에 들어가 구속학생 석방 등 구호를 외치며 4일 새벽 1시까지 농성을 계속하다가 교수들의 만류로 귀가했다. 의과대에서도 4일부터 일단 기말시험을 연기했다.[49]

12월 3일은 조기 방학 결정이 통보된 날이었다. 이날 경북대 학생 300여 명은 본교 시계탑에 모여 관권에 의한 조기 방학에 항의하는 시위를 벌였다. 학생들은 스크럼을 짜고 가두 진출을 시도했는데, 이날은 여학생도 많이 참여했다. 시위 도중에 후문에서 경찰과 투석전을 벌여 다친 여학생이 나오기도 했다.[50] 연일 학원민주화를 요구하는 시위가 진행되고 있었다.

대구 북부경찰서는 12월 4일 오전, 12월 2일과 3일 시위와 관련하여 사범대 학생회장 박상수를 시위 주동 혐의로 연행하여 조사했다.

조기 방학과 관련하여 경북대는 12월 8일 오전 10시 총장실에서 긴급 학처장회의를 개최하여 기말시험을 치르지 않는 대신 각과별로 교수 재량으로 학점을 주고 계속 교수분담제로 학생을 지도하기로 결정했다. 또 학교 사정에 따라 교양과정부는 내년 2월에 기말시험 실시 여부를 검토하기로 했다.[51]

정부의 조기 방학 조치는 1973년 10월 제4차 중동전쟁 발발 이후 전 세계적으로 타격을 준 1차 오일쇼크로 인한 에너지 대책의 일환이라고 발표했다. 하지만 대학은 중고등학교와 달리 12월 초 기말고사 이후 겨울 방학이 시작되므로 굳이 조기 방학을 하는 의미가 크지 않았다. 그리고 정부는 정국이 시끄러울 때마다 대학가의 반정부 시위를 막기 위한 수단으로 조기 방학을 실시해 온 전례가 있었기 때문에 학생들은 조기 방학 실시를 강력히 반대하는 입장이었다. 학생들은 학원민주화 요구와 반정부 시위를 막기 위해 조기 방학을 실시한다고 판단하여 12월 1일부터 4일까지 전국적으로 학원민주화 투쟁을 전개했다. 경북대를 비롯하여 효성여대, 영남신학교, 부산대를 비롯하여 21개가 넘는 대학에서 조기 방학 반대, 학원민주화 및 구속학생 석방을 요구하며 투쟁을 전개했다.[52]

여성 운동가

1970년대 초만 해도 여학생의 숫자가 남학생에 비해 훨씬 적었고, 지금과 달리 '여성이기 때문에 하면 안 되는 것, 또 여성이기 때문에 해야 하는 것'들이 요구되는 시절이었다. 이전의 학생운동의 현장에는 여학생의 참여가 거의 없었다. 하지만 1973년 하반기 경북대 반유신 투쟁과 학원민주화 운동을 주도했던 운동가 가운데에는 여성 운동가도 있었다. 대표적인 인물로 사범대학 학생회 여학생부장으로 선출되어 학생회 활동을 하고 있던 유진숙, 한풍회 회원이었으며 교양과정부 부회장을 맡고 있던 정영순과 1973년 11월 5일 경북대 반유신 투쟁으로 불구속 입건되었던 허식을 꼽을 수 있다. 당시 함께 활동했던 학생들은 이들을 책임감이 강하고 실천력을 겸비한 능력 있는 여학생으로 기억하고 있다.

이 가운데 유진숙은 사범대 학생회 임원이었던 황철식으로부터 정화영을 소개받으면서 경북대 학생운동권에 들어서게 되었다. 유진숙을 만난 정화영은 현재의 시대 상황을 이야기해 주면서, 우리 학생들의 결집으로 민주화를 이루어내는 데 뜻을 같이하자고 권했다. 평소 시대 상황에 문제의식을 갖고 있던 유진숙은 당연히 함께 하기로 결의했다. 유진숙의 역할 가운데 하나는 경북대와 대구 지역 대학 여학생들을 접촉해서 학생운동에 참여하게 만드는 것이었다. 유진숙은 자신의 고등학교 친구인 효성여대 총학생회 간부 한상옥을 정화영에게 소개하여 효성여대의 학생운동도 활성화될 수 있도록 도왔다.[53] 유진숙은 뒤에 민청학련 사건에도 관련되어 고초를 겪게 된다.

보수적인 대구 지역의 사회 환경, 많지 않은 여학생 수, 선배와 동료들이 정보기관에 의해 구속·수배된 경북대 공간에서 여학생이 시위를 주도하는 일은 쉽지 않은 상황이었을 것이다. 그럼에도 유진숙과 정영순은 1973년 11월 말부터 12월의 경북대 반유신 투쟁, 학원민주화 운동을 주도적으로 이끌어 나갔다.

정권의 '유화 조치'

1973년 11월 말과 12월 초순은 반유신 투쟁의 불길이 전국적으로 타올랐던 시기이다. 주요 일간지 사회면에는 학생들의 반유신 투쟁 기사가 빠지는 날이 없었다. 시위 양상도 교내 시위에 머물지 않고 학교 밖으로 나가 유신 체제의 부당함을 국민들에게 알리고자 했다. 12월에 들어서면

고등학생들도 반유신 투쟁에 영향을 받지 않을까 우려하여 조기 방학에 돌입하게 되었다.[54] 11월 15일 한신대 김정준 교수 등 10여 명의 교수가 삭발을 감행하며 학생들에게 지지를 보냈으며, 12월 3일에는 한국기독자 교수협의회가 구속학생 석방을 요구하는 진정서를 대통령, 국무총리, 법무부 장관, 문교부 장관에게 보냈다.[55]

정권에 대한 학생들의 저항은 점점 더 커져만 갔다. 정부는 12월 7일 오전, 10월 2일 이후 전국 대학에서 불타오른 반유신 투쟁으로 구속되었던 학생들을 전원 석방하고 학칙에 의해 처벌되었던 학생들도 처벌을 무효화할 것을 지시했다.[56] 이 같은 조치는 12·3개각을 계기로 학생들의 불만을 해소하기 위한 일련의 '유화 조치' 가운데 하나였다.

1973년 반유신 투쟁으로 형사처벌을 받은 학생은 전국적으로 22명이며, 학사징계는 97명이었다. 이 중 형사처벌을 받은 학생은 구속 10명, 불구속 입건 3명, 구류 10명으로 총 23명인데, 경북대 학생은 구속 4명(농학과 2학년 최문수, 농학과 4학년 신우균, 정치학과 2학년 강기룡, 정치학과 4학년 이강철) 그리고 불구속 입건 3명이다. 한편 반공법 위반으로 구속된 영남대 경제과 1학년 박준식은 구제 대상에서 제외되었다.[57] 그 후 박준식은 12월 14일 무죄 판결을 받고 석방되었다. 반공법 위반으로 재판을 받던 박준식에게 무죄 판결을 내린 판사는 훗날 김영삼 정부에서 청와대 비서실장을 지내게 되는 김광일이었다. 그는 무죄 선고와 관련하여 문책을 받은 이후 판사직을 내려놓고 변호사로서 활동을 하게 된다.

12월 7일 오전 박정희 대통령의 지시로 구속 학생이 전원 석방되게 됨에 따라 경북대생 4명도 이날 오후 4시 15분경 대구 구치소와 교도소에서 석방되어 동료 및 교수, 가족들의 환영을 받으며 집으로 돌아갔다. 이들은 이날 오전 11시쯤 대구지검의 공소취소 신청에 따라 오후 3시쯤 대구지법 3호 법정에서 공소기각 판결을 받은 후 곧바로 풀려나게 된 것이다. 이들은 기쁨을 나누기에 앞서 "정부는 우리의 의견을 좀 더 적극적으로 받아들일 태세가 보이지 않아 아쉽다"고 입을 모았다. 이날 석방된 학생은 구속 기소되었던 최문수, 강기룡, 이강철, 신유균 등 4명과 불구속 입건되었던 박상수, 강동식, 허식 등 3명이다.

경북대 총학생회장 홍구조 등 간부들은 12월 10일 오전, 학생회관에서 7일 석방된 본교생 4명의 환영 간담회를 열었다. 김정묵 학생처장을 포함하여 각 단과대 학생과장 및 학생회 간부 30여 명이 참석한 이날 간담회에서 학생회 간부들은 "정부는 학생들의 요구 사항 중 남은 부분의 해결에 노력해야만 진정한 학원의 정상화가 이룩될 것이다," "언론의 자유와 학원의 정상화는 민주주의를 위한 필수 요건이며 이의 철저한 보장을 5천 경대인은 요구한다"는 성명서를 채택했다.[58]

9장

민청학련과 인혁당재건위 사건

1. 3·21 반독재민주구국선언

1973년 겨울방학을 맞이하여 대학가는 반유신 투쟁의 휴면기에 들어갔다. 그러나 1973년 하반기 학생들의 반유신 투쟁에 고무된 각계 인사들이 유신헌법 철폐 투쟁을 시작하면서 반유신 투쟁은 새로운 국면으로 접어들었다. 1973년 12월 24일 저녁, 서울 YMCA 회관에서 김수환 추기경을 비롯한 30여 명의 재야인사가 발기인으로 참여하여 '개헌청원운동본부'를 발족하고, 개헌 청원 100만인 서명운동을 선언했다.[1]

정부는 반유신 투쟁의 새로운 국면을 맞아 더 이상 확대되지 않도록 쐐기를 박기 위해, 개헌운동을 진행할 경우 처벌을 하겠다고 엄포를 놓았다. 12월 26일 밤 9시 40분부터 11시 20까지 1시간 40분 동안이나 라디오와 텔레비전 방송을 내보냈고, 박정희도 12월 29일 특별담화를 발표하면서 강력히 경고했다.[2] 그러나 유신에 대한 국민들의 저항은 사그

라들지 않고 연일 지지 성명이 이어져, 1974년 1월 7일에는 이희승, 이호철, 백낙청 등 61명의 문인들이 개헌 지지 선언을 발표했다.[3] 1974년 1월 8일, 개헌 지지 서명자는 10만 명에 돌입하게 되었다. 박정희 정권은 강력한 경고에도 개헌 청원 운동의 열기가 가라앉지 않자 정권 유지의 긴박함을 느끼며 1월 8일 긴급조치 1호와 2호를 발동하게 된다.[4]

긴급조치 시대의 개막

'긴급조치'는 유신헌법 제53조에 근거한 법적 조치이다. 제53조는 1항, "대통령은 천재·지변 또는 중대한 재정·경제상의 위기에 처하거나, 국가의 안전보장 또는 공공의 안녕 질서가 중대한 위협을 받거나 받을 우려가 있어, 신속한 조치를 할 필요가 있다고 판단할 때에는 내정·외교·국방·경제·재정·사법 등 국정 전반에 걸쳐 필요한 긴급조치를 할 수 있다"와 2항 "대통령은 제1항의 경우에 필요하다고 인정할 때에는 이 헌법에 규정되어 있는 국민의 자유와 권리를 잠정적으로 정지하는 긴급조치를 할 수 있고, 정부나 법원의 권한에 관하여 긴급조치를 할 수 있다"고 규정 되어 있다. 그러므로 긴급조치권은 국민의 자유와 권리까지 정지할 수 있도록 대통령에게 부여한 초헌법적 권한이다.[5] 박 정권은 유신헌법을 반대하거나 개헌 논의를 하는 모든 행위에 대해 15년간 징역에 처할 수 있다는 내용을 담은 '긴급조치 1호'를 발포했다. 특히 7개 항으로 구성된 긴급조치 1호에는 국민의 발의권, 청원권도 금하며 방송·출판 금지 및 타인에게 알리는 일체의 행동도 범법행위로 간주한다는 내용이 담겼다. 또한 이를 어겼을 경우에 법권의 영장 없이도 체포, 구속할 수 있다고 명시되어 유래를 찾아볼 수 없는 독재 정권의 전형을 보여 주었다.

'긴급조치 2호'는 1호를 어겼을 경우 민간인을 군법회의에 회부하는 군사 재판부를 설치한다는 내용으로 구성되어 있다.[6] 1974년 1월 15일 백기완과 장준하를 긴급조치 1호 위반으로 구속하여 징역 15년을 선고하는 군사재판을 열었고, 연이어 1월 21일에는 가장 먼저 긴급조치에 저항하던 기독교계 인사 가운데 도시산업선교회의 김경락 목사와 전도사 11명을 구속했다. 긴급조치 철회를 요구하는 토론회를 개최한 대학생들도 구속되면서 1월의 추운 겨울은 더욱 더 얼음 공화국이 되어 갔다. 종교인과 학생에 이어 2월 하순에는 '문인·지식인 간첩단 사건'을 조작하여 문학가 이호철과 임헌영 등이 구속됨으로써 매서운 칼바람이 몰아쳤다. 긴급조치 1호가 선포된 후 정세는 그 이전과는 다른 양상으로 바뀌었다. 학생운동 조직이 대부분 정보기관에 노출되었고, 유신 독재 정권의 추적과 감시, 협박, 와해 공작은 극심했다. 거기에다가 유신 정권이 긴급조치 1호라는 흉기를 휘두르자 많은 사람들이 두려움에 움츠려들었다.

1973년 하반기 반유신 투쟁을 정리하면서 각 대학 운동권은 투쟁 의지를 확인하는 한편 전국적 투쟁을 지도할 통일적 연대 조직 결성의 필요성을 절감하게 되었다. 경북대학교도 지난 가을의 반유신 투쟁이 다른 대학과 연대투쟁으로 이어지지 못한 채 고립되어 진행되었다고 판단했기 때문에 주요 대학과의 연대 필요성을 절감했다. 서울 지역 대학 연결은 여정남이 주선했던 것 같고 연락 책임은 이강철이 맡았다.[7] 한편 서울대를 중심으로 대학 간 연계 조직의 형성을 전국 대학으로 확대해 나갔는데, 대구 지역에서는 이미 여정남이 서울과 연계를 형성해 두고 있었다.

서울대 학생 이철은 "전국 대학 운동권의 연대 조직 형성을 위해 서울대 문리대 중심으로 그룹이 뭉쳐졌고 법대와 상대 그리고 서울의 기타

대학에서 인적 모임이 만들어졌다. 경북대는 이미 여정남이 3선개헌 반대 투쟁 이래 서울 지역과 계속 끈을 이어 왔고, 이철과 유인태가 전남대와 연결되었으며 경북대의 이강철, 정화영, 임규영 등과는 새로이 접촉했다"고 증언했다.[8] 여정남과는 서울에 올라오면 '용금옥'에서 소주잔을 놓고 시국담을 교환하는 등 친분을 교류했다고 이철은 회고했다.

전국 대학생 연대 조직

경북대와 서울대는 1973년 가을의 고립 분산적인 투쟁을 극복하기 위해 1974년 2월 10일, 경북 달성군 하빈면 강창 나루터 부근 음식점 '두영이집'에서 만남을 가졌다. 이 자리에는 경북대 이강철, 정화영, 임규영, 황철식 서울대 유인태, 김재근, 전홍표가 참석하여 앞으로 전개될 학생들의 유신 반대 투쟁에 관해 논의했다. 이들의 연계는 여정남이 주선했다. 이날 모임에서 다음과 같은 내용을 합의했다.

① 대학 간의 연계 문제는 서울대가 서울·중부 지방을, 경북대가 영남 지방을, 전남대가 호남 지방을 담당한다.
② 서울대, 경북대, 전남대는 별도로 만나 협의한다.
③ 개학 후 일정한 기간 조직을 확대한 후 동시다발적인 시위를 위주로 투쟁을 전개하되, 학생운동의 상당 부분이 정보기관에 노출된 점을 고려하여 지나치게 시기를 늦추지 않는다.

이들은 그날 밤을 지새우면서 국가보안법 문제가 있으니 전국적 명칭은 사용하지 않고 각 대학마다 자체 명칭을 쓰기로 했다.[9] 정화영, 이강철, 임규영 등은 지난 가을의 시위 투쟁에 적극 참여한 학생들을 발굴해서 조직을 확대하기 위한 작업을 진행했다.

경북대와 전남대를 중심으로 한 지방대학의 투쟁 네트워크도 강원대의 정성헌, 부산대의 김재규, 영남대의 김광택으로 확산되었다.[10] 서울대, 경북대, 전남대의 만남은 대전 등 중부지역에서 갖기로 합의했다.

당시 전국 조직의 연락을 맡는 일은 엄격한 보안이 요구되는 일이었다. 대구에서는 임규영과 이강철이 맡았다. 1974년 2월 24일, 달성군 강창에서 합의한 대로 임규영은 대전에서 서울대 황인성, 전홍표를 만나 대구와 서울의 학생운동 현황에 대한 정보와 의견을 교환했다. 이후에도 몇 차례 대전과 속리산 등에서 서울대의 황인성, 전홍표, 전남대의 윤한봉, 김상윤을 만나 서로 정보를 공유했다. 그래서 경북대 운동권의 대부분은 임규영이 대전에서 다른 지역의 대학 그룹과 만나는 사실도 몰랐다. 당연히 어떤 내용이 오갔는지도 몰랐다. 이 무렵은 서슬 퍼런 정권이 반유신 투쟁의 기미를 사전에 포착하기 위해 반정부적인 성향을 가진 학생과 민주인사에 대한 정보망을 거미줄처럼 조이고 있던 때였다. 따라서 임규영이 자신의 동선이나 서울대와 전남대 학생 그룹과 만난 일을 다른 친구들과 공유하지 못했던 것은 오히려 학내 조직 보안상 당연한 조치였다. 그러나 임규영은 학내 운동을 책임지고 있는 이강철과 정화영에게는 서울대와 전남대 만남의 내용을 전달했다.[11] 이강철은 서울에서는 여정남과 유인태, 이철 등과 모임을 가졌고, 부산대의 김재규를 만나 연락을 전달해 주는 역할도 맡았다.[12] 모임은 결정을 내리기보다는 각 대학들의 자체 결정을 존중하여 정보를 교류하는 것이 주된 내용이 되었다.[13]

몇 차례의 모임을 통해 조직과 선언문의 명칭은 각 대학의 조건에 맞추고 각 대학별 예비 시위를 조직하여 4월 초 일제히 반유신 투쟁을 전

개하자고 결론을 내렸다.[14)

3월과 4월 전국에서 대학생들의 시위를 주도한 학생들은 이미 1969년 3선개헌 반대 투쟁과 1971년 교련 철폐 투쟁을 통해 대학 간의 인적 연계망을 맺고 있었다. 또한 1969년 이후 이념서클들이 중심이 되어 진행되어 온 전국학술토론대회를 통해 연대 투쟁의 필요성에 대한 공감대를 형성하고 있었다.

1970년대 전반에는 기독교 학생 조직을 제외하면 체계적인 전국 단위의 대학생 연대 조직은 존재하지 않았다. 그러나 각 대학의 이념서클들 간에는 다양한 형태의 인적인 유대 관계가 있었으며, 선후배 관계를 통해 지속적으로 유지해 나갔다. 학생운동에 적극 참여한 학생들은 각 대학의 이념서클이 주최하는 학술대회나 토론회에 참가하면서 얼굴도 익히고 선후배들을 통해 정기적으로 교류하기도 했다.[15) 민청학련은 이러한 이념서클 간에 맺어진 고리를 통해 연결된 전국 네트워크라고 볼 수 있다.

앞서 여정남이 1974년 초에 경북대와 서울대의 만남을 연계할 수 있었던 배경에는 1969년부터 각 대학 이념서클에서 진행해 온 전국학술토론대회를 통해 서울 지역의 학생운동권과 인적 토대가 형성되어 있었기 때문이었다.

1974년 1월부터 3월까지 각 지역 대표들이 회합을 가졌고, 반유신 투쟁의 첫 봉화를 가장 먼저 자원한 대학이 경북대였다. 3월 초 대전 모임에서 임규영은 경북대가 자진해서 3월 18일에 반유신 투쟁의 포문을 열겠겠다고 통보했다. 임규영은 1974년 긴급조치 1, 2호 발동과 함께 더 강력한 저항의 움직임이 있어야 한다고 판단했고, 서울 지역 대학보다는 지역 대학에서 먼저 반유신 투쟁을 시작해서 전국 단위로 확산되는 전술이 의미 있다고 판단하여 정화영 등 경북대 선배들의 동의를 받아

놓은 상황이었다. 지역 대표 모임에 참가한 이들도 경북대 시위에 이어 곧바로 시위에 들어가겠다고 함께 결의했다.[16] 서울대의 황인성, 전홍표도 주된 투쟁은 서울에서 벌어질 것으로 예상하고 서울의 역량을 아끼기 위해 시위 투쟁의 불길을 경북대가 먼저 당기기를 원했다.[17] 경북대 시위를 받아 서울에서는 서강대, 연세대 순으로 데모를 조직화해 내기로 결정했다.

1974년 봄, 긴급조치 1호와 2호 발동되어 얼어붙어만 가는 정국 속에서도 한풍회를 중심으로 경북대 학생운동권은 전국적인 반유신 투쟁의 도화선이 되자고 결의하게 된다. 민청학련 사건의 핵심이 된 '4·3 시위' 도화선은 경북대 3·21 반유신 반독재 시위였다. 이미 전국 모임에서 3~4월에 집중적으로 반유신 투쟁을 전개해야 할 필요성을 공감했으며, 그 신호탄을 경북대학교에서 쏘아 올리기로 전국 모임에 통보한 상황이었다.

시위 준비는 긴급조치 1호의 탄압 국면으로 사회 분위기가 극도로 냉각된 상황 속에서 추진되었다. 또한 1973년 11월 투쟁 이후 학생운동 세력이 너무 심각하게 노출되어 있었다.[18]

경북대 3·21 반유신·반독재 시위

1974년 2월 25일 대구시 남구 대봉동 이강철의 집에 정화영, 임규영, 이광하, 황철식, 강기룡, 장성백 등이 모였다. 이들은 전국 대학교의 조직적인 반정부 투쟁에 대비하여 1973년 11월 5일 반유신 투쟁으로 조직이 손상된 한풍회를 다시 정비하여야 한다는 공감대를 형성했다. 그리고 전국적인 데모의 선봉 역할을 한풍회가 맡기로 결의했다. 이후에도 이들은 수차례 만남을 이어 가며 반유신 투쟁을 결의했다. 3월 10일, 임규영은 지난 1973년 11월 5일 반유신 시위에서 자발적으로 투쟁을 선도한 윤규한과 김진규를 만나 함께 투쟁하기로 결의했다. 윤규한은 1973년 가을 서울대 문리대 투쟁 이후 독자적으로 친구인 정용화 남매와 함께 벽보와 전단을 제작하여 붙이거나 살포하는 등 반유신 투쟁을 해나간 바 있었다.

1974년 3월 반유신 투쟁을 준비하던 정화영, 임규영 등은 시위 주동자들을 1선과 2선으로 나누고, 첫 시위는 1선이 나서며 2선은 노출되지 않는 상태에서 1선을 엄호 지원하기로 하고 제2의 '반독재민주구국선언문'을 준비하기로 했다. 처음에는 3월 18일에 시위를 열기로 했으나 누설된 것 같아 21일로 연기했다. 황철식은 한풍회 회원인 법정대학 정치외교학과 조태수와 김시형에게 21일 시위를 알려주며, "정외과 정화영이 앞장서니 후배인 우리가 도와야 한다"며 참여를 권유했다.

1974년 3월 20일 저녁 6시 무렵 정화영, 황철식, 장성백, 강기룡, 조태수, 김시형 등 제1선은 성당동 '대구식당'에서 모임을 갖고 3월 21일 시위투쟁을 결의했다. 21일 오전 1교시가 끝나는 종소리를 신호로 시위를 감행할 것을 계획했으며, 선언문은 '경북대반독재구국투쟁위원회' 명의로 정화영이 준비하기로 했다. 이 선언문은 여정남이 미리 준비해서 3월 21일 이전에 정화영에게 건네준 것이다.[19] 강기룡은 법정대 도서관, 황철식은 사범대, 장성백과 조태수는 교양과정부 동쪽, 김시형은 교양과정부 서쪽 교정에 선언문을 뿌리고 학생들을 일청담에 집결시키도록 했다. 후문을 통하여 시내 진출을 꾀하다 경찰 저지선을 뚫지 못하면 교내로 다시 들어와 투석전을 전개하기로 합의했다.

이들은 경북대가 과감하게 선봉에 나서면 전국의 모든 대학이 궐기할 것이라고 믿고 3월 21일 아침을 맞이하고 있었다.

3월 21일 아침 8시 30분경 대구시 동구 신암동 왕거리 빵집에서 황철식은 정화영으로 부터 선언문 200장, 구호문 5장, 현수막 4장을, 강기룡은 선언문 200장, 구호문 20장, 현수막 3장을 각각 전달받았다. 황철식은 유진숙과 함께 유인물을 배포하기 시작했다. 장성백은 조태수와 함께 교양과정부에서, 강기룡은 법정대학과 도서관에서 배포했다.[20]

교양과정부 앞에서 '한국풍토연구회 신입회원 모집'이라는 현판을 써 놓고 회원을 모집하는 것처럼 위장하여 경찰 당국이 시위를 사전에 감지하지 못하도록 했다. 이 자리에서 이광하는 이승룡으로부터 선언문 수십 장을 전달받아 이를 배포했다.

학생들이 일청담에 집결하면 시위 주동자를 1선과 2선으로 나누고 2선은 1선의 시위 투쟁을 엄호하도록 했다. 1선의 역량 배치도 이곳저곳으로 분산시켰다. 그러나 이러한 배치는 지난 가을보다 훨씬 어려워진 정세를 정확히 읽지 못한 탓에 역량을 집중시키지 않고 분산시킨 전술적 오류가 되어 버렸다. 국민을 겁박하는 정국 분위기와 정보기관의 사찰이 더욱 강화된 학내 상황은 고조된 1973년 11월 5일의 반유신 투쟁 분위기를 만들어 주지 못했다. 결론적으로 지난 가을보다 훨씬 어려워진 정세를 정확히 읽지 못한 탓에 역량의 집중시키지 못한 전술적 오류를 범했다.

선언문만 배포하고 시위는 일부에 그치고 말았다. 긴급조치 발포 후 학내 분위기는 1973년 11월 5일의 투쟁 분위기와는 사뭇 달랐다. 시위 투쟁은 학생들의 무관심으로 기대했던 성과를 얻지 못한 채 실패로 끝났다. 반유신 활동에 조금만 참여해도 군사재판을 받는다는 긴급조치는 학생들의 반유신 투쟁의 참여를 철저하게 막는 데 성공한 것 같았다. 그러나 1974년 1월 8일 긴급조치 발동 이후 얼음장 같던 정국에 의미 있는 균열을 내었다는 평가는 받을 수 있는 투쟁이었다. 그러나 한편으로는 대구 지역뿐 아니라 운동 진영 내부에서 3월 조기 데모를 반대하면서 전체적인 국면의 변화를 위해 조급증을 떨쳐야 한다는 주장이 있었다는 점도 고려하여 양가적 평가가 필요한 부분이다.

시위 당일인 21일부터 주동자들에 대한 검거가 시작되었다. 검거가 시작되었지만 3월 24일 오후 8시경에 김진규, 윤규한, 임규영은 시내에서 만나 '반독재민주구국선언문' 수백 장 나누어 가지고 대구상고, 사대부고, 대구고, 대륜고, 효성여대 같은 학교를 분담하여 돌멩이를 싸서 선언문을 던지는 방법 등으로 살포하며 투쟁을 이어 나갔다. 이에 당황한 공안 당국은 수배 학생 검거에 1계급 특진과 포상금을 거는 등 반유신 투쟁을 가라앉히는 데 혈안이 되어 있다.

2. 경북대 민청학련과 인혁당재건위 사건

민청학련으로 엮인 경북대 반유신 투쟁

경북대학교의 3월 21일 시위에 이어 서울에서는 서강대학교 시위를 시작으로 4월 3일 전국에 걸쳐 동시 시위를 벌이기로 했다. 1974년 4월 3일 민청학련 명의로 제작된 '민중·민족·민주선언'과 '민중의 소리' 선언문을 뿌리면서 서울대, 연세대, 이화여대 등에서 유신 반대 투쟁이 일제히 전개되었다.[21]

박정희는 1974년 4월 3일 밤 10시를 기해 학원 사태와 관련하여 헌법 제53조에 따른 대통령 '긴급조치 4호'를 선포했다.[22] 이 법은 전국민주청년학생총연맹(민청학련)과 관련되는 제 단체를 조직하거나 이에 가입 또는 회합·통신·편의 제공 등으로 구성원의 활동에 직간접으로 관여하는 일체의 행위 금지를 목적으로 만들어진 것이다.[23] 이처럼 학생들의 반유신 투쟁을 철저히 막기 위해 발포된 긴급조치 4호는, 이 조치를 위반하거나 비방한 자에 대해서는 5년 이상의 징역에서 최고 사형까지 처할 수 있고, 위반자가 소속된 학교는 폐교 처분할 수 있다는 등의 내용으로 되어 있다.

'민청학련'이라는 명칭은 1974년 4월 3일 시위에서 처음 등장했다. 박정희는 4월 3일 밤 특별담화를 통해 민청학련을 불순 세력의 배후 조종 아래 '인민혁명'을 수행하기 위해 정체를 위장하고 사회 각계각층에 침투한 지하조직이라고 규정했다. 그러므로 '인민혁명'의 수행을 기도하고 적화통일을 위한 통일전선의 초기 단계적 불법 활동이 대두되고 있어 불순 요인을 발본색원하기 위해 긴급조치 4호를 발표한다고 했다.[24] 구체적 실체도 없는 명칭으로만 출현한 단체 이름을 확인한 지 불과 몇 시간 만에 반국가 단체, 체제 전복 단체, 공산주의 혁명 단체로 만들어 버렸다. 이것은 유신 체제를 반대하는 모든 집단에 대해 응징할 시나리오를 이미 완성해 놓았다는 것을 의미한다.

이처럼 긴급조치 4호는 '전국민주청년학생총연맹'을 불순 세력으로 규정하고 오로지 이 조직 하나만을 제거하기 위해 대통령이 직접 나서서 통치권을 발동한 전대미문의 희극적인 위헌조치로 증명되었다.

정보 당국은 오래전부터 학생운동 세력의 동태를 파악해 오고 있었다. 이들을 방치할 경우 전국적 규모의 연대 투쟁이 일어날 것을 우려했다. 정보 당국은 3월 21일 경북대 시위 주동자들을 검거하면서 반유신 투쟁을 뿌리부터 잘라내려고 계획하고 있었다. 또한 학생운동 세력을 국민들과 유리시키기 위해 긴급조치를 발포하여 반유신 투쟁 세력을 불순 집단, 북한과 연계되어 있는 공산주의 사상을 가진 집단 등으로 매도했다. 당시 중앙정보부 자료 가운데 〈3·30조치〉라는 문서가 존재하는 것 등으로 볼 때, 긴급조치 4호 관련 박정희 담화 발표 전부터 인지 수사를 진행하고 있었다.[25]

긴급조치 4호가 선포된 후 4월 3일과 4일 밤 여정남, 이철, 유인태 등이 모여 긴급조치 4호에 대한 반박 성명을 내기로 하여 나병식, 황인성 등은 성명서를 쓰고 권오걸, 강구철 등이 명동과 신촌 등지에서 성명서를 살포했다.[26] 긴급조치 4호가 발동된 이후에도 서울 지역의 몇몇 대학과 전남대 등에서 반유신 투쟁과 긴급조치 철회를 요구하는 시위를 이어 나갔다.[27] 이 시위 이후로 민청학련과 관련된 시위는 더 이상 진행되지 못했다.

한편 경북대학교에서는 3월 21일 반유신 투쟁 당일부터 대대적인 검거 선풍이 불었다. 강기룡, 이광하를 비롯한 대부분의 주동자가 검거되었다. 그날 검거되지 않은 임규영과 정화영도 며칠 만에 피신처에서 검거되고 만다. 임규영은 자신의 실수로 정화영이 체포되었다고 생각하고 있었다.[28] 정화영은 계속해서 임규영과 함께 반유신 투쟁을 이어 나가기로 마음을 굳게 먹고 미리 마련해 둔 서구 비산동의 은신처에서 정보 당국의 감시를 피하고 있었다. 수배 중이던 임규영은 3월 28일 이승룡과 모처에서 만나기로 했는데, 이 자리를 정보기관 요원이 덮쳐 현장에서 체포되었고, 이들을 심문하는 과정에서 정화영의 은신처도 드러났다.

당시 대구에는 중앙정보부 6국 부국장과 간부들이 내려와서 수사를 지휘하고 있었다. 정화영, 임규영 등과 함께 검거되어 조사를 받던 사람들 모두 단순한 시위 사건 이상으로 다루고 있다는 느낌을 받았다고 한다. 3월 말 서울로 압송될 때까지 중앙정보부 대구지부에서 혹독한 심문을 받았는데, 주요 심문 내용은 경북대 시위와 관련한 배후 세력과 추가 주동자 등에 대한 수사였다. 그러나 서울에서 시위가 연이어 발생하자 조사를 받던 경북대 학생 중에서 12명을 추려 서울구치소로 압송했다.

정화영, 임규영, 황철식, 이광하, 장성백, 김진규, 윤규한, 유진숙, 김시형, 조태수, 강기룡, 이승룡 등이 3월 31일 서울구치소에 수감됐다.[29] 이름표 대신 노란 요시찰 마크가 붙은 번호표가 붙은 푸른 수의의 누빈 솜옷에 검정 고무신을 신고 저마다 배정된 방으로 들어갔다. 이들은 시국사범이라는 이유로 1.03평(가로 1.5미터 세로 2.5미터) 정도의 독방에 수감되었다.[30] 서울로 끌려간 이들은 대구에서와는 확연히 다른 환경에서 다른 내용의 심문을 집중적으로 받았다. 주요 내용은 전국 대학 조직과의 연계와 배후, 불온사상 등에 대한 것이었다. 경북대 학생들은 남산 중앙정보부 지하실에서 진행된 수사 과정에서 '사회주의혁명을 기도'했다고 진술할 것을 강요당했다. 이 과정에서 몽둥이 구타는 기본이고, 물고문, 전기고문까지 당했다.[31] 그러나 전국 조직과의 연계, 서울 조직과의 연계 등 정보기관이 요구하는 어떤 내용도 대구에 내려온 서울대 상대 학생이 자수해서 전말을 실토하기 전까지 경북대 쪽에서는 나오지 않았다. 실제로 정화영과 임규영을 제외하면 다른 사람들은 전국 조직과의 연계 내용에 관해 구체적으로 알지 못한 것이 사실이기 때문이다.

만들어 낸 '민청학련'

3월 27일 이전에 투쟁을 시작했던 경북대를 비롯하여 연세대, 성균관대, 동국대, 경희대 등이 '민청학련' 대신 각 대학의 반독재투쟁위원회 등의 명칭을 사용했던 사실은 민청학련이 확고하고 완결된 체계를 갖춘 조

경북대학교 민청학련 관련자 명단

이 름	학 과	선고형
여정남	법정대 정치외교학과 제적	사형
이강철	법정대 정치외교학과 졸업	징역 15년
정화영	법정대 정치외교학과 4학년	징역 15년
임규영	사범대 사회교육과 4학년	징역 15년
황철식	사범대 과학교육과 4학년	징역 10년
이광하	농과대 원예학과 4학년	징역 7년
장성백	사범대 수학교육과 4학년	징역 7년
강기룡	법정대 정치외교학과 3학년	징역 7년
윤규한	사범대 국어교육과 4학년	징역 7년
김진규	농과대 수의학과 4학년	징역 7년
유진숙 조태수 김시형 이승룡	사범대 가정교육과 4학년 법정대 정치외교학과 2학년 법정대 정치외교학과 2학년 사범대 공업교육과 3학년	기소유예 출감
최재룡 강동균	법정대 정치외교학과 4년	한 달 이상 구금 조사

직이 아니었음을 여실히 보여 준다.[32]

'민청학련'이란 명칭은 반유신 투쟁 과정에 유인물의 신뢰도 및 대중
적 설득력을 확보하기 위해 공동으로 사용할 명칭의 필요성을 느끼고 제
안한 임의의 명칭 가운데 하나였다. 1974년 3월 27일 서울 삼양동 김병
곤의 방에서 이철, 김병곤, 정문화, 황인성이 모여 김병곤의 '민주회복전
국학생연맹,' '반파쇼민주학생연맹'과 정문화의 '반독재전국민주학생연맹,'
황인성의 '전국민주청년학생연맹' 중에서 황인성이 제안한 명칭이 채택
된 것이다. 그것은 큰 의미나 내용을 부여하는 것이 아닌 제안 수준의 선
택 결정이었다.[33] 그러므로 3월 21일 경북대 반유신 투쟁으로 3월 28일

체포되어 조사를 받고 있던 정화영, 임규영 등은 물론, 서울대 서중석조차 민청학련 명칭을 중앙정보부 조사 과정에서 처음 들었다고 진술하는 어처구니없는 일이 벌어졌다. 민청학련이라는 조직은 전국적인 조직도 강령도 없는 단지 전국 대학생들의 반유신 투쟁 의지를 시민들에게 효과적으로 알리기 위한 명칭으로만 존재했다는 사실을 알 수 있다.

1970년대 전반까지 별다른 전국 조직이 없던 학생운동의 전국 조직은 1974년 상반기 반유신 투쟁을 준비하면서 실질적으로 논의되었다. 당시 논의의 틀은 사적인 인간관계에서 출발하여 조직적 관계로 이행되는 초기 단계였다고 볼 수 있다. 그러므로 유신 세력이 학생운동 세력을 대규모 공안 사건으로 조작해 나가는 상황에 대해 감당할 수 없었던 것이 당시 학생운동의 수준이었다.[34]

1974년 4월 25일, 중앙정보부장 신직수는 학생들이 배포한 4월 3일자 선언문에 인쇄된 조직 이름을 딴 이른바 '민청학련' 사건을 발표했다.[35] 배후 조직이라는 공안사건의 상투적인 구색이 필요했던 정권은 혁신계 인사들을 중심으로 조작된 '인혁당재건위 사건'과 구속된 두 일본인을 국제공산주의 세력과 연계시켜, 5월 27일 인혁당재건위 사건과 민청학련 사건 관련자 1,024명 가운데 253명을 송치시켰다.[36] 당시 중앙정보부 〈수사 상황보고〉(92보, 74. 4. 21)의 수사 초점은, 유신 체제에 도전하는 집단에 대해 공산주의자임을 입증하고, 용공성과 반국가 단체 성격을 부각시키라는 내용으로 구성되어 있다.[37] 이미 정해진 방향에 따라 정권에 의한 대규모 용공 조작 사건이 진행되고 있음을 알 수 있다.

정권에 의해 '부활한' 인민혁명당

박정희 정권은 사건 발표를 국민들이 믿게 하기 위해서는 학생 조직만으로는 안 된다는 점은 알고 있었다. 반드시 학생 세력을 조종하는 거대한 집단이 있어야 했고, 이들 집단의 성격은 반정부적일 뿐 아니라 체제 전복적이어야 하고 공산주의 사상을 가진 집단이며, 더구나 친북적인 집단으로 만들어야 하는 상투적인 필요성이 요구되었다.

4월 15일쯤 서울에서 유인태가 검거되고 이튿날 여정남이 검거되었다. 4월 20일경부터 중앙정보부는 이른바 인혁당 관련자들을 본격 체포 또는 예비검속하기 시작했다. 인혁당 사건은 1964년 한일회담 반대 학생 시위가 전국적으로 확산되어 가고 국민들의 반대 여론이 높아 가자 정권이 위기를 돌파하기 위해 만들어 낸 사건이었다. 박정희 정권은 1964년 6월 3일을 기해 전국적으로 비상계엄을 선포하면서 한일회담 반대하는 학생들의 배후에 "북괴의 지령을 받고 국가 변란을 기도한 대규모 지하 조직 인혁당을 적발했다"고 발표했다.[38] 그러나 이 사건은 철저히 조작된 사건이므로 1964년 9월 서울지검의 공안부 검사들이 증거 불충분으로 기소할 수 없다며 사표를 제출하는 사태까지 낳았다.[39] 정권은 인혁당 관련자 26명을 기소했으나 증거 불충분으로 14명은 석방했고, 12명은 공소장을 변경하여 반공법으로 다시 기소했다. 12명도 재판 과정에서 도예종과 양춘우를 제외한 나머지는 모두 무죄 판결을 내려 인혁당 사건은 정권에 의해 조작되었음을 보여 주었다. 특히 사건 조작 과정에서 전기고문, 물고문 등 가혹한 고문으로 강압 수사를 받은 사실도 심각한 문제였다. 도예종, 이재문 등 인혁당에 관련된 인사들은 대부분 4·19 공간에서 자주 통일과 민주화 운동을 활발하게 벌이던 사람들이었다. 박정희 군사 정권에 의해 가혹한 탄압을 받으면서도 상당한 영향력을 가지고 반외세 반독재 민주화 운동을 계속해 왔기 때문에 유신 독재에게는 눈엣가시 같은 존재였다.

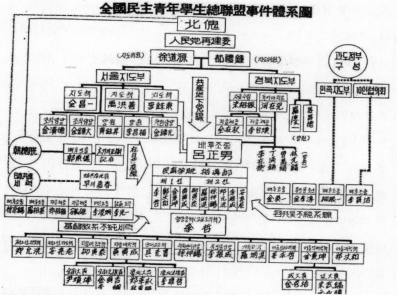

그림 30 중앙정보부가 발표한 인혁당재건위와 민청학련 조직도

    1974년 4월 25일 중앙정보부장 신직수가 민청학련 사건 중간 조사결과를 발표했다. 민청학련의 활동이 자유민주주의 체제를 부정하는 폭력혁명으로 정부를 전복하고 민족 지도부 구성 등 과도 단계를 거쳐 공산국가 건설을 목표로 했다는 것이다. 또한 이들의 배후에는 인민혁명당과 재일 조총련이 관계되어 있다고 강조했다. 정부의 발표 뒤 정화영, 이강철, 임규영 등 경북대 민청학련 관련자들은 사회주의 사상 고취 여부와 북한과의 연계성 등에 대해 진술할 것을 끊임없이 강요당했다.[40]

    5월 27일에는 비상군법회의 검찰부가 민청학련 사건에 대한 추가 발표를 했다.[41] 발표의 주요 내용은 도예종, 서도원, 하재완 등 지난 1964년 인민혁명당 사건 관련자들이 대구 지역 혁신계 세력을 중심으로 인민혁명당을 재건하고, 경북대 정치외교학과 4학년에 재학 중인 여정남을 서

울로 보내 민자통 경희대 위원장 이수병과 인민혁명당 사건 관련자였던 김용원에게 인계했다는 것이다. 그리고 이수병과 김용원은 여정남에게 서울대 이철과 유인태 등을 소개하고 이들을 조종하여 전국적 대학생 조직을 만들어서 정부를 전복하고 임시 과도정부를 설립하여 공산주의 정권을 세우려 했다고 발표했다.[42]

중앙정보부와 비상군법회 검찰부의 발표에 따르면, 인혁당과 민청학련의 연결 고리는 경북대 여정남과 서울대 유인태였다. 수사관들은 여정남과 유인태를 인혁당과 민청학련의 연결 고리로 엮기 위해 이철, 유인태에게 여정남을 조종했다는 진술서를 요구했고, 이에 대해 유인태 등이 "선배를 어떻게 조종하느냐"고 항의하자 "나이도 한참 위고 하니 너희들이 지도받은 것으로 하자"고 진술서 작성을 강제로 조작했다.[43]

1970년 상반기 학생운동 집단은 과거 인민혁명당 사건, 통일혁명당 사건 등이 준 영향으로 선배들과 관계에서 조심스러운 태도를 보였다. 이들 선배 집단은 박정희 정권의 폭압으로 구속된 적이 있을 뿐 아니라 국민 여론을 호도하기 위해 '빨갱이 집단'으로 매도당하고 있었다.

인혁당재건위라는 조직이 민청학련의 배후로 활동을 했다는 확증은 인혁당재건위 관련자들을 고문해서 이끌어 낸 진술 조서 등을 제외하면 구체적인 증거가 없다.[44] 인혁당재건위 관련자들과 민청학련 관련자들은 허위 진술을 받아내기 위해 죽음의 문턱을 넘는 고문을 당했다고 있다. 박정희 정권은 자신들의 정권 유지를 위한 희생양이 필요했다. 이 희생양으로 영남 지역, 특히 대구의 혁신계 중심의 반유신 세력을 공산주의자 내지는 체제 전복자로 만드는 사건을 조작한 것이다. 그리고 이 조작의 그림은 어떤 객관적이고 구체적인 증거도 없이 오로지 고문을 통한 관련자 진술로만, 정보부의 구상에만 의지했다.[45]

여정남과 인혁당재건위 사건

1960년대 말부터 1970년대 초반 경북대 학생운동을 사실상 이끌고 있었 인물은 여정남이었다. 그는 1964년 한일회담 반대 투쟁에 힘을 보태고 3선개헌 반대 투쟁을 조직한 경북대 학생운동의 실질적 리더라고 말할 수 있다. 1973년 11월 5일, 경북대 반유신 투쟁을 수습하면서 여정남은 대구 지역 학생운동을 넘어, '학생운동 전국화'를 목표로 서울과 지방 학생운동을 연결하는 데 힘을 쏟게 된다. 하지만 이 부분에 대해서는 당시 대구 지역 혁신계 인사들 내부에 이견이 있었던 것으로 확인된다. 여러 증언에 따르면, 여정남에게 학생운동의 전국화를 맡게 하여 유신 체제에 한층 직접적이고 강력한 집중 투쟁을 전개하자는 주장과, 여정남을 청년운동 진영으로 전이시키고 학생운동의 새로운 세대를 발굴하는 등 좀 더 장기적인 반유신 투쟁 전략을 수립할 것을 주장하는 측의 토론이 있었던 것으로 보인다.[46)]

역할을 둘러싼 당시의 견해 차이는 단순히 여정남 개인의 활동 공간 문제가 아니라, 혁신계-인혁당 그룹과 학생운동의 관계 설정, 1967년과 1971년 대선을 거치면서 나타난 의회주의 선거 전술을 둘러싼 내부 논쟁과 결부되어 있었다. 혁신계-인혁당 그룹 내에서는 이미 1967년경부터 선거 참여를 둘러싸고 서로 다른 견해가 공존하고 있었다. 의회 진출과 선거를 통한 평화적 해결 노선을 주장한 측과 학생운동을 선봉으로 민중봉기를 통한 변혁 노선 사이의 의견 대립이 그것이다. 이 대립은 1971년 대선에서 선거 참여 전술이라는 대체적 합의로 미봉된 것으로 보인다. 하지만 이러한 인식의 차이는 유신 체제 등장 이후에도 유신 체제에 대한 규정, 즉각적인 전면 투쟁론과 장기 항전론이라는 서로 다른 입장 차이로 이어졌다.[47)] 학생운동과의 관계 설정에서도 학생운동의 보안과 보호를 위해 절대로 개입을 하면 안 된다는 입장과 부분적 연계를 통해 학생운동의 흐름을 전체 운동 맥락과 연결하려는 입장이 있었다.[48]

그러나 그동안 혁신계 인사들을 용공 조작으로 옭아맨 사건들은 서울 등 다른 지역에서 혁신 세력과 학생운동권의 연계를 극도로 조심하는 분위기를 낳았다. 하지만, 대구 지역의 경우는 지역 혁신계와 학생운동 조직의 끈끈한 선후배의 지도 학습과 배려가 1970년대 초까지만 해도 남아 있었다.

경북대학교 이념서클 '맥령' 조직에 참여했던 김성희의 증언에 따르면, 혁신계 선배들과 인연은 6·3 한일협정 반대 투쟁부터 때 서도원, 하재완 등 일반 사회인들도 반대 투쟁 연합회를 만들어서 학생 그룹들과 함께 시국선언문도 발표를 했다고 한다. 1970년 무렵에는 민주수호협의회 운동에도 참여하면서 자연스럽게 연결되었던 것이다.[49] 이미 알려진 대로 여정남은 군 제대 후 1968년 인혁당재건위 사건 관련자 하재완의 집에서 입주 가정교사 생활을 한 시절이 있었다. 따라서 김성희는 "하재완 씨 집에 입주한 것은 혁신 세력 선배들의 고려인 것 같았고, 군 제대 후 선배들과 교류하면서 확실히 운동에 대한 입장이 바뀐 것 같았다"고 증언했다. 한편 정화영은 여정남을 매개로 림구호 등과 함께 서도원, 하재완, 이재문 같은 혁신계 선배들과 자주 만나 격려를 받은 기억을 가지고 있다.[50] 여정남이 서울 지역 학생운동과 접촉을 하게 된 경위도 어쨌든 인혁당 사건 관련자 그룹의 후원과 조정이 있었던 것은 사실인 것 같다.

한편에는 그가 본격적으로 학생운동에 뛰어들게 된 것은 대학에 들어와 선배 정만진을 만난 이후였을 거라는 주변 동료들의 증언이 있다.[51] 정만진은 1차, 2차 인혁당 사건 관련자로 제2공화국 시기 대구대학교 학생으로 대구 지역의 대표적인 혁신 청년 그룹인 '민주민족청년연맹 경북도 맹'의 투쟁국장과 '2대악법 반대 학생공동투쟁위원회' 위원장을 맡아 대중 집회를 주도했던 인물이다. 여정남과 정만진의 인연은 경북고등학교 친구 백승홍을 통해 맺어진 뒤, 대학에 입학한 뒤 집중적인 학습 지도를 받았을 것이라는 주변 증언이 있다.[52] 여정남과 정만진을 연결해 준 여정남의 경북고 동창 백승홍은 제2공화국 시기 고등학교 2학년 신분으로 중앙파출소 부근의 민주민족청년동맹 경북도맹 사무실을 더러 방문했기에 정만진과는 이미 교분이 있었다. 그리고 경북대 정치학과 선배로《영남일보》,《대구일보》를 거쳐《민족일보》에서 활동하면서 4·19 공간에서 혁신운동을 했던 이재문과도 교류가 있었다. 이재문은 제2공화국 시기 대구 지역에서 통일민주청년연맹 활동을 했으며, 1964년 인민혁명당 사건으로 구속되었다가 석방된 뒤 1971년 민주수호국민협의회[53] 경북지부 대변인을 맡았다.

김성희의 증언으로 볼 때, 여정남은 대학 입학 후 정만진, 이재문 등과 교류를 가지고 있었으나, 본격적인 운동은 제대 후 3선개헌 반대 운동부터 시작된 것으로 보인다. 그리고 교련 반대 투쟁과 위수령을 거치며 그는 경북대 학생운동의 실질적인 지도자가 되었다. 그 후 반유신 투쟁의 전선이 확대되고 지역을 뛰어넘는 전국적 차원의 반독재 민주주의 운동을 수행할 활동가 배출의 필요성으로 여타 혁신 그룹 선배들과도 인적 관계가 형성되었을 것이다. 그래서 운동 중심인 서울로 진출하는 문제와 향후 진로에 놓고 논의해 왔다고 추측해 볼 수 있다.

여정남은 1973년 11월 5일 경북대 시위가 마무리된 시점인 12월 말경에서 1974년 1월 초 사이 서울로 떠났다. 임규영의 기억에 따르면, 서구 비산동 부근에서 검정색 물을 들인 군용 야전점퍼 차림에 빨간색 머플

러를 목에 감은 모습으로 나타나 "서울로 간다"고 말했다고 한다. 여정남은 임규영에게 "건투를 빈다"는 격려와 함께 임규영의 손을 굳게 잡아 주고 떠났는데, 이것이 임규영과 여정남의 마지막 만남이 되었다.[54]

여정남은 서울 삼락학원으로 일본어를 배우러 가는 모양새을 갖추었지만, 이 학원에는 이수병이 일본어 강사로 근무하고 있었다. 여정남의 서울 진출은 하재완의 부탁으로 서도원이 이수병에게 소개하고, 김용원에게 지원을 부탁한 것으로 알려져 있다.[55] 서울로 활동 근거지를 옮긴 여정남은 이미 몇 년 전부터 알고 지내던 유인태, 이철과 만나면서 유신 반대를 좀 더 효율적으로 펼치기 위해 논의해 왔던 것은 사실이었다.

대통령 긴급조치 위반 등 …… 사형

민청학련 사건으로 구속된 대구 지역 학생들은 모두 다 경북대 학생이었다. 1974년 6월 무렵부터 비상보통군법회의에서 '민청학련(재판장 박희동) 및 제2차 인혁당재건위(재판장 박현식)' 사건 공판이 시작되었다. 인혁당과 민청학련 중앙 조직으로 조작된 이들의 재판이 먼저 시작되었다. 서울구치소에 수감되어 있던 경북대 학생 가운데 유진숙, 조태수, 김시형, 이승룡은 기소유예로 석방되었다. 유진숙은 6월 4일, 조태수와 김시형은 8월 8일에 서울구치소에서 출소했다. 구속은 되지 않았지만 강동균, 최재룡 등은 한 달 이상 구금되어 조사를 받아야 했다. 당시 구속된 이들은 조사 과정과 군사법정에서 민청학련 관련자임을 시인해야 했고, 인혁당재건위 사건과도 관련이 있음을 인정해야 했다. 사건 관련자들 누구 할 것 없이 무자비한 고문과 협박 속에서 이미 강제로 진술서에 무인 도장을 찍었다.[56] 군사재판은 최소한의 형식적인 법 절차도 무시한 채 일사천리로 사형과 무기징역 등 무거운 형벌을 쏟아내었다. 관련자 32명 중에서 7명에게 사형, 12명에게 징역 20년, 6명에게 징역 12년을 선고했다. 이윽고 진행된 1974년 9월 7일 비상고등군법회의(재판장 이세호 대장)에서 경북대 출신들은 여정남 사형, 이강철, 정화영, 임규영 징역 15년, 황철식 징역 10년 이광하, 강기룡, 윤규한, 김진규, 장성백은 징역 7년형을 선고받았다.

1975년 2월, 유신 독재 정권은 나라 안팎의 민주화 운동 관련 구속자 석방운동의 압력에 일단 굴복하여 학생 신분의 구속자는 모두 석방했지만, 인혁당 관련자와 졸업한 민청학련 관련자는 석방에서 제외하는 기만적인 조치를 취했다. 경북대 민청학련 관련자는 대부분 안양교도소에 수감되어 있다가 1975년 1월 초 대구 화원교도소로 이감된 후 그해 2월 17일 형집행정지로 석방되었다. 정화영과 임규영은 대법원 상고 중이어서 함께 대구교도소로 이감되지 못하고 안양교도소에서 구속집행정지로 출소했다. 그러나 이강철은 졸업생이라는 이유로 출소자 명단에서 빠졌고, 몇 년 뒤 졸업생 신분이었던 민청학련 관련자들이 출소할 때도 출소하지 못하는 부당한 차별을 당했다.[57] 이강철은 재판 과정에서 고문 사실을 폭로했는데 이와 관련하여 괘씸죄가 덧붙여졌다고 판단되는 부분이다.

여정남은 처음에는 민청학련 관련자로 체포되었다. 그러나 인혁당재건위 학원 담당책이라는 이유를 덮어씌워 인혁당 관련자 7명과 함께 대법원에서 사형확정 판결을 받은 다음 날인 1975년 4월 9일 새벽 사형을 집행당했다.[58] 유신 당국은 송상진, 여정남의 시신을 싣고 있던 운구차를 크레인을 동원하여 강제로 탈취하는 만행을 저질렀다. 그러고는 벽제 화장장에서 화장한 뒤에 유골만 가족에게 인계했다. 이는 정부 당국이 인혁당 사건 관련자들이 받은 엄청난 고문 흔적을 감추려고 벌인 반인륜적 소행이라고 볼 수밖에 없다.

　당시 발부된 사형집행에 관련된 문서는 세 장이다. 국방부 장관이 발부한 사형집행 명령장과 비상고등군법회의 검찰부가 발부한 형 집행 지휘서 그리고 대검찰청이 발부한 형 선고 통지서가 있다. 문서의 시간상 순서는 이렇다. 먼저 대검찰청 검사 조태형이 1975년 4월 8일(시간 불상) 비상고등군법회의 검찰부에 형 선고를 통지한다. 이 형 선고 통지서는 서울구치소에 접수되고 4월 9일자(시간 불상) 직인이 찍힌다. 그런데 이 직인 위에 시간상 이른 또 다른 비상고등군법회의 검찰부 접수 직인은 4월 8일 새벽 시간(03:00)으로 되어 있다. 이 사실은 대법원 판결이 확정된 1975년 4월 8일 오전(10:00)보다 일곱 시간 전에 이미 형 선고 통지가 이루어졌다는 사실을 증명하고 있다. 한편 대검찰청의 형 선고 통지 후 진행된 국방부 장관의 사형집행 명령서와 비상고등군법회의 검찰부의 형 집행 지휘서는 75년 4월 9일(시간 불상) 서울구치소에 접수된 것으로 되어 있다. 특히 형 집행 지휘서 접수 직인에는 '8'자 위에 '9'자를 덮어 쓴 흔적이 그대로 노출되어 있다.

　이러한 문서의 발행·접수 시간이 일치하지 않는 것은 유신 당국 대법원의 판결과는 상관없이 정부가 이미 처형을 확정하고, 집행 절차를 강행한 것으로 밖에는 다른 설명을 할 수 없는 부분이다. 왜냐하면 4월 9일 0시에 서류를 접수할 경우 새벽 4시 정각에는 처형을 시작하기가 물리적으로 불가능하기 때문이다. 그러므로 유신 당국은 대법원 판결 전에 진행된 행정 절차를 은폐하기 위해 접수 일자를 4월 9일로 조작 기록한 것으로 판단된다.

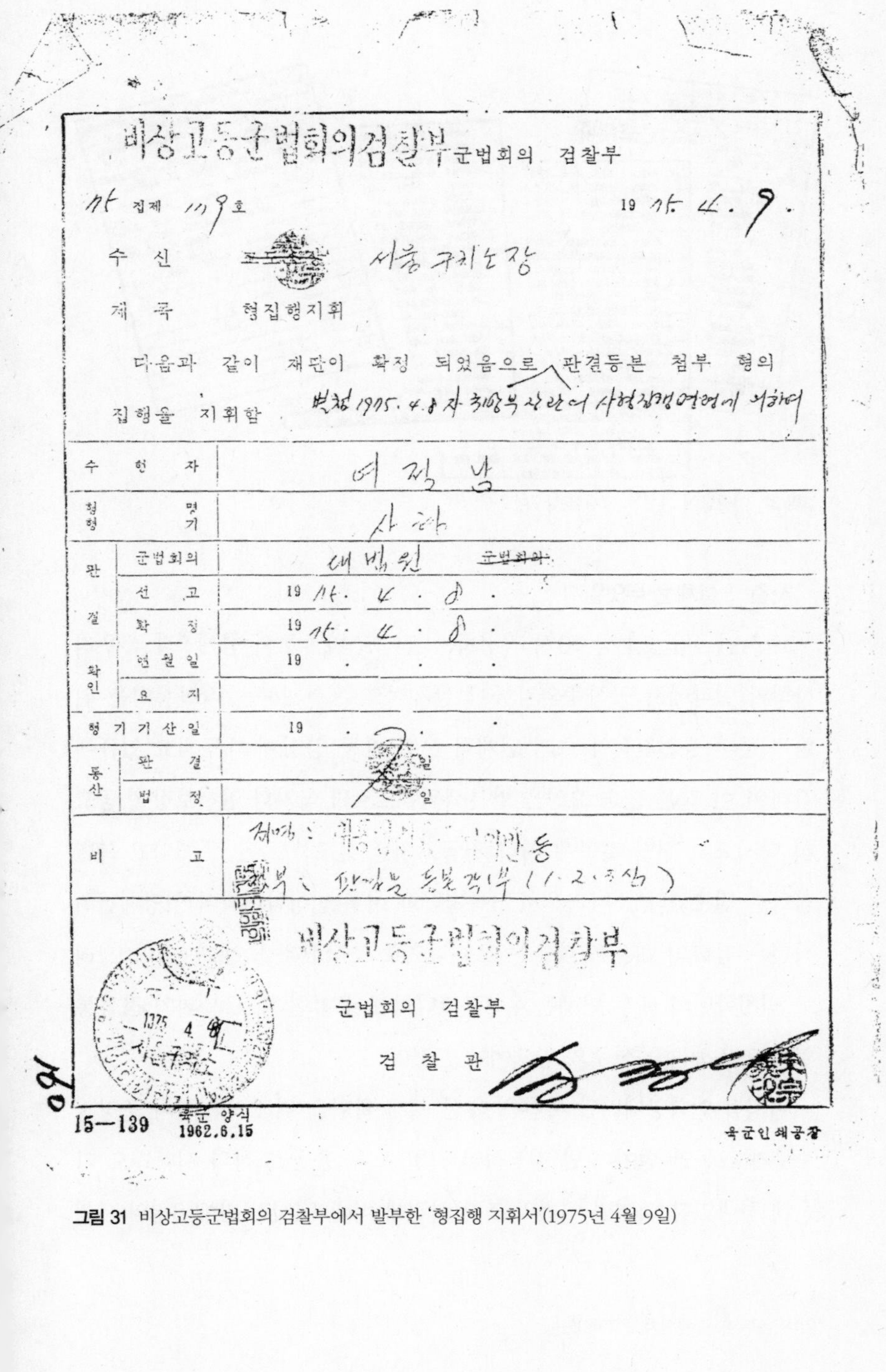

가 집제 119호   19가 4. 9.

수 신   ㅇㅇㅇ   서울 구치소장

제 목   형집행지휘

　다음과 같이 재판이 확정 되었음으로 판결등본 첨부 형의
집행을 지휘함. 별첨 1975. 4. 8자 최망부산란여 사형집행명령에 의하여

수 형 자		어 질 남		
형 명 형 기		사형		
판 결	군법회의	대법원 군법회의		
	선 고	19 75 . 4 . 8		
	확 정	19 75 . 4 . 8		
확 인	변 원 일	19 . .		
	요 지			
형기기산·일		19 . .		
동 산	판 결	일		
	법 정	일		
비 　 고		성명: 영ㅇㅇㅇ ㅇㅇ반 등 ㅇㅇ부 판결등 등본각1부 (1·2·3심)		

비상고등군법회의검찰부

군법회의　검찰부

검 찰 관   ㅇㅇㅇ

15—139 육군 양식
       1962.6.15   육군인쇄공장

그림 31 비상고등군법회의 검찰부에서 발부한 '형집행 지휘서'(1975년 4월 9일)

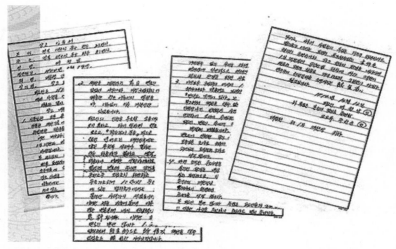

그림 32 여정남이 자필로 작성한 상고이유서

사건의 실체는 무엇일까

1974년 4월 3일 밤 10시 박정희는 '긴급조치 4호'와 함께 "작금 우리 사회의 일각에서 공산주의자들이 상투적으로 전개하는 적화통일을 위한 이른바 통일전선의 초기 단계적 불법 활동 양상이 대두되고 있음에 감하여 이 같은 불순 요인을 발본색원함으로써 국가의 안전보장을 공고히 다지고자 헌법 절차에 따라 긴급조치를 선포하게 된 것"이라고 특별 담화를 발포했다.[59) 따라서 4·3특별담화 이후 민청학련과 인혁당재건위 사건은 담화의 내용을 맞추는 프레임으로 조작했음을 알 수 있다. 그리고 민청학련의 배후 단체는 4·3특별담화에서 밝힌 대로 북괴의 적화통일에 조응하는 공산주의 단체여야만 했다.

이처럼 인혁당재건위 사건은 유신 체제 확립을 위해 박정희와 중앙정보부가 그동안 벌여 오던 전형적인 간첩 조작, 용공 조작의 시나리오 가운데 하나였다. 하지만 이전의 조작 사건에 비해 18시간 만에 8명의 사형

그림 33 1975년 4월 9일 사형이 집행된 8인 열사들(우홍선, 김용원, 이수병, 서도원, 송상진, 여정남, 하재완, 도예종)

을 집행함으로써 국내외로부터 '사법 살인'이라는 오명을 듣게 된다. 이는 정당하지 못한 정권으로서 유신 체제를 수호하기 위한 발악이라고밖에 볼 수 없다. 가장 강력한 반유신 세력인 지식인과 언론인, 학생들을 국민들로부터 분리시키고, 이들 반유신 체제 집단 배후에는 북과 연결된 공산주의자들이 있다는 조작을 통해 정권의 명분을 만들고자 한 것이다.

인혁당재건위 사건으로 사형을 집행당한 희생자는 모두 영남 출신이다. 도예종(경주시 서악동), 서도원(창녕군 대합면), 송상진(달성군 공산면 백안리, 지금의 대구시 동구 백안동), 하재완(창녕군 이방면), 이수병(의령군 부림면), 김용원(함안군 군북면), 우홍선(울주군 언양면 출생), 여정남(대구 중구 전동). 이들이 박정희의 안정적인 정치적 텃밭 노릇을 해야 할 영남 지역 출신이라는 점이 사형으로 끌고 가는 중요한 동인으로 작용했다고 판단된다. 이런 점에서 대구 지역과 경북대가 한국 민주화 운동사에서 차지하는 정치적 상징성에 주목할 수밖에 없다.

3. 구속자 석방 운동

구속학생 석방 공개 탄원서 운동

민청학련과 인혁당재건위 사건으로 수많은 사람들이 구속되자 종교계를 필두로 석방 운동이 전개되었다. 1974년 가을 학기가 개학되자마자 대학가에는 민청학련관련 구속학생 석방 서명운동이 펼쳐졌다.[60] 대학가의 시위는 10월에 접어들면서 구속자 석방 운동에만 머물지 않고 집회와 농성 등으로 양상이 발전하고 있었다.

대구 지역 민청학련 관련자가 모두 경북대 학생이었음에도 1974년 상반기의 경북대 교정은 고요했다. 무시무시한 긴급조치 4호가 주는 공포 분위기와 사건의 전모를 제대로 알려주지 않는 언론 탓에 학생들은 끌려간 친구를 위해 할 수 있는 일이 거의 없었다.《경북대학보》역시 사건의 진실을 외면하고 있었다. 1974년 4월 3일 긴급조치 4호가 발동되고 이와 관련하여 경북대생 13명이 인혁당 사건과 민청학련 사건으로 재판을 받고 수감 중임에도 불구하고 학교 신문에는 관련 기사를 찾아볼 수 없다. 1973년 10월 30일 반유신 투쟁부터 12월의 학원민주화 투쟁을 빠짐없이 보도하던 선례를 볼 때 이례적인 일이다. 그 이유는 긴급조치 1, 4호의 공포가 주는 높은 체감온도인지 자체 검열로 싣지 않았는지, 아니면 학보사 기자들이 싣고자하는 의지를 가지고는 있었으나 학교 당국의 압력으로 싣지 못했는지는 알 수 없다. 대학 언론은 침묵했으나 경북대 학생들은 1974년 하반기에 접어들면서 조금씩 움직이기 시작했다.

그동안 경북대 학생운동의 중심지였던 법정대와 사범대는 민청학련 사건을 겪게 되어 당분간 활발한 학생운동을 조직하기에는 어려움이 많았다. 이런 과정에서 예전 운동의 중심이던 법정대나 사범대보다 이번에는 문리대가 조직 건설에 주력하고 있었다. 특히 민청학련 사건으로 한풍회와 관련된 학생운동 조직이 심대한 타격을 받은 상태에서 자생적으로 성장한 문리대 학생들이 때로는 주체적으로 때로는 지원군 역할을 하며 학생운동의 공백을 메워 나갔다. 이처럼 1974년 하반기 경북대에서 진행된 시위들은 한풍회를 비롯한 기존의 학생운동 조직과 선이 닿지 않거나 아무런 조직적 연관이 없이 양심적인 문리대 학생들 독자적으로 계획하거나 주도해 나갔다.[61]

민청학련 관련 2심 재판이 9월 7일 끝나면서 10월 초부터 구속 학생들에 대한 사면 투쟁이 전국 대학에서 시작되었다. 경북대에서도 10월 4일 단과대 학생회장단이 '구속학생 사면 공개탄원서'를 제출하기로 결의했다. 경북대 총학생회장 배효해(법학과 69학번)와 대의원회 의장 윤정영(전자공학과 71학번)은 10월 15일 서울까지 올라가서 "어버이 사랑으로 구속된 학생들이 하루빨리 동료 학생이 기다리는 캠퍼스로 돌아올 수 있도록 인도해 줄 것"을 호소하는 내용의 탄원서를 문교부 차관 조성옥을 통해 박정희 대통령에게 전달했다.[62]

10월 16일에는 1천여 명의 학생이 모여 "구속학우 석방!" 등을 외치며 시위를 벌였다. 10월 18일에도 학생들은 모였는데, 이날은 오전부터 비가 내렸다. 10시 10분쯤 문리대 학생 200여 명이 비가 오는 일청담 주변에 모여 구속학생 석방을 요구하며 시위에 들어갔다. 곧바로 법대생 등 다른 단과대 학생 600~700여명이 합류하여 인원이 순식간에 1천 명 가까이로 불어나 "구속학생 즉각 석방, 민주헌정 실현, 학원의 자유 분위기 보장, 잠자는 지식인의 각성" 등을 촉구하는 구호를 외치고 애국가를 부르면서 '우중 시위'를 벌였다.

사건의 중심인 문리대 학생들은 인문관에서 수업하던 철학과, 사학과, 사회학과 소속의 학생들이었다. 임근태(사회학과 72학번), 신수만(사회학과 72학번 2학년), 김치영, 권용원(철학과 72학번, 학회장), 장명재(사학과 72학번, 3학년) 등이 주요 참여자였다. 인문관 통합강의실에 학생들을 모아서 임근태가 선언문을 낭독하고 일청담으로 집결하여 임근태와 권용원이 시위를 주동하면서 "유신독재 철폐하라!" "구속학생 석방하라!" "김영희 총장 퇴진하라!" "침묵을 지키는 언론은 민주수호에 앞장서라!" 등의 구호를 외치며 학생들과 함께 시위를 시작했다. 이들은 가두 진출을 시도하는 과정에 농대 뒤편 및 후문에서 100여 명의 경찰과 대치하게 되자 시위대 300여 명이 공대 옆길로 빠져나가 신암동 신도극장까지 진출했다. 그러나 긴급 출동한 북부경찰서 소속 경찰에 의해 본교로 되돌아와 오후 1시쯤 자진 해산했다.[63]

한편 같은 날인 10월 18일, 경북대 의대생 200여 명도 김영욱(의학과 71학번, 2학년)의 주도로 오후 3시 40분경 교정에 모여 구속학생 석방을 요구하며 교외로 나가려다 교수들의 만류로 강의실에서 농성을 벌였는데 오후 5시 20분경 등교는 계속하되 강의 등을 거부하기로 하고 자진 해산했다.[64]

이날 시위로 경북대는 임근태, 신수만, 권용원(72학번), 이종주(사범대 외국어교육과 독어전공 72학번)에게 무기정학을, 송점종(법학과 68학번), 유석호(법학과 72학번), 김영욱은 근신 처분을 내렸다.

교문을 닫다

　계속되는 시위에 각 대학들이 휴교에 들어서자 경북대는 10월 18일 오후 학처장회의를 열어 10월 19일부터 무기한 임시휴교에 들어간다고 결정했다.[65]

　10월 19일 교내외 시위로 휴교 상태에 들어간 전국의 대학은 30개교에 이르고 서울대와 고려대 등 일부 대학은 시위 주동 학생들을 징계하는 것까지 고려하고 있었다.[66] 연일 계속되는 학생들의 시위로 10월 30일에는 휴교하는 대학이 더욱 늘어나 전국 72개 대학 가운데 44개 대학이 교문을 닫았다.[67] 이에 반발하여 학생들의 시위는 더욱 격렬해지고 있었으며, 교내 시위에 머무르지 않고 가두로 뛰쳐나와 "구속학생 석방, 유신헌법 철폐!"를 외쳤다.

　연이은 시위로 학생들이 처벌을 받게 되자 이번에는 교수들이 나서 학생 처벌에 대해 항의하고 학생운동에 대한 지지 입장을 밝혔다. 경북대 교수들은 김영희 총장의 데모 주동 학생에 대한 처벌이 너무 가혹하다고 반발하면서 10월 29일 낮 1시부터 각 단과대학별로 교수회의를 소집하여 11월 4일 개강에 대한 의견을 나누었다. 이 자리에서 문리대 교수들은 김영희 총장이 교수들의 의견을 무시하고 학생 네 명을 무기정학에 처한 것은 지나치다며 이 상태로는 개강이 불가능하다고 지적, 총장에게 처벌 학생의 구제를 건의하겠다고 나섰다.[68]

　1974년 10월 19일 닫힌 경북대 교문은 11월 25일 개강이 결정되면서 다시 열렸다. 경북대 본부는 10월 19일 휴교의 결정적 계기가 되었던 10월 18일 시위로 징계를 받은 학생들을 구제하기로 했다. 그러나 학생 징계를 처리하기 위해 열린 12월 2일 학처장회의에서 징계를 받은 7명의 학생 가운데 문리대 사회학과 임근태와 신수만, 철학과 권용원을 제외시

그림 34 임시휴업을 알리는 공고(1974년 10월 19일, 《경북대학보》)

키는 이상한 일이 벌어졌다. 이는 지난 10월 29일 개최된 교수회의에서 문리대 교수들이 총장에게 처벌 학생의 구제를 건의하겠다고 나선 일과 관련이 있는 게 아닌가 추측된다.

이런 대학 본부의 처리에 문리대 학생들은 즉각 반발했다. 먼저 문리대 사회학과 학생들이 움직이기 시작했다. 12월 3일 사회학과 학생 30여 명은 오전 10시 구과학관 사회조사연구실에 모여 "처벌만이 만능이냐," "학생 처벌 즉각 해제하라," "대화 있는 학원 풍토 조성하라," "총학생회 즉각 해체하라" 등을 내걸고 농성을 벌였다. 교수와 총학생회장의 설득에도 농성을 지속하다 문리대 학장 민윤기 교수의 학생 처벌 해제 약속을 받고 해산했다.

다음 날인 12월 4일 사회학과 학생들은 문리대 철학과 학생들과 합류하여 일청담에 모여 처벌 학생 구제를 요구하며 교내 시위를 벌였다. 이날 시위는 지난 12월 2일, 7명의 징계 학생 가운데 문리대 소속 3명의 징계를 해제하지 않은 것에 대해 학생들이 강력하게 이의를 제기하고 일주일 안에 징계를 해제하겠다던 교수들의 약속 불이행에 대해 책임을 묻는 시위였다. 시위 도중 사회학과 학생 36명은 사회조사연구실에 모여 전날 요구했던 사항을 내걸고 또 다시 농성에 돌입했다. 저녁 7시쯤 되어 실력으로 저지하려는 학교 당국과 끝까지 버티려는 학생들 간에 대치 상황이 계속되었는데, 8시에 양인석 대학원장과 김정묵 학생처장에게 '처벌 학생 구제' 약속을 받아낸 뒤 오후 9시 30분경 학교 버스를 이용해 모두 귀가했다.

의대생의 투쟁과 의문사

유신헌법 선포 후 학생운동 근거지이던 법정대와 문리대에 대한 당국의 감시가 삼엄했다. 운동 세력은 이런 상황을 돌파하기 위해 감시가 소홀한 단과대에서 활로를 찾고 있었다. 의과대학은 4·19 이후부터 운동의 중요한 근거지로서 6·3항쟁, 6·8부정선거 규탄 운동, 3선개헌 반대 투쟁에도 대중적으로 참가했던 곳이다.

1974년 12월 5일 의과대 1학년 70여 명은 오후 4시 30분부터 이튿날 새벽 3시까지 1학년 강의실에서 연좌농성을 벌이다 교수들의 만류로 해산했다.[69] 이날 1학년들은 해부학실습 강의가 끝난 후 '진정한 주체성은 무엇인가? 무엇이 애국애족인가?'라는 양심선언문을 배포하며 농성에 돌입하고 구속학생 석방을 요구했다. 밤 11시부터는 80여 명이 침묵 농성에 참여했다. 연락을 받고 부모들이 찾아오자 이들은 시위에 합류하러 온 2학년들과 함께 2학년 강의실로 옮겨 바리케이드를 설치했다. 그리고 6일 저녁 6시~11시 의대 강당에서 현승효 주도로 시국토론회를 개최했다.

이런 상황에서 현승효와 심오석(의학과 72학번) 등이 주도하여 70여 명이 철야농성에 들어갔다. 민청학련 사건으로 대거 구속된 경북대 학생들에 대한 석방과 유신 철폐를 요구하는 의과대의 철야농성은 큰 충격을 주었고, 학교 당국은 강경한 징계 조치로 이를 잠재우려 했다. 의대 본부는 12월 6일 실시할 예정이던 시험을 무기한 연기하고 무기한 휴강에 들어갔다.

당시 경북대 의대생들의 농성 사건에 대해 공안 기관은 이 사건이 민청학련 사건의 여진이 채 가라앉기도 전에 일어난 점, 민청학련 사건에 연루된 현승효가 가담했다는 점, 학생들이 정면으로 '유신 철폐'를 주장한 점을 들어 중요한 사건으로 인식했다.

12월 5일 급히 박희명 의대 학장실에 총장 김영희, 경북경찰국 정보과장 김상조, 대구 남부경찰서장이 참석하여 회의를 열었다. 이날 남부경찰서장은 농성 해산 조건으로 이 사건을 형사 사건화하지 않는다고 약속했으나, 며칠 뒤 이시영 학생과장실에서 정보과 형사 입회 하에 주동자 색출을 벌여, 이미 과거에 긴급조치 4호를 위반한 전력이 있는 현승효는 제적, 심오석, 남복동(71학번), 이정화(72학번), 채종민(71학번), 조시복(71학번), 유경석(71학번) 등 6명은 무기정학, 비교적 가담 정도가 경미한 오세진(72학번) 등 3명은 근신 처분을 내렸다.[70]

대학본부의 강한 학생 처벌에 반대하는 박명희 학장과 이시형 학생과장이 사표를 제출하자 의대 교수를 중심으로 수습대책위원회를 구성하여 처벌 학생 구제 완화를 요구했지만, 12월 18일 현승효만 제적되고 다른 학생들의 징계가 해제되면서 일단락되었다.

12월 5일 의과대 1학년이 시작한 농성 주도자들은 현승효와 긴밀한 관계를 유지하는 후배들이었다. 현승효는 경북고등학교 재학 시절부터

'청맥회'라는 학술 서클에서 활동하면서 사회문제에 관심을 가지고 있었다.[71] 현승효는 경북대 의학과에 다니면서 이후 후배들과 함께 사회과학 서적도 읽고 시국에 대한 의견을 나누면서 의대 학생운동 조직을 결성해 나가고 있었다. 또한 현승호에게는 서울대에서 한일회담 반대 운동에 앞장선 현승일이라는 형이 있었고, 고등학교 선배이면서 경북대 운동권 선배인 김성희의 특별한 학습 지도가 있었다.[72] 현승효는 징계를 받은 이후에도 변함없이 학생운동을 했으며, 이후 강제징집을 당해 1977년 군복무 중 훈련 과정에서 의문사하고 말았다. 후배 심오석도 강제징집되어 군대에서 의문사했다.[73]

종말을 향해 가는 유신 체제

유신 체제의 저항은 학생뿐 아니라 종교, 언론, 정치권 등 모든 영역으로 확대되어 갔다. 종교계는 1974년 9월 23일 강원도 원주교구에서 300여 명의 신부들이 '천주교정의구현전국사제단'을 결성하기로 합의했다. 9월 26일에는 서울 명동성당에서 2천여 명의 성직자와 신도들이 참여한 가운데 유신헌법 철폐와 긴급조치 무효화, 국민 기본권 보장, 민주헌정 회복을 내건 제1시국선언을 발표하면서 평화 시위를 벌였다. 언론계도 자성의 목소리를 높여 자유언론실천운동을 벌여 나갔으며, 문인들도 1974년 11월 18일 광화문 문인협회 사무실 앞에서 30여 명의 문인이 모여 자유실천문인협회 이름으로 '문학인 101인 선언'을 발표했다. 재야 세력은 1974년 12월 25일 윤보선 전 대통령을 비롯하여 재야 각계 원로들이 모여 '민주회복국민회의' 창립총회를 개최하면서 반유신 투쟁을 이어 나갔다.

이렇듯 각계각층의 유신 체제 반대 목소리가 높아 가고, 정부의 입맛

그림 35 민청학련 관련 학생들의 석방을 맞이하는 한풍회 회원(1975년 2월 18일, 《매일신문》)

대로 조작된 민청학련과 인혁당 사건 구속자 석방 요구가 날로 거세어지
자 박정희 정권은 '유신헌법에 대한 찬반 국민투표'를 제시했다. 민주화
운동 세력들은 자유로운 찬반투표가 보장되지 않는 국민투표는 기만적
행위에 불과하다는 입장으로 강력하게 반대했다.

　1975년 2월 12일 강행된 국민투표에는 전체 유권자의 79.8퍼센트가
참여하여 73.1퍼센트의 찬성표가 나왔다.[74] 이는 1972년 유신에 대해 물
었던 투표 결과를 볼 때 매우 저조한 것이었고,[75] 투표 당일 곳곳에서 부
정투표 행위가 적발되어 국민들의 박 정권에 대한 부정적인 인식이 확산
되고 있음을 증명했다.[76]

　투표 다음 날 인 2월 13일 박정희는 투표를 통해 자신의 신임이 재확
인되었다고 주장하면서 "국민총화를 바탕으로 거국적 정치체제를 발전
시켜 나갈 것"이라는 대통령 특별담화를 발표했다.[77] 2월 15일에는 긴급

조치 1호와 4호 위반자 가운데 형이 확정되어 있던 56명을 구속집행정지로 석방했다. 그러나 학생 신분이 아니었던 서울대 출신의 유인태, 이현배, 김효순과 경북대 출신 이강철 그리고 일본인 2명은 제외했다. 이후 서울대의 유인태, 이현배, 김효순은 1978년 12월에, 경북대 이강철은 7년 8개월 만인 1982년 8월에 석방되었다. 이강철은 민청학련 관련 최장기 복역수로 기록되었다.

10장

유신 체제 후기 민주화 운동

이처럼 우리의 현실이 비정하고 살벌하고 음흉하고
무시무시한 것일 줄은 정말 미처 몰랐다.
온 벽에, 광장에, 학교, 관공서, 역에 할 것 없이 살풍경한 시뻘건 글씨
로 멸공 반공 초전박살!!! 심지어는 노래까지.
나의 등줄기에 식은땀이 흐르게 한다.
민방위, 향토방위 TV나 확성기를 통해 수도 없이 숨통을 누르는 것 같
은 격렬한 언어들, 총소리, 표독함을 극대화한 이북 사투리, 비명소리,
가슴이 몹시 저려온다. 왜 우리의 현실은 우리의 사회는 이토록 미치
광이의 심리를 가진 자의 손아귀에 있어야 하나.
나의 지성, 나의 이성 그리고 타는 듯한 정열은
이 거대한 병영을 거부한다.
한 독재자의 허영과 광신적 자기도취를 만족키 위해 선량하고 평화를
원하는 민중을 도구로 만드는 이 무시시한 음모, 술수, 모략. 나는 온몸
으로 거부하고 가슴속에서 치미는 반항을 질근질근 씹는다.

– 현승효의 일기에서 1975. 9. 27

그림 36 대운동장에서 진행된 멸공궐기대회(1975년 5월 6일, 경북대학교 대학기록관 제공)

1975년 4월 9일, 여정남이 사법살해 당한 그해 봄은 검은 그림자를 오래 드리웠다. 1975년 4월 8일 긴급조치 7호 발동, 5월 13일 긴급조치 9호 발동, 그리고 1979년 10월 26일 마침내 독재자 박정희가 사망할 때까지, 대한민국은 일체의 말도 행동도 금지당한 시대였다. 독재 정권은 진실한 말과 행동을 틀어막고, 그들의 거짓으로 덮어 버리면 역사는 자신들의 것이라고 믿었다. 모든 행동은 독재 정권이 허용하는 테두리 안에서 생산되고 조장되어야 했다. 독재자의 권력으로 치환된 국가, 그 국가를 위해 독재자가 허용한 행위는 '반공,' '총력안보,' '산업 발전,' '새마을' 따위였다. 모든 개인의 행위는 국가의 총력안보와 산업 발전으로 귀속되었다. 그렇지 않은 행동은 탄압받고 살해당했다. 십 수 년 감옥살이가 예사였고 심지어는 사법 살인조차도 당하던 공포의 시대, 그 시대가 긴급조치의 시대였다.

1975년 5월 13일, 학내 스피커가 다급히 울려 퍼진다. 긴급조치 9호가 발동되었다는 내용이다.[1] 긴급조치 9호에 발맞춰 경북대도 긴박하게

그림 37 경북대학교 학도호국단 발단식(1975년 6월 28일, 경북대학교 대학기록관 제공)

대응했다. 김영희 총장(1972. 1~1979. 2)은 긴급조치 9호 선포 다음 날인 5월 14일 담화를 발표한다. "일부 학생들의 맹동(盲動)으로 빚어진 과거 수년의 우리학교의 혼란과 소요" 대신에 총화단결하고 면학하는 학교를 만들겠다는 담화였다.[2] 이 발표는 1979년 2월 김영희가 총장에서 물러날 때까지 철저히 이행되었다. 한편에서는 진작시키고, 한편에서는 억압하는 형태로 시행되었다.

사회는 그야말로 살벌한 전시체제였고, 학교는 작은 병영이었다. '학도호국단 설치령'이 6월 7일 대통령령으로 공포되고, 모든 학생들은 학도호국단 단원으로 재편되었다. 1975년 6월 28일 오전 10시에는 대운동장에서 학도호국단 발단식이 거행되었다. 모든 학생들이 도열한 채 그 앞에 총장과 전체 교직원, 경상북도 도지사, 군 고위 장성이 서서 국민의례와 국민교육헌장을 낭독하고 행동강령 선언을 했다. 이어 김영희 총장은 학도호국단 단장으로서, "싸우면서 호국하는 학도로서 사명을 다하라"고 '훈시'했다.[3] 이런 행사는 해마다 되풀이 되었다. 1975년 7월 11일부터는

1학년부터 3학년까지 한 주에 네 시간씩 교련 수업을 받고, 1학년 전교생은 군에 입소하여 병영 훈련을 열흘씩 실시했다.[4]

1975년 5월 6일에는 교수와 학생, 교직원 전원이 모여 '멸공궐기대회'를 개최하고 시청각실에서는 '승공, 총화' 사진전을 열며[5] 전쟁과 반공 분위기를 한껏 끌어올렸다. 새마을운동도 빠뜨릴 수 없는 중요한 학교 행사였다. 총장을 비롯한 교수들이 빗자루를 들고 동참했다. 민방위 훈련도 "실전을 방불케" 했다. "북괴 공습기가 출현했다고 가정하고" 교수, 학생, 직원 7천여 명이 모여 공포탄과 연막탄이 뻥뻥 터지는 교정에서 민방위 훈련을 했다.[6] 날마다 정오에는 본관 앞 확성기에서 울려 퍼지는 구령에 맞춰 교직원들이 '국민보건과 국민체육' 체조를 했다.[7]

어쩌면 그 무렵 경북대가 '복현고등학교'라 불린 것은 놀라운 일이 아니다.[8] 무슨 일이든 사사건건 단속하고 금지했다. 김영희 총장은 운동권 학생 징계에 가차 없었다. 그리고 문교부 지시대로 착실하게, 1974년 이후 1978년까지 교수들이 학생 동향을 파악하고 〈학생지도상황 월말보고서〉와 〈학생생활 누가기록부〉를 작성했다.[9] 1979년 10·26 직전에는 '요선도 학생 특별지도'와 '중요 학생 격리,' 심지어는 '학부형 감시'까지도 지시하는 문교부[10]에 경북대는 단 한 번도 문제를 제기하지 않았다.

일반 학생들의 복장과 머리 길이도 단속했다. 1975년에는 교복을 입지 않으면 출석 점수를 인정하지 않고, 도서관에서 도서 대출도 해주지 않기로 했다.[11] 1976년 신입생들부터는 교복 착용이 의무 사항이 되어, 교복을 안 입고 시험을 치면 점수를 깎는 충성스러운 교수도 있었다. 두발 단속도 철저했다. 1975년부터 '교문 지도'가 시작되어, 1976년 3월에는 총장을 비롯하여 학생처장과 각 단과대 학장들이 학교 정문과 후문에 쭉 늘어서서 학생들의 머리를 단속하는 진풍경을 연출했다.[12]

1. 1975년 봄 투쟁과 침묵

1975년, 봄이 왔다. 1974년 인혁당재건위 사건과 민청학련 사건으로 대학가의 민주화 운동이 소강상태에 빠져들었지만, 재야 단체의 유신헌법 반대 목소리는 수그러들지 않았다. 박정희는 유신헌법 찬반 국민투표로 위기를 돌파하기로 마음먹었다. 1975년 2월 12일 "불법구속 등 인권 유린이 자행되는"[13] 살벌한 분위기에서 유신헌법 찬반 국민투표를 실시했고, 그 결과는 박정희를 고무시켰다.[14] 한껏 높아진 자신감으로 박정희는 국민투표 직후인 2월 15일 대통령 특별담화문, 이른바 2·15조치를 발표한다. 이 발표로 긴급조치법 위반자 등 구속자 149명이 전격 석방되었다.[15] 1975년 2월 15일부터 17일까지 지학순 주교 등 재야인사들이 세상으로 나왔다. 대학생 96명도 석방되었고 전국 대학은 들썩거렸다. 2·15 조치로 학생들을 석방할 때, 유기춘 문교부 장관은 석방 학생들의 복교를 약속했다.

그러나 상황은 반전되었다. 학생들이 막상 석방되자 문교부 장관은 이내 말을 뒤집었다. 2월 18일 복교 불허 방침을 내놓았다. "사면 없이는 복교 없다"는 입장을 고수했다. 문교부의 복교 불허 방침에도 고려대(총장 김상협), 연세대(총장 박대선), 한신대(학장 김정준)는 석방 학생들을 복교시키기로 결정했다.[16] 이 일로 결국 4월 3일 박대선 연세대 총장은 자리에서 물러나게 된다. 학생들이 시위가 수그러들지 않던 한신대에 대해서는 문교부가 4월 10일 휴업 조치를 내려 버렸다. 그리고 문교부는 다시 한신대에 4월 14일까지 시위 학생을 징계하라는 계고장을 보냈고 학교가 굴복하지 않자, 학교 감사를 벌이는 한편 교수와 학생 징계를 계속 촉구했다. 한신대와 문교부의 싸움은 5월이 돼도 끝나지 않았다. 6월 3일 한신대 학장은 더 이상 견디지 못하고 사임하기에 이른다. 6월 4일 대학 이사회는 문교부 조치를 수용했다.

석방 학생 복교 문제는 전국 대학에서 이슈가 되었다. 2월에 시작된 투쟁은 4월 초에 더욱 거세졌다. 고려대, 국민대, 동국대, 서강대, 성균관대, 숙명여대, 연세대, 이화여대, 한신대에서 연일 시위가 벌어졌다. 석방 학생 복교뿐 아니라 학원자유화와 유신헌법 철폐, 민주주의도 외쳤다. 4월 초순은 날마다 시위였다.[17] 4월 11일 서울대 김상진 열사가 유신헌법의 부조리와 악을 고발하며 할복했다. 75년의 봄은 그렇게 뜨거웠다. 감당할 수 없는 민주화 열기에 독재 정권은 귀를 막고 대신 군화 끈을 조여 맸다. 4월 8일, 대법원은 인혁당과 민청학련 사건 관련자들에게 사형과 무기징역 등을 선고하고, 9일 새벽 여정남을 비롯해 8명을 사법 살해했다.

한편 4월 8일, 긴급조치 7호로 고려대를 휴교시키고 학내에 군을 주둔시켰다. 이후 다른 대학에도 휴업과 휴강 조치가 내려졌다. 동시에 문교부는 4월 9일과 10일 각 대학에 시위 주동자를 강력 징계하라는 공문을 내려 보냈다. 대부분 대학들은 신속하게 징계에 착수했다. 4월 25일 25개 대학에서 169명이 제적되고 74명이 정학 처분을 받았다.[18] 문교부는 학교로 돌아오려는 학생들과 민주주의를 외치는 학생들을 학교에서 내쫓았다.

석방 학생과 대학언론자유실천선언

1974년과 1975년은 언론인들에게도 수난과 투쟁의 시기였다. 독재 정권은 사실 보도를 끔찍이 혐오했고 진실을 알리고자 하는 언론인들을 철저하게 탄압했다. 이른바 '동아투위'(동아자유언론수호투쟁위원회) 사건도 이때 터졌다. 《동아일보》 기자들이 '자유언론실천선언'을 발표했고 무더기 해고가 이어졌다. 대학 신문이라고 칼바람을 피할 수 없었다.

1974년 대구 지역 5개 대학 신문기자들도 공동으로 '대학언론 자유화 선언'을 계획했으나, 사전 정보 유출로 학교 당국에 의해 원천봉쇄 당하고 경북대신문사 기자들만 모여 자유언론 선언을 발표하다 전원 북부경찰서에 연행되었다. 편집국장과 조사기획실장은 밤샘 취조 당했다.[19] 그리고 조용천 편집국장은 신문사 편집국장직을 떠나게 되었다.

1975년 1월 1일부터 새로 편집국장이 된 박장희(농화학과 72학번)와 신문사 기자들은 그해 2월에 석방된 경북대 학생들 8명[20]과 총학생회의 간담회[21]를 취재하여, 학교 신문에 싣고자 했다.

간담회를 반대하던 학교는 돌연 신문 발간을 정지했고 기자들은 신문 발행을 요구했다. 학교와 갈등을 벌이던 기자 18명은 3월 17일 '대학언론자유실천선언대회'를 개최하기로 결정하고, 3월 17일 오후 4시, 본관 건물 1층 경북대신문사 편집국 문을 안으로 걸어 잠구었다. 그리고 '대학언론자유실천선언대회'를 열었다. 평소에도 학교 당국은 편집권 침해가 예사였고, 기자 해임과 임명 같은 인사에까지 개입했다. 때문에 기자들은 대학 언론의 자율권을 주장하는 '결의문 5개항'을 발표했다.[22]

1. 대학언론의 자율권과 편집권을 보장하라.
2. 부당한 권한을 행사한 학보주간과 편집지도교수는 사퇴하라.
3. 학보사 운영에 학생기자도 참여토록 하라.
4. 《경북대학보》를 《경북대학신문》으로 개칭하라.
5. 학생기자의 신분을 보장하라.

언론의 자유를 보장하라는 기자들에게 학교는 징계를 떠안겼다. 3월

20일 학처장회의를 열어 대학언론자유실천선언대회가 불법 집회라 규정하고 박장희 편집국장을 3월 19일자로 소급 해임했다.[23] 그런데 편집국장 징계만으로 이 사건은 끝나지 않았다.

편집국장이 없는 상태에서 학교가 3월 20일(제712호) 신문을 발행했다. 이날 기사에는 석방 학생과의 간담회, 대학언론자유실천선언대회, 편집국장의 소급 해임 소식은 한 글자도 없었다. 대신 김영희 총장의 발언을 1면에 배치하고, 사설에 '면학의 분위기에 안주하도록'이라는 기사를 큼지막하게 실었다. 달을 넘겨 4월에도 신문은 발행되지 않고 있었다. 게다가 1975년 4월 10일 학내 시위에 가담한 유영철 기자(원예학과 73학번)와 양영석 기자(사회학과 73학번)를 학교는 파면했다. 그리고 정영신 기자(영어교육과 73학번) 등 학보사 기자 9명의 사표를 수리했다.[24] 이로써 편집국장은 학교를 떠나 군에 입대하고, 유영철과 양영석은 파면되고, 기자 전원이 해임되었다.[25]

그러고 신문은 5월 14일이 되어서야 발행되었다. 그 사이 학교는 편집국장을 학생이 아닌 직원으로 교체했다. 학생 기자 없이, 학교 당국은 자신들이 원하는 기사로 신문 지면을 채웠다. 이때부터 신문의 주요 기사는 학도호국단, 새마을운동, 면학 분위기, 대학 입학시험, 대학원 종합시험 따위로 바뀌었다. 1977년 하반기에 새로 학생들이 중심이 되어 신문 발행을 시도하기까지 학교 신문은 대학 본부의 기관지 노릇에 충실했다.[26]

4월 투쟁, 잃어버린 시위의 이름

교정에도 2월 볕이 조금씩 따스해졌다. 2·15조치로 학생 8명이 석방되었다. 이광하, 장성백, 강기룡, 윤규한, 김진규, 황철식, 그리고 임규영과 정화영이 석방되었다. 비록 여정남과 이강철은 교도소 철창 안에 남아 있었지만, 1970년대 초반 경북대 운동을 이끌던 학생운동가 8명이 한꺼번에 쏟아져 나온 대사건이었다. 석방 당시 문교부 장관이 복교까지 약속한 마당이니 학생운동 부활은 어쩌면 당연한 수순이었다.

그해, 투쟁은 '석방학생 간담회' 기사와 관련해서 학교 신문사에서 먼저 터졌다. 학교 신문사의 투쟁과 별개로 또 다른 투쟁이 2월부터 준비 중이었다.[27] 학내 투쟁 준비는 민청학련 사건으로 풍비박산이 난 한국풍토연구회의 마지막 회원 박명규가 했다. 군복무를 마치고 학교에 돌아와 있던 전정효는 박명규와 함께 4월 투쟁을 기획했다. 투쟁 날짜는 4월 8일로 정했다. 이미 3월 말에 대법원에서 인혁당재건위 사건 최종 선고를 4월 8일 한다고 예고한 상태였기 때문에, 투쟁 날짜는 선고 일에 맞춰 정했다. 선언문의 요지는 6일쯤 박명규가 전정효한테서 전달받아 투쟁 선언문을 작성했다. 투쟁의 가장 중요한 목적은 인혁당재건위 사건의 진실을 알리는 것이었다.[28] 박명규는 현대사상연구회 회장(김해수, 73학번)을 만나 집회에 관해 협의했다.[29]

그러나 4월 8일 집회는 연기되었다. 미처 준비가 덜 됐기 때문이다. 어쩔 수 없이 집회는 미뤄졌지만 최대한 4월 8일과 가까운 날로 당겨야 했다. 4월 10일로 날짜가 다시 확정되었다. 집회가 이틀 늦춰진 사이 4월 9일 새벽 사법 살인이 벌어졌다. 인혁당재건위 관련자 8명이 동 트기 전 죽임을 당했다. 여정남도 이날 사형 당했다. 4월 10일 언론은 일제히 사형 집행 소식을 알렸다.[30]

사형 집행 다음 날인 4월 10일 오전 10시 무렵, 집회가 시작되었다. 처음에 법대 정치외교학과 중심으로 이삼십 명이 집회를 시작했고, 이후 문리대와 법대가 가세해 100명이 훨씬 넘는 학생들이 참가했다.[31] 본관 앞, 로터리, 교양과정부 사이를 학생들은 스크럼을 짜고 달리면서 구호를 외쳤다. 교수들이 집회를 만류하려 나섰지만 이윤기(불어교육과 74학번)는 몸으로 교수들을 밀쳐내고 시위대를 이끌었다. 이날 투쟁 선언문에는 "인혁당 사건은 조작"이라는 사실을 명시했다.[32] 시위의 가장 중요한 목적이 인혁당재건위 선고의 부당성을 알리는 것이었기 때문이다. 학교 신문은 발간을 정지당한 상태였고, 이날 투쟁 소식을 실었던 학교 밖 언론들도 인혁당재건위 조작 문제에 관해서는 함구했다. 《영남일보》는 "석방 학생 복교시켜라," "학원사찰 중지하라," 《동아일보》는 "대통령 긴급조치 7호를 철폐하라," "언론자유 보장하라"라는 목소리 정도만 실었다.[33] 인혁당재건위 사건의 진상을 알리려던 시위 목적은 정작 어디에도 실리지 못한 채 묻혀 버렸다. 또 "유신헌법 철폐하라," "박정희 하야하라"라는 중요한 시위 구호[34]도 언론에서는 사라졌다. 시위의 이름이 지워져 버렸다.

집회가 끝날 무렵 박명규는 무사히 빠져 나갔지만, 집회 다음 날 이윤기는 집에 갔다가 북부경찰서에 연행되었다. 황철식의 도움을 받아 숨어 있던 박명규는 북부경찰서로 학생들이 연행되었다는 말을 전해 듣고 결국 자수를 결심했다. 4월 23일 북부경찰서에 자수해 '집회 및 시위에 관한 법률 위반 혐의'로 구속됐다.[35]

또 하나의 시위, 사학과 농성 투쟁[36]

4월 10일 시위 당일 세 명이 제명당했다. 이 소문은 학내에 퍼졌고, 1974년부터 시위에 열심히 동참해 오던 장명재(사학과 72학번)도 같은 학과 후배 구용봉(73학번)의 제명 소식을 들었다. 소문을 듣자마자 장명재는 정재국(사학과 72학번)을 비롯하여 평소 시위에 우호적이었던 네댓 명을 모아 구용봉을 구하기 위한 사학과 농성을 기획했다.

4월 11일 오전 사학과 학회장 박순규(71학번)가 '구용봉 학우 징계 철회'를 위한 사학과 학생총회를 소집했다. 1학년부터 4학년까지 재학생 거의 다 참석한 총회 결과, 즉시 농성에 돌입하기로 했다. 최소 1박2일 농성할 예정이었음에도 한 명도 빠짐없이 모두 참가했다. 평소 학생운동과 거리가 먼 평범한 학생들이었지만, "동료 학우의 징계를 막겠다고 겁 없이 엄청난 용기를 냈던 것"이다. 인문관 2층 오른쪽 사학과 강의실 206호의 앞뒤 출입문에 못을 박고 책상으로 바리케이드를 쳤다. 일청담이 보이는 창문에는 미리 준비한 "구용봉 학우에 대한 제명 처분 철회하라!" "학원 민주화 보장하라!"는 문구를 써서 붙였다. 장명재의 진행으로 농성을 시작했다. 모두 구호를 외쳤다.

"유신 체제 철폐하라!"
"구속학생 석방하라!"
"부당징계 반대한다!"

구호 소리는 닫힌 강의실 벽을 넘어 인문관에 울려 퍼졌다. 함께 〈아침 이슬〉과 〈희망가〉를 부르며 결의를 다지다가, 때로 유행하던 포크송도 불렀다. 농성 소식에 사학과 교수들과 학생처장, 교직원들이 복도로 몰려와 농성 중단을 종용했지만 서너 시간 동안 닫힌 농성장에서는 구호와 노래 소리만 새어 나왔다. 서너 시간이 지난 뒤, 사학과 학과장의 대화 제안에 정재국, 이상점(사학과 73학번, 기독학생회 회장) 등이 협상 대표로 나갔다. 그런데 대화 장소에는 김영희 총장과 학생처장, 중앙정보부 요원이 있었고, 그들은 강압적으로 "당장 농성을 해산하라," "말을 듣지 않으면 폐과해 버리겠다"는 협박을 쏟아냈고, 협상 대표들은 제명 철회를 주장하며 저항했다. 끝내 협상이 결렬되고 학생들 사이에서도 농성을 지속할지 의견이 조금씩 갈렸다. 그 사이에 바깥에서 교직원들이 출입문을 밀고 들어오는 과정에 실랑이가 벌어져 복도 창문이 통째로 부서지고 농성장 안은 박살난 유리 천지가 되었다. 학생들은 더 이상 농성을 지속하기 어려워 농성을 해산하기로 결정했다.

해산 후 농성 주도자인 장명재는 한 주 동안 피신해 있으면서 자신도 제명당했다는 소식을 전해 들었다. 김영희 총장은 "단일 학과 단위에서 농성을 한 사례가 없다. 엄하게 징계해야 한다"며 사학과 학생 3~5명을 제명하겠다고 목소리를 높였으나, 사학과 학과장 김진경 교수가 끝내 반대해 장명재만 "학생 선동 및 농성 주도"로 제명당했다. 한편 정재국은 본인의 의사와 무관하게 6월 중순 무렵 5관구 사령부로 강제 입영 당했다.

신속하고 강경한 제명, 그 후

같은 1975년 4월 투쟁이었지만 경북대의 징계는 혹독했다. 시위 참가자를 징계하라는 문교부의 지시나 공문에도 대학들이 처음에는 대체로 의연했다. 서울대는 연일 1천 명 넘는 학생들이 계속 시위를 했는데도 4월 11일 단 한 명만 제적시켰다.[37] 전교생이 시위를 벌인 한신대는 문교부의 온갖 압력에도 학생 징계에 완고했다. 몇 달을 끌어 6월 3일 한신대 학장 김정준이 결국 사표를 제출하고 난 뒤에야 12명을 제적시켰다. 대학별로 1천여 명이 시위에 참가했던 이화여대가 1명, 중앙대가 2명, 한국외국어대가 3명을 제적했을 뿐이었다. 유례없이 한 대학을 겨냥해 긴급조치가 내려졌던 고려대가 32명, 날마다 대규모 시위를 벌인 연세대가 21명으로 이례적으로 제적생이 많은 편이었다.

그러나 "학생 징계에 소극적으로 대처하면 묵과하지 않겠다"는 문교부의 엄포는 경북대에 바로 먹혀들었다. 총장 김영희와 어용교수들은 앞장 서서 신속하게 학생들을 제명했다. 4월 10일 시위가 끝난 당일 오후 긴 급 학처장회의를 열어 그 자리에서 곧바로 박명규(정치외교학과 2학년), 이윤기(불어교육과 2학년), 구용봉(사학과 3학년)을 제명시켰다. 3명 제명 으로 부족해서 4월 15일 다시 학처장회의를 열어 이상익(법학과 2학년) 등 6명을 추가로 제명 처분했다.[38] 4월 10일 시위로 제명된 사람은 모두 아홉 명[39]이나 됐다. 김영희 총장은 그야말로 '유신 총장'으로 실력을 유 감없이 발휘했다.

아홉 명은 제명당한 순간에도 서로가 서로를 잘 몰랐다. 1978년 제대 후에야 제명된 학생들이 누구인지 서로 알아보기 위해 한자리에 모였으 니 말이다.[40] 제명자 아홉 명은 다음과 같다.

박명규(정치외교학과 73학번, 2학년: 집시법위반 징역 1년, 집행유예 2년)

이윤기(불어교육과 74학번, 2학년: 구류 처분 후 제명, 강집)

구용봉(사학과 73학번, 3학년: 구류 처분, 제명, 강제징집)

장명재(사학과 72학번, 4학년: 구류 1주일, 제명, 강제징집)

강희주(사회학과 72학번, 4학년: 구류 처분, 제명, 강제징집)

이상익(법학과 73학번, 3학년: 구류 처분, 제명)

이기홍(법학과 73학번, 3학년: 제명, 강제징집)[41]

윤상권(정치외교학과 74학번, 2학년: 구류 처분, 제명, 강제징집)

이승룡(공업교육과 73학번, 3학년: 제명, 강제징집)

제적이 언젠가 다시 복교가 가능한 조치라면, '제명'이란 학교에서 아 예 이름을 삭제해 버려 입학도 제적도 기록되지 않는 악랄한 징계였다.

학생을 졸지에 유령으로 만들어 버리는 조치인 셈이다. 제명은 여러 학생 운동가들에게 큰 상처를 남겼다. 제명은 곧 강제 입영이었다. 장명재는 일주일 구류를 살고 나오던 바로 그 자리에서 "입영 준비하라"는 통보를 받고 5월 말 입영했다. 이윤기, 구용봉, 이승룡, 강희주, 윤상권, 이기홍 등 군에 갈 수 있는 사람은 모두 강제징집 당했다. 독재 권력이 당시 청년들을 세상과 분리해 훈련시키는 수단이 강제징집이었다. 전국 대학에서 대대적인 강제징집이 실시되었다. 제명자들은 제대 후에 학교로 돌아오고 싶어 했으나 불가능했다. 이승룡은 제대 후 복교를 위해 경찰에까지 찾아갔지만 끝내 학교로 돌아올 수 없었다. 강희주 역시 복교가 불가능해서 결국 경북대를 떠나 영남대 의대에 시험 쳐서 입학했다. 1심에서 집행유예를 선고받은 박명규도 1977년 계명대로 다시 입학했다.

민청학련과 인혁당재건위 사건으로 상당히 많은 학생운동권들을 이미 학교에서 추방한 상황에서 9명의 제명과 강제징집은 상당한 충격이었다. 당시 운동권의 불씨를 완전히 제거하기 위해 "대학생 운동권에 대한 사전 정지작업이 진행 중이라는 흉흉한 소문"이 돌았다.[42] 소문처럼 적어도 경북대에서는 1974년과 1975년 사건으로 학생운동의 밑둥이 잘려 나갔다.

침묵, 긴급조치 9호와 '면학'하는 학교

긴급조치 9호로 대학은 그야말로 자유와 민주가 바싹 말라 버린 이름 뿐인 지성의 전당이었다. 학교는 급속도로 총력안보전의 저수지가 되었다. 1975년 5월 학도호국단이 거창한 창단식을 열고 멸공궐기대회도 떠들썩하게 벌였다. 교련 수업과 입영 훈련도 했다. 대신 반독재 민주화의 목소리들은 1978년 11월 투쟁이 솟아오를 때까지 유신 대통령 박정희와 유신 총장 김영희 아래 숨죽여 은밀하게 서로를 찾고 있었다.

1975년 2월 겨우 다시 맞이한 봄은 순식간에 매서운 겨울로 뒷걸음 질 치고, 간간히 구속 소식도 들려왔다. 1975년 6월 3일, 여석동(정치외 교학과 제적, 69학번)이 구속 기소되었다. 이른바 '천주교정의구현전국학 생총연맹'(전국대학생연맹) 사건에 연루되었다. 민청학련 사건 이래 사라 져 버린 전국적인 네트워크를 고심하면서, 서울 지역 대학생들이 중심이 되어 모임을 시작했다. 서울 지역 12개 대학, 지역의 6개 대학이 서로 연 결되었다. 그러나 4월말부터 조직이 정보기관에 노출되고, 전국적인 조직 결성을 준비하는 과정에서 5월부터 구속 바람이 불기 시작했다. 관련자 22명이 구속되었다. 전국 대학과 연계를 꾀하며 이 조직에 연루된 여석 동은 징역과 자격정지 1년 6개월, 집행유예 3년을 선고받았다.[43]

정화영도 1976년 8월에 구속됐다.[44] 그는 1975년 4월 10일 형집행정 지로 석방되어 고향 예천에 내려가 있었다. 석방 후 노동 현장에 들어가 고 싶었으나, 그 전에 먼저 고향에 내려가 결핵부터 치료해야 했다. 그런 데 경찰 끄나풀로 활동하던 지역 주민과의 싸움에 휘말려 그만 경찰서로 잡혀가게 되었다. 그리고 상주경찰서 구치소에서 유언비어를 퍼트렸다는 이유로 3년형을 선고받았다.

1976년 2월에는 수학과 안재구 교수의 재임용 탈락이 확정되었다. 한 국풍토연구회를 은밀하게 지원했던 안재구 교수는 "국가관 미확립과 학 생운동에 동정적이라는 이유"로 해직 당했다.[45]

누군가는 잡혀가고, 누군가는 쫓겨 나갔다. 그렇게 학교는 평온해지 는 듯이 보였다. 학생들은 '면학'하고, 교수들은 성실히 수업해서 '학풍 쇄신'하는 듯 보였다. 시대의 우울은 대학의 '면학' 뒤에 얼굴을 가리고 있었다.

거덜나 버린 학생 운동권을 다시 일으켜 세워야 군사 독재에 맞설 수 있기에, 운동권은 조직 활동부터 시작했다. 권용원(철학과 72학번)이 조직 재건에 나섰다. 권용원은 다른 '빵잽이'보다 활동 조건이 유리했다. 빵잽이들의 행동은 금세 눈에 띄고 문제가 생기면 곧장 제명처리 될 가능성이 높지만, 권용원은 경찰서에는 들락거렸어도 '별을 달지'는 않았다. 권용원은 1975년부터 1980년까지 조직 재건에 매달렸다. 순전히 학내 학생운동 조직 재건을 목적으로 1977년에 교육대학원에 입학하게 된다. 졸업생이 학교에 있을 명분이 필요했기 때문이다. 조직 재건이란 "혁명적 운동을 도모할 직업적 운동가"를 키우는 일이었기에 쉽지는 않았다. 조직 재건을 위해 가장 먼저 서클과 엠티를 통해 사람들이 모이도록 했다. 이 무렵 언어문화연구회와 그에 이어 복현독서회가 만들어지고, 서클 회원들은 자주 엠티를 갔다. 함께 모여 결의를 다지고 연대 의식도 높였다.[46] 학교에 돌아오지 못하고 있던 민청학련 관련자를 비롯하여 외부 선배들과 접촉은 상당히 조심스러웠다. 그렇지만 권용원은 선배 전정효나 선배나 강기룡, 황철식과 은밀히 만나 학내 문제를 의논했다. 그중에서도 강기룡은 경제적 지원을 많이 했다. 학교 안팎에서 차근차근 민주주의 부활을 준비하고 있었다.

1977년 은밀한 4·19 행사와 무산된 반유신 투쟁[47]

집회의 자취가 사라진 교정. 모 여대에서 편지봉투에 면도날을 넣어 보내왔다는 소문이 운동권 내부에서 파다하게 퍼졌다. 1975년 봄 이후 집회 한 번 열지 못하는 경북대 학생운동 세력을 스스로 조롱하는, 실체를 알 수 없는 소문이었다. '복현골,' 이름 그대로 모두 엎드려 있었지만, 내부에서 무거운 어둠을 깨고 반유신 민주주의를 외치는 자생적 시도가 싹트고 있었다.

1977년 4월 19일. 인문관에 언어문화연구회(정언회) 회원들이었던 최용식(사회학과 75학번), 장수원(철학과 75학번), 김동호(일반사회교육 75학번), 류시대(도서관학과 76학번)를 비롯한 30명가량의 학생들이 은밀히 모여들었다. 4·19를 기념하기 위해서였다. 최용식이 선언문을 써 와서 낭독했고 김동호가 추모시를 읊었다. 당시 선언문을 듣던 함종호(도서관학과 75학번)는 그 자리에서 억눌렸던 피가 거꾸로 쏟는 기분이었다고 한다.[48] 집회 참석자들은 최용식, 장수원, 김동호, 함종호, 문성학, 임근태 등이었다. 이 소식은 학내에 상주하던 경찰들과 교직원을 통해 즉각 최용식의 지도교수에게 알려졌다. 그때 효성여대에서 강의 중이던 지도교수는 학교의 연락을 받고 강의를 중단하고 부랴부랴 학교로 달려와 대처 방안을 논의해야 할 만큼 엄중한 사태였다. 이 때문에 4·19혁명 기념식 참가자들은 학교 당국에서 주목을 받게 되었다. 이 은밀한 집회도 긴급조치 9호 위반이었지만 학교 당국은 그냥 묻어 두었다. 학교로서도 그냥 모르는 채 하는 게 오히려 '유신 총장'의 명예를 살리는 길이었다.

최용식, 장수원, 김동호, 서중현 4명은 다시 기회를 노렸다. 11월 1일은 학도호국단 검열이 있는 날이다.[49] 3학년 남녀 학생 전체, 2학년 남학생, ROTC 등 학생 총 2,831명을 대상으로 학도호국단 교육 사열이 있는 날이었다. 총장과 교수 150명가량이 참가하는 대규모 행사이다. 제대한 예비역들은 예비군복을 입고, 다른 학생들은 교련복을 입고 모두 운동장에 도열했다.[50]

유신 정권 아래 병영화된 학교 모습이 적나라하게 드러나는 날, 이날 시위를 하기로 최용식, 장수원, 김동호, 서중현은 결의했다. 학도호국단 검열 행사에서 '유신 철폐와 학도호국단 해체' 선언문을 낭독하고 시위를 조직하려고 했다. 최용식, 김동호가 선언문을 쓰고 장수원, 서중현이 행동대장을 맡기로 했다. 검열장에 모두 모였다. 비가 부슬부슬 내렸지만, 오전 10시부터 시작된 행사는 착착 진행되고 있었다.

한 시간이 지나고 두 시간이 다 되어 가는데 어디에서도 선언문 낭독 소리도, "유신 철폐"나 "학도호국단 해체" 구호 소리도 들리지 않았다. 그렇게 검열이 끝나 버렸고 투쟁 모의는 실패로 돌아갔다. 최용식 등은 현장에서 판단했다. 3천 명 정도 학생 중 대부분은 목총을 들고 일부는 진짜 총을 들고 있는 이 자리에서, 총검술 시범과 종합 군사훈련을 하는 이 자리에서 시위를 도모하는 행위가 맞는가. 시위를 한다면 그 파급력은 어마어마하겠지만, 잘못하면 이건 반란에 맞먹는 중대한 사안임을 직감했다. 학도호국단 검열에 참가한 학생들이 동조해 줄 것인지도 의문이었다. 친정부적인 학도호국단 간부들이 쫙 깔린 검열장에서, 또 동참해 줄 학생들을 충분히 확보해 두지도 못한 상황에서 시위를 한다면……. 설령 시위를 터트린다 해도 주동자만 고립되어 체포되고 끝나고 만다면, 그 또한 실패한 투쟁이라는 생각이 들었다. 두 시간은 고뇌 속에서 아주 더디게 흘러갔다.[51]

모의는 실패했지만 아쉬움은 남았다. 사열이 끝날 무렵, 목청 좋고 노래를 곧잘 부르던 서중현은 스탠드 한 귀퉁이에서 〈우리의 소원〉을 크게 불렀다. 본부석에서부터 달려온 교직원에게 곧 제지당했다. 검열이 끝나고, 최용식, 김동호, 장수원 등 열다섯 명가량은 아쉬움을 달래려 후문 대폿집으로 향했다. 술잔이 도니 아쉬움이 더 커져 가슴에 품은 낭독하지 못한 선언문을 꺼내 읽었다. 함께 구호를 외치며 술집을 나가 학교 후문 안쪽으로 들어오려고 했다. 수위가 막아서는 바람에 수위실 전화기가 부서지는 등 약간 실랑이가 있었다. 그래도 학교 운동장까지 가서 운동장 한두 바퀴 돌고는 모두 아무 일 없었다는 듯이 집으로 돌아갔다.

밤 10시 즈음, 집집마다 경찰이 들이닥쳤다. 최용식, 장수원, 김동호, 서중현이 북부경찰서에 연행되어 조사를 받았다. 이삼 일간 조사를 받은 후 집으로 돌아갔다. 북부경찰서는 술자리 사건 정도로 축소했다. 이 일로 최용식은 1978년 3월부터 8월까지 강제휴학을 당했다. 강제휴학은 곧 강제징집이던 시절에, 불행 중 다행으로 건강이 나빠 강제징집을 면한 최용식은 1978년 9월에 복학했다. 이 사건은 이듬해 1978년 11월 2일 투쟁으로 이어졌다. 실패한 이 투쟁을 거울삼아, 이듬해 11월 투쟁을 다시금 준비하게 되었다.

2. 1978년 11월 민주구국대투쟁

유신 체제 아래 침묵을 강요당한 학생들의 불만이 속으로 조용히 들 끓고 있었다. 결국 불만은 1978년 여름을 지나 11월에 분출했다. 여름에는 대학 신문사의 싸움이 있었고, 11월에는 반유신을 외치는 민주구국 투쟁의 함성이 대구 시내를 뒤흔들었다. 1978년 11월 대투쟁은 독재자 박정희 정권의 간담을 써늘하게 할 터였다.

경북대신문 자율수호투쟁[52]

1978년 여름 축제 무렵 벌어진 사건은 가을이 깊도록 미궁에 빠져 있었다. 《경북대학보》는 학생기자의 손을 떠나 버렸다. 대학 신문은 '주보'나 다름없었고, 누군가는 '찌라시'라 조롱했다.

시작은 봄부터였다. 1978년 봄, 신문에 '포토에세이' 난이 있었다. 사진은 김동국(통계학과 77학번)이 찍었다. 봄날, 개학을 맞은 학생들이 게시판을 쳐다보는 모습이었다. 사진 밑에 짤막한 글은 서형숙(국어교육과 77학번)이 썼다. "봄은 오는데, 젊은이들이여, 눈과 귀를 열고 깨어 있으라"라는 내용이었다. 이 포토에세이 〈창〉이 김영희 총장 눈에 딱 걸려들었다. 당시 신문기사 하나하나에 직접 개입하던 총장은 가편집 상태의 〈창〉을 보고 "이거는 간첩, 빨갱이 글이다," "이게 학생이냐 빨갱이냐" 하며 분개했다. 신문 발간 최종 결정을 기다리는 신문사 기자들에게 총장은 온통 빨간 줄을 그어서 신문기사를 돌려보냈다. 눈과 귀를 열고 깨어 있어야 한다는 말에 총장의 심사가 뒤틀려 버린 것이다. 소문까지도 통제하던 시절이었으니, '깨어' 있어야 한다는 말은 다분히 체제 도전적이었다. 학교 측에서는 사진을 즉각 교체하라고 기자들에게 지시했다. 기자들은 사진 교체를 반대하며 버텼다. 당시 신문사 주간 전재호(국문학과) 교수와 편집 지도교수 김문기는 이 사건을 무마하기 위해 일방적으로 사진을 교체하고 글을 새로 써서 바꿔치기 했다. 학생 기자들과 학교 측의 불편한 관계는 이때부터 계속됐다.[53]

더 큰 사건은 학교 축제가 진행되는 가운데 터졌다. 5월 축제가 한창이던 때, 예년처럼 개교기념일 무렵에 신문(1978. 5. 27, 제803호)을 발행했다. 학교 축제와 관련된 여러 기사들이 실렸다. 딱히 문제될 기사가 있지 않았다. 다만 기념행사 준비 주체인 학도호국단 간부들이 보기에, 신문기사의 전반적인 논조가 마음에 들지 않았다. 그 이유로 학도호국단 간부들이 신문사에 쳐들어가 난동을 부렸다. 마침 신문사 기자들이 학교 밖으로 신문을 인쇄하러 나가고, 신문사에는 행정직원과 사환만 남아 있었다. 둘만 있는데 학도호국단 간부들이 책상을 엎고 자료들을 다 엉망으로 만들어 버리고 사라진 것이다.

그림 38 신문 제작에 몰두하고 있는 대학 신문사 기자들(김영철 제공)

　기자들은 학도호국단에 항의하고, 또 신문사 주간교수를 통해서도 항의를 전달하려 했다. 6월 12일에는 학보사 기자 전원 명의로 신문사 주간에게 보내는 〈건의문〉을 작성(이장식, 전자공학과 77학번)했다. 주장 가운데 첫째는 편집권 보장이었다. 지도교수와 편집국장(당시 편집국장은 학생 기자가 아닌 직원)의 역할을 명확히 하고, 학생 기자들의 기사 작성 자율권을 인정하라는 내용이었다. 두 번째 건의 내용은 난동을 부린 학도호국단 간부들에게 책임을 묻고 기자들을 정식으로 만나 사과하라는 내용이었다.

　학도호국단 간부들의 난동 사건을 계기로, 기자들은 지도교수와 편집국장의 도를 넘은 편집권 침해 행위들에 제동을 걸려고 했다. 학교 측이 이런 건의에 동의할 리 없었다. 6월 12일 편집회의 때, 김영철(경제학과 77학번)이 대표로 〈건의문〉을 읽고 전원 사표를 제출하겠다고 학교 측에 맞섰다. 주간교수의 개별적인 회유가 있었지만, 기자 전원은 6월 12일 이후 일체 신문 제작에 관여하지 않았다. 학교 측은 기자 전원이 낸 사표를 얼른 수리해 버렸다.[54] 그러나 정작 난동을 부렸던 학도호국단 간부들에게 학교는 아무런 징계도 내리지 않았다.[55] 학교 입장에서 볼 때 학도호국단은 유신의 상징이자 학교 병영화를 주도할 동료들이기 때문에 그들의 '깡패 짓'을 방치했다.

여름방학이 되면서 사건은 묻혔다. 학교는 가을에 새로 학생 기자들을 선발했다. 새로 선발된 기자들로 학교는 학교의 입장을 충실히 보도하는 기관지를 발행했다. 전학 시간과 병영집체교육, 학술 세미나 기사 등을 주로 실었다. 학생들 사이에서는 학도호국단의 난동과 학교 측의 태도를 비판하는 의견이 비등하고 있었다.

기자들은 학교에서 월급과 원고료를 지급받기 때문에 그냥 지낼 수도 있었다. 하지만 기자로서 세상의 진실을 보기 시작해 버렸고, 사회적 책무 같은 걸 느꼈다. 순종적인 학생으로 되돌아갈 수 없었다. 학교에 항의하고 전원 사표 제출을 이끌었던 이들은 주로 77학번으로 당시 2학년들이었다. 김영철(경제학과), 김동국(통계학과), 김해규(사회학과), 서형숙(국어교육과), 이장식(전자공학과)이었다. 1학년 기자들로는 김영미(영문학과), 김진학(교육학과), 김헌규(전자공학과), 전재우(전자공학과), 허정애(영문학과)가 있었다. 이들은 전원 사표를 제출하고 나온 후, 거의 날마다 만나서 이야기를 나눴다. 1978년 2학기 무렵에는 단체를 만들고, 1979년에는 서클 등록을 마쳤다. 날카롭고, 밝은 눈을 가진 '예목'(叡目)이 탄생하는 순간이었다.

1차 민주구국선언 투쟁[56]

1978년 11월은 경북대학교 학생운동이 새로운 역사를 쓰는 날이었다.

1975년 4월 시위 이후 경북대는 그야말로 "시위 무풍지대"였다. 유신의 망령이 경북대를 완전히 집어삼킨 듯했다. 북부경찰서도 대학본부도 몇 년 동안 경북대 학생운동이 잠잠하자 점차 무심해졌다.

그 순간, 부활했다. 경북대 학생운동이, 민주화 운동이! 경북대학교가 생기고는 가장 많은 학생들이 참여한 투쟁이 벌어졌다. 11월 7일 2차 투쟁이 유신 정권과 함께 유신 총장 김영희 체제를 송두리째 흔들었다면, 이를 촉발한 투쟁은 11월 2일 유신 정권을 겨냥한 1차 투쟁이었다.

최용식, 장수원, 김동호, 류시대 네 명이서 집회를 준비하기로 결의했다. 1977년 11월 집회를 모의했다 실패한 이래 학교를 떠나야 했던 최용식이 1978년 9월 복학했다. 다시 최용식, 장수원, 김동호, 류시대가 모였다. 최용식, 장수원, 김동호는 4학년이었다. 4학년 마지막 학기 11월, 졸업시험까지 끝냈기 때문에 한 달만 있으면 졸업이었다. 그러나 대학 졸업자의 기득권을 포기하기로 작심했다. 죽을지도 몇 년 감방에서 썩을지도 모르지만 "최소한 이제 학교하고는 굿바이"하는 것만큼은 확실했다. 무슨 일이 있어도 암흑 같은 유신 정권을 반대하는 데모를 꼭 해야겠다 결의했다. "사회의 밑알이 되기로 결정했다."

10월의 마지막 밤, 본관 뒤 야산(지금의 학생종합서비스센터 자리)에 모여 11월 2일로 집회 날짜를 확정했다. 11월 2일은 목요일 전학 시간이 있던 날로, 학생들이 각 단대와 과별로 모이는 날이었다.[57] 선언문(경북대 민주구국선언문)은 최용식이, 호소문(복현학우들에게 부친다)은 김동호가 초안을 작성하기로 했다. 11월 1일 오후부터는 네 명이 함께 시위 준비를 했다. 후문 근처에서 만나 시내 중앙로로 나갔다. 유인물을 찍고 합숙할 돈이 필요했다. 다행히 장수원의 남동생이 대구은행 신입사원이라 장수원은 남동생에게 돈을 융통해 왔다.[58] 그 돈으로 시내 문방구에 들러 등사기, 갱지 1천 장, 등사원지, 철필, '가리방'을 샀다. 이 많은 물건을 들고 여관방에 들어가는 게 쉽지 않아 꾀를 냈다. 근사한 포장지에 등사기 따위를 포장하고는 "축 결혼"이라고 적어 결혼 선물로 위장했다.

네 사내는 커다란 결혼 선물을 들고 동화사 인근으로 향했다. 계곡 가에 있는 무지개여관 7호실로 들어갔다. 계곡을 끼고 있어 흐르는 물소리가 유인물 등사하는 소리를 묻어 주었다. 초고 상태인 〈경북대민주구국선언〉과 〈복현학우들에게 부친다〉를 넷이서 함께 다듬었다. 결의문은 공동으로 작성했고 류시대가 원고를 필경했다. 등사는 장수원이 도사였다. 대구공고 야간부를 다니면서 급사할 때 닦은 등사 실력을 유감없이 발휘했다. 새벽 두 시 무렵, 유인물 800여 장[59] 등사가 끝났다.

결전의 날이 밝았다. 식당에 가서 밥을 시켰다. 결혼식 하객으로 위장한 네 명의 결전 용사들을 의심하는 사람들은 없었다. 시위를 앞둔 아침, 나름대로 비장하게 저마다 유인물을 챙겨 넣었다. 9시에 택시를 잡아타고 정문 근처에서 내려서, 동쪽 담을 타 넘었다. 각자 학과로 들어가 행동 개시를 기다렸다. 수업 마치고 점심시간 무렵 최용식은 문리대 강의실에 학생들을 집결하게 한 다음, 선언문을 배포하고 시위를 알렸다. 그리고 시위장으로 향했다. 그 시각 김동호는 교양학부에서, 류시대는 공대와 교양학부에서, 장수원은 법정대와 도서관에서 유인물을 뿌리고 시위를 알렸다.[60]

최용식이 문리대 앞에 모인 학생 40~50명과 줄을 지어 시계탑으로 갔을 때, 로터리에는 벌써 200여 명이 모여 있었다. 정치경제적 폭압을 고발하는 〈78 경북대 민주구국선언문〉을 먼저 낭독했다.

우리는 민족의 이름으로 유신 체제의 비민주성과 정치적 폭력을 고발한다. 정권의 유지에만 급급한 집권자들은 긴급조치와 계엄령의 빈번한 선포로 국민을 위기의식 속에 몰아넣어 건전한 정치의식발전을 저해하고 있을 뿐만 아니라 국민의 정치적 무관심 내지는 무책임한 국가관을 형성시키는 폐단을 자초하여 결과적으로 민족통일이라는 중차대한 역사적 요청을 외면하고 있다. …… 권력의 비호 아래 살쪄온 특권재벌과 매판자본에 유착한 정부의 경제정책은 건전한 발전과 안정, 균등배분의 진보된 경제정책을 부정함으로써 서민가계를 질식시키고, 저임금, 저곡가 정책을 강행함으로써 대다수의 국민인 근로자와 농민의 생활고를 가일층 심각하게 하고 있다.

이어서 〈복현학우들에게 부친다〉도 낭독했다. 낭독은 교대로 했다. 이 호소문에는 7개 항목의 결의문이 들어 있었다. 학교에 상주하는 정보과 형사들의 사찰 중지, 유신 체제의 주구가 된 총장과 어용교수들의 사퇴, 교련과 학도호국단 훈련으로 학원을 병영화하는 행위 중지를 요구했다. 그리고 지난 여름에 발생한 학도호국단 간부들의 신문사 난동 사건과 기자 해임 건을 해명하라고도 주장했다. 사회 전체에 퍼져 있는 유신 체제 철폐, 민족경제 육성, 그리고 독도 문제의 진상도 요구했다.

- 미궁에 쌓인 학보사 사건을 공개 해명하라.
- 학원을 교살하는 정보사찰 중지하라.
- 어용교수 물러가고 김총장 사퇴하라.
- 호국단제 폐지하고 학원의 소병영화를 중지하라.
- 의혹에 쌓인 독도문제 그 진상을 밝혀라
- 유신 체제 철폐하라.

• 외국경제 침투 막고 민족경제 육성하라.

하나같이 절실한 문제들이었다. 병영이 돼 버린 학내 문제, 주권을 말살한 유신 체제, 그리고 '특권 재벌, 매판자본'과 결탁한 경제정책은 박정희와 몇몇 권력자를 제외한 대한민국과 모든 개인들을 파괴하는 행위였다.

집회장에는 학생만큼이나 많은 감시 요원들이 등장했다. 지도교수들과 교직원들, 그리고 사복경찰들이 쫙 깔렸다. 학생들이 집회장을 둘러서서도 섣불리 가담하기 어려웠다. 머뭇거리는 학생들 틈에서 손해학(사회학과 75학번)은 웃통을 벗어젖히고 나섰다. 그리고는 하얀 런닝에다 "유신철폐" 혈서를 썼다. 학생들은 스크럼을 짜고 도서관까지 뛰어갔다. 도서관으로 가는 길에 500여 명으로 학생들이 불었다. 도서관에서 다시 로터리로 돌아왔을 때는 주위에 모인 사람들까지 1천여 명이 되어 있었다.

시계탑 쪽에 있던 최용식은 학생들이 보는 데서 사복경찰에 연행되어 경찰 지프차에 구겨 넣어졌다. 장수원과 김동호도 연행되었다. 시위 대열이 다시 로터리로 모였을 때, 다시 한 번 몇몇 사람들 앞에서 남영주가 선언문을 낭독했다. 이때 뒤쪽에서 경찰이 허리춤을 붙잡고 "가자!" 하며 재촉했다. 남영주와 함께 있던 김진섭 역시 연행되었다. 많은 학생들이 지켜보는 앞에서 학생들이 연행되었다.

최용식, 장수원, 김동호, 류시대, 남영주, 김진섭은 북부경찰서로 강제 연행되었다. 그날 밤 당장 "조서도 꾸미기 전 학교 당국은 부당한 처벌"을 결정했다.[61] 최용식, 장수원, 김동호, 류시대는 제명,[62] 2학년이던 남영주(철학과 77학번)와 김진섭(지리교육과 77학번)은 무기정학을 받았다. 학교의 이토록 발 빠른 처사는 11월 7일 2차 투쟁을 불러오게 된다.

검찰은 연행된 학생들을 긴급조치 9호 위반으로 기소했다. "유언비어를 유포하고 사실을 왜곡 전파하고 동시에 대한민국 헌법의 폐지를 주장하는 집회시위"라고 밝혔다. 11월 7일 2차 집회가 일어나자, 연행 이후 조사를 받고 있던 최용식, 장수원, 김동호, 류시대에게 구속영장이 떨어지고 형사과 경찰들이 '배후'를 밝히겠다며 모진 고문을 했다. 11월 13일 교도소에 수감되고 이튿날인 14일부터 보름이 넘도록 중앙정보부 요원들이 내려와 역시 "배후를 밝혀라"라며 잠도 안 재우는 등 고문을 자행했다. 1심에서 자격정지 3년, 징역 3년을 구형받고 2심에서 자격정지 2년, 징역 2년을 선고받았다.[63] 1979년 8.15 광복절에 형집행정지로 최용식과 김동호, 장수원, 류시대가 출소했지만[64] 제명당한 석방자들은 학교에 곧바로 돌아오지는 못했다. 김진섭과 남영주는 2차 집회가 있던 날 밤, 북부경찰서에서 풀려났지만 이내 남영주는 군에 강제징집되었다. 이들은 모두 1980년에 복교했다.

11월 2일 경북대 민주구국선언 투쟁은 긴급조치 9호 아래 긴 폭압적 침묵을 깨는 사건이었다. 자발적인 민주화 운동 세력이 주축이 되어 정치적 민주주의와 경제적 민주주의, 그리고 민족 통일을 외치는 목소리를 박정희의 고장 대구경북에서 다시 일으켰다. 긴급조치 9호 이래 전국적으로 푹 꺾였던 반유신 투쟁의 불씨를 지폈다. 이 투쟁은 직접적으로는 11월 7일 2차 투쟁을 촉발했고, 향후 1979년 전국의 유신 철폐 투쟁의 불쏘시개가 되었다.

2차 민주구국선언 대투쟁

1978년 11월 7일은 대학 입학 예비고사가 있는 날이었다. 전국 40여만 수험생들이 입시 1차 관문을 넘던 날이었다.[65] 요즘이라면 대학 입시

날 모든 뉴스는 입학시험에 묻혀 버리기 일쑤지만, 1978년 언론의 1면을 차지하는 건 늘상처럼 박정희 정부 관련 소식들이었다. 그날 김병호(철학과 71학번)와 손호만(역사교육과 77학번), 권용원, 그리고 유병렬, 최상림 등은 각자 자리에서 2교시 수업 마칠 시각만 기다리고 있었다. 11시는 오전 수업을 수강한 학생들이 학교를 빠져 나가기 전이고, 오후 수업 수강자들도 학교로 들어오는 시각이라 많은 학생들이 학교에 모이는 시각이었다. 이날이 오기를 며칠 전부터 기다렸다. 2차 민주구국선언을 하기 위해서였다. 김병호와 손호만은 함께 작성한 선언문을 들고 시간을 기다리고 있었다. 1차 투쟁 소식을 듣고 투쟁 의지가 불타올랐던 김병호와 손호만을 한양서점 주인이자 경북대 제적생이었던 박명규가 연결시켜 줬고, 둘은 만나 2차 시위를 기획했다.[66] 두 사람은 태극기를 하나씩 사고 유인물도 넉넉히 준비했다. 밤새 900장의 유인물을 등사기로 밀었다.

1차 시위 때 학생들이 보는 앞에서 주동 학생들이 경찰에게 끌려갔다. 게다가 학교는 학생들이 연행된 당일 바로 제명 조치를 했다. 수시로 두발과 복장을 단속하던 김영희 총장에 대한 분노가 속으로 들끓던 차에,[67] 시위 학생 제명 조치는 대다수 학생들의 분노에 기름을 끼얹는 격이었다. 그러나 김영희 총장은 유신 체제의 대리자일 뿐이었다. 여정남을 살해하고 학생들을 구속하고 일상마저 억압하는 유신 체제의 민낯을 학생들은 피부로 느껴 가고 있었다. 이로써 모든 채비는 마친 셈이다.

사범대 신관은 1971년에 새로 세워졌다. 박정희의 대구사범학교 동기이자 당시 호남정유 사장이던 서정귀가 돈을 내고 동창들이 거들어 건물을 지었다.[68] 새 건물 안 1층 너른 로비 정면에는 천장에서부터 거의 바닥까지 내려오는 커다란 청동 부조를 부착했다. "성실한 교육자, 민족중흥의 위대한 정치인"이라는 이름표를 달고서 말이다. 시퍼렇게 살아 있던 박정희가 사범대 신관 벽면에 흉상으로 전시되었다. 이 건물은 운동권 학생들에게 매우 유용했다. 건물 옥상에 올라서면 김영희 총장이 앉아 있는 학교 본관과 집회 장소인 일청담, 그리고 학생들이 많은 도서관(지금의 박물관)과 문리대까지 훤히 내려다보인다. 경찰들의 움직임도 한눈에 파악됐다.

박정희 흉상을 딛고 그 건물 옥상에 교육대학원생 권용원이 올라갔다. 사범대 신관 로비에는 사범대 여학생 최상림(수학교육과 76학번)이 서 있었다. 그렇게 일청담까지 드문드문 '전령'들이 아무 일 없다는 듯 그러나 예리한 눈빛으로 서로 교신하고 있었다. 사범대 구관 건물 안에서는 손호만이 가슴 안에 태극기를 품고 손엔 유인물을 쥐고 시위를 준비하고 있었다. 시위가 시작되면 경찰 진입 경로를 훤히 내려다보고 있던 권용원은 사범대 신관 옥상에서 시위 대열의 움직임을 조정할 계획이었다.[69] 치밀하게 계획된 반독재 민주화 투쟁이었다.

김병호와 손호만은 예정대로 2교시가 끝나고 법정대와 사범대에 유인물을 뿌렸다. 그러고는 시계탑 로타리로 갔다. 백여 명의 학생들이 모였다. 이 시위는 학생들 사이에 충분한 공감대가 마련되어 있었다. 11월 2일 시위 이후 탈춤반 등 서클을 통해 제적자 구제 서명 용지가 돌고 있었다. 그리고 2차 집회를 함께 주동할 수 있는 단체들에게는 11월 7일 시위가 열린다는 사실이 은밀히 전달되었다.[70] 김병호는 모인 학생들 앞에서 〈78 제2 경북대 구국선언문〉을 낭독했다.

얼마나 기다려야 이 정권은 종지부를 찍겠습니까. 한일회담으로 경제적 대일예속화를 가져왔습니다. 관료독점자본을 형성하여 특권층과 대기업이 국가자본의 대부분을 차지하고 있습니다. 현대아파트사건으로 정치와 경제가 결탁되어 있음을 쉽게 알 수 있습니다. 독도문제 또한 심상치 않습니다. 빈부의 격차는 심화되고 있습니다. 근로자는 저임금에 시달리고 있으며 농민은 저곡가정책으로 고통받고 있습니다. 대통령 선거에서 단일후보에 반대없이 찬성 99.9퍼센트로 현 대통령은 당선되었읍니다. 반대할 수 있는 자유가 없는 것입니다. 현 정부가 반대를 하면 무조건 나쁘다는 악질풍토를 우리나라에 심어 놓은 것입니다.

구국선언문은 구속된 동료들을 석방하라는 내용만 들어 있었던 게 아니었다. 말 그대로 '구국'을 위한 선언문이었다. 예속적인 한일회담, 특권층과 대기업의 관료 독점자본 형성, 정경유착, 독도 문제, 빈부 격차 심화, 노동자와 농민의 고통이 대한민국을 지배하고 있다고 현실을 조목조목 비판했다. "현 정부가 마땅히 모든 것을 책임지고 물러나는" 것이 대한민국을 구할 수 있는 방도라고 보고 이를 위해 투쟁하자는 외침이었다. 손호만이 구호를 선창했다.

1. 구속학생 석방하라
1. 김 총장은 물러가고 어용교수 사퇴하라
1. 학원사찰 중지하라
1. 유신 체제 철폐하라.

구호는 다수 일반 학우들이 공감하고 연대할 수 있는 내용들로 짜여 있었다. 학생들에게 김영희 총장의 사퇴는 어떤 문제보다 피부에 와 닿는 문제였다.

11시 10분쯤에 김병호와 손호만은 가슴에 품고 있던 태극기를 꺼내

흔들었고 학생들은 〈애국가〉와 〈우리의 소원〉을 함께 불렀다. 아니나 다를까 또 교직원과 교수들이 나서서 집회를 방해했다. 지도교수가 시위 중인 학생의 이름을 부르며, 그만 시위 대열에서 나오라고도 하고 끄집어 내려고도 했다. 그렇다고 물러설 학생은 없었다. 덮쳐 오는 형사를 보고 손호만은 시위 대열 속으로 들어갔고, 경찰이 연행하려 하자 옆에 있던 김진덕(역사교육과 76학번)을 비롯한 학생들이 경찰과 육탄전을 벌이며 막았다.[71] 학생들은 시계탑과 도서관 사이를 스크럼 짜고 왕복하며 시위를 이어 갔다.

학교와 경찰이 이 광경을 두고 보고만 있을 리 만무했다. 학교는 경찰을 부르고 경찰은 페퍼포그와 최루탄을 발사했다. 이런 처사가 학생들을 더 자극했다. 페퍼포크 차 석 대를 몰고 나타나 최루탄을 마구 퍼부어 대는 경찰에 맞서 학생들은 일청담 주위에 떨어진 최루탄을 되받아 던졌다. 투석전이 벌어졌다. 일청담까지 깊숙이 들어온 경찰 1개 중대는 도리어 학생들에게 포위됐다. 학생들은 돌로 페퍼포그 차의 포구마저 부숴 버렸다.[72] 평소의 분노와 함께, 경찰들의 과도한 진압은 교내에 있던 모든 학생들을 불러 모았다. 검찰 추산 2천500명, 집회 참가자들의 기억으로는 "학생 거의 전부" 혹은 "전교생 1만 명 가운데 무려 8천 명"이 참가했다. 이 시각 학교 운동장에서 교련 검열 훈련을 하고 있던 2학년 남학생들도 목총을 던져 버리고 시위장으로 몰려들었다. 강의실에서 공부하던 학생들도 최루탄 소리를 듣고 시위에 결합했다. 뒤늦게 결합한 학생들도 있었다. 1학년들은 이날 병영집체훈련을 다녀오던 참이었다. 훈련을 마치고 와서 저마다 학교 인근에 뿔뿔이 흩어져 있다가 이 소식을 듣고 뒤늦게 학교로 달려왔다. 학생들이 급격히 불어났다. 학생들이 경찰과 투석전을 벌이는 사이 김병호는 연행되고 말았다. 손호만은 어느새 시위대에서

자취를 감추었다. '도바리,' 긴 수배 생활의 시작이었다.[73]

신옥란(국어교육과 76학번)은 목소리가 카랑카랑했다. 학생들이 경찰에 끌려가고 최루탄이 터지는 상황에서 신옥란은 구호 선창을 하며 수많은 학생들을 움직였다.[74] 신옥란은 이날 투쟁으로 구류 25일을 살고 제적 처분까지 받았다. 곳곳에 "학우여!"를 외치며 상황을 알리는 학생들이 생겨났고, 그들은 학생들을 시위대로 불러 모았다. 불어난 시위대는 더 이상 사범대 신관 위 집회 기획자의 통제와는 아무 상관이 없이 자체적으로 움직였다. 시위대는 이제 본관으로 향했다. "총장 나오라!" "총장 물러가라!" "연행학생 석방하라!" 구호를 외쳤다. 경찰을 진입시킨 본관에 대한 항의이자 시위 학생 징계에 대한 분노였다. 총장은 나올 리 만무했고, 시위대는 본관 총장실까지 몰려 들어갔다. 이때 총장실 안에 있는 전화기와 책꽂이 같은 기물이 파손되었다. 시위대는 총장이 없는 총장실을 나와서 로터리에 모인 다음 자연스레 시내 진출을 준비했다. 집회 규모는 누구도 예상 못할 정도로 불어나 있었다. 시위대에는 여기저기 수많은 자발적인 주동자들이 등장해 시위대를 이끌었다.[75]

후문 쪽으로 나갔다. 학교 밖 가두시위를 저지하려는 경찰과 투석전이 벌어졌다. 그리고 학생들은 체육관 뒤편 길을 이용해 경북도청 앞으로 가두시위를 이어 갔다. 도청을 지나 제일모직 정문에서 북부경찰서가 있는 통일로까지 진출했고, 이곳에서 경찰들과 투석전이 또 벌어졌다. 투석전을 벌이다 흩어져 일부는 삼익맨션을 거쳐 대구역 방면으로, 일부는 역전파출소로 가서 돌을 던지며 시위를 벌였다. 그러고는 시민회관 앞에 재집결했다. 최소 1천여 명의 학생들이 모였다.

그때 대구역을 지나갔는데, 대구역 지하도가 있었는지 없었는지 기억이 확실하지 않지만, 여하튼 대구역 담장을 넘어서 지나갔지. 대구역 담장을 몇 명이 흔드니, 그 땐 부로꾸니까 다 와르르 무너져 버렸지. 나도 그 무너진 대구역 담장을 지나서 갔어. 그리고 시민회관 앞으로 모였지. 시민회관 앞에 가니까, 어떤 사람이 사진을 막 찍고 있는 거야. 내가 달려가서 왜 사진을 찍느냐 찍지 마라 하면서 사진기를 빼앗고 그랬어.[76]

시위대는 대구 시내를 관통했다. 향촌동, 대구백화점, 중앙파출소, 반월당, 대한극장 네거리, 남문시장으로 구름떼 같이 많은 대학생들이 구호를 외치며 가두시위를 펼쳤다. 경북대 학생들이 유신의 한복판을 가로지르고 있었다. 시내까지 따라 나와 학생들을 제지하려던 '열성' 어용교수들의 목소리는 점점 잦아들었다. 시위대는 대구 시내에 유신 반대의 목소리가 살아 있음을, 유신 붕괴가 다가오고 있음을 예고했다. 반독재 민주화의 물결이었고 억압된 학원 자율화의 물결이었다.

오후 4시 10분경 학교 본관 앞에 학생들이 재집결해 "총장 나와서 구속 학생에 대한 처리 문제를 해명하라"고 구호를 외쳤다. 학생들은 본관 앞에서 계속 연좌농성을 벌이다가 어둠이 내리던 5시 45분쯤 해산했다. "두려워하지 말고 정의의 횃불을 높이 들고 나가자"는 이날의 선언문처럼, 학생들은 오랫동안 대구 시가지를 누비며 유신 체제의 부당함을, 학원사찰과 억압의 부당함을 알렸다. 어둠이 내려 학생들은 집으로 돌아갔지만, 정작 어둠의 장막에 갇힌 건 유신 정권이었다.

검찰이 추정한 손해액[77]

1. 경찰관 중경상자 74명, 경찰장비 차량, 무전기, 가스분사기 16종 절

취 파괴,

2. 사진기자의 카메라 5대 시가 2,140,000원 상당 탈취 손괴

3. 경북대 본관 유리 창문, 총장실 집기, 구내 로타리 공중전화기 2대
   등 시가 500,000원 상당 손괴

4. 대구경찰서 역전파출소 건물유리 등 시가 155,000원 상당 손괴

11월 대투쟁의 파장

11월 2일, 제적 4명,[78] 무기정학 2명.

11월 7일, 경찰에 연행된 사람 127명.

연행자 중 7명 구속, 21명 즉결 회부, 99명 훈방조치.

11월 8일. 주동 학생 9명 제적, 무기정학 11명, 3개월 정학 10명, 1개월
정학 33명, 1개월 근신 처분 4명, 총 67명이 징계 처분.[79]

"개교한 이래 한꺼번에 67명이 학교로부터 처벌을 받은 것은 처음 있
는 일"이었다. 몇 년 동안 집회라고는 없었던 경북대에 이제 집회는 사라
졌을 거라 자만하던 모든 권력층은 11월 2일 1차 투쟁의 기습성에도 놀
랐지만, 2차 투쟁의 규모와 일반 학생들의 동조, 사회에 미친 영향력에
당황했다. 학교 당국과 경찰, 검찰 할 것 없이 다 그랬다. 정의의 목소리에
일갈당한 경찰과 검찰은 학생들을 마구잡이 연행하고 구속시켰다. 집회
를 마치고 집에서 자고 있는 사람을 불러내 연행하고 서클 대표라는 이
유로 체포했다. 집회에 참석한 쌍둥이 동생 때문에 형이 어이없이 구류를
산 경우도 있었다.

구속 : 김병호(철학과 71학번: 징역 1년, 자격정지 1년 → 2심 기각), 김
진덕(역사교육과 76학번: 징역·자격정지 1년 → 징역 8개월, 자격정지 8개
월), 전병옥(독어교육과 77학번: 징역·자격정지 1년 → 징역 8개월, 자격정
지 8개월), 김창수(불문학과 76학번: 징역·자격정지 1년 → 징역 8개월, 자
격정지 8개월), 박세원(영어교육과 78학번: 징역 단기 6개월 장기 8개월, 자
8개월), 전상수(국어교육과 77학번: 징역 단기 6개월 장기 8개월, 자 8개
월), 김인재(전자공학과 78학번: 징역 단기 6개월 장기 8개월, 자 8개월)[80]

구류 15일 : 구자숙(국어교육과 76학번), 김기동(지리학과 77학번), 서
상진, 이문주(불문학과 2), 이원근(일반사회교육과 76학번), 이정숙(사회학
과 76학번), 이현숙(수학교육과 76학번), 정의철(사회학과 77학번), 황정모
(응용화학과 76학번)

구류 25일 : 김사열(생물학과 76학번, 탈춤반 대표), 김성근(전자공학과
76학번, KUSA 대표), 김연석, 반태석(지질학과 76학번), 배태진, 신옥란
(국어교육과 76학번), 이건(전자공학과 77학번), 이근택, 이상훈, 조선근
(불문학과 76학번), 조용광(법학과 76학번), 황철호[81]

구류 15~20일 정도 : 문성학(철학과 75학번)[82]

마구잡이 연행을 자행한 북부경찰서 경찰들은 "박정희 대통령이 500
명을 처넣으라고 노발대발 했는데, 우리가 줄이고 줄여서 50명만 넣는
거야" 하며 온갖 생색을 냈다.[83] 검찰은 2차 대투쟁이 독재 정권의 "총력
안보에 크나큰 해독"을 끼쳤다고 파악했다. "유신 체제야말로 북괴의 대
남 적화 야욕을 분쇄하기 위한 총력안보의 기틀이며 우리의 생존 번영
을 위하여서는 필연적인" 조치인데도 "학생들을 선동하여 대구 시내 중
심가로 뛰어나와 폭도화된 가운데 가두시위"를 벌여 "해독"을 끼쳤다는

것이다.[84]

2차 투쟁에 많은 학생들이 동참하도록 만든 가장 큰 배후 세력은 어쩌면 학교 본부였다. 이 일로 무기정학을 당한 김사열은 "당시의 움직임은 유신 체제 아래서의 민주화 운동이라는 측면도 있지만, 그보다는 학생을 보호해야 할 학교가 법을 어겨 가며 부당한 처우를 한 것에 대한 분노였다"고 회고한 바 있다.[85]

대규모 집회는 파장이 컸다. 2차 시위 바로 다음 날 11월 8일 학교는 분주하게 돌아가고 있었다. 학장회의를 개최하여 곧바로 학칙을 고쳤다. "학생 활동이 학칙에 위반될 때에는 총장이 직접 휴학 처분할 수 있다"는 학칙 49조 2항을 신설했다. 그리고 학교 문을 닫기로 결정했다. 11월 8일 당일부터 의과대학 4학년과 의학과 대학원을 제외하고 전체 학교가 임시휴교에 들어갔다. 임시휴교는 길어졌고, 닫힌 교문 안은 군인들이 지켰다. 그게 곧장 겨울방학이 되어 버렸다. 누구도 서로 그 투쟁을 되새겨 이야기해 볼 수 없게 만들었다. 학교 문을 닫아건 채 학장회의는 계속되었다. 문교부 장관 박찬현이 학교까지 찾아와 전체 교수회의에 참가하고, 10일 학장들은 "연행 학생의 가정환경, 평상시 생활면과 소요 당일 동태를 파악, 학생처로 의견서를 제출하여 소요 원인 규명 및 수습 방안을 면밀히 검토 분석하여 학생행정에 차질이 없도록"[86]하라는 문교부의 지시를 전달받았다.

학교에도 시위 책임으로 경질당하는 사람들이 생겼다. 12월 1일 학생처장 권규식(사회학과) 교수가 경질되었고, 교육연구관 이병학도 직위해제되었다. 기세 등등하던 유신 총장 김영희마저 중요한 학교 행사인 졸업식을 코앞에 두고 1979년 2월 20일 총장직에서 해임되었다. 학교 밖에서도 소란스러웠다. 경북대 학생운동권 동태를 일상적으로 사찰하고 관리할 책임이 있는 북부경찰서장은 시위 다음 날인 11월 8일 전격 직위해제 되고 국회에서도 문공분과위원회가 소집되었다. 야당인 신민당은 치안 당국을 불러들인 총장의 비교육자적이고 무책임한 태도를 규탄한다는 성명서를 내고, 대구 지역구 국회의원 신도환 의원도 "징계와 강압으로"만 학생 문제를 해결해서는 안 된다고 목소리를 높였다.[87] 경북대 학생운동이 유신의 한복판을 한바탕 뒤흔들었다. 강압만으로 유신이 유지될 수 없음을, 숨죽이고 있다고 모든 이들이 독재자에게 머리를 조아리고 있지 않음을 증명했다.

가장 큰 영향은 투쟁에 참가한 학생들의 삶에 끼쳐졌다. 이 일로 구속되거나 제적, 무기정학, 유기정학 같은 가혹한 처벌을 받고 여러 학생들이 학교를 떠나 있어야 했다. 구류로 새겨진 '빨간 줄' 때문에 대학원에 진학하려던 계획을 수정한 이도 있고, 새로이 사회 문제에 눈을 뜨고 이후 운동권에 발을 들이게 된 이들도 있었다. 시위 참가 전력 때문에 졸업생이 자살하는 비극도 벌어졌다. 대학 졸업 이후 1980년과 1981년 행정고시에서 연속으로 3차 면접시험까지 가서 탈락한 행정학과 76학번 박문화[88]는 이듬해 1982년 1월 1일 청도 야산에서 자살했다. 탈락 이유는 '시위 전력자'였기 때문이다. 이전에는 2차 시험 합격자가 3차 면접에서 불합격한 전례가 없었는데, 1980년부터 사법시험과 행정고시에서 시위 전력자를 탈락시키면서 박문화는 최종 면접에서 연달아 고배를 마셨다. 박문화는 평소 흥사단에 참가하고 사회 비판적인 글을 쓰는 등 사회 문제에 관심이 많았고, 1978년 11월 투쟁에도 가담했다.[89]

1978년 11월 투쟁은 비극보다 더 큰 자긍심을 남겼다. 긴급조치 9호 아래서도 시위를 성공시킨 집단 경험은 강렬했다. 학내에서도 시위가 어렵던 시절, 대구 시내 한복판을 가로지르며 반유신을 외치고 시민들에게 반유신이 시대적 의제임을 몸으로 선언했다. 학내에서는 총장 김영희에게도 일격을 가했다. 김영희의 사퇴는 유신 독재 시대의 종말을 조금 앞서서 보여 준 예고편이었다. 또한 마치 1987년 항쟁이 다양한 부문 운동을 폭발시켰듯이, 경북대에서는 1978년 11월 대투쟁이 자생적 운동권을 만들고 활발한 여학생 운동과 경북대 학생들의 노래 〈팔천건아가〉도 낳았다. 대규모 집단 항거 경험은 많은 경북대 학생들에게 엄혹한 독재 정권 아래서도 우리들은 저항했다는 빛나는 자긍심을 가슴에 심어 주었다. 그 자긍심은 많은 이들에게 이후 민주적 삶을 지향하는 원천이 되었다.

하지만 1978년도 대규모 집회에서도 '반공' 사상을 완전히 떨치지는 못했던 것 같다. 1차 집회 구국선언문에서는 민족 통일을 "중차대한 역사적 요청"으로 표현했다. 그러나 2차 집회 선언문에서는 "공산 학정에서 죽음의 공포를 맛본 우리는 공산주의 또한 배격하자"는 내용을 적시했다. 집회 현장에서는 태극기를 앞세우고, 〈애국가〉와 〈우리의 소원〉 같은 노래를 부름으로써 반공과 애국을 스스로 증명하고자 했다. 투쟁의 정당성을 일반 학생들과 일반인들이 공감할 수 있을 만한 영역에서 찾고자 했기 때문이었다. 연일 멸공·반공·승공을 외치는 동원 집회가 열리고, 골목골목마다 '간첩신고'와 '멸공' 포스터와 구호가 붙어 있던 반공의 시대였기에 그랬다. 그리고 대규모 투쟁에도 불구하고, 정권과 학교의 강력한 징계와 휴교 조치로 1978년 대투쟁은 2차에 걸친 단발성 투쟁으로만 끝나 버린 아쉬움도 남는다.

3. 대학 연합시위와 여학생 운동

1979년 3개 대학 연합시위

1978년 경북대의 가을은 대대적인 구속과 징계, 강제 휴교로 마감했다. 그러나 영원히 깨지 못할 악몽처럼 보였던 유신 말기는 균열이 가고 있었다. 경제성장률은 곤두박질치고 소비자물가는 치솟아 오르며 민심이 이반하고 있었다. 1978년 12월 부정이 만연한 제10대 국회의원 선거에서 야당인 신민당이 공화당보다 득표율에서 앞섰다. 물가 폭등 속에서도 저임금 정책을 강요하는 정권에 대한 신뢰는 바닥을 쳤다. 1979년 8월에는 'YH무역 사건'이 터졌다. 8월 9일 신민당사를 점거해 회사 정상화와 생존권 보장을 외치는 노동자들을 8월 11일 새벽, 1천여 명의 경찰들이 강제 연행했다. 그 과정에 김경숙은 추락사 당하고 여공들과 기자, 국회의원들이 무차별 폭행을 당했다. 그럼에도 정권은 버릇처럼 용공 논리로 자신들이 처한 위기를 돌파하려고 민주 인사들에 대한 탄압의 강도를 높였다. 신민당, 종교계와 재야인사들, 학생들의 저항도 계속되었다.[90)]

하종호(고분자공학과 77학번)는 1978년 11월 대투쟁에 여러 군중 가운데 한 명으로 참가했다. 투쟁은 하종호의 잔잔하던 삶을 마구 뒤흔들어 놓았다. 그 때까지 사회 문제에 별 관심이 없었지만, 1978년 투쟁에 참가한 뒤에는 시름에 빠졌다. '왜 누군가는 감옥엘 가고, 누군가는 아무 일 없다는 듯이 사는가? 도대체 무엇이 이렇게 만드는가.' 그해 가을부터 사람들을 만나기 시작했다. 다른 대학 친구들도 만나고, 야학 친구들과 진보적 단체 친구들, 수소문하여 대학 내 사람들도 만났다. 그리고 '자생적' 운동권이 되었다. 농촌문제연구회 정동남(지질학과 77학번)과 복현 문우회 임광호(영어교육과 76학번)도 사정은 다르지 않았고 이 무렵 셋이

만나게 되었다.[91]

　뭐라도 해야 했고 움직여야 했다. 하종호는 1979년, 축제라고 하기엔 어째 으스스한 영남대 '귀신제' 준비에 기획 단계부터 가담했다. 축제는 가장 많은 학생들이 한 자리에 모이는 때라 어느 대학에서나 집회를 시도하는 학생운동가들에게는 최고의 호기였다. 1979년만 해도 계명대, 성균관대, 서울대에서 축제 때 벌어진 시위로 여러 학생들이 징계를 당했다.[92] 영남대도 축제를 맞이하여 탈춤반을 중심으로 죽어 버린 민주주의 장례식을 지내는 '귀신제'를 5월 15일 열기로 했다. 경북대는 1978년 투쟁 후유증으로 당장 투쟁을 조직하기 어려웠기에 하종호는 영남대 귀신제 기획 과정에 함께하게 되었다. 그러나 '귀신제'는 시위를 하기도 전에 적발되고 말았다. 이 일로 영남대 학생 2명이 구속되고, 하종호는 1979년 6월 2일 경북대에서, 권오국은 7월 30일 계명대에서 각기 강제 휴학 당했다.

　공모로 끝나 버린 귀신제가 시위의 끝은 아니었다. 어차피 한 번의 시위로 바뀔 세상은 아니었고, 누구나 그런 줄 알고 있었다. 끝을 알 수 없는 어둠의 터널이 이어졌지만, 부지런히 준비하고 달려가는 자에게 정의는 빛나는 길을 열어 주는 법. 귀신제로 강제휴학 당한 경북대 하종호와 계명대 권오국, "불온 학술 서클"을 조직했다는 사유로 3월 20일 강제휴학 당한 계명대의 임진호, 그리고 영남대 이창주 등이 8월에 다시 모였다. 경북대, 계명대, 영남대 3개 대학 연합시위를 공모했다. 시위를 벌이는 주체는 '사회정의구현을 위한 경북학생협의회'로 하기로 했다. 시위의 명목은 학원 자유, 언론·집회·결사의 자유, 구미 지역 배터리 회사 서통과 YH무역의 노동자 부당해고 철회, YH무역 김경숙 추락사 해명, 노동3권 보장 등이었다. 8월 16일부터 남구 대명동 낙원다실과 남산동 월세계다

청춘,
시대를 깨우다

권 내에는 권용원을 필두로 한 대구고등학교 인맥이 있었다. 그리고 동향 출신 인맥으로는 원주가 대표적이었다. 1975년 투쟁으로 제명된 강희주와 1978년 11월 대투쟁에서 중요 역할을 했던 손호만과 신옥란, 1979년 3개 대학 연합시위로 징계 받은 임광호, 1980년 투쟁에 참가했던 유수근 모두 원주 출신이었다. 임광호, 손호만, 유수근은 지학순 주교가 세운 원주 진광고등학교 출신이었고, 원주 지역 출신이라면 학교와 무관하게 지학순 주교의 영향이 두텁게 미쳤다. 원주에서 공부 좀 하는데 가정형편이 넉넉지 못한 이들이 경북대로 많이 내려왔다.[5] 그렇게 원주에서 내려온 학생들은 함께 자취도 하고 운동에도 뛰어 들었다. 서로 흉금을 털어놓는 사이에 원주 출신 학생운동가들이 배출되었다. 한마디로 향우회 가운데 "원주가 셌다."[6] 동문과 동향의 배경 없이 자발적으로 운동에 뛰어드는 이들도 있긴 했다. 하지만 이들도 운동을 시작하면서 뜻이 같은 사람들과 깊은 인적 유대관계를 맺었다.

인맥이 맺어지기 전에는 스스로 경험하고 책을 읽으면서 쌓은 정의감이 운동권에 대한 호감으로 이어졌다. 어린 시절 한일회담 반대 투쟁을 보게 된 경험, 고등학교 때 실존주의 철학에 심취했던 지적 관심, 고등학교 때 혼자 신문 스크랩을 하며 사회 현안을 분석하던 사회적 관심으로 쌓게 된 작은 정의감이 마음속에 자리 잡고 있었다. 미안함도 있었다. 고향의 친한 친구들과 여동생은 공장으로 가는데, 혼자 대학을 온 이들은 그저 미안했다. 친구와 가족들에 대한 부채 의식은 혼자만 잘 사는 길이 아니라, 좀 더 나은 세상을 꿈꾸는 정의감으로 변해 갔다.

일단 운동권과 접촉한 후 운동권으로서의 삶은 서클이나 모임, 단체 활동을 통해 고양되었다. 언어문화연구회, 기독학생회(KSCF), 복현독서회에서 토론과 학습으로 의식을 다듬어 갔다. 학교 신문사 소속 기자들은

그림 39 1970년대 후반의 청춘들(김사열 등 제공)

신문사 활동을 통해 "진리를 봐 버렸다. 진리를 본 이상은 되돌아갈 수 없었다." 방학 때면 엠티도 함께 가고 사회과학 공부도 하고 막걸리와 고민도 나누면서 서로 민주화의 의지를 단련시켰다.

집안 형편은 다양했다. 7형제 중에서 유일하게 대학에 입학했던 시골 출신, 시장에서 생선 장사하는 어머니와 공사판에서 미장일을 하는 아버지를 둔 학생을 비롯하여 곤궁한 살림도 있었지만, 부모가 고위 공직자이거나 대학교수로 먹고 살만한 이도 있었다. 가난한 이도 부유한 이도 운동의 신념 아래 모였다. 부유하다고 집안 환경을 드러내려고 하지도 않았다. 그러나 문제가 생기면 상황이 달라지곤 했다. 의지할 데 없는 이는 경찰과 학교의 처벌을 고스란히 당했지만, 꽤나 행세하는 집 자식이면 집안의 힘으로 징계나 처벌에서 빼낼 수 있었다. 자식을 빼낼 정도로 잘 사는 집안이든 못 사는 집안이든, 학생운동권이 되면 대개 가족과 갈등을 피할 수 없었다. 경찰에 한 번 찍히고 나면 걸핏하면 집에 찾아오는 경찰이나 감시원들 때문에 가족들도 여간 수난이 아니었다. 손호만이 수배 생활을 하는 동안 경찰이 한 번씩 집에 들이닥쳐 이불 채를 마구 쑤셔 대거나 장독대를 뒤지는 일도 예사였다. 그러면 손호만 아버지는 "내 새끼 어디서 죽여 놓고 여기서 찾냐"며 삽자루를 휘두르며 경찰과 맞섰다.[7] 집안과 갈등 속에서도 소수 대학생이라는 기득권을 포기하고 그들은 반독재 민주주의의 길을 택했다.

술 마시고 노래 부르고

술 한 잔에 노래 한 소절이 없었다면, 시절이 얼마나 각박했을까? 학교 주변에서 주로 생활하던 운동가들은 밥을 대놓고 먹는 기식집에서 밥도 먹고 술도 한 잔씩 걸쳤다. 학교 문 곳곳에 자주 가는 식당과 술집들이 있었다. 70년대 중반에는 경북대 정문에 주로 밥을 팔고 술도 한 잔씩 할 수 있는 '청도집'이 있었다. 하종호는 이 밥집이 세상 참 좁다는 걸 새삼 깨닫게 해주었다고 한다. 마산이 고향인 하종호의 어머니가 마산에서 아는 사람한테 무려 50만원을 빌려줬다가 떼였다. 대학 등록금이 8만 원가량이던 때였다. 마산에서 올라와 경북대에 입학한 하종호가 어느 날 식당에 갔더니, 돈 떼먹은 바로 그 아줌마가 거기에서 일하고 있지 않은가? 어머니가 대구로 올라와 청도집 아주머니와 서로 울며불며 사연을 털어 놨다. 눈물 한 바가지로 결국 떼인 돈과 맞바꿨지만, 하종호는 그 식당에 가면 자주 밥을 공짜로 먹을 수 있었다. 따지고 보면 굉장히 비싼 밥이었던 셈이다.[8]

1977~78년 무렵에는 신암동 강남약국 맞은 편 골목에 '개성집'과 '등대집'이 있어, 이곳에 임근태, 권용원, 유종렬, 함종호, 민영창, 남영주, 장

수원, 최용식 등이 종종 모였다. 1978년에는 새로 짓고 있던 공대 건물 인근 '함바집'에 복현독서회 회원들이 자주 모였다. 운동권들로서는 편안한 곳이었다. 하지만 운동권이 편안해 하는 곳에는 경찰의 손길도 닿게 마련이었다. 1970년대 후반에 사람들이 자주 갔던 '윤희네' 집도 있었다. 한 번은 경찰들이 윤희네 집에 들이닥쳐 누가 식당에 오는지 캐묻는 통에 주인이 고초를 겪었다. 억울했던 주인 아줌마의 한 마디는 사람들 사이에 전설처럼 회자됐다. "내가 술에 데모하는 약 섞어서 팔았나. 왜 나보고 그러나?"[9]

　시내로 나오면 막걸리에 파전 하나가 안성맞춤인 곡주사가 버티고 있었다. 운동권이라면 한 번쯤 곡주사 외상술 안 먹어 본 이가 없을 정도였다. 반월당 염매시장 안에 있는 곡주사는 대구 시내 여러 대학 학생 운동가들이 쉽게 모일 수 있는 자리였다. 경북대, 계명대, 영남대, 효성여대 어느 대학으로 가든 반월당 곡주사는 사통팔달 교통 요지에 자리 잡고 있었다. 경북대 학생들은 한양서점에 가서 책 한 권 사고 곡주사에 주저앉았다. 대학 신문사 기자들도 신문 조판하러 시내 나왔다가 돈푼깨나 쥐면 향촌동 양지식당에 가거나 아니면 곡주사에 들렀다. 곡주사에는 누구하고든 와자지껄 술자리를 만드는 술 잘 마시는 '주지' 스님이 있어서, 낯선 이도 스스럼없이 섞여서 이야기를 나누었다. 한대수의 〈물 좀 주소〉를 자주 소리 높여 부르며 술자리 마다한 적 없는 호탕한 자유인 임광호도 주지 자리에 오른 바 있었다.

　곡주사에 대구 지역 운동권들이 모여드니까 경찰들도 자주 출현했다. 중부경찰서는 담당 경찰을 단골로 파견해 놓았다. 그러니 은밀한 이야기야 나눌 수 없지만, 술 한 잔에 세상을 논박할라치면 마음 넉넉한 보살같은 '이모님(정옥순)'이 계신 곡주사는 더 없이 좋은 장소였다. 야간 통행

금지가 있던 시절이라 자정에 사이렌이 울리면, 술이나 푸지게 마시거나 2층 방에서 잘 밖에 도리가 없었다. 누구나 가릴 것 없이. 대구 지역 전체 운동권들이 모이는 장소니 경찰의 감시도 더 심하고 큰 시국 사건이라도 터지면 곡주사 '이모님'도 자유롭지 못했다. 그 모진 세월을 곡주사는 견 뎌냈다.[10]

술 한잔 걸치면 노래는 절로 따라 나오는 법. 그 시절 집회장에서 부를 노래가 그렇게 다양하지는 않았다. 집회가 시작됐다 하면 금세 해산당하고 마니 거창하게 노래 부르고 율동을 펼치는 문화 판을 따로 열 수는 없었다. 집회장이나 대치 상황에서 〈애국가〉나 〈우리의 소원〉이 등장하고, 〈우리 승리하리라〉, 〈흔들리지 않게〉를 불렀다. 그리고 〈해방가〉, 〈기개가〉, 〈바람가〉, 〈정의가〉로 청년의 기상과 유쾌함을 드러내기도 했다. "바람이 분다 바람이 불어"로 시작하는 〈바람가〉는 여럿이 함께 부르는 즐거운 풍자곡이다. 자유를 위해 피 흘리는 청춘에게 승리를 예고하는 〈정의가〉도 자주 불렀다.

정의와 용기는 젊음의 생명
승리의 깃발은 높이 솟았다
외쳐라 젊은이여 호국의 정기
민족을 이끌고 지켜온 용사
삼천만 겨레가 뒤를 잇는다
아아 자유를 위하여 피 흘린 이 땅
승리의 여명이 동터 오른다

이런 노래들은 승리를 확신하며 서로를 고취하는 노래였다.[11] 1978년

11월에 만들어진 〈팔천건아가〉도 그 이듬해부터는 조금씩 알려져 불리기 시작했다.

운동권들이 술자리나 어떤 특별한 자리에서 자주 부르는 노래도 있었다. 한잔 걸치면 술자리에 빠지지 않던 노래가 〈장진주사〉였다. 〈진주난봉가〉, 〈스텐카라친〉, 김민기의 〈친구〉와 〈아침이슬〉도 대표적인 노래였고, 〈금관의 예수〉 같은 기독교 노래를 개사한 노래들도 술자리의 흥을 돋우었다. 비장한 시대에는 비장한 노래도 입에서 입으로 전해졌다. 〈독립군가〉를 개사했다는 '초개가'가 그랬다. '양양가'라 부르는 지역도 있었지만, 경북대에서는 "인생의 목숨은 초개와 같다"고 해서 '초개가'라 불렀다.[12]

> 인생의 목숨은 초개와 같고
> 배달겨레 오천년 양양하도다
> 이 몸이 죽어서 민족이 산다면
> 아아 – 이슬처럼 사라지리라.

민족을 위해 이슬처럼 목숨을 버리겠다는 그 비장함 아래 모두가 숙연해졌다. 그리고 〈진달래가〉(이영도 작시, 한태근 작곡)는 4월혁명 때 죽은 이들을 기리는 노래로 1975년 이후 전국 대학가에 퍼졌고, 경북대 학생들은 여정남의 사형 이후 이 노래에 더욱 각별한 애정을 느꼈다.

〈진달래가〉가 슬픔의 정조라면, 술자리나 모임에서 누구나 좋아하는 노래는 다 같이 목소리를 높여 부르는 곡이었다. 이런 노래는 가수가 중요하다. 임광호도 노래를 잘 했고, 장수원도 쩌렁쩌렁한 목소리로 〈후니쿨리 후니쿨리〉를 쫙 뽑고 나면 술자리 분위기가 훅 달아올랐다. "세상은 우울한 일로 넘쳐"나도 나는 즐거운 노래 부르기를 좋아한다는 이탈

리아 노랫말이 흥겨운 가락에 실려 울려 퍼지면, 순식간에 술자리는 시대의 우울을 털어 버리고 유쾌해졌다.

〈팔천건아가〉의 탄생[13]

1978년 봉화군 재산면에서 방위 복무 중이던 함종호가 11월 어느 날 방위대로 잡혀갔다. 영문도 몰랐다. 며칠간 조사받고 구타도 당했다. 그러고 열흘 즈음 지난 조사 마지막 날, 조사관이 이렇게 알려줬다. "친구들이 좌익 사건에 연루되어 잡혀갔어." 그제서야 함종호는 학교에 시위가 있었음을 알게 되었다.

1978년 11월 2일 1차 투쟁으로 잡혀간 이들은 다 함종호의 친구들이다. 장수원, 최용식, 김동호는 같은 복현독서회 친구들이다. 함종호는 조사에서 풀려나자마자 봉화에서 학교로 달려갔다. 방위병으로서는 근무지 이탈이었지만, 까짓것 중요치 않았다. 학교에 와서 수소문하니, 친구들이 물고문 당했다는 흉흉한 소문이 들렸다. "친구들이 처음으로 그런 일을 당했으니까 황망했다."

하지만 다시 봉화로 돌아가야 했다. 방위병 신세로 아무 일도 할 수 없었다. 친구들을 생각하며, 착잡한 심정으로 봉화로 돌아가면서 버스 안에서 〈팔천건아가〉를 만들었다. 순식간에 가사를 쓰고 작곡까지 했다. 10여 분 만이었다. 친구들이 구속되거나 무기정학 당한 텅 빈 학교를 바라보고 다시 복무지로 돌아가던 함종호의 손에서 〈팔천건아가〉가 만들어진 것이다.

함종호는 가사의 의미를 세 차원에서 이야기한다. 첫째, 민족, 민중, 통일자유를 당대의 3대 정치적 과제로 분명히 하고 싶었다. 사회운동이 기껏해야 민주화의 범주를 넘지 못하던 시대에, 지금의 정치적 과제는 민족, 민중, 통일자유라는 것을 말하고 싶었던 것이다. 두 번째, "일청담 쏟아지는 물 민중을 적시고"라고 시작하게 된 건, 사회 변화의 역동적 힘을 그리고 싶어서 쓴 가사다. 친구들의 투쟁, 경북대의 투쟁이 시작되어 역동적인 사회 변화를 이끌어내기를 소망했다. 셋째, 여대생들의 적극적 투쟁을 그리고 싶었다. 그때까지 여대생이란 매우 수동적 존재로 여겨졌다. 1978년 투쟁에서는 여대생들이 돌을 깨고 치맛자락에 담아 날랐다. 그래서 '행주산성 투쟁'이라고도 불렀다.[14] 투쟁 전면에 여학생들이 등장하고 있었다. 이 이야기를 전해들은 함종호의 손에서 "찢어진 치맛자락에 돌은 굴러도"라는 가사가 탄생했다.

> 팔천건아(이만건아) 외치는 그 날의 그 함성
> 외쳐진 그 함성에 민중은 잠 깨었다.
>
> 찢어진 치맛자락에 돌은 굴러도
> 가슴 하나 가득 정의의 눈물
>
> 일청담 쏟아지는 물 민중을 적시고
> 민중의 분노가 충천하도다.
>
> (후렴) 민족민중 통일자유
> 타도 정희(두환/태우) 유신(파쇼)철폐
> 물러서지 않는다면, 물러가지 않는다면
> 민중의 철퇴로 격멸하리라.

노래가 만들어지고 처음에는 학생운동권 내부에서만 조금씩 불렀다. 1979년부터 몇몇이 술자리에서 부르면서 조금씩 확산되어 갔다. 1984년, 경북대 학생 수가 늘어나고 운동이 대중화되면서 〈팔천건아가〉는 〈일만가〉로, 이후에는 〈이만가〉로 바뀌어 공개된 자리에서도 불렀다. 1980년대 초반에는 〈일만가〉를 알리는 대자보를 써 붙이기도 했다.[15] 훗날 1987년 투쟁으로 〈이만가〉는 학생들의 공식적인 자리에 빠지지 않는 경북대 학생들의 진정한 '교가'가 되었다.

〈이만가〉로 끝나지 않았다. 대구경북 10만 대학생들이 모이는 자리에서는 "십만 건아 외치는 그날의 그 함성"으로 노랫말이 바뀌었다. 2만에서 순식간에 10만으로 사람이 불어났다. 어느 자리에서나 자연스럽게 불리는 노래였던 것이다. 마음이 같다면 8천이든 2만이든 10만이든 관계없이 누구나가 부를 수 있는 노래였다. 그렇게 1980년대 말, 1990년대 초반 대구경북 지역 학생운동을 풍미한 이 노래는 바로 1978년 11월 투쟁이 만든 노래였다.

스며드는 봄바람과 열정, 동지애

1970년대 전반기만 해도 운동은 결사의 자리였다. 사내들끼리의 끈끈한 우정, 때로 죽음을 불사하고 고문을 뛰어넘어 서로를 지킬 수 있는 의리, 그것은 차라리 결사였다. 여기에 여자를 끼우면 위험해진다고 생각했다. 연애금지는 자연스러운 조치였다. 1970년대 후반, 대학생도 늘고 운동에도 연분홍빛이 돌기 시작했다. 워낙 큰 시대적 고민에 빠져 연애는 생각지도 않았던 이도 있었지만, 청춘남녀의 욕망은 봄날 진달래가 피듯, 개나리 망울을 터뜨리듯 자연스레 터져 나왔다. 성별로 모임을 따로 만들어야 한다는 선배의 잔소리도 '연애 금지'라는 억지 논리도 먹힐 리 없었다. 함께 술잔을 기울이고 책 보면서 세상을 이야기하고 엠티도 갔다. 청춘남녀의 몸은 세상의 부정 비리와 독재보다 훨씬 더 가까이 있었다. 가까이서 보고 기울어지는 몸이야, 마음이야 어쩔 도리가 없었다.

많은 학생들이 흠모하는 여성과 남성도 등장했다. 누가 봐도 매력적인 사람이란 있기 마련! 가슴을 요동치게 하는 글 솜씨와 선동 능력, 예리한 분석력과 토론 능력, 담대한 실천력은 그런 매력을 더해 주는 요소였다. 게다가 호감 주는 외모에 기타 치고 시 한 자락 읊는 이성이라면 뭇 사내와 뭇 여성의 가슴을 설레게 할 수밖에 없었다. 그런 이들에게 무성한 소문은 훈장과도 같았다. "몇 명이 좋아했다더라." "누구는 맘을 받아주지 않으면 뛰어내리겠다고 했다더라." "아무개와 아무개는 참 잘 어울리는 짝인데 집안 반대가 심하다더라." 소문만은 아니었다. 그래도 '연애를 운동의 적'이라 규정하던 시대의 그늘이 완전히 사라지지는 않았다. 공공연히 연애한다는 말을 할 순 없었다. 쥐도 새도 모르게 몰래 데이트를 했다. 몇 년씩 몰래 연애하다 뒤늦게 두 사람의 연애 소식이 알려지곤 했다. 무엇보다 구속 사건이 터지면 애인이 노출될 수밖에 없었다. 그때부터는 구속자 애인은, 대개는 여성 쪽은 옥바라지 하는 사람으로 등장한다. 구속자의 가족과 학생운동권을 연결해 주고 면회를 조율하는 일을 떠맡아야 했다. 여자가 군대 가는 남자를 기다리듯 교도소 간 남자를 옥바라지 하는 걸 의무처럼 생각하는 시절이었다. 1970년대 후반, 페미니즘이 퍼지고 운동하는 여대생들의 활약이 빛나기 시작했는데도 여전히 헌신하는 여성상은 그대로였다. 1970년대 후반 학번 중에는 '사건 친' 남자 애인을 기다리는 운동권 여성 몇 명 모여 사는 '과부촌'도 있었다. 그만큼 남녀 운동권 사이에는 도식이 있었다. 그것을 동지애적 사랑이라 믿었다.

연애는 언제 어떻게 시작될지 누구도 몰랐다. 다만 저마다의 설렘이 있는 곳에서 연애가 시작됐다. 누구는 한양서점을 뻔질나게 드나들면서 그 곳에서 눈을 맞추고, 누구는 갓 들어온 신입생을 낚아챘다. 연인 관계를 꼭꼭 숨기려 해도, 달뜬 흥분에 이내 들키고 마는 경우도 있었다. 청춘 남녀의 뜨거운 눈빛을 무엇으로 감출 수 있으랴. 또 그렇게 모질게 독재 정권과 싸움을 하면서도, 집안의 반대를 이기지 못하고 두고두고 씻을 수 없는 상처만 남긴 연애를 한 이도 있었다. 많고 많은 연애 스토리 가 운데 70년대 최고의 연애는 단연 현승효였다. 길가에서 처음 만난 여성에 게 반해 쫓아가서는 "나는 모가지 떼놓고 …… 연애할" 거라던 현승효의 사랑은 결국 죽음으로 막을 내렸다. 열정적으로 사랑했지만, 툭 하면 도 망 다녀야 하는 시대의 남자와 나누는 사랑은 여간 불안한 게 아니었다. 결국 1975년에 그 사내는 강제징집 당했다. 현승효는 위험을 무릅쓰고 애인에게 보내는 편지를 일기로 썼다. 일기는 불꽃 같은 사랑이었고 위로 였고 사상이었고 시대의 일지였다. 일기와 편지에는 애인에게 귀여운 투 정도 감추지 않았다. 결혼을 약속했던 두 청춘은 현승효의 의문사로 강 제로 사랑을 멈춰야 했다.

누구라도 '도바리' 치고 교도소 드나드는 사랑이 쉬울 리 없었다. 언 제 어디서 사라질지, 언제 어디서 다시 나타날지 모를 일이다. 때로는 연 인의 얼굴을 잠시 스쳐 가듯 보고 돌아서야 하는 일도 있었다. 군대에 강 제징집될 수도 있고, 교도소로 끌려갈 수도 있다. 언제든 헤어질 수 있기 에 사랑은 간절했다. 또 동지애로 더 단단해졌다. '도바리' 치는 수배 생 활 속에서도 달콤한 연애를 꿈꿨던 이도 있었다. 1978년 11월 대투쟁으 로 수배자 신세가 된 손호만은 우여곡절 끝에 1979년 2월 말 즈음 서울 면목동 동일교회로 몸을 숨겼다. 그 곳에서 야학 일을 보게 되었는데 그 무렵 잠시 남몰래 연정을 품은 여인이 있었다. 그녀는 YH무역에 근무하는 여성으로 야학에 공부하러 나왔다. 함께 야학에 나오는 공장 여동생들을 살뜰히 보살피는 따뜻한 여인이었다. 밤늦은 시각 수업 마치고 돌아가는 그녀를 바래다주며 손호만은 마음이 설렜다. 수배자 신분이라 덥석 연애부터 할 수야 없는 노릇. 마음을 감추고 있던 수배자는 신세를 지고 있던 동일교회 목사에게 먼저 상의하지 않을 수 없었다. 그랬더니 "잠시만……. 이건 나 혼자 결정할 문제가 아닐세." 그렇게 다른 사람들과 논의를 거친 후, 돌아온 대답은 이랬다. "지금은 노동조합 활동을 하는 그 여인도 위험할 수 있고, 수배자인 자네도 위험하니 안 했으면 좋겠네." 그러고 얼마 있지 않아 YH무역 사건이 커지면서 야학을 운영하던 동일교회도 수배자가 숨기에는 위험한 곳이 되어버렸다. 그 길로 어쩔 수 없이 손호만은 동일교회를 떠났다. 몇 달 후, 어느 사회과학서점에서 책을 사려던 순간 손호만은 멍해졌다. 텔레비전 뉴스에 YH무역 노동자 강제 진압 소식과 함께 들리는 소식. 김경숙의 사망이었다. 그랬다. 그녀였다.[16]

방해꾼은 시대만이 아니었다. 시대를 좇아 밥벌이에 급급한 어용교수들도 남녀 관계를 흔들었다. 몇몇 교수는 운동권 여학생 잡는 방법으로 순결 관념을 무기로 사용했다. 한 지도교수는 운동권 딸의 아버지를 만나 꽤 진지하게 겁박했다. "당신 딸이 혼숙을 했다." 지도교수에게 진실여부 따위는 상관없었다. 그저 그렇게 말하는 게 교육자로서 자신의 신성하고도 막중한 임무였다. '혼숙'이라는 말을 입에 올리는 순간 학교에서 학생을 내쫓는 명분이 된다고 생각한 시대였다. 결국 여학생은 아버지 손에 이끌려 학교를 그만두었다. 똑같은 수법이 다른 학생에게도 그대로 먹히는 건 아니었다. 또 다른 연애 커플에게도 '혼숙' 운운하며 위협하던 또 다른 교수는 혼쭐이 났다. 운동권 애인이 방망이 들고 그 따위 말 하는 교수를 가만두지 않겠다고 공공연히 선포했기 때문이다. 남을 위협하

는 건 잘 해도, 비열한 교수는 그 운동권 애인과 마주칠까 두려워 내내 살살 피해 다녔다고 한다.[17)

운동권 커플 가운데 일부는 결혼에 이르렀다. 운동권 부부가 탄생한 것이다. 하지만 뜨거웠던 열정은 현실에 쫓겨 깨지기도 했다. 운동권 내부에서 연애와 결혼이 많아진 만큼, 헤어짐도 어쩔 수 없는 이치였다. 동지애는 옅어지고 생활의 성가심은 깊이 뒤엉켜 있어 헤어나기 힘들었다.

학생운동가들의 책장

한양서점은 책을 구하기 더 없이 좋은 곳이었다. 1970년대 후반, 필요한 책이 있다면 계명대(대명동) 인근 한양서점에 들르기만 하면 됐다. 당시 금서였던 책도 서점 안쪽 골방으로 들어가면 쌓여 있었다. 한양서점에 가면 적확한 현실 인식과 미래 전망의 길을 열어주는 책들이 기다리고 있었다.

대구양서이용협동조합에서 운영하던 이 서점 조합원이 되면 책값을 할인받고, 회보나 도서목록 등을 통해 책 정보를 얻을 수 있었다.[18) 스터디 팀을 운영하는 사람, 노동야학 관련자들, 사회과학 서적을 구하려는 이들은 자주 한양서점으로 갔다. 책뿐 아니라 1975년에 제적된 박명규와 이윤기도 만날 수 있고, 다른 대학 학생들도 볼 수 있는 만남의 장이었다. 한양서점의 '베스트셀러'는 《전환시대의 논리》, 《페다고지》, 《난장이가 쏘아올린 작은 공》, 《나의 라임오렌지 나무》 같은 책이었다.[19)

능인고등학교 인근에서 경북대 후문으로 자리를 옮긴 두레서점에서도 도서목록집을 발간하여 도서 안내를 했다. 한양서점이 생기기 전에는 학생들은 시내 대구서점, 본영당, 학원서점을 드나들며 책을 샀다. 이따금 대구시청이나 대한극장 부근 헌책방에서 판매 금지된 보물 같은 서적들을 찾을 수도 있었다.

1970년대 후반에 복현독서회가 작성한 학습 목록은 그대로 운동권의 도서목록이 되었다. 파울루 프레이리의 《페다고지》(영어판), 이영희의 《전환시대의 논리》(1974)와 《우상과 이성》(1977), 《8억인과의 대화》(1977)가 회원들 사이에 많이 읽혔다. 《페다고지》는 운동권 학생들에게는 필독서였고, 운동권 학생이 아니어도 많은 학생들이 읽은 책이었다. 특히 야학을 하던 이들에게 《페다고지》는 각별했다. 《전환시대의 논리》는 대학생들에게 이영희를 지식인으로 확실히 각인시킨 책이었다. "그 책은 정말 깜짝 놀라웠다. 세상은 이렇게 돌아가는 거구나 알게 해 준 책이었다."[20] 《우상과 이성》, 《8억인과의 대화》도 "당시 매우 센세이션한 대단한 책"이었다. 최종식의 《서양경제사론》, 조용범의 《후진국 경제론》도 여러 사람들에게 읽히는 책이었다. 1970년대부터 경제 문제가 중요 사회 현안으로 떠오르면서 학생 운동권들은 경제 현상을 이해하려고 애썼다. 한완상의 《민중과 지식인》도 1978년 발간되어 읽혔다.

많이 읽히는 잡지로는 《씨알의 소리》, 《사상계》, 《대화》, 《다리》가 있었다. 김병호를 기소한 검사는 김병호가 "유신 정권의 비민주성을" 알게 된 이유가 종교 서적과 함께 《씨알의 소리》, 《사상계》, 《신동아》를 탐독했기 때문이라고 봤다.[21] 소설로는 조세희의 《난장이가 쏘아올린 작은 공》이 인기였다. 또 평민사에서 나온 '평민서당' 시리즈 책들도 많이 읽혔다.[22]

그러나 전반적으로 1970년대 초반까지 운동권들이 읽을 만한 책들이 그리 많지 않았다. 권용원은 그 무렵 읽을 책이 많지 않아, 철학사전을 찬찬히 읽었다고 한다. 철학사전을 "잘 흔들어 보면, 앞으로 나아갈 방향 같은 걸 찾을 수 있었다. 그 사전 속에는 아직 인민, 마르크스 같은 용어들이 살아 있을 때였다." 권용원은 바다 건너 조선총련에서 발행한 책자도 선배한테서 넘겨받았다. 한국 사회의 민중운동이 나아갈 방향에 관한 내용이었다. 이 책 때문에 경찰서에 연행돼 조사를 받은 적도 있었다. 《자본론》도 사실 "정체불명의 책이었다. 진짜 《자본론》이었는지 일본어로 된 해설서였는지도 불분명했고, 책표지도 없는 그런 책이었다."[23] 《자본론》 같은 책이 발각되면 조직 사건으로 엮일 수 있기 때문에 모두들 조심했다. 부족한 가운데 1970년대 후반부터는 비판적 지식인들의 책이 조금씩 나오기 시작했고, 그 책들로 점차 시야를 넓혀 나갔다.

함께하는 독서나 토론보다 대체로 혼자 읽는 책들이 더 많았다. 개인의 독서 취향도 저마다 다양했다. 문학청년 김동호는 신동엽 시집을 끼고 살았고 복현문우회 소속이었던 임광호는 김수영의 시를 매우 좋아했다. 현승효는 군대에서 읽은 책만 해도 어마어마했다. 그는 스스로 자신의 독서벽 때문에 군대에서 인격까지 모독당한 일이 한두 번이 아니었다고 기억했다.[24]

저마다 틀어박혀 읽은 책, 함께 읽고 토론한 책, 그 책들이 사상의 양식이 되었다. 새로운 용어를 터득하고 세상을 분석하고 새로운 세상을 꿈꿀 토양이 되었다. 그 무렵 읽을 만한 책이 많지 않았다고 입을 모으지만, 책이 적다고만 할 수는 없었다. 쏟아지는 책의 양은 지금만큼 많지 않지만, 한 권이라도 진지하게 읽고 깊이 몰두하고 철저하게 분석했다. 책장에 꽂아 두었던 그런 책 한 권이 운동권의 깊은 사상을 엿볼 수 있는 창구였다.

정열과 낭만, 그리고 결사의 장 엠티

엠티(MT)라고 불렀다. 이렇게 부를 때, 살짝 '불경스러운' 느낌이 풍겼다. 보통 학생들은 잘 사용하지 않는 운동권 언어였다. 엠티는 반은 사상 교육이나 의식화 교육이고, 반은 술 마시고 노는 단합대회였다.[25] 엠티는 자주 있었다. 멀리 숲이나 계곡을 찾아서 철마다 엠티를 떠났다. 은밀히, 경찰이 눈치 채지 못하게. 그 자리에서 다른 서클 동지들을 만나 얼굴을 트고, 평상시 만날 수 없었던 전설 속 선배들을 만나기도 했다. "공부는 짧게, 술은 길게"라고 허세를 떨어 가며 술잔도 기울이고 노래도 한 자락 불렀다. 시대의 울분을 달래고 결의를 다졌다. 간단한 유인물이 돌고 선배들이 발제를 하고, 정세를 공유한다. 1979년 10·26 이후에는 여성운동에 관해서도 발제를 했다. 집안 형편을 돌아보면, 사랑하는 이들을 생각하면, 먼저 간 이들의 녹록치 않은 삶을 떠올리면, 수없이 도망가고 싶은 마음 대신에 끈끈한 동지애가 만들어졌다. 도망갈 수 없는 관계가 만들어졌다. 그리고 다음 투쟁에 선뜻 나설 용기를 불러일으키고, 누가 투쟁의 앞자리에 서는 게 좋은지 엠티 자리가 증명해 줬다.

경북대 운동권에서 엠티의 기획은 조직 재건을 맡고 있던 권용원이 주로 했다. 보안을 철저히 유지하는 엠티도 있었지만, 상대적으로 느슨한 연합 엠티도 많았다. 연합 엠티에서는 복현독서회, 농촌문제연구회, 기독학생회, 탈춤반, 연극반 회원들이 참가했다. 엠티는 아무리 느슨하다 해도 보안이 중요했다. 자칫하다가는 모든 이들이 한꺼번에 경찰에 노출될 수도 있기 때문이다. 이런 보안 문제가 있었지만 엠티는 포기할 수 없는 운동권 행사였다.

1977년 최초의 엠티는 길었다. 무려 2주 동안이나 이어졌다. 그해 겨울 청천에서 비밀리에 운동권 지도자 양성 과정으로 10명 남짓 참가하는 엠티를 진행했다. 권용원이 학생운동을 함께할 사람들을 모아서 떠난 '의식화 엠티'로 이상화, 함종호, 장수원, 이우백, 사공준, 권형우, 최상림 등이 참가했다.[26] 처음 한 주 정도는 모여서 함께 공부를 했다. 그리고 다음 일주일은 보안 문제 때문에 배를 타고 강을 건너 산자락에서 또 한 주를 보냈다. 학습도 하고 간간히 운동 시합도 하고, 먹을 게 넉넉지 않아 쉬는 시간에는 쑥도 뜯었다.[27]

이듬해 봄, 무서운 사람들이 진달래 꽃구경을 떠났다. 1960년 4·19도, 1975년 4·9도 아직 생생하던 4월 어느 날이었다. 민청학련 관련자 선배들과 후배들이 한 자리에 모였다. 대구 동구 평광동 진달래 축제 때, 누군가가 〈진달래가〉를 한 자락 뽑았다. "눈이 부시네. 저기 난만히 멧등마다 그날 쓰러져간 젊은 날의 꽃 사태가 맺혔던 한이 터지듯 여울여울 붉었네." 누군가는 4·9로 세상을 등지고 없던 시대, 그 노래는 진달래 빛 울음이었다. 술도 한잔 했다. 선배들이 돌린 유인물로 간단히 공부도 했다. 그러나 보안을 염려해서 그 자리에 온 민청학련 관련 선배들과는 통성명을 하지는 않았다. 방위 복무 중이던 함종호도 이날 모임에 왔고, 박명규, 이윤기, 장명재, 이승룡, 최용식, 권형우, 김동호, 석원호도 참석했다. 복현 독서회 회원들, 농촌문제연구회 회원들과 다른 서클 회원들도 몇 명 있었다.[28] 78년 여름에는 낙동강변 화원 동곡 포플러 숲이 길게 이어진 곳으로 갔고, 79년 여름에는 금호로 갔다. 금호강 건너 조규식(농학과 75)의 고향 제실로 가 대엿새가량 엠티를 보냈다. 79년 겨울방학에는 청도 석원호의 고향 마을과 멀지 않은 곳으로, 또 78년 여름에는 경남 물금 천태산으로 간 적도 있다.

'불경한' 의식을 공유한 참가자들은 이런 엠티를 계기로 서로 속속들이 알게 되었다. 몇날며칠을 함께 먹고 자고 하면서 서로를 잘 알아 갔다. 누군가의 고향 마을로 엠티를 가면서 개인 홀로가 아니라, 그들의 가족까지도 깊이 이해하게 되었다. 서로의 고향을 알고 가족을 알고 형편까지 보게 되면서 배려하고 격려하며 함께 시대를 이겨 내고자 했다. 그렇게 피만큼이나 진한 공동체를 이루었다.

2. '불온'해지는 '문제' 서클들

학생회 해체, 서클 등록제

긴급조치 9호와 함께 학도호국단 설치령이 공포되었다. 학생회는 곧바로 해체되었다. 1975년 6월 28일 학생회와 대의원회는 완전히 해산되고, 학도호국단에 소속되지 않은 학생 단체는 문교부 장관의 승인을 받도록 규정했다. 학내 서클도 전부 해체된 뒤에 학도호국단 산하로 재가입 절차를 밟도록 했다. 모든 서클은 학도호국단에 가등록을 하고 심사를 받아야 했다.

1974년 인혁당재건위 사건과 민청학련 사건 이후 대학생 자치 조직에 대한 정권의 단속이 더욱 심해졌다. 긴급조치 9호 시대가 되면 한걸음 더 나아가 아예 학생회를 해산해 버리고 서클도 학도호국단 아래 둔 채 엄격하게 단속했다. 1976년 서클 등록을 위해서는 반드시 지도교수 두 명을 구해야 했고, 학생들이 서클에 가입하려면 지도교수를 찾아가 날인도 받아야 했다. 1977년부터는 지도교수가 한 명으로 줄어들었지만 한 명인 지도교수를 구하는 데도 곧잘 난관에 부딪혔다. 언어문화연구회, 복현 독서회 모두 지도교수가 없다는 명분으로 결국 서클 등록을 할 수 없었다. 1978년 만들어진 탈춤반도 해마다 지도교수를 구하는 문제로 존폐의 어려움을 겪었다.[29] 문제 서클로 낙인찍힌 서클을 담당해 줄 지도교수는 없었다. 서클이 만들어진다 해도 학생들의 활동은 한층 더 어려웠다. 학교는 학생 활동에 대한 사전승인 제도를 실시하면서, 사실상 승인을 거부함으로써 학생 자치활동을 방해했다. 1978년 한 해에만도 학생들이 신청한 활동이 1,400건이었는데 학교는 단 한건도 승인하지 않았다고 하니,[30] 서클 활동이 얼마나 쉽지 않았는지 짐작할 수 있다.

더구나 서클 등록과 활동에는 중앙정보부 조정관이 개입했다. 중앙정보부 조정관은 학교 본부에 있으면서 서클 등록 여부를 결정하는 실질적 권력을 갖고 있었다. 뿐만 아니라 북부경찰서의 정보형사가 학생들의 서클 활동을 일상적으로 사찰했다. 이 과정에서 이념서클은 곧바로 경찰과 중앙정보부 조정관에게 노출되고 일상적으로 사찰당할 수밖에 없었다.[31]

학도호국단에 등록된 서클은 1976년에는 53개, 1977년에는 66개, 1978년에는 82개, 1979년에는 87개[32]였다. 당시 서클은 문예부, 새마을부, 체육부, 여성부로 구분하여 등록을 받았다. 각 서클을 '○○반'이라 불러 독자성보다는 학도호국단 내 특정 '부' 소속임을 명시했다. 학교는 복현문우반, 복현독서반이라 불렀지만, 소속 회원들은 '회'를 붙여 복현문우회, 복현독서회라고 불렀다.[33]

언어문화연구회와 복현독서회

1970년대 후반 사회 문제에 관심을 갖는 서클로는 기독학생회(KSCF, 1970~79년 현재), 농촌문제연구회(1962~79년 현재), 민속문화연구회(79년, 탈춤반 후신), 복현독서회(1977년, 언어문화연구회 후신), 복현문우회(1968~79년 현재), 언어문화연구회(1976년), 예목(1979년), 탈춤반(78년) 등이 있었다. 1978년 11월 투쟁에도 이 서클 회원들이 중심이 되어 참여했다.

여러 서클 가운데에서도 사회운동을 지향하는 이념서클은 언어문화연구회였다.[35] 언어문화연구회는 한국풍토연구회가 해체된 이후 다시금 자생적으로 등장한 이념서클이었다. 1976년 3월 최용식(사회학과 75학번), 이형근(철학과 74학번), 이구학(독어교육과 73학번), 장수원(철학과 75학번)이 주축이 되어 서클을 만들었다. 회원들끼리는 바른 말을 할 수 없

1970년대 후반기 주요 서클[34]

단체명	1976년 총 53개	1977년 총 66개	1978년 총 82개	1979 총 87개
기독학생회 (KSFC) 70년 3월 등록	인원 30명 대표: 이상근	임중수	최덕희	존속
복현문우회 68년 3월 등록	인원 34명 대표 : 장성호	김우영	이정숙	존속
언어문화연구회	인원 33명 대표 : 최용식 (사회학 2)	복현독서회로 이어짐		
복현독서회		함종호 (*언어문화연구회 의 후신)	민영창 반합법상태 유지	이우백 반합법 상태 (80년 초 해산)
4H회 62년 5월 등록	인원 32명 이명훈	(*농촌문제연구회 로 명칭을 변경)		
농촌문제연구회		정충택 (*4H회 후신)	박동도	황형섭
탈춤반 78년 8월 등록			1기 : 이균옥 2기 : 김사열	(*학교에 의해 민속문화연구회로 개명당함)
민속문화연구회				신규 등록 (*탈춤반 후신)
예목(叡目)				신규 등록

는 시대에 바른 소리를 하겠다는 의미에서 '정언회'(正言會)라는 이름을 더 많이 사용했다. '정사회'와 '정진회'의 맥을 잇는다는 점에서도 바를 정 (正)자를 쓰는 '정언회'는 회원들 사이에 실질적인 서클 이름이었다.

창립총회에는 회원 삼사십 명 정도가 참여한 가운데 서훈(정사회 회원 이면서 당시 언어문화연구원 원장)이 창립 연설을 했다. 언어문화연구회 회 장은 최용식이었고, 회원으로 강대룡(사학과 75학번), 김규욱(사회학과 75

학번), 김동호(일반사회교육과 75학번), 김병호(철학과 71학번), 김정선(부회장), 문성학(철학과 75학번), 박승길(사회학과 75학번), 박종근(사학과 75학번), 서윤환(정치외교학과 75학번), 서중현(철학과 72학번), 손해학(사회학과 75학번), 이구학(독어교육과 73학번), 이형근(철학과 74학번), 장수원(철학과 75학번) 등이 있었다. 연구회가 만들어지고 매월 주제 발표를 했는데, 동학혁명, 3.1운동, 4월혁명, 현대사회와 종교, 허균의 사상, 인간 소외, 외래어와 민족성 등에 관한 내용이었다.

1975년 초 이래 경북대 학생운동이 위기에 처했을 때 등장한 언어문화연구회 주도 세력은 "자생적으로 탄생한 의혈 민주주의 청년들"이었다. 학생운동의 '자생 그룹'이 탄생한 것이다.[36) 그들은 독자적으로 1977년 4·19 기념행사와 반유신 투쟁을 기획했다. 이렇게 만들어진 언어문화연구회는 당시 경북대 학생운동 세력의 조직 재건을 위해 노력하던 권용원과 관계를 맺었다.

언어문화연구회도 곧 학내 경찰들에게 정보가 노출되어 어려움에 처했다. 1976년 2학기에는 지도교수와도 마찰이 있었다. 국문학과 교수이던 지도교수는 언어문화연구회의 공부 내용을 반대했고, 이후 지도교수를 구할 수 없었다. 지도교수가 없으니 서클 승인도 받을 수 없었다.[37)

새로운 서클이 필요했다. 언어문화연구회 회원 가운데 몇 명이 주도하여 일명 '복현독서회'를 만들기로 했다. 이름만 봐서는 크게 문제될 것이 없는 서클이었다. 서클 대표도 정보경찰에 노출된 최용식이나 장수원이 아닌 다른 사람을 구했다. 그들은 도서관학과 함종호를 만났다. 장수원의 중학교 동기 함종호에게 복현독서회 회장을 제안했고 함종호는 수락했다.

1977년 함종호를 초대 회장을 해서 복현독서회 서클 등록을 했다. 서클 등록 당시, 서클에는 기존 언어문화연구회 회원들이 여러 명 있었다.

즉 언어문화연구회 회원들이 명칭만 바꾸어 복현독서회 우산 아래 모였다. 복현독서회 회장 함종호에게 과거 한국풍토연구회 구성원들이 접촉을 해왔다. 이념서클의 계보는 그렇게 계속 이어졌다. 정사회, 정진회, 한국풍토연구회, 그리고 언어문화연구회와 복현독서회로. 이 때문에 검찰은 복현독서회를 "경북대 내 문제 서클"이라고 비방했다.[38]

해마다 3월 학도호국단에 서클을 재등록하여 심사하는 상황에서 이념서클이 등록을 유지하기는 어려웠다. 1977년에 복현독서회가 등록했지만, 1978년부터는 지도교수를 구하지 못해 등록을 못한 반합법 상태로 유지했다. 1978년 봄에는 반합법 상태에서도 백양로에서 책상을 펴놓고 신입생 모집을 했다. 1979년 2학기를 마지막으로 복현독서회 신입회원 모집은 역사 속으로 사라졌다.

복현독서회는 75학번이 주축이 되어 만든 서클이었다. 김동호, 민영창(독어교육), 장수원, 최용식, 함종호 모두 75학번이었다. 76학번에는 권형우(정외과), 류시대(도서관학과), 문명녀(사회학과), 이우백(철학과), 최기룡(정외과), 최상림(수학교육과) 등이 있었다. 77학번에는 남영주(철학과), 78학번에는 박원식(국문학과), 유수근(화학과), 윤지형(불문학과), 석원호(철학과), 성수기(독문학과), 신은영(독문학과), 장대수(역사교육과), 채경희(교육학과)가 포진해 있었다. 78학번 회원들은 메아리야학의 설립과 운영에 참여하며 대학 외부 세력과 연대를 구축해 나갔다. 79학번에는 김중락(사학과), 김태효(회계학과), 여병상(철학과), 이봉선(철학과), 이상술(식품가공학과), 조항구(철학과) 등이 있었다. 복현독서회 회원들은 1980년대 투쟁에 적극적으로 참여하게 된다.

1977년에는 학습과 토론이 철저하지 않았다. 반독재 민주화를 주요 이슈로 삼았지만, 체계적인 학습보다는 "막걸리 마시면서 용기와 의리로 서로의 인적 관계를 통해 운동" 세력을 키워 나갔다. 1978년부터는 체계적인 학습을 시도했다. 1978년 1학기에는 《페다고지》(영어 원서)를 강독했다. 1978년 2학기부터 철학, 한국 현대사, 경제사, 운동사 등을 공부했다. 《해방전후사의 인식》, 《한국현대사론》, 《우상과 이성》, 《전환시대의 논리》, 《서양경제사론》, 《후진국경제론》이 학습 목록에 올랐다. 학습 목록은 전국 기독학생회(KSCF)에서 나온 도서목록을 참조했다. 공부는 주로한 주에 한 차례 모여 강독하는 형식이었다. 모임 장소는 하숙방이나 일청담이었다. 은밀하게 진행해야 할 학습 팀은 대체로 다섯 명을 넘지 않았다. 하숙방에 모일 경우, 다섯 명을 넘으면 감시의 눈길에 노출될 수 있음을 염려해서였다. 3학년들이 신입생의 학습 지도를 담당했는데, 1978년도에 남학생 담당은 이우백, 여학생 담당은 최상림이었다. 1978년 11월 투쟁으로 1979년에는 학습에 어려움을 겪었다. 복현독서회의 주요구성원들이 구속돼 버렸기 때문에 학습을 담당할 사람이 없었다. 1979년도에 제대 후 복학한 함종호 그리고 이우백, 석원호가 79학번 학습을맡았다. 다른 서클 회원들과는 연합 엠티 때 만나 서로 얼굴을 익히고 논쟁을 벌이기도 했다. 79학번들의 경우, 다른 모임 회원들과 서로 운동의정통성을 두고 논쟁을 벌이기도 했다. 조금씩 이론의 틈이 벌어지기 시작했던 것이다. 1979년 가을 남민전 사건이 터졌을 때는 학교 밖 어떤 선배들과도 만나지 않았다. 은인자중, 그저 현실을 학습했다.[39]

1979년 10·26이 터지고, 복현독서회 회원들은 바빠졌다. 복현독서회회원으로 남기에는 현실이 너무나 긴박하게 돌아갔다. 석원호를 중심으로 하여 총학생회 부활을 준비하는 '경북대 학생자치기구 구성 추진위원회' 팀, 문명녀, 최상림, 채경희, 신은영, 서형숙, 김안숙 등 여성운동을 준비하는 '새밭' 팀, 그리고 79학번 이상술, 노중호, 김태효를 중심으로 한

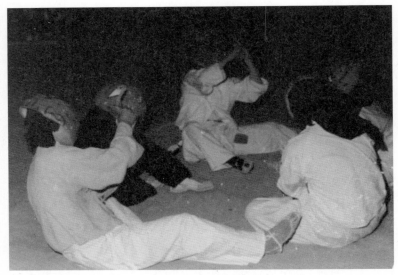

그림 41 탈춤반 첫 정기공연 가산오광대놀이(1978년 10월 5일, 김사열 제공)

새로운 이념서클 '여명' 준비 팀으로 흩어졌다. 이렇게 흩어지게 되었지만, 얼마 안 가 1980년 5월 광주는 다시 이들을 투쟁의 중심으로 모여들게 할 터였다.[40]

기독학생회, 농촌문제연구회, 탈춤반, 예목

학생운동을 목표로 하지는 않았지만, 학생운동권들이 많이 배출된 대표적인 서클은 기독학생회, 농촌문제연구회, 탈춤반, 예목이었다. 기독학생회(KSCF)는 보수적인 기존 기독교에 반기를 들고 진보적 신학 공부를 하는 서클이었다. 전국적 조직을 갖추고 있었기 때문에, 새로운 도서 목록과 노래 보급은 기독학생회를 통해 이뤄질 때가 많았다. 기독학생회에서는 이상점(전임 회장, 사학과 73학번), 박주철(법학과 75학번), 최덕희(회장, 전자공학과 76학번), 사공준(전자공학과 76학번), 손호만(역사교육과 77

학번), 김종원(도서관학과 77학번) 등이 주로 활동했는데, 1978년 대투쟁 때 특히 활약이 컸다. 1978년 1차 투쟁에도 기독학생회 회원들이 참가했고, 2차 투쟁의 주동자 두 명 모두 기독학생회 회원이었다. 1년이 훨씬 넘는 긴 손호만의 수배 생활도 기독학생회라는 든든한 울타리가 없었으면 불가능했을 것이다.

농촌문제연구회(4H)[41]는 1960년대 초에 설립돼 농촌 문제를 이론적으로 실천적으로 고민해 온 전통 있는 전국 조직 서클이었다. 1977년 이전까지는 '4H'라는 이름을 사용했으며, 이후로도 흔히 4H로 불렀다. 4H의 사회적 지향은 1972년 광주에서 열린 '제9회 전국 4H지도자 교육'에 잘 나타나 있다. 이날 특강에 나선 인물들은 민족경제와 농업 문제, 사회 문제를 고민하던 진보 인사들이었다.[42] 지역에서도 연계 활동이 활발했다. 경북대 4H는 영남대, 효성여대, 한사대, 대구교대 4H 회원들과 1972년부터 1975년까지 '영남지구 대학 4H 연구회 연합회'를 조직해 계산성당, 삼덕성당, 대봉동성당 등에서 매주 금요강좌를 열었다. 1978년 9월에는 '두레양서조합'을 설립해서 "양서의 선정과 보급, 소개를 위해 두레도서관과 서점을 설치 운영함으로써 경제적 민주주의의 확립과 지역 사회의 발전에 일익을 담당"하고자 했다. 1975~1976년에는 대학 내에서 매주 화요일 강좌를 열었다. 1976년 화요강좌에는 김영석(수의학과 73학번)이 '역사를 보는 눈,' 조규식(농학과 74학번)이 '현실을 어떻게 인식할 것인가'를 강의했다. 이처럼 전국 차원에서, 그리고 지역에서 타 대학 학생들과 또 한국가톨릭농민회와 연합해 공부하고 실천하며 사회의식을 키워 나갔다. 4H 회원들은 특성상 주로 농대 출신이 많았고 간혹 다른 단과대 학생들도 있었다. 4H 회원 가운데는 운동권으로 성장한 학생이 여럿 있었다. 정동남을 비롯하여, 1980년 5·18 직후 두레양서조합 조합원 100

그림 42 농촌문제연구회 여름 수련회(1974년, 김영석 제공)

여명이 불법으로 체포·고문·구금당했던 사건에 연루된 김영석, 정상용
(원예학과 72학번), 김진덕(역사교육과 76학번), 권영조(원예학과 73학번)도
모두 4H 회원들이었다. 황병윤(농공학과 74학번), 서승교(농학과 74학번),
이동렬(농화학과 77학번)도 4H 활동을 열심히 했다.

　1978년에 생긴 탈춤반은 1976년 대구 YMCA의 탈춤 강좌를 수강한
김사열(생물교육과 76학번)과 이균옥(국문학과 76학번) 등이 결성했다. 서
양 문화가 거세게 밀려오던 1970년대에 전통 문화에 대한 관심이 탈춤으
로 이어졌다. 탈춤반에서는 '양주 별산대놀이'를 전수받고, '가산 오광대
놀이' 공연을 펼치기도 했다. 탈춤반은 탈춤의 내용이 본디 간직하고 있
는 민중 의식으로 인해 유신시대와 불화했다. 1978년 11월 대투쟁 연루
자들이 많아서 탈춤반은 이듬해 학교 측에 의해 강제로 서클 명칭을 민
속문화연구회로 개명당하는 수모도 겪었다. 고난 속에서도 꿋꿋이 민속

극 전수 훈련을 통해 민속 문화 전통을 잇던 탈춤반은 유신 시대가 끝난 1980년 4월에는 4·19혁명을 주제로 창작극 〈냄새굿놀이〉를 발표했다.[43] 그 뒤로도 여러 시대 풍자극을 창작 발표하면서 1980년대 문화 운동을 주도해 나갔다.

예목[44]은 1978년 경북대신문사 투쟁으로 사직한 김동국(통계학과 77학번), 김영철(경제학과 77학번), 서형숙(국어교육과 77학번), 이장식(전자공학과 77학번) 등이 1978년 하반기에 만든 단체이다. '날카로운' 또는 '밝은' 눈이라는 뜻으로 예목(叡目)이라고 이름을 지었다. 서클 등록은 1979년도에 했고,[45] 올바른 사회 인식과 비판 정신, 그리고 민주적 자질을 고양시키려는 목적을 가지고 있었다.[46] 1980년 5·17 이후, 다시 전두환 정권이 서클을 대대적으로 탄압하면서 예목은 이름을 '광장'으로 바꿨다. 그러나 구성원이나 서클 목적은 변함없었고, 회원들은 '예목'이라는 이름을 지금까지도 더 즐겨 사용하고 있다.

학교 밖으로, 양협과 야학

학내와 학외를 연결한 조직들도 생겼다. 1978년 만들어진 대구양서이용협동조합과 한양서점이 그랬다. 1975년 4월 10일 시위로 제명된 박명규는 1977년 계명대로 재입학했다. 재입학 후 사회 문제와 조직 재건 사업에 관심을 두고 있던 중, 그는 부산 지역의 양서협동조합 설립 소식을 전해 듣게 되었다. 책 한 권, 유인물 하나 자유롭게 찍어 내고 돌려볼 수 없던 시절, 양서이용협동조합은 암흑의 시대를 밝혀 줄 중요한 운동 기반이었다.

박명규는 부산과 광주, 서울 양서이용협동조합의 실태를 조사한 후, 대구 지역에도 양서이용협동조합을 마련할 계획을 세웠다. 경북대 출신으

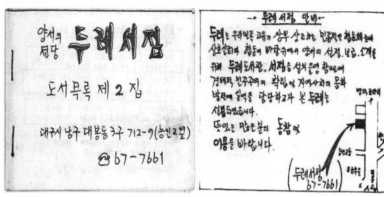

그림 43 두레서점 도서목록(부산민주항쟁기념사업회)

로는 황철식, 권용원, 이윤기, 계명대 출신으로 권약한, 김균식, 권오국 등
과 대구양서이용협동조합 출범을 준비했다.[47] 한양서점을 인수하고 1978
년 9월 22일 대구양서이용협동조합을 창립했다. 조합장은 서훈(팔공재건
학교 교장, 법학과 63학번), 부조합장은 박명규, 전무이사는 박태주, 총무이
사는 이윤기가 맡았다.

대구양서이용협동조합은 좋은 책 공급뿐 아니라, 세미나와 교양강좌
개설, 민주화 운동가나 지역 인사들의 만남, 소모임과 스터디 그룹 운영
및 지원, 교육 커리큘럼 개발, 노동야학 추진을 주요 사업으로 설정하고
있었다. 지역사회 안에서 네트워크 구실을 했다. 1979년 3개 대학 연합시
위도 이 네트워크와 관련이 있었다. 한때 1천여 명의 조합원을 뒀던 대구
양서이용협동조합은 1980년 9월 신군부의 탄압으로 문을 닫게 된다.[48]

대구양서이용협동조합과 비슷한 시기에 문을 열어 결국 같은 이유로
폐쇄된 또 다른 조합이 있었다. 두레양서조합이다. 1978년 대학 4H 연구
회 동문들 20여 명이 출자하여 처음에는 잠시 대봉동 능인고등학교 인
근에 사회과학 서점으로 두레서점을 열었다가 1978년 연말 1979년 초

반 즈음 경북대 후문으로 서점을 옮겼다.[49] 4H의 재조직과 사회과학 서적 보급을 목적으로, 정상용이 서점을 실제 경영하고, 신중섭(원예학과 77학번), 황형섭(낙농학과 77학번), 김영석(수의학과 73학번) 등이 참가했다. 1980년 광주항쟁을 계기로 혹독한 탄압을 당하고 결국 두레서점도 역사 속으로 사라졌다. 그러나 대구양서이용협동조합과 두레양서조합은 일찍이 대구 지역 운동권들이 자립적 협동조합운동을 벌였다는 점에서 의미가 크다. 그리고 올바른 지식과 정보가 유통될 수 없었던 시대 상황에서 지식의 생산과 유통, 학습 프로그램 공유를 고민했다는 점에서 대구 지역 지식의 지평을 넓힌 운동이기도 했다.

1970년대 노동운동과 함께 노동야학도 생겨났다. 대구에서는 1978년 메아리야학이 노동야학의 시작이었다. 메아리야학[50]은 처음에 원대동에서 감리교회를 빌려 시작했고, 1979년에는 노원성당을 빌려 야학활동을 했다. 야학은 야학학생에게는 못 배운 한을 푸는 곳이면서 동시에 노동자로서 누려야 할 정당한 권리를 깨닫는 곳이었다. 그래서 학교의 교훈은 "인간답게 살자"였다. 대학생 입장으로서는 야학이 새로운 운동가를 길러내는 장이었다. 대학생들이 노동자들을 만나 노동 현장의 현실을 익히고, 장차 노동조합 활동을 준비하는 공간이었다. 전점석이 교장을 맡았고, 교사로는 경북대에서 문명녀, 최상림, 석원호, 장대수, 김지숙 등이 참여했다. 계명대, 효성여대, 영남대 등 다른 대학 학생들도 참여했다. 대체로는 1, 2학년들이 노동 현장을 경험한다는 차원에서 야학 교사로 나갔다. 노동자들을 만나면서 노동자들에 대한 부채 의식을 갖게 되고 일부는 향후 노동운동에 헌신하는 계기가 되었다.

1978년 9월부터 1기 과정을 시작한 메아리야학은 1980년 6월에 3기로 끝이 났다. 한 기수는 6개월 과정이었다.[51] 1979년 야학 교사 가운데

그림 44 1970년대 후반 경북대학교 후문(서문) 풍경(경북대학교 대학기록관 제공)

구속자들이 생기면서 야학도 경찰의 감시 대상이 되어 운영에 어려움이 많았다. 야학 학생들에게도 압력이 쏟아졌다. 회사와 가족의 압력에 시달리다 결국 그만 두는 학생들도 속출했다.

한편 1979년 초부터 '만남의 야학'도 시작했다. 만남의 야학은 계명대 학생들이 주로 활동했지만, 메아리야학에서 활동하는 경북대 학생들 중 일부가 만남의 야학으로도 옮겨가기도 했다. 만남의 야학은 4기까지 유지되었다. 1기는 1979년 초, 2기는 1979년 말, 3기는 1980년, 4기는 1980년 말부터 1981년 6월까지 진행했다. 장소는 제3교회였다.

1970년대 말 시작된 노동야학은 이후 1980년대 다운야학(1980. 10~1982, 내당교회), 생활야학(1980. 11~1983, 가톨릭근로자회관), 죽전야학(1984~1985, 죽전성당), 윤일야학(1985~1986. 1, 윤일성당)으로 이어졌다.[52] 야학은 노동자와 학생의 연대, 노동조합 건설, 대학생들의 노동운동 투신에 영향을 주었다. 얼굴을 맞대고 서로 배우는 장소였다. 대학생들이

노동운동에 관한 지식을 제공하고, 무엇보다 노동자들 스스로 자기 권리
를 주장할 용기를 불어넣어 주었다면, 노동자들은 독재 시대의 경제 현실
을 몸으로 웅변하고, 사람과 사람이 어떻게 연대해야 하며, 현장에서 어
떤 자질이 필요한지를 대학생들에게 보여 주었다. 대학생과 노동자들의
배움은 야학을 통해 서로 맞교환되었다. 배움을 통해, 사회 변화를 도모
할 힘을 서로 나누어 가지게 되었다.

맺음말

경북대 학생운동은 해방 후 한국 학생운동사의 중요한 축이었다. 한국의 학생운동은 민중적 요구에 부응하여 분단된 조국을 통일시키고 민주주의를 실현하는 역사적 과제를 안고 있었다. 청춘의 뜨거운 피가 끓고 지식인으로서의 사명을 부여받은 경북대 학생들은 이러한 역사적 과제를 거부하지 않고 온몸으로 수행하였다.

경북대 학생운동은 각 시기 투쟁에서 영남지역을 대표하는 역할을 수행했다. 학생운동은 당해 시기 정치권력의 양상에 따라 투쟁의 강도나 광범함에서 영향을 받았다. 경북대학교 학생운동도 해방 후 각 정권의 성격에 따라 운동사적 역할에서 기복이 있었다. 미군정기 국립대학설립안 반대운동과 대구 10월 인민항쟁은 대한민국 정부 수립 전 통일국가 수립을 지향하는 중심적 운동이었다. 경북대의 전신인 3개 대학도 이 두 사건에 적극적으로 참여하였지만 그 활동상을 정확히 그려낼 수 없었다. 당시 사건의 개요에 대한 기록은 있지만 운동 참여자의 인적사항이나 조직양상 등을 파악할 수 있는 자료가 거의 남아있지 않기 때문이다.

그리고 1공화국 시기는 학생운동의 침묵기였다. 통일정부 수립을 지향했던 사회주의 및 중간파 정치세력을 배제하고 남한 단독정권을 수립한 이승만 정권은 반정부적 학생운동을 용인하지 않았다. 게다가 격렬한 이념전쟁의 성격을 띤 한국전쟁은 통일 지향적이고 반정부적 학생운동 세력의 뿌리를 학원에서 제거했다. 더욱이 휴전 이후 이승만 정권은 모든 반정부적 활동을 빨갱이로 몰아 폭력적으로 탄압하였다. 그렇기에 1958년 초대 농림부장관이었고 대선후보로 경쟁했던 조봉암을 사법살인하였고, 1959년 국가보안법개정 반대투쟁을 거치면서 4월혁명을 예비하는 저항적 학생운동이 싹틀 때까지 경북대의 학생운동도 침묵상태에 있었다.

4월혁명을 계기로 경북대학교 학생운동은 한국 학생운동사에서 빛나는 역할을 수행했다. 4월혁명 시기에는 경북지역은 전국투쟁을 선도하였고, 경북의 혁명운동에서는 경북대가 중심적 대오를 이루며 투쟁에 참여하였다. 한일협정반대투쟁 과정에서는 경북 지역이 서울과 함께 전국의 투쟁을 주도하였다. 박정희 정권의 장기 집권 음모가 가속화되는 6.8부정선거규탄투쟁과 3선개헌 반대운동부터 경북대학교의 학생운동은 더욱 주목을 받게 된다. 권력의 지역근거지인 대구경북에서 진행된 3선 개헌 반대운동은 정권의 심장부를 타격하는 것이었다. 뒤이은 정진회의 반독재구국선언문 필화 사건은 이후 민주화 투쟁의 방향을 제시하는 투쟁이었다. 이 선언문은 민청학련의 투쟁 방향을 제시하며 전국의 학생운동가들이 공유한 정세인식으로서 한국 민주화운동의 중요문헌이 되었다. 따라서 권력의 대응은 점점 더 폭압적이고 공안공작까지 더해져, 그에 따른 경북대 학생운동의 피해는 심대해졌다.

맥령, 정사회와 정진회, 한풍회의 피해규모는 단일 대학교 학생운동의 피해로는 수위를 다툴만할 정도이다. 사형당한 인물로 여정남, 이재문이 있고, 징역형을 받은 사람은 백여 명에 육박하여 그 기간을 합산하면 몇 백 년이 된다. 유신정권 이후부터 서울대·고려대를 비롯한 서울의 주요대학들이 정권의 징치를 받는 규모와 강도가 늘어났다. 경북대학 역시 단일 지방대학으로 감당하기 힘들만큼의 피해를 겪으며 조국의 민주제단에 선혈을 뿌렸다. 민청학련사건과 인혁당재건위사건, 남민전사건에서도 경북대학교의 선배들이 상당히 많은 피해를 겪으며 반유신 민주화운동에 헌신하였던 것이다. 이들 사건은 박정희 유신정권과 대결한 가장 큰 규모의 조직적 사건이며, 이 사건의 주요지도자로 여정남, 이재형, 이재문, 안재구 등 경북대학교 출신 선배들은 지역의 운동가들과 함께 유명을 달리하거나 오랜 기간 자유를 박탈당하는 피해를 겪었던 것이다.

또한 경북대 학생운동은 매 시기 투쟁의 방향제시, 대중과의 결합, 다양한 투쟁형식의 개발 등에서 전국운동에서 모범이 되었다. 유신시기 후기 한동안 침잠한 시기가 있었지만, 전국투쟁에서 서울과의 병진투쟁 혹은 서울이 어려울 때 선도투쟁을 시도하며 투쟁의 출로를 개척하기도 하였다. 이렇게 한국 학생운동사에서 주요한 역할을 한 경북대 학생운동은 다음과 같은 특징을 가진다.

첫째, 경북대는 영남지역의 거점대학으로 전국적 투쟁에서 영남권의 주요 연락책·조직책 역할을 수행하였다. 주요 투쟁에서 경북대는 영남권에서 가장 먼저 투쟁을 전개하였다. 이는 한일협정반대투쟁부터 유신 후기까지 나타난 현상이다. 하지만 시기마다 이 역할은 차이가 있고, 연대방식과 결합의 강도도 조금씩 달랐다. 1960년대엔 영남권 대학 간의 조직적 연락체계는 4·19 후 학생민통련으로 연결된 조직관계를 다져가면서, 대구지역 대학의 조직책 역할을 담당했다. 1970년대 이후엔 서울의 서울대와 영남권의 경북대, 호남권의 전남대가 각 시기 투쟁을 조직하고 전국적으로 확산시키는 역할을 맡았다. 한일협정반대투쟁 시기는 1964년 3.24일 서울에서 시위가 일어난 후, 3.25일 대구에서 경북대·대구대 등이 궐기했다. 6.8부정선거규탄투쟁시기에도 경북대는 서울법대와 같은 6월 12일 성토대회를 열었다. 서울을 제외한 지방에서 최초로 투쟁을 전개하였던 것이다. 3선개헌 반대투쟁 때는 1969년 6월12일 서울법대의 첫 집회를 시작으로 서울문리대(6.17), 서울공대(6.19), 고려대(6.19),연세대(6.20)의 순으로 서울에서 먼저 시위가 있었다. 경북대는 6월 23일 지방에서 제일 먼저 성토대회를 연후 25일 성토대회를 거쳐, 6.30일부터 7월5일까지 6일 연속 시위를 벌렸다. 여정남 선배가 본격적으로 활동하던 1970년대 초부터 서울대, 경북대, 전남대로 이루어진 전국대학간 연락망은 끊임없이 시도되었다. 경북대는 영남지역의 연락을 맡아 부산대를 통해 부산경남의 연락을 맡았던 것이다. 이런 경향은 유신 말기까지 지속되었다.

둘째, 4월혁명 후 유신의 종식까지 이념서클(맥령→정사회→정진회→한풍회→언어문화연구회→복현독서회)의 투쟁의 조직성과 주도성이 뚜렷하였다. 한일회담반대투쟁 시기의 맥령과 정사회, 6·8부정선거반대투쟁과 삼선개헌반대투쟁 시기의 정사회, 교련철폐투쟁과 총학생회선거투쟁, 전태일추도식 시기의 정진회, 유신직후에서 민청학련 시기의 한풍회, 유신 후기의 언어문화연구회와 복현독서회는 매 시기의 각종 투쟁에서 경북대학교의 시위와 각종 투쟁을 주도하였다. 한국의 민주화와 통일을 지향하는 경북대 이념서클의 계보는 실천투쟁을 앞세운 맥령의 정신을 계승한 정사회가 시작이라 할 수 있다. 맥령은 소수정예의 비밀조직원으로 이뤄진 학생운동의 지도조직이고, 정사회부터 회원을 공개적으로 모집하기 시작한 이념서클이라 할 수 있다. 매시기의 투쟁을 주도한 이념서클은 학교당국의 서클등록 취소로 존립이 불가능하면 다른 명칭의 서클을 새로 등록하여 조직을 유지하며 학생운동을 수행했던 것이다. 1965년에 창립된 정사회는 삼선개헌반대투쟁을 계기로 서클등록이 어렵게 되자 1970년 정진회로 조직을 전환한다. 정진회도 반독재구국선언문사건으로 당국의 주목을 받자, 1971년 11월 한풍회로 전환한다. 한풍회 역시 민청학련 사건으로 대다수 회원이 구속된 후 당국의 감시가 엄혹해지자 조직을 유지할 수 없었다. 그러자 1975년 새로운 이념서클인 언어문화연구회(일명 正言會)가 문리대를 중심으로 출범한 후, 1977년 복현독서회로 같은 성원들이 이름을 바꿔 유신후기의 78년 11월 대투쟁을 주도하였다. 이들 이념서클들 간에는 한풍회와 정언회 사이에 일말의 불연속선이 존재한다. 민청학련사건과 남민전사건이라는 미증유의 탄압으로 학생운동가들이 거의 구속되거나 강제 징집된 상태에서, 경북대 학생운동의 재건에 나선 세력은 한풍회의 성원이 아니지만 그들과 함께 학내운동에 참여했던 문리대중심의 자생적 조직이었다. 하지만 이들도 정사회—정진회—한풍회로 이어지는 경북대 학생운동의 정통성을 인정하고 계승함을 표방하며 활동했다.

셋째, 경북대 학생운동은 박정희 정권 시기 권력의 배출지라는 멍에 때문에 훨씬 가혹한 탄압을 받았다. 왜냐하면 그들은 이 멍에를 털어내기 위해 박정권의 각종 정책에 반대하는 투쟁을 적극적으로 전개했다. 지역감정에 의해 지역근거지로 권력을 유지하고 있는 박정희정권은 정권의 심장부를 타격한 이들에 대해 수많은 조직사건을 조작하여 가혹한 탄압을 자행했던 것이다. 민청학련과 1·2차 인혁당사건, 남민전사건 등의 지도적 성원으로 경북대 출신의 선배들이 사형당하거나 장기간의 자유를 박탈당하였다. 이 때문에 유신 후반에 등장한 정언회나 복현독서회는 조직의 보위를 위해 선배들과의 교류나 연계를 매우 조심했다. 심지어 조직 사건 관련 선배들의 이름조차 입에 올리지 않게 지도받았다. 구속조사 시 고문에 의해 이름이 부지불식간에 튀어나와 국가보안법이나 반공법의 덜미에 걸리지 않게 하기 위한 선배들의 조치였던 것이다.

넷째, 학생운동의 중심이 다양한 단과대학으로 이동했다. 4월혁명기 법정대와 문리대 주도에서 6·3항쟁 시기의 법정대 주도로 이동했다. 삼선개헌 반대운동 이후는 문리대와 법정대 공동 주도로 학생운동이 진행되었다. 민청학련사건 이후는 법정대의 피해가 심각해지자 유신후반기는 문리대와 사범대가 주도하여 시위투쟁을 주도하였다. 물론 농과대학도 60년대엔 활동가를 일부 배출하였고, 의과대학은 매 시기 투쟁마다 끊이지 않고 활동가를 배출하다 유신 이후엔 학생운동의 중심에서 멀어졌다. 늦게 생긴 공과대학은 70년대 후반 유신 시기에 활동가들이 배출되기 시작하였다.

이렇듯 경북대학교 학생운동은 4월혁명을 계기로 해방공간 이후 침잠했던 운동을 재개하여 영남지역의 운동을 선도하였으며 5·16쿠데타 후 등장한 박정희 정권 기간 내내 군부정권에 맞선 투쟁을 적극적으로 전개하였다. 바로 이 권력의 심장부를 뒤흔들었다는 보복으로 여정남·이재문 선배의 사형 등 가혹한 탄압을 받았던 것이다. 물론 이러한 가혹한 탄압과 보복은 각오된 결단이었다. 이처럼 경북대 학생운동은 학생운동에 부여된 임무인 한국사회의 민주화와 민중생존권 확보, 분단조국의 통일에 디딤돌을 놓으며, 유신말기까지 한국학생운동사의 모범을 보였다.

이 책에 경북대 운동과 관련하여 담아야 할 모든 것을 담지 못한 것이 아쉽다. 기록된 사람들과 사건들만으로 경북대 학생운동사가 이루어진 것은 아니다. 기록되지 못했지만 함께 한 더 많은 사람들과 결코 사소하게 넘길 수 없는 더 많은 사건들이 경북대 학생운동의 흐름을 만들었음을 잘 알고 있다. 이제 그 첫 걸음을 뗐다. 이를 계기로 시대를 깨우고자 한 청춘들의 뜨거운 몸짓을 더 복원하고 드러내어 경북대 학생운동사가 보다 온전하게 기록될 수 있기를 바란다. 이 시기 청춘들은 권력의 모진 탄압에도 굴하지 않고 반독재 민주화 운동을 지속하였고 그 성과는 우리 사회의 정치·사회의 민주화와 성숙된 시민의식의 바탕이 되고 있다.

부 록

:

선언문

반독재구국선언(1971년 4월 7일)

4월 민주혁명 제11주년 기념 학술토론대회를 마치며 용감하고 슬기로운 선배들의 피와 눈물로 이룩됐던 4월 민주혁명 열한 돐을 맞이하려는 오늘, 또다시 그때와 같은 심정으로 우리의 젊은 가슴이 술렁되야 한다는 것은 이 어찌된 역사의 아이러니란 말이냐. 우리들의 영광스런 선배들이 목숨 바쳐 쟁취한 민주주의의 싹이 하루아침 漢江辺의 총성으로 무참히 짓밟히고 반민주적이고 반민족적인 군사독재는 이 땅을 다시 한 번 공포, 빈곤, 부패, 逆說이 소용돌이치는 암흑천지로 만들고 말았다. 4월 민주혁명의 民衆의 에네르기가 그 권력 회복의 수단으로 표시한 민주행동을 國家秩序 紊亂이란 누명을 씌워, 무참히 짓밟고 民族自主를 지키려는 전 국민적 한일협정 반대의사를 무시하고 저희들의 정권 유지의 한 방편으로써, 매국적으로 체결하여 이 땅을 다시 한 번 일본군국주의의 식민지로 전락시켰을 뿐 아니라 破綻에 직면한 민족경제를 民族의 단합된 自主的 總力으로써 재건하려하지 않고 무절제한 외국차관 도입으로써 이 나라를 경제적 국제식민지화하고 말았으며 다시 구제할 수 없는 악순환만 거듭하게 했다.

비등하는 국내외의 반대여론을 무시하고 개 값도 안 되는 헐값으로 귀중한 우리 젊은이의 생명을 용병이란 오욕에 찬 이름을 들어가며 월남에 보내어 저희들 정권 유지의 도구로 삼았던 것이다. 어제까지 집 한 칸 없던 자들이 권력의 주변에 들어서기만 하면 하루아침에 수십, 수백억의 巨富가 되고 속칭 도둑촌의 영화를 누리게 되어 부정과 부패는 이 나라의 심장부로부터 말초에 까지 보편화되었고, 권력층, 無理想, 無道德과 그로 말미암은 향락주의, 찰나주의는 정여인 사건으로 집약되었고, 우리 祖先 전래의 美風良俗, 固有文化는 헌신짝처럼 짓밟히고 淫薄淫亂한 양키섹스문화로 탈바꿈하고 말았다. 一部 지배층은 무한한 富와 유례없는 향락을 누르는 가하면 대다수 국민은 빈곤과 민생고에 허덕이는 참상을 낳게 하여 국민들의 불평과 불만은 날로 높아가게 되었던 것이며 집권자들은 고도로 발달한 탄압방법을 통하여 국민들의 눈과 귀를 막고 입을 막았던 것이다. 無所不爲의 중앙정보부는 국민생활의 전 분야를 감시, 간섭하여 한국 전 국토를 창살 없는 감옥으로 만들었으며 언론기관에 대한 탄압, 유혹, 매수정책은 이 땅을 여론과 언론이 없는 암흑천지로 만들었던 것이다. 저희들의 영구 집권을 획책하여 저희들이 만든 헌법을 위배해 가며 3선개헌을 감행했던 것이며 그것도 부족하여 전 국민을 군대식으로 묶어 두려고 〈국가안보〉란 미명하에 향토예비군을 만들었고 자유와 진리의 據點인 학원마저 명령과 복종 지배의 병영화를 위하여 국가안보와는 무관한 군사훈련을 강제하게 되었던 것이다.

이러한 현실은 멀잖은 장래에 닥쳐올 전 민족의 염원인 조국통일을 지연시키는 작용을 하게 될 것이며 歷史의 흐름에 逆流하려는 옹고집은 민족사에 비참한 한 페이지를 남기게 되고 말 것이다. 한필화 오누이의 비극은 전 민족적 비극의 조그만 한 축도에 지나지 않는 것일 것이다. 조국의 평화적 민주적 통일은 이 땅에 참된 민주정권이 수립되어야만 가능한 것이다. 우리 백의민족은 역사상 유례없는 백척간두에 서 있다. 이에 우리는 다음과 같이 주장한다.

- 범국민적 반독재 민주구국전선의 결성을 제의한다.
- 매국적 한일협정을 무효화 한다.
- 구국운동의 일차적인 작업으로써 공명선거 수호를 위하여 국민적 궐기를 촉구한다.
- 학원민주화를 전취하기 위해서 전 대학생 및 고등학생의 각성 분기를 촉구하며 학원병영화를 전면 반대한다.
- 조국의 민주주의를 위하여 노동자, 농민, 소시민, 양심적인 지식인, 중소기업가 종교인들에게 요구 한다.

半萬年 동안 單一民族 固有文化를 지켜오고 어떤 外勢도 과감히 물리친 조국의 영광을 되살려 반외세 반독재 전선에 총궐기 하라.
4월의 맑은 하늘아래 우리의 끓는 피를 조국에 바치자.
혼탁한 거리거리에 민주주의의 청신한 물결이 넘쳐 흐르게 하자.
조국의 민주혁명 만세!

1971. 4. 7
경북대학교 정진회, 서울문리대 文友會, 서울상대 後進社會연구, 연세대학교 한국문제연구회, 고려대학교 한국사상연구회, 서울법대 사회법학회, 고려대학교 한맥, 부산대학교 한얼, 서울공대 산업사회연구회, 계명대학 대학토론회가열되는 모순 속에서 저들 군부정치 집단의 반동은 더욱 그 心逍를 더해가고 민중의 생존권을 철저히 유린당하고 있다. 세계사의 긴장의 완화로 줄달음치고 남북통일을 위하여 국내적인 여건조성이 무엇보다 긴요함에도 불구하고 저들은 위기 의식을 계속해서 고조시키고 국민들의 각별한 주의와 대학생에 대한 교련수강을 강요하고 愚를 멈추지 아니한다.

보라! 그들이 의미하는 조국근대화는 우리들에게 무엇을 보여주는가?

누적되는 외채는 국제수지의 만성적 역조를 초래했고 석유류 가격파동을 본보기로 하여 우리나라의 가격 기구는 외국 선진제국주의에 독점재벌의 손아귀에 강탈 당했다. 그 뿐 아니라 매국으로 전락한 재벌과 사이비 정치인 밑에서 근로자 대중과 광범한 농민계층은 외국재벌의 노예로 化하고 생활에 직접적인 위협을 느끼게 된 것이다. 이 모든 부폐는 저들 팟쇼정치세력과 특전을 누리는 재벌의 부정부폐에 기인한다. 조국은 어디로 가는가? 이 절박한 물음 앞에서 민중과 지식인은 드디어 궐기했다. 지난 10월 5일 원주교구의 양심적 교인들이 반독재 부정부폐 봉화를 높이드니 우리 민족의 앞길을 밝히는 역사적인 쾌거로다. 민족과 민중의 의식을 대변하는 우리 청년 학생은 반민족 세력의 자기 숙정을 요구하면서 이 봉화에 호응했으나 저들은 구방과 사회질서를 위해서 존재해야 하는 군대와 경찰력을 하수인으로 부리면서 민주세력에 대한 폭력적 직접적인 탄압을 서슴치 않았다. 그들의 반민족적 반민주적 저의는 만천하에 폭로되었다. 도탄에 빠진 민중의 생활을 건지기 위해서 그리고 선진 제국주의의 희생물로서 조국강토를 바치려는 저들 매국노들을 타도키 위해서 우리는 이에 역사적인 구국항쟁을 시작한다.

학우여! 민중이여! 그리고 지식인 들이여!

무엇을 주저 하는가? 민의를 떠난 저들은 이제 붕괴의 마즈막에 다달았다.

- 당국은 부정부폐 은폐를 위한 심야 무장군인 학원난입에 대한 책임을 지고 국민에게 공개 사과하고 국방장관은 사임하라!
- 일체의 학원사찰을 즉각 중지하라!
- 부정부폐의 원흉을 단호히 처벌하라!

- 10월 12일자 교련수강을 거부하면 징집하겠다는 국민기만의 처사에 대하여 문교, 국방장관은 담화를 취소하고 공개 사과하라!
- 불법 연행 구속된 학생을 즉각 석방하라!

경북대학교 총학생회　서울대학교 총학생회
고려대학교 총학생회　건국대학교 총학생회
연세대학교 총학생회　동국대학교 총학생회
성균관대학교 총학생회　명지대학교 총학생회
서강대학교 총학생회　단국대학교 총학생회
부산대학교 총학생회　우서대학교 총학생회
전남대학교 총학생회　충북대학교 총학생회

반독재 민주구국선언(1973년 11월 5일)

오늘 우리는 조국의 비참한 현실을 더 이상 좌시할 수 없어 또 다시 투쟁의 광장에 나섰다. 우리 모두가 못내 아쉬워 어루만지며 피 흘려 고이고이 가꾸어 온 민주주의의 꽃봉오리가 한강변의 총성으로 하루아침에 한낱 물거품으로 化했다. 어둡고 괴로웠던 13년이란 세월! 우리들은 동서고금에 유례없는 독재 하에서 이루 헤아릴 수 없는 고통을 당하여왔다.

소위 10月유신, 한국적 민주주의란 무엇을 의미하는가? 청천벽력 격으로 비상계엄을 선포한 뒤 제멋대로 제정한 소위 유신헌법은 폭군 네로나 연산군을 무색케하는 1人 독재자의 노예로 전 국민과 전 국가기관을 전락케 했다. 민주여론을 올바르게 이끌어야 할 언론은 설상가상으로 한술 더 떠서 단군 이래 최대의 악정을 최대의 선정으로 보이게끔 요란스레 쌍나발을 불어대고 있다. 현재 이 나라에는 정치정당도, 사법권의 독립도, 비판도, 야당도 없다. 오직 한국적 민주주의란 이름 아래 독재자의 절대명령에 무조건 복종해야 하는 인형극이 존재할 뿐이다. 학생시위가 외국의 신문과 방송에 대대적으로 보도되고 전 세계가 다 알고 있을 때에도 우리들은 아무것도 모르는 장님이요, 귀먹어리였다.

美·日언론 편집인 회의석상에서의 검열폐지 및 표현의 자유를 촉구한 호의적인 결의안을 "한국대표가 참석하지 않은 회의에서 제3국의 내정에 대해 왈가왈부함은 온당치 못한 처사"란 한마디 말로 회피하고 있는 실정이다. 김대중씨 납치사건에 우리의 공관원인 김모가 관련되어 있다고 외국의 언론이 그렇게도 극성을 부려도 우리는 否認一貫의 정부발언 밖에 들을 수 없었고, 전 세계가 규탄한 이 천인공로할 야만적인 납치사건에도 말 한마디 못하고 꿀 먹은 벙어리 신세가 되지 않으면 안 되었다. 한마디 진실한 말, 한 마디의 비평이 무지한 고문과 언어도단의 반공법, 국가보안법에 걸려 10년·20년의 징역살이를 해야 한다. 매국적 한일협정 이후 기하급수적으로 누적된 외채는 자손대대로 갚아도 부족할 만치 쌓여 세칭 경제동물로 일컫는 일본인들에게 민족경제를 예속되게 만들었다. 어제의 가난한 월급장이가 권력의 좌에 앉기만 하면 하루아침에 수십 수억의 재벌로 둔갑하는 한편, 서민대중은 이름도 들어보지 못한 벼라별 고액의 세금과 살인적인 물가고에 허덕이고 있다. 진리의 전당인 학원은 병영화 되고, 존엄하게 지켜져야 할 학문의 자유는 말살된 지 오래다. 曲學阿世를 밥 먹듯 하는 사이비 교육자들에 의해 민족역사의 방향은 오도되고 있다. 과거 한일회담 당시 YTP를 뺌치는 정부조직을 교수 학생 간에 만들어 학원을 공포 분위기로 몰아넣었다. 선조 대대로 물려 온 순박한 미풍양속과 민족 고유문화는 향락적·찰라적·무도덕적인 해괴망측한 외국 섹스文化로 변질되고, 극도의 개인주의·무사안일주의 등 망국적 풍조가 이 사회의 지배적인 윤리도덕관으로 군림하고 있다.

전 민족이 애타게 열망하는 조국의 평화적·민족적 통일은 이러한 부조리한 상황 하에서는 결코 이룩될 수 없다. 조국과 민족의 운명이야 어찌되든 나 하나만 잘 살면 그만이라는 몰염치한 배짱아래 국토분단의 긴장을 구실로 하여 국민의 생존권을 짓밟은 부패된 자들이 숭고한 통일과업을 수행할 수 없음은 三尺童子라 할지라도 명확하게 알 수 있다. 우리의 내일과 우리의 자손들에게 영광되고 행복한 유산을 넘겨주기 위해 오욕에 찬 역사를 깨끗이 청산하자. 끊임없이 전진하는 역사의 수레바퀴는 결코 멈추지 않는다. 태국학생들의 민주애국투쟁의 위대한 승리는 싸우면 이긴다는 역사의 산 교훈을 가슴 깊이 새기게 했다.

광주학생운동, 4·19, 6·3한일회담반대, 6·8부정선거규탄, 3선 개헌반대투쟁 등 조국의 항일·민주투쟁사에 금자탑을 세울 우리 학생들은 다시 한 번 민주주의와 민족자주조국을 되찾기 위해 투쟁의 선봉을 기꺼이 담당해야 한다. 성별·연령·계층 ·종교의 차이를 막론하고 전 국민은 이 역사적인 투쟁에 과감히 참가하라. 먹장구름 뒤덮인 조국의 메마른 山河 위에 밝은 햇빛을 골고루 비추이게 하자. 민권 승리의 우렁찬 환호성으로 뒤덮이게 하자. 우리 모두 총 진군합시다.

결의문

1. 살인고문기관인 중앙정보부를 해체하고 정보정치를 폐지하라.
2. 민주 구국운동에 참여한 구속학생을 석방하고 제적학생을 복교 조치하라.
3. 언론·출판·집회·결사의 자유를 보장하라.
4. 통일문제에 대하여 민간의 자유로운 토론과 참여를 보장하라.
5. 부패관권·부정축재자를 공개 처단하라.
6. 매국적인 차관정책을 중단하고 일본예속경제를 탈피하라.
7. 반민주적인 유신헌법 폐지하고 민주헌법 제정하라
8. 노동자·농민을 위시한 저소득층의 생존권을 보장하라.

이상 결의한 우리의 요구조건이 관철될 때까지 우리는 최후의 1人까지 최후의 일각까지 과감히 투쟁할 것이다.

檄!

눈과 코와 입을 틀어 막혀 한 치의 앞도 분간 못하도록 된 이 캄캄한 세상! 자유!

먼 옛날 우리들이 어릴 때나 들어 보았던 이 생소한 단어! 그러나 우리는 꿈에서도 이 한마디를 애타게, 목마르게 갈망했다. 정의 진리를 아끼고 사랑하는 학우들이여! 당신들은 보이고 들리지 않는가? 민주주의를 찾기 위해 꽃다운 생명을 바치신 4月 선배학도들의 피눈물로 뒤범벅된 창백하디 창백한 노기 띤 얼굴! 원망으로 가득 찬 그 모습, 피 눈물 짓씹으며 통곡하는 노호의 부르짖음이 허공중에 가득히 울려 퍼지고 있음을! 우리 모두 긴 잠에서 깨어나 민주주의의 숭고한 전투장으로 힘차게 뛰어 나가자. 암흑 천지에 여명의 순간이 바야흐로 닥쳐왔다. 빼앗긴 자유를 찾자. 민주주의를 또 다시 꽃 피우자.

1973. 11. 5
경북대학교 반독재 민주구국투쟁위원회.

반독재 민주구국선언(1974년 3월 21일)

산과 들에는 봄이 와 얼음도 녹고 눈도 슬어졌는데 우리 한국 사회는 무엇이 이처럼 얼어붙어서 풀릴 줄 모를까. 작년 가을 민중을 배반한 자들에 의하여 위수령으로 끌려가고 있는 조국의 운명이 하도 안타까워 우리들은 목이 쉬게 부르짖었고 거리에 뛰쳐 나섰던 것이다. 그 결과 조기방학이 강행되고 우리들이 잠깐 관망하는 동안 조그만 반성도 없이 보다 더 악랄하고 기만적인 방법으로 민중을 우롱하고 짓밟기에 여념이 없다. 동서고금에 유례없는 악법인 소위 유신헌법을 반대하고 폐기 수정을 주장했다고 해서 민주정치인 종교인 일반시민 학생 할 것 없이 닥치는 대로 잡아 가두어 중형으로 다스리고 일체의 말할 권리를 박탈하고 만 것이다. 각급 학교의 등록금을 대폭 인상하여 배움의 길을 빼앗는 한편, 검은 꼬리 달린 세칭 데모방지용 장학금이 대학가에 홍수처럼 밀려들어 오고, 졸업도 앞당겨 준다는 사탕발림식의 학제개편안이 새로이 등장되고, 졸업 후의 자유로운 취업까지도 교수 추천이란 명목으로 규제하여 권력 절대 복종형의 인간형으로 학생들을 개조하려 한다. 교육, 산업시찰 등 각가지 명목의 유흥관광으로 교육자들을 유혹 매수하여 상호이간 분열시키고 있다. 언론탄압을 가일층 강화하여 무비판 맹목적인 복종형태로 여론을 오도, 국민대중을 기만하고 있다. 1·14 경제조치도 서민들에게 세금 등 일부부담을 덮어주는 듯 선심의 제스츄어를 해놓고 사상 유례 없는 물가폭등책을 써서 가뜩이나 살기 힘든 서민들에게 기아선상을 헤매게 강요했다. 70년은 소비가 미덕이 될 것이라고 떠들어놓고, 그 침이 마르기도 전에 오늘의 가난만을 안겨다 주는 것은 도대체 어찌된 일인가?

위정자들은 물가상승의 원인을 국제적 원자재 가격폭등 특히 석유가격의 인상에 돌린다. 그러면 왜 미국이나 일본 경제가 코감기만 걸려도 폐렴을 앓아야 하도록 한국경제를 외세의존적 매판구조로 만든 것은 누구의 책임인가 묻고 싶다. 석유만 하더라도 외국 석유자본에 맹종하여 풍부한 국내자원인 석탄은 개발하지 않고 극성스럽게 에너지 전환정책을 강요한 결과 한국의 탄광은 거의 폐광화되었고 유류를 사용하는 화력발전소를 실수요량 보다 훨씬 초과하도록 만들어 놓았다. 主油從炭의 결과로 빈민가·판자촌·농촌·도시변두리는 연탄 구입이 어려워 기나긴 겨울철을 떨고 살아 온 반면, 거리를 밀려다니는 마이카의 홍수가 있고 고급주택, 고급아파트 群에서는 겨울을 여름같이 지낼 수 있는 특권을 누리고 있다. 어려운 유류파동 속에서도 한국의 정유공장에 원유를 독점 공급 그 운영에 관계하는 미국 석유자본은 空前의 폭리를 보았다. 합작·직접투자를 막론하고 어떠한 업종의 기업이라도 한국은 지상천국이다. 원천적으로 보장돼 있는 온갖 특혜, 값싼 노동력 등으로 적자란 존재할 수 없다. 自國 內에서는 公害문제로 세울 수 없는 공장까지도 무조건 대환영하니 꿩 먹고 알 먹고 가 아닌가. 일본기업이 대거 진출해 있는 마산 자유수출단지에서는 극도의 저임금, 최악의 작업환경, 과로로 인해 우리 노동자 대다수가 영양실조, 호흡기질환 위장장애 등의 각가지 병에 걸려있다. 파업권과 단체교섭권이 없는 현 상태에서는 일본인 기업주들에게 조그마한 요구조건도 제시할 수 없다. 또한 소위 통행증이란 것이 있어 통행증 없이는 그 광대한 수출단지를 출입조차 할 수 없게 되었다. 마산이 일본의 땅인가? 엄연한 우리의 땅을 우리가 걸어 다닐 수 없는 치욕을 당하고 있다. 매국적인 한일협정 이후 일본의 독점기업들은 이 나라 산업의 중추로부터 말단에 이르기까지 거의 장악해 가지고 있다. 얼마 전 맺어진 공업 소유권협정으로 인해 그나마 미미하게 그 명맥을 이어오던 중소기업과 백의민족의 슬기로운 창의성마저 억매이게 만들어가고 있다. 한국정부를 대신하는 미국 석유자본과 일본 석유자본이 그 운영을 공동으로 하게 될 한일대륙붕공동개발협정으로 인해 장기적으로 더욱 많은 이익을 취할 것이다. 유류파동의 호기에 석유절약을 그렇게나 강조하던 위정자들이 최근에는 또다시 대중위주의 영업체에서는 가능하면 연탄을 절약하고 석유를 많이 쓰도록 권장하고 있다.

이러한 정책은 무엇을 의미하는가?

몇 년 전 국민 일인당 3만원이던 외국 빚이 이제는 7만원으로 불어났다. 차관기업은 대다수가 부실기업화되어 파산된 마당에 이 산더미 같은 외채는 누구의 돈으로 갚을 것인가? 외국차관은 힘없고 연약한 서민들에게는 아무런 혜택도 있을 수 없다. 전 국민의 반대를 일시적으로 무마하기 위해 눈감고 아웅하는 그 시행을 연기한 住民稅, 국민복지연금 등과 1조 억 원 저축을 빼놓고도 협동·개미 ·상조·새마을저축 등 무려 11가지나 되는 농촌에서의 각종 저축으로 갚을 배짱인가? 얼마 전 단행 된 소위 숙정작업은 무엇인가. "절대 권력은 부패한다"는 격언처럼 부정부패의 근원은 민중을 두려워할 줄 모르는 반민주적 팟쇼정권 권력구조의 필연적인 所産이지 결코 일부 공무원의 양심문제에 그치는 것이 아니다. 어디의 귤밭은 누구의 것이고 어느 공장과 빌딩은 어떻고 하는 것이 거의 公認된 사실인데, 상부의 눈에 거슬린 일부 공무원을 정리했다고 해서 부정부패가 근절될 리도 없고 이런 속임수로 민중이 속을 리도 없다. 집 한 칸 없던 자들의 수십 수백억의 治富는 무엇을 말하는가? 귤밭·공장·빌딩이 하늘에서 떨어졌단 말인가 땅에서 솟아났단 말인가? "모든 사람들은 한동안 속일 수 있다. 또한 일부 사람들은 오랫동안 속일 수 있다. 그러나 모든 사람들은 언제나 속일 수 없다.' 얼마 전 일본 다나까는 日韓合邦이 한국에 좋은 교육제도의 훌륭한 성과를 남겼다고 망언을 했다. 하기야 군국주의자 다나까의 눈으로 볼 때는 일본 자체 내에서는 많이 퇴색한 군국주의의 후손들이 한국에서는 옛날의 영광을 더해가고 있으니 자랑도 할 만한 일이다. 또한 최근 일본경제인 연합회장 우에무라의 발언은 더욱 걸작이다. 자유당 때 구보다 망언을 뺨치는 "內地"란 용어를 공식석상에서 지껄이고 있다. 더구나 지난 1월 23일 초대 주한대사를 지낸 가나야마는 "한국통일의 비극이 분단의 비극보다 더욱 크기 때문에 분단을 원한다"는 폭언은 우리의 모골을 송연하게 한다. 삼천리 금수강산이 분단된 지 어언 30 여년! 우리의 꿈에서도 통일을 염원했다. 그리운 내 동포들과 부둥켜안고 북쪽의 흙도 만지고 물도 마시고 금강산도 보고 싶었다. 특히 생이별한 이산가족들의 애 닮은 심정은 더욱 절실하다.

이 驚天動地할 폭언에도 有口無言 꿀 먹은 벙어리가 되어야만 했던 위정자들이 진정 통일을 원하고 있는지 그 진위조차 의심스럽다. 조국의 자주적이고 민주적인 평화통일을 열망하는 우리 가슴에 못을 꽝꽝 때려 박은 이 악의에 찬 가나야마의 폭언을 일개인의 단순한 견해로 볼 수 있겠는가?

아니다. 이것은 또다시 대동아공영권의 망상에 잠겨 한국을 과거 식민지 상태의 연장으로 생각하고 있는 일본 지배층의 공통된 의식구조다. 위정자들은 정보 팟쇼 정책을 국제정세의 긴박성에 둔다. 물론 국제정세가 어떻고 하는 것은 자기들의 폭정을 합리화하기 위한 구실에 지나지 않지만은 사실 외부정세가 어려우면 어려울수록 대중과 함께 호흡할 수 있어야 한다. 리쿠르코스법에는 스팔타는 돌성을 쌓지 않는다. 시민의 마음의 성에 의지한다"고 되어 있다. 국민에게 굶주림 무권리 형벌만을 안겨 준 정권이 金城鐵壁을 쌓은들 어찌 안전을 기할 수 있겠는가? 최근 고교입시 부정사건은 망국적인 일단면의 사회풍조에 불과하다. 현재 한국에서는 선조 대대로 물려 온 굳건한 민족정기와 순박한 민족 고유문화는 그 자체가 희미해지고 극도의 개인주의 출세주의, 속속들이 스며든 황금만능주의, 향락주의, 광란적인 섹스문화 등 부조리가 판치고 있다. 이것은 국가 민족의 운명이야 어찌되던 간에 개인의 일신영화만을 꾀한 소수 특권층의 사대주의적 속성에서 유래된 무조건적인 외래문화 모방과 끝 모를 사치와 패륜, 향락, 부정부패에 근본적인 원인이 있음을 우리는 알고 있다.

경기도 용인에 외국 관광객 접대용으로 민속촌이 대대적으로 만들어지고 있다. 단지 돈없는 설움 때문에 악명 높은 기생파티, 매춘관광으로 갖은 수모를 당해야만 하는 가냘픈 한국여성의 눈물이 그 얼마나 한강변에 뿌려졌던가. 이때까지 돈벌이 위주로 일관되어 왔던 무궤도한 관광정책으로 볼 때 우리의 민속 고유문화조차 외국인들의 희롱물이 될 통탄할 사태가 오지 않는다고 그 누가 장담할 것인가? 오늘 이러한 조국의 현실에 대해 역사와 민족 양심은 다시 한 번 우리에게 至上命令을 내리고 있다. 온갖 고난과 역경을 이기고 전진할 수 있었던 우리의 역량을 총집결하여 오늘 이 순간부터 민족자주조국과 진정한 민주주의를 되찾기 위해 전열의 최선봉에서 과감히 투쟁할 것을 엄숙히 선언한다.

십 여 년 간의 암흑천지에서 신음해 온 민중이여! 민권회복의 투쟁에 총궐기하라. 정의와 진리는 기필코 승리할 것이다. 이 노도와 같은 민중의 대행진을 가로 막을 자는 아무도 없다. 폭발하는 화산의 분화구처럼 힘찬 정열을 한데 뭉쳐 조국의 하늘을 민권 승리의 깃발로 뒤덮이게 하자. 조국의 민주주의 만세!

결의문

1. 살인적인 물가로 인해 파탄된 국민생활에 근본적인 대책을 강구하라.
1. 유신헌법 폐기하고 민주헌법 제정하라.
1. 남북대화, 평화통일정책을 집권 연장의 수단으로 삼지 말고 모든 민주단체 및 평화통일 운동자들을 참여시켜라.
1. 정치적 경제적 문화인 대일 예속화 정책을 지양하고 민족자주권을 확립하라.
1. 모든 민주애국인 학생을 즉각 석방하라.
1. 정보탄압 정책의 본산인 중앙정보부를 해체하고 언론출판 집회 결사 시위 등 민주 기본권을 확립하라.
1. 지위 고하를 막론하고 부정부패자의 재산을 몰수하고 응분의 처벌을 하라.
1. 근로자의 파업권과 단체교섭권을 인정하라.
1. 생산비도 되지 않는 현행 곡가 정부수매 가격을 대폭 인상하고 판매가격을 대폭 인하하라.
1. 파멸직전에 있는 중소기업과 민족산업의 구제책을 조속히 세우라.

1. 中·高·大 각급학교의 등록금을 대폭 인하하라.

이상 결의한 요구사항이 관철 될 때까지 우리는 끝까지 투쟁할 것이며 거국적인 민주학생투쟁기구의 결성과 범국민적인 연합투쟁기구의 결성을 제의한다.

1974. 3. 21
경북대학교 반독재 민주구국투쟁위원회

78 경북대 민주구국선언(1978년 11월 2일)

오늘 우리는 민족사의 전진과 자유민주주의의 굳건한 보장을 근본적으로 부정하고 일인 독재체제를 강요하는 현실을 더 이상 좌시할 수 없어 또 다시 투쟁의 광장에 모였다.

5·16 쿠데타로 민주헌정의 질서가 파괴당한지 20년이 지난 오늘 군부독재와 군화소리만 높아질 뿐 민주주의와 진리에 대한 국민적 기대와 민족사적 요청은 국가안보와 한국적 민주주의라는 미명하에 농락당하고 있다. 권력과 재력의 결탁 위에 군림하는 소수특권층의 오만과 방탕아래 신음하는 국민 대다수의 양심과 생존을 핍박당하고 일방적인 굴종만이 애국의 미덕으로 강요되고 정당한 양심이나 권리, 사상을 주장하는 민주애국인사들은 가차 없이 영어의 신세가 되는 전대미문의 정치적 폭력 하에서 박해당하고 있다. 우리는 민족의 이름으로 유신 체제의 비민주성과 정치적 폭력을 고발한다. 정권의 유지에만 급급한 집권자들은 긴급조치와 계엄령의 빈번한 선포로 국민을 위기의식 속에 몰아넣어 건전한 정치의식발전을 저해하고 있을 뿐만 아니라 국민의 정치적 무관심 내지는 무책임한 국가관을 형성시키는 폐단을 자초하여 결과적으로 민족통일이라는 중차대한 역사적 요청을 외면하고 있다.

80년대의 허황한 내일을 기약하기 전에, 공공연한 계수적인 고도성장의 환상을 자만하기 전에 - 경제정책의 모순으로- 대다수의 국민이 생산과 소비의 급부에서 소외되고 뼈에 사무치는 가난과 비인간화의 질곡으로 빠져드는 오늘의 참상을 어찌할 것인가. 권력의 비호 아래 살쪄온 소수 특권재벌과 매판자본에 유착한 정부의 경제정책은 민족경제의 건전한 발전과 안정, 균등배분의 진보된 경제정책을 부정함으로써 서민가계를 질식시키고, 저임금, 저곡가 정책을 강행함으로써 대다수의 국민인 근로자와 농민의 생활고를 가일층 심각하게 하고 있다.

학우들이여 그대는 보았는가? 방황하는 배달민족의 혼을! 비전없는 오늘의 현상유지를 위해서 부질없는 능률주의가 강요되고 있으며, 극단적 이기주의의 풍조와 황금만능주의, 서구적 에로 문화 속에서 맥맥히 흐르는 민족사의 정통성은 철저히 왜곡되고 있다. 작금의 민족정신과 국민적 가치관의 혼란은 피동적이고 무비판적인 경제물질주의 우선의 근대화 정책에서 필연적으로 초래될 것이라는 것을 우리는 힘주어 강조하면서 민주주의의 다양성과 창조성에 의한 전통적 가치와 재창조를 강력히 주장한다.

우리는 통곡한다. 교살된 학원의 죽음을. 철저한 자율의 말살과 극에 달한 학원의 정보사찰의 질곡 속에서 학생은 교수를 불신하고 교수는 학생의 감시자가 되는 것이 오늘의 대학 현실이 아닌가.

학우들이여! 위선과 압제의 사슬에 묶인 오늘의 닫힌 세계를 활짝 열고 진리와 자유의 햇불이 밝게 비치는 민족사의 내일을 위해 우리 모두 진리의 광장으로 매진하자. 민족사의 내일은 밝아오고 있다. 보라! 동녘의 하늘에서 어둠을 밝히는 기운찬 아침의 불기둥이 솟는 것을.

우리 모두 민족사의 전진과 자유민주주의의 완전한 승리를 위해 총진군하자.

복현학우들에게 부친다(1978년 11월 2일)

울타리 처진 자유의 종각 울리지 않는 세기의 침묵으로 달려오라. 한국적 민주주의와 총력안보의 논리 아래 빚어지는 양심과 민생의 참담한 짓밟힘을 보라!

방방곡곡에서 들려오는 젊은 학도들의 노호, 피맺힌 절규, 죽음을 저당 잡히고 생존권의 쟁취를 위해 눈물로 호소하고 눈물 받친 분노로 얼룩지는 처절한 근로자들의 몸부림을 보라!

知性의 良心. 배운 자의 도리이언만 오늘의 대학생! 그리고 제자들의 양심마저 마비시키는 오늘의 교수들을 누가 역사 앞에서 증언할 것인가?

두어라 무어라 증언할 것인가?

그러나 학우들이여. 그대들 가슴 아직 순정의 뜨거움 간직한 줄 안다. 대구, 마산, 서울, 전국으로 이어지던 그 열화를, 그 속에 피먹은 꽃처럼 강하에 산화하던 선배들의 통한을…… 아! 일만 복현의 건아들이여, 지금은 우리가 일어설 때 누리진 역사의 휘날레를 접어 새로이 펼치는 義, 正의 序幕

오라 학우들이여

자유의 종각 그 울타리를 부수고 우리들 피터지는 이마로 20년 세월 속에 잠기어 간 자유의 투사들을 위해 弔鐘 하자. 우리들 마디마디 맺힌 주먹으로 자유의 구원을 타종하자. 우리들 마음마다 엉어리진 감격으로 자유의 무궁을 지키도록 경종하자.

그대들 양심에 흔쾌히 따르라

민족의 소명에 기꺼이 오라

역사 앞에 그대들 떳떳이 서라

결의문

-. 미궁에 쌓인 학보사 사건을 공개 해명하라.

-. 학원을 교살하는 정보사찰 중지하라.

-. 어용교수 물러가고 김총장 사퇴하라.

-. 호국단제 폐지하고 학원의 소병영화를 중지하라.

-. 의혹에 쌓인 독도문제 그 진상을 밝혀라.

-. 유신 체제 철폐하라.

-. 외국경제 침투막고 민족경제 육성하라.

1978. 11. 2
경북대학교 민주구국 학생회

자유를 달라, 그렇지 않으면 죽음을 달라.

이 땅에 민주주의를 심은 지 33년, 한번도 평화로운 정권교체를 실현하지 못했습니다. 신성한 학원에 총칼을 든 군인이 진주하여 형사가 출입하고 어용교수가 학생을 감시하는 처절한 상황입니다. 지난 11월 2일 자유와 정의를 부르짖으며 유신체제에 항거하다가 잡혀간 우리들의 학우들이 있습니다. 최용식(문·사4 제적), 장수원(철4, 제적), 김동호(사. 일사4, 제적), 류시대(문, 도서3 제적), 김진섭(사 지리2, 무기정학), 남영주(문. 철 2, 무기정학) 학우가 학원의 한복판에서 강제연행되었습니다. 우리의 학우가 고통을 받고 있습니다.

복현의 학우들이여!

우리도 자유를 외치다가 잡혀간 의로운 학우들의 뒤를 따라 갑시다. 언론은 침묵을 강요당하고 종교의 자유마저도 침해당하고 있습니다. 출판, 집회, 결사의 자유가 또한 제한당하고 있습니다. 의로운 교수, 학생, 언론인, 종교인, 정치인이 구속되고 재판받고 차가운 감옥에서 비참하게 신음하고 있습니다.

복현의 학우들이여!

냉철히 이 시대를 직시해 봅시다. 수많은 사상자를 내고 독재자 이승만을 몰아낸 4·19혁명! 그 후 1년 뒤 5·16 쿠데타, 한일회담, 3선개헌, 10월유신, 위수령, 긴급조치 등으로 많은 사람들이 피흘림을 당해야 했습니다. 얼마나 기다려야 이 정권은 종지부를 찍겠습니까. 한일회담으로 경제적 대일예속화를 가져왔습니다. 관료독점자본을 형성하여 특권층과 대기업이 국가자본의 대부분을 차지하고 있습니다. 현대아파트사건으로 정치와 경제가 결탁되어 있음을 쉽게 알 수 있습니다. 독도문제 또한 심상치 않습니다. 빈부의 격차는 심화되고 있습니다. 근로자는 저임금에 시달리고 있으며 농민은 저곡가정책으로 고통받고 있습니다. 대통령선거에서 단일후보에 반대 없이 찬성 99.9퍼센트로 현 대통령은 당선되었습니다. 반대할 수 있는 자유가 없는 것입니다. 현 정부가 반대를 하면 무조건 나쁘다는 악질풍토를 우리나라에 심어 놓은 것입니다.

복현의 학우여!

현 정부가 마땅히 모든 것을 책임지고 물러날 것을 힘껏 외치자. 공산학정에서 죽음의 공포를 맛본 우리는 공산주의 또한 배격하자.

학우여!

총칼로 우리를 위협하는 이 상황 하에서도 용감히 외치자. 무엇을 두려워하며 주저하겠는가. 피를 뿜으려 쓰러진 선배들의 부르짖음이 들리지 않습니까?

복현학우여! 지금 정의의 횃불은 타오르고 있습니다.

구호

1. 구속학생 석방하라
1. 김총장은 물러가고 어용교수 사퇴하라
1. 학원사찰 중지하라
1. 유신헌법 철폐하라.

일만 복현인이여!(1978년 11월 7일)

일만 복현인이여!

복현 언덕에 인재없음을 통탄하지 말고 내 자신이 인재되기를 힘쓰라!

오늘의 시국을 돌아 보건데 우리의 조국은 세계 속의 소용돌이 속에서 제 갈길을 찾지 못하고 방황하고 있으며, 나라를 올바르게 다스려야 할 자는 아파트 투기나 하면서 나이어린 여고생들을 일본놈에게 상납하여 저만이 잘 살겠다고 발버둥치고 있다.

선진국의 매판자본은 우리의 경제를 좀 먹고 있고 자립경제는 구호만으로 외치고 있다.

백억불 수출을 이룩하면 모든 것이 이루어진다는 듯이 외치더니 이제 이러르는 또 다시 이백억불 수출을 외치고 있다.

그나마 백억불 수출에 녹아난 것은 노동자와 농민뿐, 일부 가진자만이 정권을 끼고 분배의 과정을 무시한 채 자꾸만 비대해지고 있다. 또한 한국 경제는 일본과 뗄레야 뗄 수가 없는 대외 의존체제가 확립되어 우리의 땅인 독도마저 이렇다 할 대꾸조차 못한 채 저들의 손에 넘겨주고야 말았다.

이러한 때에 진정한 양심을 가지고 현실을 직시해야 할 신문 라디오 T.V는 침묵이 아니면 왜곡보도만을 일삼고 있다.

대학교서는 교수 재임용이라는 미명하에 학생들에서 침묵만을 강요하고 있지 않은가! 신성하여할 학원의 교육분위기는 물질 만능주의에 물들고 목표없는 타율적 면학분위기만이 강조되고 있다. 학생들의 신문인 학보는 학생들이 만들지 못한다.

······ 그럼 누가······

아, 아, 이 땅에 진정한 민주주의는 오지 않을 것인가

지난 11월 2일 복현 동산에 꺼져가는 정의의 횃불을 다시 한 번 일으켜 보자. 소수의 우리들이 정의의 목소리를 돋우었으나 돌아온 것은 교수회의조차 거치지 않은 4명의 제적과 2명의 무기한 정학뿐이었다. 이들이 돌연 침입한 무장경찰과 사복경찰에 의해 무자비하게 끌려 갈 때에 자유와 정의의 진리를 부르짖는 우리 복현인! 너무나 경직된 기성사회 속에서 비판의 기능마저 상실한 채 무엇이 진실인지

몰라 그저 수수방관만 하고 있었다.

도대체 어느 시대 어느 나라에 경찰이 대학에 들어올 수 있었단 말인가?

그러나 이제 우리는 그들이 자기 자신을 과감히 희생시키면서까지 외쳐야만 했던 그 무엇을 어렴풋이나마 느끼게 되었다.

오호라. 이제 진리의 횃불이 타올라야만 할 때다.

이제는 정의를 외쳐야만 할 때다.

일만 복현인이여, 다시 한 번 일어서자!

이 어둔 역사의 조타수가 되지 못한다면(1979년 9월 4일)

새로운 세계질서의 정립을 우리는 더 이상 '조국근대화'란 우상 속에 잠재워둘 수 없다. 제3세계의 대두는 대중민족주의와 자원민족주의를 선언하며 신식민주의 망상에 연연해하는 선진제국으로부터 자국의 정치적 경제적 독립을 실현해가고 있다. 후진사회에 내재한 정치적 제 모순은 경제 및 사회의 구조적 타락의 유인이다. 선진제국의 다국적 기업경영방식과 차관정책의 허구성은 개발도상국의 대외의존도를 심화시켜 경제 자립 및 그 발전에 중대한 위협으로 등장하고 있으며, 다국적 기업 및 독점재벌과 통치 엘리뜨의 결탁은 세계후진지역의 궁핍화 현상과 전통문화의 해체위기 및 민중의 자유와 경제적 평등으로부터의 소외라는 심각한 문제를 야기시켰다. 이러한 약소민족의 약속받을 수 없는 생존문제 및 정치적 독재와 사회적 형평의 파행현상으로 유린되고 있는 천부의 양도할 수 없는 인간의 권리를 위해 오늘 우리의 젊은 대학인은 이 시대가 부여한 양심의 명령을 듣지 않을 수 없다.

1972년 10월 '유신헌법'이 선포된 이후로 '한국적 민주주의'란 미명하에, 모든 자유가 유보된 민주주의 슬픔을 우리는 맛보았다. 20여 년간의 독재정치는 마침내 정치권력자의 가부장적 권력구조라는 비극적 상황에 도달했으며, 조국통일의 대의는 정치적 이데올로기에 묶여 금기의 언어로 되어가는 느낌을 금할 수 없다. 존립근거 자체가 논의되고 있는 '유신헌법'에 의해 혼란된 헌정질서는 국민을 정치로부터 소외시켰을 뿐만 아니라, 언론출판 및 결사의 자유는 금지되어 정치권력자와 특권계층의 이익을 위한 수단으로 전락되고 있다. 8.11 Y.H 무역사태에서 다시 한 번 보았던, 제2당에 대한 과도하고도 잔인한 탄압행위는 민주정치가 정당정치를 그 전제조건으로 한다는 정치 철학에 대한 위험한 배반이 아닐 수 없다.

그리고 또한 개발도상국의 정치적 근대화는 경제적 근대화와 상보적 관계에 있지 않을 수 없다. 1960년대부터 1970년대에 이르기까지 '단기고도성장'이라는 구호 하에서 각 산업 간의 유기적 관련은 파괴되고 국민경제의 대외의존성과 경제적 2중구조는 심화되었다. 외향적 공업화를 위한 GNP의 1/3이라는 막대한 외자도입과 덤핑수출은 국내자본의 유기적 결합을 저해하고 만성적 인플레이션으로 인한 통화가치의 누적적 하락은 물가폭등과 실업의 확대를 가져왔다. 또한 '선건설·후분배'라는 개발철학은 고도성장의 그늘 속에 실질임금의 하락과 저임금노동의 확대라는 70년대 도시의 빈곤을 표면화했으며, 저농산물가정책으로 인한 농촌의 궁핍화현상과 이농현상이라는 파행적 현상을 대두시켰다. 최근의 안동교구 사건과 YH 무역사태의 김경숙양의 죽음이 낱낱이 증언하듯이, 오늘날 한국사회의 궁핍화현상은 정치적·사회적 모순의 누적층과 복합되어 농민과 노동자의 빈곤과 권리로부터의 소외라는 문제로 첨예하게 대립되고 있다. 뿐만 아니라 마산·울산 공업단지를 위시한 공해산업의 유치는 국토의 전지역을 공해지역화하고 있으며 민중의 생존권 및 인간다운 생활을 할 제 권리에 대한 중대한 위협이라 아니할 수 없다. 심지어는 자연보호 운동과 새마을 운동조차도 농촌의 빈곤과 공해문제의 책임을 국민에게 전가하려는 의도가 아닌지 의심스럽다.

1975년 5월 13일 '긴급조치 9호'의 발동 이후 장기 집권의 야욕 속에 자행된 공포정치의 일단은 학생·종교인 및 제 민주인사의 불법적 검거를 서슴지 않았으며, 학생의 강제휴학 및 강제입영으로 우리들 양심인의 호소는 외면당했으며 신앙의 자유 및 사상과 양심의 자유마저도 박탈하고 병역의무를 정치적 보복의 수단으로 삼으려 하고 있다. 신앙의 자유는 개인의 귀중한 생명의지의 표현이며, 사상과 양심의 자유를 억압하는 것은 민중을 노예화하려는, 민주주의에의 참을 수 없는 도전이라 아니할 수 없다. 더불어 대학은 민주주의의 가치실험지이며 학문은 역사발전의 원동력이다. 만일 교련실시와 학도호국단이 대학의 이러한 자율적 문화창조를 저해하려는 정권유지의 술책이라면 우리는 그것을 거부할 것임을 천명하는 바이다.

보아라! 개돼지만도 못한 정치모리배였던 이승만 독재정권하에서부터 오늘에 이르기까지 한국의 대학인은 경찰의 학원사찰과 강제휴학권의 발동으로 마침내는 돌아갈 곳도 없는 역사의 증언대 위에 서게 되었다. 지금이야말로 우리 스스로의 세계를 열고 역사적 현재에 설 때다. 우리를 뛰쳐나가지 않을 수 없게 하는 자 누구인가? 백의의 선조들이 뼈를 깎아 세우던 이 붉디 붉은 황토벌 흙 위에서 조국과 민족의 영원한 미래를 위해 이 어둔 역사를 민주주의의 광명한 횃불로 밝히자.

결의문

우리는 이상의 제 사실에 비추어 다음과 같이 결의한다.

1) 최근 YH사태와 구미 서통 등의 노동자 부당해고 사태의 진실을 밝히고 농협의 수탈행위와 노동3권의 유보조항을 철폐하라.
2) 김경숙양의 죽음에 대해 국민 앞에 엄숙히 사죄하라

3) 외세의존적 경제정책을 조속히 중지하라

4) 유신헌법을 철폐하고 언론 출판 결사의 자유 및 제 기본권을 보장하라.

5) 구속된 학생 종교인 및 민주인사를 전원 석방하고 강제휴학 및 강제 입영을 즉
  각 중지하라.

6) 교수재임용제를 철폐하고 학내 모든 경찰요원을 즉각 추방하라.

  우리 대학인은 우리들의 정당한 요구가 관철될 때까지 어떠한 투쟁이라도 불사
  할 것을 조국과 민족의 이름으로 선언하는 바이다.

1979년 9월 4일

사회정의구현을 위한 경북학생협의회

경북대학교

계명대학교

영남대학교

* 숫자는 사진이 들어가 있는 쪽수.

참고문헌

증언

구자숙 (2016. 11. 1)
권용원 (2014. 8. 14)
김성희 (2014. 8. 28, 2015. 5. 13, 8. 16)
김영석 (2015. 3. 17)
김영철 (2014. 8. 7)
남영주 (2014. 8. 16)
림구호 (2014. 8. 16, 2015. 4. 30, 7. 30)
변태강 (2015. 2. 11)
박명규 (2014. 12. 8, 2015. 3. 6)
서형숙 (2014. 8. 7)
서훈 (2014. 8. 5)
석원호 (2014. 7. 28)
성진용 (2015. 4. 30)
손호만 (2015. 3. 17)
신현길 (2014. 8. 5)
여석동 (2015. 7. 30)
유정선 (2015. 1. 15, 4. 30)
유진숙 (2015. 5. 15)
이강철 (2015. 3. 12)
이상화 (2014. 8. 14)
이윤기 (2015. 8. 24)
이죽내 (2014. 10. 16)
이현세 (2015. 4. 30, 7. 30)
임규영 (2014. 7. 8, 2015. 8. 18)
장명재 (2006. 12. 6, 2015. 8. 20)
장수원 (2014. 8. 16)
장주효 (2014. 9. 30)
전재창 (2014. 9. 24)

정만기 (2015. 4. 30, 7. 30)
정화영 (2015. 3. 12)
최상림 (2015. 3. 12)
최용식 (2014. 8. 16, 8. 21)
하종호 (2014. 7. 10, 7. 22, 8. 19, 2015. 3. 10)

신문자료
《경향신문》,《동아일보》,《대구일보》,《매일경제》,《매일신문》(대구매일신문),《영남일보》,《조선
일보》,《주간경향》,《경북대학보》(경북대학신문),《고대신문》,《대구대학신문》,《뉴스메이커》

단행본
민청학련운동계승사업회,《실록 민청학련, 1974년 4월》 1·2·3·4, 2004, 학민사.
4.9통일평화재단,〈인민혁명당과 혁신계의 활동〉, 2013.
경북대신문 50년사 편찬위원회,《경북대신문 50년사》, 경북대학교 신문방송사, 2008.
경북대학교 사회학과 창설 60주년,《우리의 기억, 시대의 기억》, 경북대학교 사회학과, 2015.
경북대15년사편찬위원회,《경북대15년사》, 1967.
경북대학교 50년사 편찬위원회,《경북대학교 50년사》, 경북대학교출판부, 1996.
경북대학교 60년사 편찬위원회,《경북대학교 60년사》, 경북대학교, 2006.
국가정보원 과거사 진상규명을 통한 발전위원회,《과거와 대화 미래의 성찰》하, 2007.
김상숙,《10월항쟁-봉인된 시간 속으로, 1946년 10월 대구》, 돌베개, 2016.
민주화운동기념사업회,《대구·경북지역 민주화운동사 편찬을 위한 기초조사 최종보고서》,
    2006.12.
민주화운동기념사업회 연구소 엮음,《한국민주화운동사》 1, 돌베개, 2008.
민주화운동기념사업회 연구소 엮음,《한국민주화운동사》 2, 돌베개, 2009.
서중석,《이승만과 제1공화국》, 역사비평사, 2007
서훈,《심장의 더운 피가 식을 때까지》, 참빛, 1988.
신동호,《인물로 보는 오늘의 한국정치와 6·3세대》, 예문, 1996.
안재구,《끝나지 않은 길》, 내일을 여는 책, 2013.
영남대학교 50년사 편찬위원회,《영남대학교 오십년사》, 영남대학교, 1996.
이호룡·정근식 엮음,《학생운동의 시대》, 선인, 2013.
재경대구경북민주동우회·민청학련·인혁당진상규명위원회,《인혁당 진실을 찾아서》, 2005.
정해구,《10월인민항쟁연구》, 열음사, 1988.
조영래,《전태일 평전》, 돌베개, 1983.
진실·화해를위한과거사정리위원회,《진실화해위원회 2007년 하반기보고서》, 2007.

한국역사연구회 현대사연구반, 《한국현대사》 3, 풀빛, 1991.

현승효 지음, 노천희 엮음, 《내 님 불멸의 남자 현승효》, 삶이 보이는 창, 2007.

한국사사전편찬회 편, 이이화 감수, 《한국근현대사사전》, 가람기획, 1995.

논문

김상숙, 〈1947-1949년 대구지역의 진보적 사회운동과 민간인학살〉, 《기억과 전망》 34호, 2014.

김세원 증언·한상구 구성, 〈4월혁명 이후의 전위조직과 통일운동〉, 《역사비평》 15, 1991.

오제연, 〈1960~1971년 대학 학생운동 연구〉, 서울대 박사학위논문, 2014.

이영도, 《사월혁명과 민주주의의 과제-4월혁명50주년기념학술토론회자료집》, 대구경북민주화운동계승사업회, 2010. 4. 19,

이재오, 〈미군정 시기의 학생운동〉, 《분단시대와 한국사회》, 까치, 1985.

임규영, 〈경북대 학생운동사와 민청학련사건〉, 《복현》 22, 1987.

임채도, 〈인혁당 사건과 경북대학교 학생운동〉, 《학생운동의 시대》, 선인, 2013.

채성주, 〈유신 체제 하의 고등교육 개혁에 관한 연구〉, 《교육행정학연구》 21(3), 2003.

편집실, 〈경대학생운동사〉, 《복현20》, 1986.

허종, 〈1964~1965년 대구지역의 한일협정 반대운동〉, 《대구사학》 106, 2012.

허종, 〈1969년 대구지역 3선개헌 반대운동〉, 《한국근현대사연구》 66, 2013.

허종, 〈미군정기 대구지역 좌파 세력의 조직과 국가건설운동〉, 《근현대 대구경북지역 사회변동과 사회운동》 1, 정림사, 2005.

그 밖의 자료

국가기록원, 〈오늘의 기록〉.

민주화운동기념사업회, 《민주화운동 관련 인사 구술사료 수집을 위한 면담》.

의문사진상규명위원회, 〈대통령소속 의문사진상규명위원회 결정, 사건- 진정 제75호〉.

의문사진상규명위원회, 〈의문사 진정사건 결정문 송부〉, 2004.

이현세·여석동, 〈경위서〉.

장성백, 〈할비의 혼〉, 1975.

정진 편집부, 〈正進〉 제2호(1971. 3. 30).

정진회, 〈여론조사서〉(1970. 9).

현대사상연구회 회의록(수기: 1969~1975).

〈이현세 피의자 심문조서〉 제1회(1971. 4. 13).

〈이현세 피의자 심문조서〉 제2회(1971. 4. 16).

〈이현세 피의자 심문조서〉 제3회(1971. 4. 19).

〈이현세 피의자 심문조서〉 제5회(1971. 4. 22).

〈이현세 피의자 심문조서〉 제6회(1971. 5. 10).

〈정만기 피의자 심문조서〉 제1회(1971. 4. 12).

〈정만기 피의자 심문조서〉 제4회(1971. 4. 20).

〈대구지방검찰청, 78고합 526호 공소장〉(1978. 11. 29).

〈대구지방법언 78 2합 543호 형사제1심 소송기록 공소장〉(1978. 12. 11).

〈사건 78고합 526. 대통령긴급조치9호위반, 대구지방법원 제3형사부 판결〉

〈사건 79고합 405 국가안전과 공공질서의 수호를 위한 대통령 긴급조치위반(면소판결문)〉, 대구지방법원 제3형사부 판결.

〈사건 79노 275. 대통령긴급조치제9호위반〉, 대구고등법원 형사부 판결(1975. 7. 5).

〈사건 79노 276. 국가안전과 공공질서의 수호를 위한 대통령긴급조치 제9호위반〉, 대구고등법원 형사부 판결문(1979. 7. 5).

대구지방검찰청, 〈78고합 526호 공소장〉(1978. 11. 29).

대구지방검찰청, 〈형사제1심소송기록(사건번호 78고합 543호)〉(1978. 12. 11).

최용식, 장수원, 김동호, 류시대의 대통령긴급조치 9호 위반 공소장.

경북대학교 범학생권익옹호투쟁위원회, 〈성명서〉(1971. 3. 30).

반독재구국선언문(1973. 11. 5).

반독재구국선언문(1974. 3. 21).

이현세·여석동, 〈적반하장격의 해명서를 통박한다〉(1970. 11. 18).

주석

들어가는 말

1) 대구·경북역사연구회, 《역사 속의 대구, 대구사람들》, 중심, 2001, 292~294쪽.
2) 오제연, 〈1960~1971년 대학 학생운동 연구〉, 서울대 박사학위논문, 2014, 11~14쪽.

1장 해방과 통일국가 수립 운동

1) 경북대학교 60년사 편찬위원회, 《경북대학교 60년사》, 경북대학교, 2006, 66쪽.
2) 경북대학교 60년사 편찬위원회, 같은 책, 66쪽.
3) 이 사건의 명칭과 성격에 대해서는 논란이 있으나, 이 글에서는 10월항쟁으로 표현한다.
4) 정해구, 《10월인민항쟁연구》, 열음사, 1988, 65쪽; 《영남일보》 1945. 11. 7.
5) 정해구, 같은 책, 같은 쪽; 《영남일보》 1945. 11. 19.
6) 김상숙, 《10월항쟁: 봉인된 시간 속으로, 1946년 10월 대구》, 돌베개, 2016, 79~80쪽.
7) 허종, 〈미군정기 대구지역 좌파세력의 조직과 국가건설운동〉, 《근현대 대구경북지역 사회변동과 사회운동》 1, 정림사, 2005, 245쪽.
8) 김상숙, 〈1947-1949년 대구 지역의 진보적 사회운동과 민간인학살〉, 《기억과 전망》 34호, 2014, 21쪽.
9) 김상숙, 같은 책, 33쪽; 정영진, 《폭풍의 10월》, 한길사, 1990, 280~283쪽.
10) 허종, 같은 글, 244쪽; 정해구, 《10월인민항쟁연구》, 열음사, 1988, 108~109쪽.
11) 김상숙, 같은 책, 93~94쪽.
12) 허종, 같은 글, 246쪽.
13) 허종, 같은 글, 247쪽.
14) 정해구, 같은 책, 160쪽; 《영남일보》 1946. 12. 14.
15) 강창덕은 1947년 대구상업학교 학급자치 회장으로 민주학련 오르그 활동을 하며 대구의과대학 학생을 만난 사실을 구술함(김상숙, 같은 글, 27쪽).
16) 김상숙, 같은 글, 27~28쪽.
17) 대구 지역의 국대안반대운동에 대해서는 허종의 같은 글 259~266쪽을 참조할 것.
18) 이재오, 〈미군정 시기의 학생운동〉, 《분단시대와 한국사회》, 까치, 1985, 118~119쪽; 한

국사사전편찬위, 《한국근현대사사전》, 가람기획, 1995, 275~276쪽.

19) 《민성일보》 1947. 2. 13; 《영남일보》 1947. 2. 13; 경북대학교 대형과제연구단, 《근현대 대구 지역 좌파세력의 조직과 활동》 2, 정림사, 2005, 123~124쪽.

20) 《영남일보》, 《대구시보》 1947. 2. 14; 경북대학교 대형과제연구단, 같은 책, 128, 126쪽

21) 《남선경제신문》 1947. 2. 16; 경북대학교 대형과제연구단, 같은 책, 130쪽.

22) 《민성일보》 1947. 2. 19; 경북대학교 대형과제연구단, 같은 책, 137쪽.

23) 《남선경제신문》 1947. 2. 18; 경북대학교 대형과제연구단, 같은 책, 133쪽.

24) 《대구시보》, 《영남일보》 1947. 2. 19; 경북대학교 대형과제연구단, 같은 책, 135, 138쪽.

25) 《영남일보》 1947. 2. 21; 경북대학교 대형과제연구단, 같은 책, 147쪽.

26) 《남선경제신문》 1947. 2. 23; 경북대학교 대형과제연구단, 같은 책, 151쪽: 《영남일보》 1947. 2. 21.

27) 《민성일보》 1947. 3. 3; 경북대학교 대형과제연구단, 같은 책, 159쪽.

28) 《영남일보》 1947. 3. 3; 경북대학교 대형과제연구단, 같은 책, 160쪽.

29) 《남선경제신문》 1947. 3. 3; 경북대학교 대형과제연구단, 같은 책, 163쪽.

30) 《남선경제신문》 1947. 3. 26; 경북대학교 대형과제연구단, 같은 책, 181쪽.

31) 《대구시보》 1947. 3. 29; 경북대학교 대형과제연구단, 같은 책, 186쪽.

32) 《영남일보》 1947. 3. 12; 경북대학교 대형과제연구단, 같은 책, 169쪽.

33) 허종, 같은 글, 269~270쪽.

34) 김상숙, 같은 책, 181쪽; 한국노동조합총연맹, 《한국노동조합운동사》, 1979, 333~334쪽.

35) 《영남일보》 1948. 5. 6, 12, 13; 허종, 같은 글, 273~274쪽.

36) 허종, 같은 글, 274쪽.

37) 경북대 15년사 편찬위원회, 《경북대학교15년사》, 경북대학교 1967, 63~65쪽.

38) 경북대 15년사 편찬위원회, 같은 책, 38쪽.

39) 민주화운동기념사업회 연구소 엮음, 《한국민주화운동사》 1, 돌베개, 2008, 71쪽.

40) 진실·화해를위한과거사정리위원회, 《진실화해위원회 2007년 상반기보고서》, 2007, 42~43쪽.

41) 진실·화해를위한과거사정리위원회, 《진실화해위원회 2007년 하반기보고서》, 2008, 1108~1109쪽.

42) 일월서각 편집부, 《4.19혁명론》 II(자료편), 일월서각, 1983, 394, 397쪽; 이상두, 《옥창 너머 푸른 하늘이》, 범우사, 1972, 18쪽.

43) 《대구매일신문》, 1959. 2. 25.

44) 《대구매일신문》, 1959. 3. 1.

45) 《대구매일신문》, 1959. 3. 3.

1) 이영도, 《사월혁명과 민주주의의 과제-4월혁명50주년기념학술토론회자료집》, 대구경
북민주화운동계승사업회, 2010, 11~12쪽. 개표 결과 대통령에는 이승만, 부통령에는
장면이 각기 당선되었다. 민주당 대통령후보 신익희의 죽음 이후 연일 계속되는 민주당
의 추모표 호소와 조봉암에 대한 정권의 집중적인 '빨갱이몰이'에 현혹되지 않고, 당시
로서는 충격적이었던 '평화통일과 피해대중을 위한 정치'를 내걸었던 조봉암 후보에 대
구사람들이 압도적인 지지를 보냈던 것이다.

2) 민주화운동기념사업회, 《대구경북지역 민주화운동사 편찬을 위한 기초조사 최종보고
서》, 2006, 39쪽.

3) 민주화운동기념사업회, 같은 책, 40쪽.

4) 경북대학교 50년사 편찬위원회, 《경북대학교 50년사》, 경북대학교출판부, 1996, 127쪽.

5) 서중석, 《이승만과 제1공화국》, 역사비평사, 2007, 222쪽.

6) 문리대의 곽병숙(철학과 4학년, 총학생회장), 김길식(화학과 4학년, 문리대 학생회장),
이준영(철학과 4학년, 총학생회 기획부장), 박용목, 기세환(철학과 3학년), 전재창(화
학과 3학년, 문리대 기획부장)이, 법대의 허동진, 장윤호, 김영배, 김태현(경제학과 4학
년, 법정대 회장), 김성태, 이치호, 사범대의 백태철, 우후득이 참여했다.(전재창의 증언
(2014. 9. 24))

7) 경북대학교 복현교지편집위원회, 〈경대학생운동사〉, 《복현》 20, 1986, 121쪽.

8) 전재창 증언(2014. 9. 24).

9) 《대구매일신문》 1960. 4. 20.

10) 경북대학교 복현교지편집위원회, 같은 글, 122쪽; 《대구매일신문》 1960. 4. 21.

11) 《대구매일신문》, 1960. 4. 27; 《조선일보》 1960. 4. 27.

12) 서중석, 같은 책, 261쪽.

13) 《대구매일신문》, 1960. 4. 20.

14) 《대구일보》, 《한국일보》, 1960. 4. 24; 《대구매일신문》 1960. 4. 25·26.

15) 《대구매일신문》, 1960. 4. 21.

16) 《조선일보》 1960. 4. 27; 서중석, 같은 책, 261쪽.

17) 《대구매일신문》 1960. 4. 20.

18) 《대구매일신문》, 《영남일보》 1960. 5. 1

19) 민주화운동기념사업회 연구소 엮음, 《한국민주화운동사》 1, 돌베개, 2008, 216쪽.

20) "오등 경북대학교 학생전원은 학교정화의 기치를 들고 결의안을 작성했던 바 학교당국
의 미온적인 해결책으로 인하여 결의안의 일건도 해결을 보지 못했기에 동결의안이 완
전 관철될 때까지 4천 학도들은 동맹휴학함을 선언한다." 《영남일보》 1960. 5. 10; 《경

북대학보》1960. 5. 16.

21) 경북대학교 복현교지편집위원회, 같은 글, 123쪽 ;《대구매일신문》1960. 5. 3.

22) 이죽내 증언(2014. 10. 16).

23) 이죽내 증언(2014. 10. 16).

24) 이죽내 증언(2014. 10. 16).

25) 경북대학교 50년사 편찬위원회, 같은 책, 131쪽; 경북대학교 복현교지편집위원회, 같은 글, 124쪽

26)《경북대학보》1960. 6. 27.

27)《대구매일신문》1960. 5. 11.

28)《대구매일신문》1960. 5. 5.

29) 민주화운동기념사업회 연구소 엮음, 같은 책, 221쪽.

30)《대구일보》1960. 4. 27;《영남일보》1960. 4. 28;《대구매일신문》1960. 4. 28.

31) 경북대학교 50년사 편찬위원회, 같은 책, 129쪽.

32)《대구매일신문》1960. 6. 1; 경북대학교 50년사 편찬위원회, 같은 책, 129쪽.

33)《대구매일신문》1960. 6. 23.

34) 경북대학교 복현교지편집위원회, 같은 글, 122쪽;《경대학보》1960. 7. 18.

35)《영남일보》1960. 7. 28.

36)《대구일보》1960. 7. 16.

37) 선언문은 "아세아적 무지와 빈궁으로부터의 해방을 위하여 우리들이 개혁해야 할 것은 우리들의 생활체제의 궁극적 기초이다."라고 했고, 행동규약은 "우리들은 밑으로부터의 신생활운동과 위로부터의 신생활운동을 함께 전개하기로 약속한다."라고 했다. 경북대학교 50년사 편찬위원회, 같은 책, 132쪽;《경북대학보》1960. 11. 7.

38)《경북대학보》1960. 11. 7.

39) 경북대학교 50년사 편찬위원회, 같은 책, 132쪽.

40)《대구일보》1960. 5. 30;《영남일보》1960. 5. 31.

41)《매일신문》1960. 7. 16.

42)《영남일보》1960. 7. 28.

43) 경북대학교 복현교지편집위원회, 같은 글, 124쪽.

44) 민주화운동기념사업회, 같은 책, 81쪽.

45) 민주화운동기념사업회 연구소 엮음, 같은 책, 323쪽.

46)《대구일보》1960. 3. 19.

47) 민주화운동기념사업회, 같은 책, 81쪽.

48) 민주화운동기념사업회, 같은 책, 297~298쪽; 민주화운동기념사업회 연구소 엮음, 같은 책, 326쪽.

49) 민주화운동기념사업회 연구소 엮음, 같은 책, 326~329쪽. 《대구일보》 1960. 3. 24, 25.

50) 민주화운동기념사업회, 같은 책, 28쪽.

51) 민주화운동기념사업회, 같은 책, 28쪽.

52) 민주화운동기념사업회, 같은 책, 298쪽; 민주화운동기념사업회 연구소 엮음, 같은 책, 327, 333쪽.

3장 학생운동과 이념서클의 등장

1) 《경북대학보》 1962. 6. 14.

2) 《경북대학보》 1962. 12. 6.

3) 이죽내 증언(2014. 10. 16).

4) 이죽내 증언(2014. 10. 16).

5) International Student Conference, 1934년 미국과 일본 학생들이 주도한 학생 연대 기구 http://iscdc.org/history-and-alumni/

6) International Union of Student, 1946년 창립된 체코 프라하에 본부를 둔 유네스코 자문 관계의 학생 연대 기구 https://en.wikipedia.org/wiki/International_Union_of_Students

7) 학생회가 주관해 연간으로 발행하는 학생잡지로 훗날 〈복현〉과 〈복현문화〉의 전신이다.

8) 이죽내 증언(2014. 10. 16).

9) 오제연, 〈1960~1971년 대학 학생운동 연구〉, 서울대 박사학위논문, 2014, 14쪽.

10) 창립시점에 대해서 변태강과 김성희의 진술이 엇갈리나 제안자 변태강의 설에 따른다(변태강 증언(2015. 2. 11)). 하지만 김성희의 의견을 따르면 62년 말 또는 63년 초 이재형의 권유로 현사회 모임 참가한 후에 이재형의 제안으로 "우리도 회를 만들자"해서 맥령을 만들었다 한다(김성희 증언(2015. 5. 13)).

11) 4월혁명에 1학년으로 참여해, 58학번 기세환, 전재창, 박용목과 함께 경북대민통련 회원으로 활동함. 경북민자통의 조직부장을 맡아 서울 출장을 다니며 김정강을 만나 투쟁계획을 협의하는 등 이대악법반대투쟁에 적극적으로 참여함. 변태강 증언(2015. 2. 11).

12) 김성희 증언(2014. 8. 28). 김성희는 맥령회원은 4명이라 하나, 변태강은 하영선(하기락 교수 아들)도 포함된다고 한다.

13) 김성희 증언(2014. 8. 28).

14) 《뉴스메이커》 1994. 6. 9; 신동호, 《오늘의 한국정치와 6.3세대》, 예문, 1996, 353쪽; 장

주효 증언(2014. 9. 30).

15) 신동호, 같은 책, 같은 쪽; 장주효 증언(2014. 9. 30). 이하 현사회에 대한 서술은 장주
효의 구술에 의거함.

16) 신동호, 같은 책, 356쪽; 장주효 증언(2014. 9. 30).

17) 장주효 증언(2014. 9. 30).

18) 현대사상연구회 회의록(수기: 1969~1975).

19) 그는 대구농고를 거쳐 대구대학을 졸업후 행정고시로 영양군수를 지냈다 4·19 시기
경북도 교육청 학무과장을 역임하다 경북대 행정학과 교수로 온 이력을 가졌다.

4장 한일협정 반대 투쟁과 정사회

1) 허종, 〈1964~1965년 대구 지역의 한일협정 반대운동〉,《대구사학》 106, 2012, 271쪽.

2) 한국역사연구회 현대사연구반,《한국현대사》 3, 풀빛, 1991, 71쪽.

3)《조선일보》1961. 7. 20.

4) 민주화운동기념사업회 연구소 엮음,《한국민주화운동사》 1, 돌베개, 2008, 402~403쪽.

5) 임채도, 〈인혁당 사건과 경북대학교 학생운동〉,《학생운동의 시대》, 선인, 2013, 319~
320쪽.

6) 김성희 증언(2015. 5. 13) 참조.

7)《매일신문》1964. 3. 6,7,8,10.

8)《매일신문》1964. 3. 7.

9)《매일신문》1964. 3. 17,21.

10)《영남일보》1964. 3. 24.

11) 신동호,《인물로 보는 오늘의 한국정치와 6·3세대》, 예문, 1996, 27~29쪽.

12) 이날 화형식에서는 池田수상과 이완용의 화형식이 거행되었다.《경향신문》1964. 3.
24.

13)《대구일보》1964. 3. 27.

14)《경북대학보》에 의하면 이날 시위의 주축은 법대 정치과였다.《경북대학보》에서는 이
날 시위에 대해 자세한 기사를 싣고 있지 않지만, '자명고'란에서 시위에 대한 대중의
무관심과 시위 현장의 모습을 '4월의 혼'을 헐값에 파는 행위라고 비판적으로 언급하고
있으며, 이를 읽은 '데모주체' 학생이 "바로 보고 바로 인식하여 바로 표현하라!"는 장
문의 반박문을 보내왔다는 사실을 언급하고 있다.《경북대학보》1964. 3. 26, 4. 2.

15)《매일신문》1964. 3. 26.

16)《경향신문》(1964. 3. 25)은 "25일 낮 12시 반경 경북대학교 강당에 집결했던 법대학생

약 3백 명은 교문을 박차고 나와 하오 1시 현재 〈평화선 수호〉와 〈굴욕외교 반대〉의 플래카드를 높이 들고 시내를 향해 데모를 시작했다"고 보도하고 있다.

17) 《대구대학신문》 1964. 4. 1.

18) 《대구일보》 1964. 3. 27; 《영남일보》 1964. 3. 27.

19) 《매일신문》 1964. 3. 27.

20) 《경향신문》 1964. 3. 30.

21) 《대구일보》 1964. 3. 28.

22) 《매일신문》 1964. 3. 29,31.

23) 《매일신문》 1964. 4. 3.

24) 학생들이 4월혁명 기념일을 앞둔 4월 초부터 기념행사를 논의하자, 학생들의 시위를 우려한 행정당국이 처벌의 입장을 밝히고 학교 당국도 압력을 넣어 학생들이 의도한 기념행사는 무산되었다. 《매일신문》 1964. 4. 18,21.

25) 《매일신문》 1964. 4. 2,3.

26) 《경북대학보》(1964. 4. 2)에 근거했지만, 경북여대가 구체적으로 어느 학교를 가리키는지 확인할 수 없다.

27) 《경북대학보》 1964. 4. 2.

28) 《경북대학보》 1964. 4. 9.

29) 《경북대학보》 1964. 4. 16. 경북대학교 60년사 편찬위원회, 《경북대학교 60년사》, 경북대학교, 2006, 392쪽.

30) 국무총리로 기용된 정일권은 5월 18일 대구에서 가진 기자회견에서 평화선 문제에 대한 기자의 질문에 공해는 영토가 아니라는 입장을 밝혀 평화선에 대한 정부의 입장이 변화했음을 시사했다. 《매일신문》 1964. 5. 19.

31) 장주효 증언(2014. 9. 30).

32) 첨성대는 경북대를 상징한다.

33) 《경북대학보》 1964. 5. 28.

34) 《매일신문》 1964. 5. 26; 《영남일보》 1964. 5. 26; 《경북대학보》 1964. 5. 28; 《매일신문》(1964. 5. 26)에는 "이날 상오부터 움직임을 보이기 시작한 학생들은 대학당국의 간곡한 무마를 무릅쓰고 결행할 기세를 보이고 있는데, 이 같은 움직임은 서울대 학생들과의 제휴를 위한 사전연락에서 이루어지는 것으로 알려지고 있어 구대·청대에서도 동요할 듯한 움직임도 있다"고 하여 경북대 학생들의 시위가 서울대와 연계되어 있을 뿐만 아니라 대구 지역의 다른 대학들과도 연계되어 있음을 시사하고 있다.

35) 허종, 같은 글.

36) 《매일신문》 1964. 5. 26.

37) 《매일신문》 1964. 5. 27.

38) 《매일신문》 1964. 6. 4; 영남대학교 50년사 편찬위원회, 《영남대학교오십년사》, 영남대학교, 1996, 216쪽.

39) 《영남일보》와 《매일신문》에는 《경북대학보》와는 달리 이날 계명대를 제외한 시내 14개 단과대(초급대학 포함) 학생회장들이 회의에 참석한 것으로 보도하고 있다.

40) 《영남일보》와 《매일신문》에는 오후 1시부터, 《경북대학보》에서는 정오부터 단식농성을 벌이기로 한 것으로 보도하고 있다.

41) 《대구일보》 1964. 6. 5.

42) 《경북대학보》 1964. 6. 4; 《매일신문》 1964. 6. 5; 《영남일보》 1964. 6. 5.

43) 《영남일보》 1964. 6. 5.

44) 이날 '황소'가 사라지는 해프닝이 벌어졌다. 황소를 도난당한 시위 주최측은 교학처장실을 찾아가 항의하기도 했다(《경북대학보》 1964. 6. 11). 한편 신현길 증언(2014. 8. 5)에 의하면 이날 시위에 YTP가 시내 깡패를 동원해 방해하려는 책동이 있었지만, 정치학과 신현길이 초등학교 동창인 이소돌이란 깡패를 불러 해결했다.

45) 이 내용은 오노 자민당 부총재가 1963년 12월 박정희 대통령의 취임식에 참석하기에 앞서 "박정희와는 부자 같은 사이"라고 발언한 데서 연유한 것으로 박정희를 오노의 아들로 풍자하여 비판한 것이다.

46) 이날 시위대는 두 개의 편대를 이루어 가두로 진출했는데, 앞 편대는 장주효가, 뒤편대는 서훈이 구호를 선창하면서 이끌었다(서훈의 개인기록).

47) 이날 시위대는 신암동 파출소 앞에서 경찰 '피케트'와 부딪쳤다. 약 5분간 시위대열과 경찰간에 옥신각신하던 현장에 천시권 학생감이 나타나 경찰에게 "직선적인 충돌을 피할 것"과 학생에게 "끝까지 평온한 시위를 전개할 것" 등을 약속받고 이것이 수락되어 경찰저지선이 후퇴하고 학생의 시위가 계속되었다. 이후 아무런 제지 없이 2·28학생의거기념탑까지 행진했다. 《경북대학보》 1964. 6. 11.

48) 《경북대학보》 1964. 6. 4, 11; 《영남일보》 1964. 6. 5, 6.

49) 《매일신문》 1964. 6. 6; 《영남일보》 1964. 6. 6; 《경북대학보》 1964. 6. 11.

50) 서훈의 개인기록에 의하면서 단식투쟁을 하는 학생들은 "비상계엄 해제하고 구속학생 석방하라. 학원사찰 철폐하고 학문자유 보장하라. 법원 침입 웬말이냐 군인깡패 처단하라. 매판자본 박멸하고 민족자본 형성하자"는 구호로 노래를 지어 불렀다. 또 현장에서 낭송된 시는 푸슈킨의 "삶이 그대를 속일지라도," 서정주의 "국화 옆에서," 이상화의 "빼앗긴 들에도 봄은 오는가," 이은상의 "고지가 바로 저긴데" 등 이었다.

51) 《영남일보》 1964. 6. 6; 《경북대학보》 1964. 6. 11; 서훈 증언(2014. 8. 5); 장주효 증언(2014. 9. 30).

52) 서훈의 개인기록

53) 《대구일보》 1964. 6. 5; 《매일신문》 1965. 6. 5.

54) 《매일신문》 1964. 6. 7.

55) 《매일신문》 1964. 6. 10.

56) 《경북대학보》 1964. 6. 11; 《매일신문》 1964. 6. 13,23; 서훈, 《심장의 더운 피가 식을 때까지》, 참빛, 1988, 53~54쪽; 서훈의 개인 기록.

57) 《매일신문》 1964. 7. 19, 8. 15.

58) 《매일신문》 1964. 9. 11.

59) 《동아일보》 1964. 8. 20; 《매일신문》 1964. 8. 20; 《경북대학보》 1964. 8. 27.

60) 신동호, 같은 책, 352~353쪽.

61) 서훈 증언(2014. 8. 5)에 의하면 총학생회 사회부 차장으로 활동하고 있던 그는 이후 총학생회장에 출마할 의도를 가지고 있었는데, 이재형 선배의 제안으로 정사회 창립에 적극적으로 개입하고 초대 회장을 맡았다.

62) 《경북대학보》 1968. 3. 28.

63) 《매일신문》 1965. 1. 9.

64) 《매일신문》 1965. 1. 10.

65) 《매일신문》 1965. 1. 19. 한국대학생정치학회는 한일양국의 우호번영을 위해서는 먼저 일본측이 새로운 자세로 돌아가 회담에 응할 것을 촉구하면서, 일본의 불투명한 외교 노선과 우리 정부의 비밀외교에 회의의 눈초리를 보내지 않을 수 없다고 지적, 7개 항목으로 된 결의문을 발표, 반세기 동안의 죄과를 천황 이름으로 사죄하라고 요구했다. 결의문 내용은 다음과 같다. ①일본정부는 중공마저 승인하려드는 외교노선을 밝히라. ②일본은 천황 이름으로 반세기의 죄과를 정식사죄하라. ③침략적 평화선 침범을 즉시 중지하라. ④일본은 호혜평등의 원칙아래 현안타결에 임하라. ⑤정부는 金·大平〈메모〉를 정치백서화하라. ⑥절대적 국민여론에 이바지할 수 있는 자세를 확립하라. ⑦평화선을 사수하라.

66) 민주화운동기념사업회 연구소 엮음, 《한국민주화운동사》1, 돌베개, 2008.

67) 《매일신문》 1965. 4. 1,2.

68) 《매일신문》 1965. 4. 2,4; 《영남일보》 1965. 4. 2.

69) 《매일신문》 1965. 4. 2.

70) 《매일신문》 1965. 4. 2,4.

71) 경북학생총연합회의 강령은 학원의 사찰 배제와 학원의 자유 보장, 대학 자치의 확립과 상아탑의 권위 확립, 사회적·학문적 문제에 대한 의견 통일, 부패세력 침투 배제와 참신한 학풍 조성, 조국의 주체세력 형성을 본질로 하는 구국학생세력의 형성이었다. 《매일신문》 1965. 4. 7.

72) 《매일신문》 1965. 4. 9.

73) 《매일신문》 1965. 4. 10.

74) 《매일신문》 1965. 4. 11.

75) 《매일신문》 1965. 4. 13.

76) 《매일신문》 1965. 4. 9.

77) 《매일신문》 1965. 4. 11.

78) 《매일신문》 1965. 4. 7,13;《경북대학보》 1965. 4. 15.

79) 《매일신문》 1965. 4. 13.

80) 《매일신문》 1965. 4. 14.

81) 《동아일보》 1965. 4. 16.

82) 《매일신문》 1965. 4. 16.

83) 《매일신문》 1965. 4. 16.

84) 《매일신문》 1965. 4. 17.

85) 《경향신문》 1965. 4. 17.

86) 서훈 증언(2014. 8. 5).

87) 이날 시위를 주도한 법정대 학생 2명은 유기정학 처분을 받았다.《경북대학보》 1965. 4. 22,29;《매일신문》 1965. 4. 22;《영남일보》 1965. 4. 22.

88) 《경북대학보》 1965. 4. 22;《동아일보》 1965. 4. 22;《영남일보》 1965. 4. 23.

89) 《영남일보》 1965. 4. 24.

90) 《대구일보》 1965. 4. 22, 24;《영남일보》 1965. 4. 24.

91) 《영남일보》 1965. 4. 22.

92) 《매일신문》 1965. 4. 24.

93) 《대구대학신문》 1965. 4. 28;《매일신문》 1965. 4. 24.

94) 이날 시위를 주도한 대구대의 박상수, 김태영을 비롯한 학생 5명이 기소되었다.《대구일보》 1965. 4. 24,25;《매일신문》 1965. 4. 30;《대구대학신문》 1965. 6. 9.

95) 《대구일보》 1965. 4. 27;《매일신문》 1965. 4. 27.

96) 《매일신문》 1965. 5. 6.

97) 서훈 증언(2014. 8. 5).

98) 《경북대학보》 1965. 5. 20.

99) 《매일신문》 1965. 6. 23.

100) 《매일신문》 1965. 6. 1;《경향신문》 1965. 6. 3.

101) 《매일신문》 1965. 6. 17.

102) 《영남일보》 1965. 6. 22.

103) 《대구대학신문》 1965. 6. 30.

104) 《매일신문》 1965. 6. 19.

105) 《영남일보》 1965. 6. 23.

106) 《경북대학보》 1965. 6. 24.

107) 《대구일보》 1965. 6. 26; 《경북대학보》 1965. 6. 24; 《매일신문》 1965. 6. 23. 이날 연행된 경북대 학생은 김호동(사대 교육과 3년), 이삼부(법대 법과 3년), 민병학(사대 사회학과 2년), 이동욱(법대 정치학과 2년), 허상도(사대 사회과 3년), 이종호(사대 과학과 2년), 김우창(사대 외국어과 1년), 이현우(법대 법과 1년) 등이다.

108) 《매일신문》 1965. 6. 23; 《경북대학보》 1965. 6. 24.

109) 《경북대학보》 1965. 6. 24; 《매일신문》 1965. 6. 24.

110) 이날 시위에서 학생 3명이 중상을 입었는데, 중상을 입은 학생은 사대의 박세룡, 문리대의 구자영 등이다. 《영남일보》 1965. 6. 24.

111) 《대구일보》 1965. 6. 23,24; 《경북대학보》 1965. 6. 24; 《영남일보》 1965. 6. 24; 《매일신문》 1965. 6. 24.

112) 《경북대학보》 1965. 6. 24, 7. 1; 《영남일보》 1965. 6. 26, 27.

113) 6월의 시위로 기소된 학생은 경북대 총학생회장 조화형, 문리대 학생회장 최현우, 법정대 학생회장 김창호, 최광남, 하재구, 청구대의 박수남, 이영천, 유승언, 이영환이었다.

114) 《영남일보》 1965. 6. 25; 《대구일보》 1965. 6. 26.

115) 《매일신문》 1965. 6. 27.

116) 《매일신문》 1965. 6. 25; 《영남일보》 1965. 6. 25; 《대구일보》 1965. 6. 26.

117) 《영남일보》 1965. 6. 25.

118) 《매일신문》 1965. 7. 7.

119) 《매일신문》 1965. 7. 4,6.

120) 《경북대학보》 1965. 6. 24, 7. 1; 《매일신문》 1965. 7. 3. 《매일신문》은 경북대가 조기 방학을 실시한 것은 7월 5일 대규모 데모설이 떠돌기 때문이라 보도했다.

121) 《매일신문》 1965. 7. 8,9.

122) 《매일신문》 1965. 7. 9.

123) 《매일신문》 1965. 7. 13.

124) 《매일신문》 1965. 8. 10.

125) 《매일신문》 1965. 7. 18,20.

126) 《매일신문》 1965. 8. 24.

5장 박정희 장기집권 저지 투쟁

1) 김형욱·박사월, 《김형욱 회고록》 Ⅱ, 아침, 1985, 188~213쪽; 민주화운동기념사업회 연구소 엮음, 《한국민주화운동사》 1, 돌베개, 2008, 495~496쪽.

2) 중앙선거관리위원회, 《역대국회의원선거상황》, 1989, 746~747쪽.

3) 민주화운동기념사업회 연구소 엮음, 같은 책, 495~496쪽.

4) 《매일신문》, 《영남일보》 1967. 6. 13; 《경북대학보》 1967. 6. 15.

5) 《경북대학보》, 《매일신문》, 《영남일보》 1967. 6. 15.

6) 《경북대학보》 1967. 6. 15; 《매일신문》, 《영남일보》 1967. 6. 16.

7) 《매일신문》 1967. 6. 27; 《경북대학보》 1967. 6. 29.

8) 《매일신문》 1967. 6. 27.

9) 《매일신문》 1967. 7. 6.

10) 성진용 증언(2015. 4. 30).

11) 《영남일보》 1967. 7. 7; 《경북대학보》 1967. 7. 13.

12) 《매일신문》 1967. 7. 7.

13) 《매일신문》, 《영남일보》 1967. 7. 8.

14) 3선개헌 반대운동에서 별도의 전거를 밝히지 않은 내용은 허종, 〈1969년 대구 지역 3선개헌 반대운동의 양상과 성격〉, 《한국근현대사연구》 66(2013)을 정리한 글임을 밝혀 둔다.

15) 민주화운동기념사업회 연구소 엮음, 같은 책, 516~525쪽.

16) 《경북대학보》 1968. 10. 3,10; 림구호(정사회 부회장) 증언(2015. 4. 30). 이때 총학생회의 임기는 10월부터 이듬해 9월까지였다.

17) 《경북대학보》 1969. 6. 16.

18) 《경북대학보》 1968. 3. 28, 1969. 4. 7, 21. 6. 16; 림구호 증언(2015. 4. 30).

19) 《경북대학보》 1968. 11. 28; 《고대신문》 1968. 12. 2.

20) 유정선(정사회 회장)·림구호·이현세 증언(2015. 4. 30).

21) 토론주제는 '근대화와 전통문제,' '스튜던트 파워의 성격과 방향,' '여대생이 본 대학인의 가치관의 문제' 등이었다.

22) 《고대신문》 1969. 4. 28; 오제연, 〈1960~1971년 대학 학생운동 연구〉, 서울대 박사학위논문, 2014, 297쪽.

23) 유정선·림구호 증언(2015. 4. 30).

24) 림구호 증언(2015. 4. 30).

25) 《경북대학보》 1969. 6. 23.

26) 《동아일보》 1969. 8. 8.

27) 《매일신문》, 《영남일보》 1969. 7. 3.

28) 《매일신문》 1969. 6. 26, 8. 29.

29) 《동아일보》 1969. 9. 5; 《매일신문》 1969. 9. 6; 《경북대학보》 1969. 9. 29.

30) 《경향신문》, 《대구일보》 1969. 7. 1; 《매일신문》 1969. 7. 2,3,6.

31) 《경향신문》 1969. 7. 2; 《대구일보》, 《매일신문》, 《영남일보》 1969. 7. 3.

32) 이때 학생들이 부른 시위 행진곡은 군가 '진짜사나이'를 '엘리트로 태어나서 할 일도 많다 마는, 너와 나는 나라 지키는 영광의 사나이, 데모와 데모 속에 단결된 학우야, 최루탄이 터지고 피가 흐를 때 백의민족, 일편단심 慶大의 건아들'로 개사한 노래였다(《매일신문》 1969. 7. 6).

33) 《대구일보》 1969. 7. 4; 《매일신문》 1969. 7. 4,5; 《경북대학보》 1969. 8. 11.

34) 《경북대학보》 1969. 6. 23.

35) 《매일신문》, 《영남일보》 1969. 7. 5,6; 《경북대학보》 1969. 8. 11.

36) 《매일신문》 1969. 8. 9.

37) 《매일신문》 1969. 8. 22; 《경북대학보》 1969. 8. 25, 9. 8.

38) 유정선·림구호 증언(2015. 4. 30).

39) 《영남일보》 1969. 8. 29; 림구호 증언(2015. 4. 30).

40) 《매일신문》 1969. 9. 2.

41) 《경향신문》 1969. 9. 1; 《매일신문》, 《영남일보》 1969. 9. 2; 《대구일보》 1969. 9. 7; 《경북대학보》 1969. 9. 8.

42) 《매일신문》, 《영남일보》 1969. 9. 2,4.

43) 《영남일보》 1969. 9. 3.

44) 《매일신문》 1969. 9. 6.

45) 《매일신문》 1969. 9. 5,6,7; 《영남일보》 1969. 9. 6.

46) 《매일신문》 1969. 9. 12.

47) 림구호 증언(2015. 4. 30).

48) 《매일신문》, 《영남일보》 1969. 9. 11; 림구호·정만기 증언(2015. 4. 30).

49) 성진용·림구호 증언(2015. 4. 30).

50) 《매일신문》, 《영남일보》 1969. 9. 20; 《대구일보》 1969. 9. 21; 《경북대학보》 1969. 9. 29.

51) 《매일신문》 1969. 9. 23; 《경북대학보》 1969. 9. 29.

52) 성진용·림구호 증언(2015. 4. 30); 임채도, 〈인민혁명당사건과 경북대학교 학생운동〉, 《학생운동의 시대》, 선인, 2013, 329쪽.

6장 학원자주화투쟁과 정진회

1) 1970년 5월 임원 개편으로 문동주가 회장으로 선출되었으며, 같은 해 10월에 전정효와 김제영이 회장과 부회장으로, 박찬수가 총무로 선출되었다.

2) 〈정만기 피의자 심문조서 제1회〉(1971. 4. 12); 〈정만기 피의자 심문조서 제4회〉(1971.

4. 20).

3) 〈이현세 피의자 심문조서 제5회〉(1971. 4. 22); 〈정만기 피의자 심문조서 제1회〉(1971. 4. 12).

4) 《경북대학보》 1970. 3. 16.

5) 〈이현세 피의자 심문조서 제5회〉(1971. 4. 22); 정만기 증언(4·9통일평화재단, 〈인민혁명당과 혁신계의 활동〉, 2013, 21~22쪽).

6) 정진회, 〈1970년 활동보고, 1971년 전학기 활동계획〉.

7) 오제연, 〈1960~1971년 대학 학생운동 연구〉, 서울대 박사학위논문, 2014, 297쪽; 《고대신문》 1970. 5. 4.

8) 임규영, 〈민청학련사건과 나〉, 《인혁당 사건, 그 진실을 찾아서》, 재경대구경북민주동우회, 민청학련·인혁당진상규명위원회, 2005, 137쪽.

9) 《고대신문》 1971. 9. 28; 임규영, 같은 글, 137쪽.

10) 정진 편집부, 〈正進〉 제2호(1971. 3. 30).

11) 〈이현세 피의자 심문조서 제1회〉(1971. 4. 13); 〈정만기 피의자 심문조서 제4회〉(1971. 4. 20).

12) 정진회, 〈여론조사서〉(1970. 9).

13) 《매일신문》 1970. 9. 26.

14) 정진회, 〈초대장〉(1970. 11).

15) 《매일경제》 1970. 10. 24; 이현세·림구호 증언(2015. 4. 30).

16) 《매일신문》 1970. 9. 26.

17) 림구호·이현세 증언(2015. 4. 30).

18) 이현세·여석동, 〈적반하장격의 해명서를 통박한다〉(1970. 11. 18); 이현세·여석동, 〈경위서〉.

19) 이현세·여석동, 〈적반하장격의 해명서를 통박한다〉(1970. 11. 18).

20) 이현세·여석동 증언(2015. 7. 30). 이때 사퇴한 입후보자는 이후 대의원회 의장으로 선출되었다(《경북대학보》 1970. 11. 16).

21) 이현세·여석동, 〈적반하장격의 해명서를 통박한다〉(1970. 11. 18); 이현세·여석동, 〈경위서〉.

22) 《경북대학보》 1970. 11. 9; 이현세·여석동, 〈적반하장격의 해명서를 통박한다〉(1970. 11. 18); 이현세·여석동, 〈경위서〉.

23) 이현세·여석동, 〈적반하장격의 해명서를 통박한다〉(1970. 11. 18).

24) 《경북대학보》 1970. 10. 5.

25) 《경북대학보》 1970. 11. 9; 이현세·여석동, 〈적반하장격의 해명서를 통박한다〉(1970. 11. 18).

26) 이현세·여석동·림구호 증언(2015. 7. 30).

27) 이현세·여석동, 〈적반하장격의 해명서를 통박한다〉(1970. 11. 18); 이현세·여석동, 〈경위서〉.

28) 《경북대학보》1970. 11. 9; 이현세·여석동, 〈적반하장격의 해명서를 통박한다〉(1970. 11. 18).

29) 《경북대학보》1970. 10. 19.

30) 《경북대학보》1970. 2. 2.

31) 《동아일보》1971. 1. 7.

32) 정만기 증언(4·9통일평화재단, 같은 글, 32~33쪽); 이현세 증언(2010. 7. 31).

33) 5개 단과대 학생회, 〈성명서〉(1971. 3. 5).

34) 경북대학교 법학생권익옹호투쟁위원회, 〈성명서〉(1971. 3. 30).

35) 정진 편집부, 〈正進〉 제2호(1971. 3. 30). 법정대 정치외교학과의 김성덕은 학생운동을 적극적으로 전개하여 주목을 받았다. 그는 1974년 군에 입대하여 훈련 도중 뇌출혈로 사망했다.

36) 《경북대학보》1971. 3. 8.

37) 5개 단과대 학생회, 〈성명서〉(1971. 3. 5).

38) 정진 편집부, 〈正進〉 제2호(1971. 3. 30).

39) 5개 단과대 학생회, 〈성명서〉(1971. 3. 5).

40) 《경북대학보》1971. 4. 12.

41) 《동아일보》1971. 4. 16; 《매일신문》1971. 4. 18.

42) 정만기 증언(4·9통일평화재단, 같은 글, 33~34쪽).

43) 경북대학교 법학생권익옹호투쟁위원회, 〈성명서〉(1971. 3. 30).

44) 설문내용은 다음과 같았다. - 교련, ROTC 등 한국 대학에 있어서의 군사훈련이 대학생의 자치활동에 대하여 어떠한 영향을 미치고 있다고 볼 수 있는가? ㉠엄한 규율과 훈련을 통하여 학생 개개인의 자질이 향상되었다고 볼 수 있으므로 학생자치활동에도 많은 도움이 되고 있다 ㉡군대조직의 성격상 학원의 독자성과 상반되는 점도 있지만 그런대로 학생자치활동에 지장은 초래되지 않고 있다 ㉢운영문제에서 모순점이 많기 때문에 학생자치활동이 상당히 침해되고 있다. ㉣학생 자치적으로 운영되고 있지 않은 관계상 자칫 잘못하면 과거 이승만 정권 때의 자주성 없는 학도호국단 군사훈련과 같이 어용적 정치적인 면으로 흘러갈 수도 있다. - 금번 정부방침에 의해 ROTC제도가 없어지고 교련이 더욱 강화되어 학점제도만 하드라도 현행 6학점에서 문교부안의 16학점, 국방부안의 26학점제가 채택될 전망이 보이고 있다. 이러한 문제에 대한 여러분들의 견해는? ㉠교련이 ROTC를 흡수하고 확대 강화된다니 크게 환영할만한 일이다. 대학에서의 모든 활동이 강건한 기풍이 조성됨으로서 더욱 발전될 것으로 생각 된다 ㉡

교련 학점의 대폭 증가로 인하여 학문연구에 지장을 받는 것은 안타까운 일이나 많은 학생들이 시험을 통하여 장교로 임관된다는 것은 좋다고 볼 수 있다 ⓒ교련을 강화할 필요성이 있다면 현행 학점제도 하에서도 실제 운영만을 다르게 한다면 충분히 효과를 발휘할 수 있을 터 인데 꼭이 학점을 대폭 추가 시킨다면 그 저의가 의심스럽다 ⓔ생각만 해도 끔찍한 사실이다. 만약 그렇게 된다면 학문연구와 그 실천을 위한 대학이 아니라 군사훈련에 억매인 대학으로 변질될 우려가 있다(정진회, 〈여론조사서〉(1970. 9).

45) 민주화운동기념사업회 연구소 엮음, 같은 책, 544~548쪽.

46) 《매일신문》 1970. 12. 8; 《영남일보》 1970. 12. 9.

47) 《매일신문》 1970. 12. 9.

48) 《매일신문》 1970. 12. 9.

49) 《경북대학보》 1970. 12. 28.

50) 《동아일보》 1970. 12. 21, 1971. 1. 27.

51) 《매일신문》 1971. 2. 19; 《경북대학보》 1971. 2. 22.

52) 정진 편집부, 〈正進〉 제2호(1971. 3. 30).

53) 《동아일보》 1971. 4. 9; 《경북대학보》 1971. 4. 12.

54) 《동아일보》 1971. 4. 13.

55) 《매일신문》 1971. 4. 14,15.

56) 《동아일보》 1971. 4. 14.

57) 《경북대학보》 1971. 4·19.

58) 《동아일보》 1971. 4. 15.

59) 《동아일보》 1971. 4. 16; 《매일신문》 1971. 4. 17; 《경북대학보》 1971. 4. 19.

60) 《매일신문》 1971. 4. 20; 《경북대학보》 1971. 4. 26.

61) 《매일신문》 1971. 4. 22.

62) 《동아일보》 1971. 4. 24.

63) 《경북대학보》 1971. 5. 3.

7장 반독재 민주화 투쟁

1) 조영래, 《전태일 평전》, 돌베개, 1983.

2) 《동아일보》 1970. 11. 26.

3) 〈이현세 피의자 심문조서 제6회〉(1971. 5. 10); 림구호 증언(2015. 4. 30).

4) 〈이현세 피의자 심문조서 제2회〉(1971. 4. 16).

5) 정만기 증언(4·9통일평화재단, 〈인민혁명당과 혁신계의 활동〉, 2013, 18쪽).

6) 대구경북민주화운동계승사업회, 《지역민주화운동사 편찬을 위한 기초조사 최종보고서
 ─대구·경북지역》, 2007, 90~91쪽).

7) 《매일신문》 1970. 12. 8.

8) 정만기 증언(4·9통일평화재단, 같은 글, 19~21쪽); 림구호 증언(2015. 4. 30).

9) 〈이현세 피의자 심문조서 제1회〉(1971. 4. 13); 정만기 증언(4·9통일평화재단, 같은 글,
 26~27쪽).

10) 〈이현세 피의자 심문조서 제3회〉(1971. 4·19).

11) 〈정만기 피의자 심문조서 제1회〉(1971. 4. 12).

12) 《매일신문》 1971. 4. 9.

13) 《경북대학보》 1971. 4. 19.

14) 〈정만기 피의자 심문조서 제1회〉(1971. 4. 12).

15) 《매일신문》 1971. 4. 10.

16) 〈이현세 피의자 심문조서 제5회〉(1971. 4. 22).

17) 《매일신문》 1971. 6. 20, 7. 16; 이현세·정만기 증언(2015. 4. 30).

18) 《경북대학보》 1971. 9. 6.

19) 《매일신문》 1971. 6. 20.

20) 《매일신문》 1971. 4. 16; 《경북대학보》 1971. 4·19.

21) 임규영, 〈민청학련사건과 나〉, 《인혁당 사건, 그 진실을 찾아서》, 재경대구경북민주동우
 회, 민청학련·인혁당진상규명위원회, 2005, 133~134쪽).

22) 《매일신문》 1971. 8. 27; 《경북대학보》 1971. 8. 30.

23) 《매일신문》 1971. 6. 20.

24) 2013년 9월 이현세·정만기·정욱표·여석동은 재심에서 무죄를 선고받았고, 2014년 2
 월 대법원 확정 판결을 받았다(대법원, 〈2013도12563 판결서(2014)〉).

25) 《매일신문》 1971. 10. 7.

26) 《매일신문》 1971. 10. 8.

27) 《경북대학보》 1971. 10. 18.

28) 《동아일보》 1971. 10. 13; 《매일신문》 1971. 10. 14.

29) 《경북대학보》 1971. 10. 18.

30) 《경북대학보》 1971. 10. 20; 《매일신문》 1971. 10. 22.

31) 《동아일보》 1971. 10. 15.

32) 《경북대학보》 1971. 10. 18.

33) 《경향신문》 1971. 10. 15.

34) 《매일신문》 1971. 10. 22.

35) 《동아일보》 1971. 10. 18.

36) 《매일신문》 1971. 10. 20.

37) 《매일신문》 1971. 10. 21.

8장 유신 체제 전기 민주화 운동

1) 1970년 상반기 경북대 학생운동의 주역이었던 이념서클 '한풍회' 활동의 주요 구술은 당시 한풍회 결성과 조직운영에 주요한 역할을 담당했던 임규영, 황철식의 구술에 의존했다.

2) 임규영 증언(2014. 7. 8).

3) 장성백, 〈할비의 혼〉, 1975(민청학련 사건으로 수감되었다 석방된 후 3월경에 쓴 회고록).

4) 1971년 위수령 위반으로 제적되었던 4명이 1973년 3월 19일자로 복교되었다. 대상은 당시 총학생회장 허태웅(문리대 지질학과 3학년), 유정선(법대 법학과 4학년), 정화영(법대 정외과 3학년), 장한옥(경상대 경제학과). 문교부는 당시에 제적된 185명 중 개전의 여지가 있다고 보이는 167명을 구제 조치했다고 밝혔다(《경북대학보》 1973. 4. 2).

5) 당시 경북대 학생회 선거는 이원적으로 운영되었는데, 단대 학생회장 선거는 직접선거로 운영되었지만 총학생회장 선거는 대의원들이 투표권을 행사하는 간접선거였다. 따라서 소수의 대의원을 대상으로 학연, 지연을 동원한 연고투표 강요나 금품 살포 등이 발생하는 선거의 부정적인 모습이 왕왕 보였으므로 한풍회가 선거에 참여할 경우 학생들이 '똑 같은 놈들'로 판단하지 않을까하는 우려를 회원들이 가졌다.

6) 임규영 증언(2014. 7. 8).

7) 《경북대신문》 1973. 10. 1.

8) 임규영 증언(2014. 7. 8).

9) 《경향신문》 1971. 10. 15. "학원무질서 방치 않겠다"

10) 채성주, 〈유신 체제 하의 고등교육 개혁에 관한 연구〉, 《교육행정학연구》 21(3), 2003, 322~324쪽.

11) 《조선일보》 1973. 5. 20.

12) 《경향신문》 1972. 10. 18. 경북대와 전국의 대학은 1972년 12월 1일 다시 개교를 한다;《매일신문》 1972. 12. 2.

13) 1972년 11월 21일 유신헌법에 대한 국민투표가 실시되었다. 전국 유권자 1천5백67만6천3백95명 중 1천4백28만6천3백55명이 참가하여 투표율 91.1%, 찬성률 92.2%를 기록했다(국가기록원, 〈오늘의 기록〉).

14) 림구호 증언(2014. 8. 16).

15) 임규영 증언(2014. 7. 8). 임규영, 〈민청학련사건과 나〉, 《인혁당 사건, 그 진실을 찾아

서〉, 재경대구경북민주동우회, 민청학련·인혁당진상규명위원회, 2005, 145쪽.

16) 1972년 10월 17일 19시 박정희 대통령이 10·17 특별선언을 하고 전국에 비상계엄령을 선포하자 계엄사령관이 같은 시각에 계엄사 포고 1호를 발포했다. 유신헌법 포고령에는 3인 이상 허가 없이 모임을 가질 경우 '불법집회죄'에 해당했다.

17) 임규영, 〈경북대 학생운동사와 민청학련사건〉《복현》 22호, 1989, 60쪽.

18)《동아일보》 1973. 8. 14; 국가정보원 과거사 진상규명을 통한 발전위원회,《과거와 대화 미래의 성찰》 하, 2007, 457~513쪽.

19) 대표적인 사건으로 1973년 5월 고려대 '한맥' 재건 활동을 한 학생들을 고대 노동문제연구소의 김낙중 교수와 연계한 반국가단체 결성 조작사건, 6월 고려대 '한국민족사상연구회' 구성원들을 '검은 9월단'이라는 폭력혁명 조직으로 조작한 사건, 그리고 전남대의《함성》지 사건 등이 있다(민주화운동기념사업회 연구소 엮음,《한국민주화운동사》 2, 돌베개, 2009, 257쪽).

20) 유인태, 〈내가 겪은 민청학련〉,《실록 민청학련, 1974년 4월》, 학민사, 2004, 19~22쪽.

21) 정화영 증언(2015. 3. 12).

22) 림구호 증언(2015. 4. 30). 이 연계 구상은 실제 실현되지는 않았으나 이후 당시 대구출신으로 서울대 국사학과 재학 중이었던 배영순은 경북대 소수 학생운동가들과 일정 기간 접촉이 있다.

23) 림구호 증언(2014. 8. 16).

24) 임규영 증언(2014. 7. 8).

25) 임규영의 증언에 의하면 여정남이 받아 준 날짜와 시간이라고 한다.

26) 정화영은 사촌에게 돈을 빌려 학교 주변을 피해 대구 서문시장에서 등사기를 구입했다.

27)《경북대신문》 1973. 3. 12, 4. 2, 4, 16.

28)《매일신문》과《동아일보》기사에는 200~300명의 참여 학생 수를 발표했지만, 당시 시위를 주도했던 임규영에 의하면 후문을 나갔을 당시 학생 약 1천~2천여 명 정도의 많은 수가 참여했다고 증언하고 있다.

29) 임규영 증언(2014. 7. 8).

30)《경북대신문》 1973. 11. 19.

31)《매일신문》 1973. 11. 6.

32)《동아일보》 1973. 11. 7.

33) 임규영 증언(2014. 7. 8). 한편 1974년 11월 5일의 재야인사의 시국선언은 서울 YMCA 강당에서 강기철, 계훈제, 김승경, 김지하, 김재준, 박삼세, 법정, 이재오, 이호철, 정수일, 조향록, 지학순, 천관우, 함석헌, 홍남순 등 15인의 재야인사가 중심이 되어 발표했던 '민주수호국민협의회' 인사들의 시국선언을 가리키는 것으로 파악된다.

34)《동아일보》 1974. 11. 8.

35) 정화영 증언(2015. 3. 12).

36) 임규영 증언(2014. 7. 8).

37) 정화영 증언(2015. 3. 12).

38) 《경북대학보》 1973. 11. 19.

39) 강기룡, 〈1974년, 경북대의 투쟁〉, 《실록 민청학련, 1974년 4월》, 학민사, 2005, 236쪽.

40) 《경북대학보》 1973. 11. 26.

41) 《동아일보》 1974. 11. 30; 《매일신문》 1974. 12. 1; 《경북대신문》 1973. 12. 16.

42) 민주화운동기념사업회, 같은 책, 2009, 113쪽.

43) 《동아일보》 1973. 11. 22.

44) 《매일신문》 1973. 12. 2.

45) 《동아일보》 1973. 12. 1; 《매일신문》 1973. 12. 2. 한편 《경북대학보》 1973. 12. 19일자
의 기사에는 1,500여 명이 참가한 것으로 되어있다.

46) 《경북대학보》 1973. 12. 19.

47) 《매일신문》 1973. 12. 3; 《동아일보》 1973. 12. 3 기사에는 12월 1일 오후 의대생 참여
가 300여명으로 보도되었다.

48) 《매일신문》 1973. 12. 3.

49) 《매일신문》 1973. 12. 3.

50) 민주화운동기념사업회 연구회 엮음, 같은 책, 116쪽; 임규영, 같은 글, 245쪽.

51) 《경북대학보》 1973. 12. 19.

52) 민주화운동기념사업회 연구회 엮음, 같은 책, 116쪽 표 참조.

53) 유진숙 증언 (2015. 5. 15).

54) 《동아일보》 1973. 12. 1.

55) 민주화운동기념사업회 연구회 엮음, 같은 책, 116~117쪽.

56) 《경향신문》 1973. 12. 7.

57) 《매일신문》 1973. 12. 8; 《경북대학보》 1973. 12. 17.

58) 《경북대학보》 1973. 12. 17.

9장 민청학련과 인혁당재건위 사건

1) 《동아일보》 1973. 12. 24.

2) 《동아일보》 1973. 12. 29.

3) 《동아일보》 1974. 1. 7.

4) 《동아일보》 1974. 1. 9.

5) 박정희 통치기간인 18년 동안 120개월가량 계엄령·위수령·비상사태 또는 긴급조치가 발동되었다.

6) 2013년 3월 21일 헌법재판소는 긴급조치 1·2·9호에 대한 헌법소원 심판사건에서 재판관 8명의 전원 일치 의견으로 위헌 결정했다. 헌재는 "정부 비판 일체를 원천 배제한 긴급조치 1·2호는 자유민주주의 기본질서에 부합하지 않는다."며 "국가형벌권을 자의적으로 해석했고 참정권과 표현의 자유, 영장주의, 법관에 의해 재판받을 권리 등을 지나치게 제한하고 침해하는 등 모든 면에서 헌법에 위배된다."라고 밝혔다.

7) 임규영, 재경대구경북민주동우회·민청학련 진상규명위원회편, 〈민청학련사건과 나〉, 《인혁당 사건 그 진실을 찾아서》, 2005, 156~157쪽.

8) 이철, 〈민청학련 사건에서 사형수가 되기까지〉, 《실록 민청학련, 1974년 4월》1, 2004, 92~93쪽.

9) 정화영, 〈영원한 님, 그대의 길을 따라서〉, 《실록 민청학련, 1974년 4월》4, 2005, 196쪽.

10) 이철, 같은 글, 97쪽.

11) 임규영 증언(2015. 8. 20).

12) 이강철 증언 (2015. 3. 12).

13) 임규영 증언(2015. 8. 20).

14) 이철, 같은 글.

15) 유인태, 〈내가 겪은 민청학련〉, 《실록 민청학련, 1974년 4월》, 학민사, 2004, 25쪽. 임규영, 같은 글, 2004, 222~7쪽.

16) 임규영, 〈민청학련사건과 나〉, 《실록 민청학련, 1974년 4월》, 학민사, 2004, 250쪽.

17) 임규영, 〈경북대 학생운동사와 민청학련사건〉, 《복현》 22, 1989, 65쪽.

18) 정화영, 같은 글, 2005, 197쪽. 임규영은 당시의 상황을 떠 올리며 분산된 힘을 가지고는 긴급조치의 시퍼런 칼날에 잔뜩 움츠리고 있는 학생대중을 투쟁의 현장으로 불러낼 수가 없었으며, 반면에 상대방은 작년 가을(1973년 11월 5일 투쟁)에 당한 수모를 만회하기 위해 만반의 준비를 하고 있었다고 했다. 임규영은 나중에 안 일이지만 자신의 가까이에도 정보원을 박아두고 있었다고 했다(임규영 증언(2015. 8. 20)).

19) 정화영 증언(2015. 3. 12).

20) 이광하, 〈경북대학생운동의 전개과정〉, 《실록 민청학련, 1974년 4월》, 학민사, 2004, 242~245쪽. 이광하는 이 기록을 자신의 공소장을 중심으로 기술하고 있다.

21) 1974년 4월 3일 서울 지역 대학가의 반유신 투쟁 시위는 기사화된 신문기사를 찾아볼 수 없다.

22) 《동아일보》 1974. 4. 4.

23) 《동아일보》 1974. 4. 4; 《영남일보》 1974. 4. 5.

24) 《조선일보》 1974. 4. 4.

25) 국가정보원 과거사 진상규명을 통한 발전위원회, 《과거와 대화 미래의 성찰》 하, 2007, 179쪽.

26) 민주화운동사업회 연구소 엮음, 같은 책, 2009.

27) 윤한봉, 〈빵쟁이가 된 모범생〉, 《실록민청학련》 3, 2004, 학민사, 271~273쪽.

28) 임규영 증언(2015. 8. 20).

29) 민청학련사건과 관련된 경북대생은 15명으로 이 중 13명은 3월 21부터 28일 사이에 체포되었으며, 이강철과 여정남은 그 뒤에 체포되었다.

30) 장성백, 〈할비의 혼〉, 1975.

31) 정화영(2015. 3. 12), 임규영(2015. 8. 20), 이강철(2015. 3. 12) 증언.

32) 당시 경북대는 유인물을 '반독재구국투쟁위원회'의 명의로, 동국대와 성균관대는 '반독재투쟁위원회'의 명의로 경희대는 '반독재자유수복투쟁위원회'의 명의로 유인물을 제작하여 시위를 주동했다.

33) 국가정보원 과거사 진상규명을 통한 발전위원회, 같은 책, 162쪽.

34) 실제로 학생운동 조직의 전국적 형태는 1985년 4월 34개 대학이 참여한 학생운동 조직(총학생회가 중심)인 전국학생총연합(전학련)의 발족이라고 볼 수 있다.

35) 《동아일보》 1974. 4. 25.

36) 《동아일보》 1974. 5. 27.

37) 국가정보원 과거사 진상규명을 통한 발전위원회, 같은 책, 171쪽.

38) 《동아일보》 1964. 8. 14.

39) 《조선일보》 1964. 9. 11.

40) 이강철 증언(2015. 3. 12); 정화영 증언(2015. 3. 12); 임규영 증언(2015. 8. 20).

41) 당시 정부는 두 차례 사건 발표(4월 25일과 5월 27일)를 통해 인혁당 재건위가 민청학련을 배후조종하여 전국적인 봉기를 꾀하고, 이를 폭력혁명으로 비화시켜 이들이 궁극적으로는 공산주의 정권을 수립하려 했다고 주장했다.

42) 《동아일보》 1974. 5. 27; 《매일신문》 1974. 5. 28.

43) 국가정보원 과거사 진상규명을 통한 발전위원회, 같은 책, 181쪽.

44) 국가정보원 과거사 진상규명을 통한 발전위원회, 같은 책, 185쪽.

45) 민청학련사건으로 무기징역을 선고받았던 김지하는 1975년 2월 15일 형집행정지 조치에 의해 석방되었다. 출옥한 김지하는 1975년 2월 25일부터 27일까지 옥중에서 있었던 사실을 기록한 〈고행 1974〉를 《동아일보》에 싣고 기자회견을 통해 인혁당 사건이 조작되었다고 폭로했다.

46) 안재구 증언(2003. 7. 5); 민주화운동기념사업회, 《민주화운동 관련 인사 구술사료 수집을 위한 면담》.

47) 김세원 증언·한상구 구성, 〈4월혁명 이후의 전위조직과 통일운동〉, 《역사비평》 15,

1991, 412~413쪽.

48) 인혁당재건위사건 관련자 하재완이 여정남을 통해 경북대 학생운동가들과 만나고 있는 것을 당시 서도원 등 혁신계 인사들이 질책을 했던 사례가 있다. 림구호 증언(2014. 8. 16).

49) 김성희 증언(2015. 8. 16).

50) 정화영, 같은 글, 189~190쪽.

51) 김성희 증언(2015. 8. 16).

52) 림구호 증언(2015. 4. 30).

53) 3선개헌의 저지에 실패한 뒤 한때 좌절에 빠져있던 각계각층의 민주화 인사들은 1971년 4월 27일에 있을 대통령 선거를 앞두고 각계각층의 지식인 원로들과 4·19 및 6.3 세대 청년, 학생들, 기독교계 민주수호를 위한 협의체를 결성하게 되었다. 1971년 4월 19일 서울 대성빌딩에서 1970년대 최초의 재야 지식인 연합체인 민주수호 국민협의회가 결성되었다. 1970년 10월경부터 논의를 거듭해오던 4·19 및 6·3 세대 청년들은 민주수호 국민협의회가 결성되자 별도의 조직을 갖고 결합하기로 했다. 1971년 4월 21일 서울 YMCA에서 김지하, 김정남, 정수일, 이재오의 주도 아래 민주수호청년협의회 결성대회를 개최하고, 백기완을 초대 회장으로 추대했다. 한편 4월 20일에는 기독교 학생단체 대표들이 모여 민주수호기독청년협의회를 결성했다. 이후부터 민주수호국민협의회, 민주수호청년협의회, 민주수호전국청년학생연맹, 민주수호기독청년협의회 4개 단체의 공동전선으로 민주수호운동이 본격화되기 시작했다.

54) 임규영, 같은 글, 2005, 159쪽. 임규영은 민청학련 사건으로 구속이 되어 서대문교도소에 있을 때 여정남을 한 번 더 보기는 했다. 임규영이 안양교도소로 이감 가는 날 여정남이 있는 교도소방으로 뛰어가서 문을 붙잡고 "선배님"이라고 불렀는데 교도관의 만류로 앉아있던 여정남의 뒷모습만 보고 얼굴은 보지 못했다고 했다.

55) 정화영 증언(2015. 3. 12).

56) 이강철(2015. 3. 12), 임규영(2015. 8. 20) 증언.

57) 이강철 증언(2015. 3. 12). 이강철은 민청학련 관련자 중 최장 복역기간인 7년 8개월의 영어생활을 했다.

58) 당시 대법원장은 민복기로 그는 대법원장으로 10년 2개월간을 재직함으로써 법조사상 최장 재임 기록을 세웠다.

59) 《동아일보》 1974. 4. 4.

60) 1974년 8월 15일 광복절 기념식장에서 재일교포 문세광의 총에 육영수여사가 피격을 당하여 목숨을 잃는 큰 사건이 벌어져 반유신 투쟁이 제대로 진행되지 못할 것이라는 여론이 지배적이었으나 개학 후 대학가에는 구속학생 석방을 위한 서명운동이 대대적으로 진행되었다.

61) 장명재 증언(2016. 12: 6)

62) 《경북대학보》 1974. 12. 2.

63) 《매일신문》 1974. 10. 19.

64) 《매일신문》 1974. 10. 19; 《경북대신문》 1974. 12. 12.

65) 《동아일보》 1974. 10. 19; 《매일신문》 1974. 10. 20.

66) 《동아일보》 1974. 10. 19.

67) 《동아일보》 1974년. 10. 30.

68) 《동아일보》 1974. 10. 31.

69) 《경북대학보》 1974. 12. 12.

70) 대통령소속 의문사진상규명위원회, 〈의문사 진정사건 결정문 송부〉, 2004.

71) 이강철 증언(2015. 3. 12).

72) 김성희 증언(2015. 8. 16).

73) 2006년 현승효와 심오석의 유족은 의문사진상규명특별법 제26조의 규정에 따라 민주
     화운동관련명예회복및보상심의위원회에 의문사한 자의 명예회복 및 유족에 대한 보상
     을 심의 요청했다.

74) 《동아일보》 1975. 2. 13.

75) 1972년 유신헌법에 대한 국민투표는 91.9%의 참여율과 91.5%의 지지율을 보여주었다.

76) 《조선일보》 1975. 2. 14 《동아일보》 1975. 2. 14.

77) 《동아일보》 1975. 2. 14; 《경향신문》 1975. 2. 14.

10장 유신 체제 후기 민주화 운동

1) 최용식 증언(2014. 8. 16).

2) 《경북대학보》 1975. 5. 14.

3) 《경북대학보》 1975. 6. 30; 경북대학교 50년사 편찬위원회, 《경북대학교 50년사》, 경북
    대학교출판부, 1996, 298, 448쪽.

4) 경북대학교 50년사 편찬위원회, 같은 책, 299쪽.

5) 《경북대학보》 1975. 5. 14; 《경북대학보》 1976. 6. 14.

6) 《경북대학보》 1976. 6. 21.

7) 《경북대학보》 1978. 7. 10.

8) 함종호 증언(2014. 7. 22).

9) 경북대학교 50년사 편찬위원회, 같은 책, 297쪽.

10) 진실·화해를 위한 과거사정리위원회, 〈제24회·제25회 행정고시 면접탈락 사건〉,

《2008 하반기 조사보고서》제4권, 2009, 341쪽.

11) 《동아일보》1975. 5. 27.

12) 《경북대학보》1976. 3. 18.

13) 《동아일보》1975. 1. 24.

14) 《경향신문》1975. 12. 27. 유권자의 78.9%가 투표해서 투표자 중 73.1%가 유신헌법을 찬성했다.

15) 성유보, 〈길을 찾아서: 민청학련 고문사건 세상 밖으로 나오다〉,《한겨레》2014. 3. 18. ; 인혁당재건위 사건 관련자 25명과 반공법 혐의자 11명은 제외됐다.

16) 《경향신문》1975. 2. 19.

17) 《동아일보》1975. 4. 8, 4. 10;《경향신문》1975. 4. 10. 3월말부터 4월 10일까지 매일 계속된 한신대 전교생의 시위, 4월 3일 서울대 2천여 명, 4월 7일 서울대 7백여 명, 고려대 천 5백여 명, 4월 8일 고려대 2천 명, 국민대 5백 명, 외대생 3백여 명, 4월 9일 이화여대 1천여 명, 중앙대 1천여 명, 한양대 1천여 명, 외대 1천5백여 명, 서울대 음대 3백여 명, 4월 10일 한양대, 경희대, 건국대, 중앙대생 등 3천 2백 명 시위가 있었다.

18) 《동아일보》1975. 4. 17, 5. 7;《경향신문》1975. 4. 25.

19) 경북대신문 50년사 편찬위원회,《경북대신문 50년사》, 경북대학교 신문방송사, 2008, 76쪽.

20) 석방학생들은 황철식(과학교육 물리전공 4), 김진규(수의과 2), 강기룡(정외과 3), 장성백(수학교육 4), 윤규한(국어교육 2), 이광하(원예 4), 정화영(정외과 4), 임규영(사회과 4)이었다.

21) 애초 석방학생 간담회는 2월 18일로 예정했으나, 학교가 석방된 학생들은 "학칙상 학생이 아니"라는 이유로 간담회를 불허했다. 총학생회에서는 2월 25일 학교 졸업식 날 간담회를 다시 열겠다고 했지만(《경북대학보》1975. 2. 24.), 이 역시 뜻대로 안 되고 결국 3월 4일 시내에서 간담회를 열었다(《영남일보》1975. 3. 16).

22) 《경북대신문》2008. 9. 3;《동아일보》1975. 3. 18;《매일신문》1975. 3. 19. 이 신문에 경북대학보 기자 '16명'이라고 표기했으나, 당시 기자였던 유영철은 '18명'의 오자라고 적시했다(유영철, 〈유신시대, 기자를 한다는 것은〉,《경북대신문 50년사》, 경북대학교 신문방송사, 2008, 380쪽).

23) 《동아일보》1975. 3. 22;《조선일보》1975. 3. 22.

24) 《경향신문》(1975. 4·19)에 따르면, 18일 집회로 기자가 파면되었다고 했으나 학내에서 4월 18일 집회가 없었다. 날짜의 오기이다;《매일신문》1975.4. 19.

25) 경북대신문 50년사 편찬위원회, 같은 책, 77쪽.

26) 경북대신문 50년사 편찬위원회, 같은 책, 76~79쪽.

27) 권용원 증언(2014. 8. 14); 정화영, 〈영원한 님 그대의 길을 따라〉,《인혁당 사건, 그 진실

을 찾아서》, 재경대구경북민주동우회 민청학련·인혁당진상규명위원회, 2005, 118쪽.

28) 박명규 증언(2014. 12. 8, 2015. 3. 6); 권용원 증언(2014. 8. 14) ; 대구경북민주화운동계승사업회, 〈대구·경북지역 지역민주화운동사 편찬을 위한 기초조사 최종보고서〉, 2006. ; 정화영, 같은 글, 118쪽 ;《동아일보》1975. 3. 27. 대법계류 민청학련·인혁당 관련 39명 8일에 선고.

29) 집회 이전에 박명규는 현대사상연구회 회장과 함께 집회에 참가할 인원에 대해 논의했었다. 그러나 이날 집회에 한 두 명의 현대사상연구회 회원을 제외하고, 회원들이 조직적으로 참가하지는 않았다. 이 사실을 당시 현대사상연구회 회장 김해수가 수십 년이 지난 다음 박명규에게 털어놓았다. 박명규 증언(2014. 12. 8).

30) 《동아일보》1975. 4. 10;《경향신문》1975. 4. 10.

31) 이윤기 증언(2015. 8. 24). 이윤기는 당시 정치외교학과 학생이었던 윤상권으로부터 4월 10일 집회를 미리 전해 듣고 정시에 집회에 참가했다. 처음 집회를 참석했을 때는 박명규와 윤상권 등 주로 정치외교과 학생들 이삼십 명이 시위를 시작했고, 이후 집회규모가 커졌다고 기억한다. 시위규모는 조금씩 달리 기억하거나 기록하고 있었다. 시위주동자 박명규는 백여 명이라 기억하고,《영남일보》(1975. 4. 11)는 1백여 명,《경북대학교 50년사》(1196쪽)는 150명,《동아일보》(1975. 4. 10. 8)는 250여 명이 참가했다고 전했다.

32) 박명규 증언(2014. 12. 8, 2015. 3. 6); 함종호 증언(2014. 8. 19); 이윤기 증언(2015. 8. 24).

33) 《영남일보》1975. 4. 11;《동아일보》1975. 4. 10.

34) 이윤기 증언(2015. 8. 24).

35) 박명규 증언(2015. 3. 6); 이윤기 증언(2015. 8. 24);《영남일보》1975. 4. 13;《조선일보》1975. 4. 24.

36) 장명재 증언(2015. 8. 20); 장명재는 증언 외에도 자신의 기억과 학과 동료들의 증언을 토대로 상세하게 작성한 "사학과 농성 관련 기록"(A4 4쪽)을 제공했다(2015. 8. 21. 장명재 작성).

37) 《동아일보》1975. 4. 4, 17;《경향신문》1975. 4. 11.

38) 《영남일보》1975. 4. 12;《조선일보》1975. 4. 16.

39) 당시 조선일보에서는 경북대 학생 7명이 추가 제명되었다고 했으며, 이후 각 연도의《경북대학교사》,〈경북대운동사기초자료집〉 등 모든 자료들에서 총 제명자가 10명이라고 밝히고 있었다. 당시 제명된 사람 중에도 제명자를 열 명으로 기억하는 이들이 있었다. 그러나 최근 학교 징계대장을 다시 확인한 결과(2015. 8. 31일 정희석 학생처장이 직접 확인), 제명자는 9명이었다. 그리고 1979년에 작성된 자료 "부산, 전주, 대구 구속된 대학생 명단, 구속사유"(생산일자: 1979년, 등록번호 00419956, 기증자 청주도시산업선

교회, 소장: 민주화운동기념사업회)도 제명생 아홉 명 외에 현승효를 추가해 열 명이라고 기록하고 있다. 그러나 현승효는 1974년 12월 의대투쟁으로 제적당하고 1975년 2월 하순에 이미 군에 입대한 상태였다. "당시 제명생 중에 의대생이 있다는 얘기를 그때 들었다"(이윤기 증언 2015. 8. 24)는 증언으로 추측하건대, 제명자 10명이라는 숫자는 1974년 12월에 제적당한 현승효를 포함한 숫자가 아닐까 한다.

40) 장명재 증언(2015. 8. 20); 이윤기 증언(2015. 8. 24).

41) 《경대신문》 1980. 2. 26; 경북대학교 학생처에서 확인 2015. 3. 25.

42) 장명재 증언(2015. 8. 20).

43) 《주간경향》 2004. 4. 2. 긴조9호세대 비화(14) 영혼 일깨운 선언문에 무너지다. ; "6월 3일 천주교 정의구현 전국학생 총연맹 사건"(민주화운동기념사업회, 전국대학생연맹 사건 관련 자료) 자료, 《경북대 40년사 1946-1986》(497쪽), 〈경대학생운동사〉(《복현문화》 20집, 35쪽, 119~147쪽)는 모두 '여석동'을 '여운동'으로 잘못 적고 있다.

44) 정화영 본인의 글(정화영, 같은 글)에는 1976년 8월이라고 적고 있지만, 《주간경향》 〈긴조9호세대 비화(39) '막걸리 조치법,' 나가신다〉에는 "1976년 9월 어느 날"이라고 되어 있다.

45) 안재구, 《끝나지 않은 길》, 내일을 여는 책, 2013.

46) 권용원 증언(2014. 8. 14).

47) 최용식, 장수원, 남영주 증언(2014. 8. 16); 최용식 증언(2014. 8. 21).

48) 함종호 증언(2014. 8. 19).

49) 1978년 11월 2일 투쟁 관련 최용식의 공소장에서는 최용식 등이 1977년 11월 3일 '학생의 날'에 시위를 모의했다 적발되었다고 기록하고 있다(대구지방검찰청, 78고합 526호 공소장(1978. 11. 29). 최용식, 장수원, 김동호, 류시대 대통령긴급조치 9호 위반 공소장). 그러나 집회를 모의한 날은 '학생의 날'이 아니라 '학도호국단 검열' 날이었다고 최용식, 장수원, 남영주는 증언했다.

50) 《경북대학보》 1978. 11. 7.

51) 최용식, 장수원, 남영주 증언(2014. 8. 16); 최용식 증언 2014. 8. 21.

52) 김영철, 서형숙 증언(2014. 8. 7).

53) 서형숙 증언(2014. 8. 7).

54) 김영철, 서형숙 증언(2014. 8. 7).

55) 경북대학교 50년사 편찬위원회, 같은 책, 310쪽.

56) 최용식, 장수원, 남영주의 증언(2014. 8. 16); 최용식 증언(2014. 8. 21); 〈대구지방검찰청, 78고합 526호 공소장〉(1978. 11. 29); 최용식, 장수원, 김동호, 류시대의 〈대통령긴급조치 9호 위반 공소장〉

57) 남영주 증언(2014. 8. 16).

58) 공소장(〈대구지방검찰청, 78고합 526호 공소장〉(1978. 11. 29); 최용식, 장수원, 김동호, 류시대의 〈대통령긴급조치 9호 위반 공소장〉에는 자금을 "염출한 돈 26,000원"이라고 적혀 있지만, 실제로는 동생에게서 조달한 돈이었다.

59) 남영주, 장수원, 최용식의 구술에서는 800여 매였으나, 공소장에는 500매로 적혀 있다.

60) 〈대구지방검찰청, 78고합 526호 공소장〉(1978. 11. 29).

61) '일만 복현인이여,' 1978. 11. 7 배포 유인물.

62) 최용식 학적부 참조. 학적부에는 다음과 같이 기록되어 있다. "학칙 제49조 1항 1·3호에 의거(78. 11. 3) 제명처분"

63) 〈사건 78고합 526. 대통령긴급조치9호위반, 대구지방법원 제3형사부 판결〉; 〈사건 79노 275. 대통령긴급조치제9호위반〉, 대구고등법원 형사부 판결(1975. 7. 5).

64) 《동아일보》 1979. 8. 14. 동아일보에는 '최용식'을 '임용식'이라 오기했다.

65) 《동아일보》 1978. 11. 7.

66) 손호만 증언(2015. 3. 17).

67) "당시의 움직임은 유신 체제 아래서의 민주화 운동이라는 측면도 있지만 그보다는 학생을 보호해야 할 학교가 법을 어겨가며 부당한 처우를 한 것에 대한 분노였다."고 회고했다. 김사열, 〈그 때 그 사람…… 11.7과 김사열〉, 《경북대신문》 2005. 5. 24.

68) 《동아일보》 1980. 5. 20.

69) 석원호 증언(2014. 7. 28); 권용원 증언(2014. 8. 14); 손호만 증언(2015. 3. 17).

70) 김사열, 같은 글.

71) 손호만 증언(2015. 3. 17).

72) 권용원 증언(2014. 8. 14); 경북대학교 50년사 편찬위원회, 같은 책; 편집실, 〈경대학생운동사〉, 《복현문화》 20집, 138쪽.

73) 장애숙·손종현 증언(2014. 7. 14); 김형섭 증언(2014. 7. 6, 7. 14); 석원호 증언(2014. 7. 28); 손호만 증언(2015. 3. 17); 김사열, 같은 글.

74) 석원호 증언, 장애숙 증언(2014. 7. 14); 구자숙 증언(전화 2016. 11. 1).

75) 권용원 증언(2014. 8. 14).

76) 김형섭 증언(2014. 7. 14).

77) 대구지방검찰청, 〈형사제1심소송기록(사건번호 78고합 543호)〉(1978. 12. 11).

78) 《경북대학교 60년사》에는 제적이라고 했지만, 실제로는 제명처분을 받았다. 최용식 학적부 참조.

79) 경북대학교 60년사 편찬위원회, 《경북대학교 60년사》, 경북대학교, 2006, 75쪽.

80) 〈사건 79노 276. 국가안전과 공공질서의 수호를 위한 대통령긴급조치 제9호위반〉, 대구고등법원 형사부 판결문(1979. 7. 5).

81) 〈긴급조치 9호 기간 학생운동 연혁〉, www.nongbup.co.kr/upload/Notice/긴조9

호%20사건일지.hwp ; 이 명단에는 여러 명의 이름이 잘못 기록되어 있다. 오기된 이름을 바로 잡는다. 전병욱은 전병옥으로, 김인제는 김인재로, 김기둥은 김기동으로, 반채석은 반태석으로 고쳐야 한다(고친 이름의 확인은 여러 증언, 공소장,《경대신문》(1980. 2. 26) 복교대상 통보자 명단을 근거로 함). 그리고 구류15일 처분을 받았다고 하는 '이문주'는 '불문과 2학년'으로 표기되어 있으나, 2016년 11월 경북대 인문대 불문학과 사무실에서는 '이문주'의 입학기록이 남아 있지 않고, 비슷한 시기 입학했던 불문과 출신 교수에게서도 '이문주'를 모른다는 소식을 전해 들었다. 그러나 제명당한 사람은 아예 학과에 입학기록이 남지 않는다는 점(예. 사회학과를 통해 확인하니 1975년 제명된 강희주 역시 입학기록이 남아있지 않았다)을 보건대, 이문주가 입학하지 않았는지 혹은 잘못된 기록인지 현재로서는 확인이 어렵다.

82) 문성학은 경찰에 최루탄 발사 중지를 요청하다가 시위 주동자로 오인 받아 연행되었다. 처음 북부경찰서로 연행됐다 남부경찰서로, 다시 동부경찰서로 전전하며 15일에서 20일 정도 억류되어 있다 석방되었다. 이 기간 동안 경찰들은 가족들에게 전혀 통보하지 않아 집안에서는 난리가 났다. 문성학 증언(석원호와의 전화 2015. 3. 10).

83) 구자숙 증언(2016. 11. 1).

84) 김병호, 〈학생 운동수기 – 1978년 11월 7일〉,《복현문화》20집, 1986, 150~151쪽.

85) 김사열, 같은 글.

86) 진실화해를 위한 과거사정리위원회, 〈제24회·제25회 행정고시 면접탈락 사건〉,《2008 하반기 조사보고서 제4권》, 2009, 341쪽;《영남일보》1978. 11. 10.

87) 경북대학교50년사편찬위원회, 같은 책;《영남일보》1978. 11. 9;《조선일보》1978. 11. 9.

88) 이 사건에 관한 자료는 진실화해위원회의 〈제24회, 제25회 행정고시 면접탈락 사건〉 자료(333-365쪽)를 참고했다.

89) 박문화의 대학동기들은 박문화가 사회비판적인 글을 써서 학회지에 실었다가 학장에게 불려가 야단맞은 적 있다고 진술했으나, 진실화해위원회에서는 관련 자료를 찾지 못했다(제24회, 제25회 행정고시 면접탈락사건). 사회비판적인 글은 아니지만, 박문화(1978년 당시 법대 행정학과 3학년)가 쓴 글이 경북대신문에 남아 있다. 1978년 11월 투쟁이 끝나고 처음 발간된《경북대학보》제821호(1979. 2. 24.) '일청담'이라는 학생 투고칼럼(3면)에 "眞理·矜持·奉仕"라는 제목으로 글을 썼다.
그리고 1978년 11월 7일 연행되었다 풀려난 인원이 기록에 따라 다르다는 점에서 알 수 있듯이, 연행된 사람 모두 기록으로 남았던 것은 아니었다.

90) 민주화운동기념사업회 연구소 엮음,《한국민주화운동사 2》, 돌베개, 2009, 281-284쪽.

91) 하종호 증언(2015. 3. 10).

92) 〈긴급조치9호 시기 학생운동 연혁〉, 같은 출처.

93) 〈사건 79고합 405 국가안전과 공공질서의 수호를 위한 대통령 긴급조치위반(면소판결문)〉, 대구지방법원 제3형사부 판결.

94) 위 판결문에는 등사를 화왕산에서 했다고 적혀 있다. 화왕산 등사는 신중섭을 보호하기 위해 주동자들이 허위진술한 것이다. 하종호 증언(2015. 3. 10).

95) 민주화운동기념사업회, 강원·계명·영남·경북대학교의 시위상황.

96) 하종호 증언(2015. 3. 10).

97) 박명규 증언(2014. 12. 8).

98) 임규영 증언(2015. 8. 18).

99) 최상림 증언(2015. 3. 12).

100) 최상림 증언(2015. 3. 12).

101) 하종호 증언(2015. 3. 10).

102) 최상림 증언(2015. 3. 12).

103) 《경북대학보》 1979. 10. 23; 《경북대학보》 1979. 11. 20; 경북대학교 60년사 편찬위원회, 같은 책, 398쪽.

104) 손호만 증언(2015. 3. 17); 《동아일보》 1979. 12. 7, 12. 8; 《매일경제》 1979. 12. 8.

105) 《경향신문》 1979. 12. 8; 《경대신문》 1980. 1. 1; 《경대신문》 1980. 2. 26. 1980년 2월 26일자 학교신문에 잘못된 이름을 여기서 바꾸었다(학교신문에 난 이름 → 정정된 이름). 김인제 → 김인재, 강희옥 → 강희주, 김진옥 → 김진규.

106) 1980년 현재 긴급조치 해제 이후에도 졸업생이었던 이강철, 이재형, 림구호는 여전히 교도소에서 석방되지 못했다. 이재형과 림구호는 인혁당재건위 사건으로 각각 징역 20년형과 15년형을 받았고, 이강철은 징역 15년형을 선고받아 혹독한 징역살이 중이었다.

107) 현승효 지음, 노천희 엮음, 《내 님 불멸의 남자 현승효》, 삶이 보이는 창, 2007, 77쪽.

108) 현승효, 심오석, 이○○에 관한 상세한 기록은 국가기록원에 대부분 비공개상태로 보관되어 있다.

109) 최용식, 장수원, 남영주 증언(2014. 8. 16).

110) 1기 의문사위원회, 심오석 사건.

111) 현승효 지음, 노천희 엮음, 같은 책, 495쪽. ; 안재구, "못 다 핀 꽃을 그리며," 민족민주열사·희생자 추모(기념)단체 연대회의, 2008.

112) 《매일신문》 1974. 2. 6.

113) 현승효 지음, 노천희 엮음, 같은 책, 371쪽.

114) 현승효 지음, 노천희 엮음, 같은 책, 447쪽.

115) 현승효 지음, 노천희 엮음, 같은 책, 371쪽.

116) 당시 경북도경 정보1과장 김○○, 대구북부서 정보과 경찰 윤○○, 류○○, 차○○가 관

련자들이다. 차○○는 장례업소에 화장을 직접 의뢰하고 화장장 이용요금도 지불했다
는 대구장례사업소의 기록이 남아있다. 진실화해를 위한 과거사정리위원회, 〈이○○ 의
문사 사건, 2010년 결정문, 사건번호- 사-9446 이○○ 의문사 사건〉, 결정일- 2010. 6.
29. ; 의문사진상규명위원회, 〈대통령소속 의문사진상규명위원회 결정, 사건- 진정 제
75호〉.

117) 장명재(2015. 8. 20)는 1) 사체 발견 당시 정황, 2) 부검과 화장 당시 자행된 경찰의 불
법적인 은폐공작을 볼 때 이○○의 죽음이 자살이 아니라고 추정한다. 또한 이○○이 프
락치 활동을 했음에도 강제징집당하고 복교가 불발되자 좌절해서 프락치 활동에 대한
양심선언을 준비했을 가능성이 다분하다고 생각하고 있다. 그 증거 중 하나로 시신 발
견 당일 아침, 경찰이 이○○의 집에 들이닥쳐 이○○이 쓴 글을 가져가 은폐했다는 점
을 들었다.

118) 장명재 증언(2015. 8. 20).

11장 낭만과 결사의 대학 문화

1) 《동아일보》 1979. 9. 4.
2) 경상대, 농대, 공대, 문리대, 법대 신입생은 100,300원, 사대 신입생은 77,000원이었다.
재학생 중 상대, 문리대, 법대는 77,500, 공대, 농대 87,500, 사대 문과 56,000, 사대 이
과 66,000원이었다(《경북대학보》 1976. 2. 14).
3) 《동아일보》 1975. 1. 28; 《동아일보》 1977. 7. 29; 《매일경제》 1976. 2. 25.
4) 권용원, 최형식, 함종호, 남영주, 김영철, 서형숙, 손호만, 석원호, 조항구 등 증언.
5) 장애숙 증언(2014. 7. 23); 손호만 증언(2015. 3. 17).
6) 석원호 증언(2014. 7. 28).
7) 손호만 증언(2015. 3. 17).
8) 하종호 증언(2015. 3. 10).
9) 이상화 증언(2014. 8. 14); 최용식 증언(2014. 8. 16); 함종호 증언(2014. 7. 22).
10) 손호만 증언(2015. 3. 17); 김영철, 서형숙, 석원호 증언(2014. 8. 7); 조항구 증언(2015.
3. 16).
11) 최용식, 장수원, 남영주 증언(2014. 8. 16).
12) 노래는 지역이나 학교에 따라 조금씩 달랐다. 지역에서 따라 '초개'가 '초로'로 '사라지
리라'가 '죽겠노라'로 불렸다. 노래가 표준화 된 것은 노래집이 발간되면서부터이다.
13) 함종호 증언(2014. 7. 10).
14) 장애숙 증언(2014. 7. 15).

15) 윤정원 증언(2014. 7. 10).

16) 손호만 증언(2015. 3. 17).

17) 김민남 증언(2014. 8. 1).

18) 대구양서이용협동조합, 조합회보 〈달구벌〉 창간호, 1978. 협동조합 조합원은 2천 원 입회비를 내고 석 달에 1천 원 이상(대학생의 경우, 일반인은 매월 1천 원 이상) 회비를 내면 가입할 수 있었다. 민주공원(www.demopark.or.kr/Archive)에서 대구양서이용협동조합의 소식지 〈달구벌〉 창간호, 대구양서이용협동조합 도서목록 제1집(1978. 12)을 찾아볼 수 있다. 그리고 두레서점에 발간한 〈양서의 전당 두레서점 도서목록 제2집〉도 있다.

19) 서형숙 증언(2014. 8. 7); 이윤기 증언(2015. 8. 24).

20) 손종현 증언(2014. 8. 9); 함종호 증언(2014. 7. 10, 22).

21) 〈대구지방법언 78 2합 543호 형사제1심 소송기록 공소장〉(1978. 12. 11). ; 김병호, 같은 글, 148쪽.

22) 서형숙 증언(2014. 8. 7); 최상림 증언(2015. 3. 10).

23) 권용언 증언(2014. 8. 14).

24) 현승효 지음, 노천희 엮음, 같은 책. 현승효가 군대에서 읽은 책 목록을 보면, 쇼펜하우어의 《인생론》, 야스퍼스 《철학입문》, 칸트의 《순수이성비판》, 《실천이성비판》, 《도덕형이상학원론》, 《성경》, 사르트르의 《문학이란 무엇인가》, 까뮈의 《반항적 인간》, 구혜영의 《안개의 초상》, 헤르만 헤세의 《데미안》 등, 그야말로 그의 독서는 종횡무진이었다.

25) 김영철 증언(2014. 8. 7).

26) 최상림 증언(2015. 3. 12).

27) 권용원, 이상화 증언(2014. 8. 14).

28) 함종호 증언(2014. 7. 10); 석원호 증언(2014. 7. 28); 의문사진상규명위원회, 〈대통령소속 의문사진상규명위원회 결정, 사건- 진정 제75호〉).

29) 김사열, 〈탈춤과 나〉.

30) 경북대학교 60년사 편찬위원회, 《경북대학교 60년사》, 경북대학교, 2006, 77쪽.

31) 함종호 증언(2014. 7. 22); 석원호 증언(2014. 7. 28).

32) 《경북대학보》 1976. 4. 1, 1977. 4. 4, 1978. 4. 10, 1979. 3. 13, 4. 3.

33) 석원호 증언(2014. 7. 28).

34) 《경북대학보》 1976. 4. 1, 1977. 4. 4, 1978. 4. 10, 1979. 3. 13, 1979. 4. 3. 24, 1979. 4. 10, 1980. 3. 11.

35) 최용식, 장수원 증언(2014. 8. 16); 《경북대학보》 1976. 4. 1.

36) 함종호 증언(2014. 7. 10, 22).

37) 최용식, 장수원 증언(2014. 8. 16); 함종호 증언(2014. 7. 10, 7. 22).

38) 〈대구지방검찰청, 78고합 526호 공소장〉(1978. 11. 29). 최용식, 장수원, 김동호, 류시대의 〈대통령긴급조치 9호 위반 공소장〉.

39) 함종호 증언(2014. 7. 22); 석원호 증언(2014. 7. 28).

40) 석원호 증언(2014. 7. 28); 《경대신문》 1980. 2. 26.

41) 김영석 정리 자료 '4H 연혁'과 '두레사건': 4-H(1962년)은 1977년 농촌문제연구회로 이름을 바꾸었다.

42) 박현채가 '한국자본주의 발달사'와 '한국경제의 특질과 농업경제,' 박근창이 '국가발전과 농업문제,' 이우재가 '농촌문제의 본질'을 강의했다.

43) 김사열, 같은 글.

44) 김영철, 서형숙 증언(2014. 8. 7).

45) 《경대신문》 1980. 3. 11.

46) 예목, 〈예목에의 초대〉, 1980. 3.

47) 김균식·석원호, 〈대구양서이용협동조합을 회고하며〉, 《양서협동조합운동》, 민주주의사회연구소 편, 대성, 2011, 111~129쪽.

48) 김균식·석원호, 같은 글; 한양서점을 통한 학교별 연대 및 '곡주사' 모임, 〈대구경북 민주화운동일지〉, 443쪽.

49) 김영석 증언(2015. 3. 17).

50) 석원호 증언(2014. 7. 28); 김균식·석원호, 같은 글.

51) 1기 78년 9월 – 79년 3월, 2기 79년 4월 – 10월, 3기 79년 12월 – 80년 6월.

52) 김기수(생활학교 2,3,4기 강학), 〈7,80년대 대구 노동야학 회고〉, 미출간 자료.